解説
改正
著作権法

寺本振透 編集代表
西村あさひ法律事務所 編

弘文堂

序　文

　デジタル技術の進歩により、著作権制度は荒波の中でもまれており、その結果、著作権法にも実情に合わない面が目立つようになり、近年では毎年のように著作権法の改正が行われている。平成21年も検索エンジンに関する権利制限規定等の重要な改正が行われたものの、このような多くの改正が、果たして一貫した思想の下に行われているのか、という点については疑問なしとしない。法律の改正というものは、利害関係者の間の調整という政治的判断で決まりがちではあるが、現在のわが国のコンテンツ産業の状況を見ていると、そのような悠長なことを言っている場合ではない。

　著作権法が対象としている著作物の性質は種々雑多であり、その扱いも一筋縄では行かない。昔ながらの形態の著作物や昔ながらの著作物の流通システムも未だ健在であり、それらを完全に無視することもできない。しかしながら他方、映画や音楽に代表されるように、多くの著作物は現に巨大なマーケットを構成し、経済財として機能している。それらは、コンテンツと呼ばれ、わが国の次期産業の大きな柱になるべく期待されている。だが、わが国のコンテンツ産業の伸び率は、世界平均を遥かに下回り、危機的な状況にある。著作権法がこのような状況から目を背けることは許されない。

　以上のような背景の下に著作権法の改正が行われたが、この改正の流れを、デジタルを中心とした大きな観点から眺める必要がある。本書は、「著作権は情報を広めるための手段として捉える」という立場から解説が加えられている。著作権法1条には「公正な利用に留意しつつ」と記載されており、一応、流通にも配慮しているようにも見えるが、著作権法自体は創作者の権利を中心に規定されている。しかし今日の社会において、流通しない限り物は利益を生まず、利益を生まなければ権利者に還元する原資も生まれない。また文化の発展という観点からも、いかにして著作物を世に広めるか、という点が著作権制度の最大の関心事のはずであり、本書はそのような観点から検討が加えられている。

平成 21 年改正を詳述した単行本は未だ存在しないと思えるので、本書の有する実益も大であろう。

　さらに、平成 21 年改正では見送られたが、近々立法が予想される「フェアユース」規定に関しても言及されている。フェアユースに関しては、同じ大陸法系でありながら、一足先に導入された台湾に関しても詳細な解説が加えられている。おそらく、台湾におけるフェアユース規定の導入の経緯やその運用実態について、わが国での研究は皆無であろうと思われるので、わが国のフェアユース導入に際しても大いに参考となろう。

　　2010 年 4 月

西村高等法務研究所理事・明治大学特任教授・東京大学名誉教授
中 山 信 弘

本書について

　本書は、平成 21 年法律第 53 号による著作権法の改正について解説するとともに、これからの著作権法改正の動向の見通しを紹介するものです。とはいえ、本書は、実務家が編集する改正法解説書にありがちな、あたりさわりのない公式見解を淡々と書き連ねるものではありません。そのような抑制的な解説が、それに依存する法律実務家の保守的に過ぎるプラクティスを誘導し、ひいては企業活動の創造性の芽を摘むような事態を、私たちは少なからず目にしてきました。私たちは、縮み志向の法解釈を是とするものではありません。私たちは、本書において、はっきりとした意見を示すべく努めました。種々の異論はあるにしても、むしろそれらの意見の間での論争を引き起こすものであってこそ、ほんとうに実務に役立つ議論ができるはずだと私たちは信じています。もっとも、著作権法について一般的になんとなく語られていること、つまり既成の概念にも言及しております。本書は、既成概念に挑戦して新たなビジネスを切り拓く実務家にとって利用価値のある 1 冊となるはずです。

　私たちは、著作権法の過去と未来を、伝統的なメディアと新興のメディアの絶えざる闘いと妥協としてとらえています。新旧いずれのメディアも、一方が善で一方が悪だというわけではありません。また、昨日まで新興のメディアだと思われていたものが、今日は伝統的なメディアの役割を演ずることも珍しいことではありません。肝要なことは、社会全体がアクセスできる情報の質と量を向上させるために、新旧メディアがバランス良く活動できるような均衡点を、不断の法改正と法解釈の *Kaizen* によって追求しつづけることです。著作権法という法律は、民主主義社会の根幹である国民の「知る権利」とテクニカルには衝突しつつも、究極においては、情報の流布を促進することによって民主主義社会を力強く支えるという性格を持っています。したがって、私たちは、日本国憲法が高らかに宣言する崇高な法的価値観と著作権法との関係を示すことに相当の頁数を割いております。また、外国における奮闘の状況を知ることが、わが国の法律が独善的なものとなることを防ぐための大きな支えとなることを

信じ、最近の海外の立法と法適用の状況の紹介を相当のボリュームをもって行いました。さらに歴史をふり返ることが、今後の立法活動のプロセスでも極めて重要なものとなることが予想されるため、資料編には相当の情報量を含む年表を入れました。

本書が、新旧いずれのメディアに属する方に対してもお役に立つことができるならば、たいへん幸せなことと存じます。

2010年4月

編集代表　寺本　振透

解説 改正著作権法●CONTENTS

序　文　　　［中山信弘］ ………………………………………………………… *i*
本書について　［寺本振透］ ……………………………………………………… *iii*

第1章　2009年改正の意義と歴史的な位置づけ
　　　　　　　　　　　　　　　　　　　　　　［寺本振透、深津拓寛］ …… *1*
　I.　著作権法はどのような役割を果たしているのか？ ……………………… *2*
　II.　伝統的なメディアと新しい世代のメディアとの衝突 …………………… *6*
　III.　2009年改正は、現時点における新旧世代のメディア企業の
　　　　要求の均衡点に対して、どこまで迫ることができたか？ ……………… *11*

第2章　近時の議論の整理
　I.　創作物の保護と情報アクセスの確保との均衡を軸とする議論の動向
　　　　　　　　　　　　　　　　　　　　　　［紋谷崇俊、髙木楓子］ …… *18*
　　　1.　著作権と「言論の自由」との相克(*18*)
　　　2.　社会的および技術的な背景(*20*)
　　　3.　種々の利益グループとその立場(*21*)
　II.　放送と通信との加速的な融合による影響を軸とする議論の動向
　　　　　　　　　　　　　　　　　　　［佐藤義幸、川本 周、濱野敏彦］ …… *26*
　　　1.　基本的人権を支える基盤としての、情報へのアクセスおよび
　　　　　コミュニケーション手段の保障(*26*)
　　　2.　放送と通信の融合の状況と社会的および技術的な背景(*35*)
　　　3.　種々の利益グループとその立場、そして、利益グループとしての
　　　　　主張と個々の主体としての主張との相違(*40*)
　　　4.　放送と通信の融合を踏まえ、著作権法の放送の扱いは今後どのよ
　　　　　うにあるべきか(*43*)
　　　5.　立法と行政の動き(*44*)

第3章　2009年改正の解説
　I.　インターネットがインフラとなり、検索エンジンが
　　　コモディティ化した社会への対応　　　［佐藤義幸、濱野敏彦］ …… *48*

1. 社会的および技術的な背景と、現実的な要請(54)
2. 2009年改正および立法の経緯の紹介(63)
3. 解説とコメント(66)

II. 公共のアーカイブにおけるデジタル技術利用の促進
　　　　　　　　　　　　　　　　　　　　　　［岩瀬ひとみ］……76
1. 社会的および技術的な背景と、現実的な要請(80)
2. 2009年改正および国立国会図書館法改正ならびに立法の経緯の紹介(94)
3. 解説とコメント(96)

III. 情報へのアクセス障壁軽減に向けた動き　　　［白石弘美］……102
1. 社会的および技術的な背景と、現実的な要請(108)
2. 2009年改正および立法の経緯の紹介(119)
3. 解説とコメント(132)

IV. インターネット抜きの取引が想定できなくなった社会への対応
　　　　　　　　　　　　　　　　　　　　　［紋谷崇俊、髙木楓子］……150
1. 社会的および技術的な背景と、現実的な要請(152)
2. 2009年改正および立法の経緯の紹介(160)
3. 解説とコメント(162)

V. 著作物の二次利用に対する障害の緩和に向けた動き
　　　　　　　　　　　　　　　　　　　［佐藤義幸、川本 周、濱野敏彦］……164
1. 社会的および技術的な背景と、現実的な要請(172)
2. 2009年改正および立法の経緯の紹介(173)
3. 解説とコメント(178)

VI. 消費者と事業者の境界の曖昧化への対応
　　　　　　　　　　　　　　　　　　　　　［紋谷崇俊、髙木楓子］……181
1. 社会的および技術的な背景と、現実的な要請(183)
2. 2009年改正および立法の経緯の紹介(185)
3. 解説とコメント(186)

VII. ワイヤード（wired）な消費者への対応
　　　　　　　　　　　　　　　　　　　　　［紋谷崇俊、髙木楓子］……187
1. 社会的および技術的な背景と、現実的な要請(188)
2. 2009年改正および立法の経緯の紹介(189)
3. 解説とコメント(190)

目次　vii

第4章　一般的フェアユース規定実現への課題と展望
[寺本振透、深津拓寛] ……193
- I. いわゆる「著作権の制限」規定の構造 …………………………………………194
  1. いわゆる「著作権の制限」規定の二つの型(194)
  2. いわゆる「著作権の制限」規定と著作者人格権の関係(199)
- II. 個別列挙型の規定と一般的フェアユース規定との比較 ………………203
  1. 個別列挙型規定の特徴(203)
  2. 一般的フェアユース規定の特徴(204)
  3. 一般的フェアユース規定による判断が適する行為と個別列挙型規定による判断が適する行為(205)
- III. 一般的フェアユース規定の実現を期待する動きと、その背景 ……206

第5章　世界の動向
[孫櫻倩] ……209
- I. はじめに―本章の目的とテーマについて ………………………………………210
- II. 権利制限の在り方に関する国際的な状況について ……………………211
  1. 各国の著作権法および権利制限規定を考察する上での前提となる基本的な視点(211)
    (1) 著作権制度における Copyright アプローチと Author's Right アプローチの相違について(212)
    (2) 権利制限における一般条項主義と限定列挙主義(214)
  2. 条約および各国毎の権利制限の在り方および動向について(217)
    (1) 条約等について(217)
      (i) 権利制限に関する国際条約上の定め（スリー・ステップ・テスト）(217)
      (ii) 権利制限に関する EC 情報社会指令の定め(226)
    (2) 各国毎の考察(230)
      (i) 米国(230)　(ii) 英国(244)　(iii) フランス(247)
      (iv) ドイツ(251)　(v) 韓国(254)　(vi) 中国(264)
      (vii) 台湾(266)
    (3) 台湾著作権法 65 条（「合理的使用」規定）の立法経緯および関連裁判例等について(267)
      (i) 台湾著作権法 65 条の立法趣旨と経緯について(267)
      (ii) 台湾著作権法 65 条に関する裁判例の紹介(273)
      (iii) 台湾著作権法における一般的権利制限規定の捉え方およびその運用をめぐる若干の考察(277)

III. 放送番組のネット配信に関する各国別の対応状況について
　　　——著作物等の二次的利用促進のための裁定制度および権利集中
　　　団体の利用状況を中心として *281*
　　1. 問題の所在(*281*)
　　2. 各国別の対応状況(*282*)
　　　(1) 米国(*282*)
　　　(2) 英国(*282*)
　　　(3) フランス(*283*)
　　　(4) 台湾(*284*)
IV. 本章の結び *285*
　　1. 世界の動向を踏まえた 2009 年改正の位置付け(*285*)
　　2. 今後の課題 —— 一般的権利制限規定の導入に向けての示唆(*287*)

資料編
　資料 *1*　著作権法の一部を改正する法律案要綱 *389*
　資料 *2*　著作権法の一部を改正する法律　新旧対照条文 *386*
　資料 *3*　年表　　　〔川上聡子、渡邉裕子、布川舞、高梨玲奈、澤地弘敬〕...... *292*

事項索引(*390*)
法令等索引(*395*)
判例索引(*400*)

凡　例

1．主要参考文献

　　加戸（2006）：加戸守行『著作権法逐条講義〔五訂新版〕』（著作権情報センター・2006年）

　　斉藤（2007）：斉藤博『著作権法〔第3版〕』（有斐閣・2007年）

　　作花（2004）：作花文雄『詳解著作権法〔第3版〕』（ぎょうせい・2004年）

　　田村（2001）：田村善之『著作権法概説〔第2版〕』（有斐閣・2001年）

　　中山（2007）：中山信弘『著作権法』（有斐閣・2007年）

　　ジュリ1392号「窓」：文化庁長官官房著作権課「法律の窓：著作物等の公正な利用と著作権等の適切な保護」ジュリスト1392号（2010年）2頁

　　コピライト1月号「H21年改正」：文化庁長官官房著作権課「著作権法の一部を改正する法律（平成21年改正）について」コピライト2010年1月号（著作権情報センター）21頁以下

2． 文中「法○条」とは、特に法令名を明示しない限り、著作権法の一部を改正する法律（平成21年法律第53号）（2009年6月21日公布、2010年1月1日施行〔一部施行日が異なる条文あり〕）による改正（以下、「2009年改正」という）後の著作権法（昭和45年法律第48号）の条文を指す。

3． 文中「2009年改正前法○条」とは、2009年改正前の著作権法（昭和45年法律第48号）の条文を指す。

4． 文中「旧著作権法」とは、1970年に現行の著作権法（昭和45年法律第48号）が制定される前の、著作権法（明治32年法律第39号）を指す。

5．「第5章　世界の動向」中「わが国著作権法○条」とは、2009年改正後の著作権法（昭和45年法律第48号）の条文を指す。

6． 脚注番号は、章ごとに（第2章および第3章については節ごとに）1）から付した。

7． 文献等の引用は、凡例に示したもののほか、同一章内において（第2章および第3章については同一節内において）2回以上引用されている場合は、2回目以降は略称を用いて示した。

第 1 章

2009 年改正の意義と歴史的な位置づけ

I. 著作権法はどのような役割を果たしているのか？

　著作権法が果たす役割を知らずして、いかなる著作権法改正の意義をも語ることはできない。そこで、本書の記述は、著作権法が果たす役割を確認するところから始める必要がある。著作権法が果たす役割について、一般的に受け入れられている共通の理解というものがあるのだろうか？

　法1条は「この法律は、著作物並びに実演、レコード、放送及び有線放送に関し著作者の権利及びこれに隣接する権利を定め、これらの文化的所産の公正な利用に留意しつつ、著作者等の権利の保護を図り、もつて文化の発展に寄与することを目的とする。」と規定する。この規定をみると、どうやら「著作物並びに実演、レコード、放送及び有線放送に関し著作者の権利及びこれに隣接する権利を定め」ることが手段、「著作者等の権利の保護を図」ることがとりあえずの目的（もちろん、著作者等に自然権としてそのような権利があるというわけでもないから、ここにいう「権利」とは「利益」のことだと考えるのがより厳密ではある）、「文化の発展に寄与すること」が究極の目的だということになりそうである。そして、「これらの文化的所産の公正な利用に留意しつつ」というのは、手段の設計および運用の指針を示しているものだということになりそうである。もっとも、著作物の利用について排他的な権利を定めることが、なぜ、文化の発展に寄与することになるのかは、同条をみていてもよくはわからない[2]。

　このあたりのメカニズムについては、次のように説明されている。すなわち、著作物の利用について著作者に排他的な権利を与えることは、著作物を利用する者から収益を得る機会を著作者に保障することになる。このことが、著作者

---

1) 中山（2007）204 頁は、「著作権とは、政策的目的のために法が特に認めた人工的な権利」とする。田村（2001）6 頁も、著作権を自然権とする考え方に否定的である。
2) 著作権法の目的を、著作者に創作に対するインセンティブを与えるものと説明するものとして、加戸（2006）13 頁以下、半田正夫 = 松田政行編『著作権法コンメンタール 1』［辻田芳幸］（勁草書房・2009 年）836 頁。さらに、知的財産権一般について述べたものであるが、作花（2004）2 頁も同旨。

による創作のインセンティブになる。そのことにより、ますます活発に創作がなされ、ひいては、文化が発展するのである、と。[3]

　もっとも、このような説明は、現実に照らしてみれば、妥当する場合も多くあるが、しかし、妥当しない場合もまた少なからずある、というものでしかない。たとえば、Linuxに代表されるオープンソースのソフトウェアは、ソースコードが無償で公開され、複製、頒布、改変等が認められている。[4][5]オープンソースのプロジェクトに寄与する人々は、ソフトウェアの複製等の許諾の機会を捉えて収益を得ることを、創作のインセンティブとはしていない。また、自己の研究成果をできうる限り世間に広めたい研究者やYouTube等の動画投稿サイトに自作の動画を投稿する人々の多くにおいては、自己の著作物の利用から収益を得ることよりも、むしろ、自己の著作物がより広く社会に認知されることこそが創作のインセンティブとなっているはずである。してみれば、このような説明は、まったく説得力がないというわけではないが、しかし、十分な説得力があるともいえない。おそらくは、著作物へのアクセスの拡大によって

---

3) 米国連邦最高裁判所は、Mazer v. Stein, 347 U. S. 201（1954）において、合衆国憲法1条8節が連邦議会に対して、著作者および発明者にその著作物および発明について、一定期間の排他的権利を保障することによって、学術および技芸の発展を促進する（"To promote the progress of science and useful arts, by securing for limited times to authors and inventors the exclusive right to their respective writings and discoveries"）という権限を与えたことにつき、"The economic philosophy behind the clause empowering Congress to grant patents and copyrights is the conviction that encouragement of individual effort by personal gain is the best way to advance public welfare through the talents of authors and inventors in 'Science and useful Arts.'"と説明している。また、米国著作権法に関する議論において最もよく引用される文献と思われるNimmer on Copyrightも、著作権法の目的を説明するに際して、同判例を引いている。1-88.18 Nimmer on Copyright § 1.03.

4) Linuxカーネル（kernel：OSの中核部分）はライセンス条件として、GNU General Public License version 2を採用している。The Linux Kernel Archives〈http://www.kernel.org/〉、The Linux Foundation "1：A Guide to the Kernel Development Process"〈http://ldn.linuxfoundation.org/book/1-a-guide-kernel-development-process〉、GNU General Public License, version 2〈http://www.gnu.org/licenses/gpl-2.0.html〉、GNU General Public License, version 2（日本語訳）〈http://www.opensource.jp/gpl/gpl.ja.html＃SEC2〉。

5) オープンソースのライセンスの仕組みについて、たとえば、寺本振透「新オープンソースライセンス概論─ソースコードの開示については果たして請求され得るのか？（その1）」インターネットマガジン2004年3月号160頁〈http://i.impressrd.jp/files/images/bn/pdf/im200403-160-open-source.pdf〉を参照。

文化が発展する仕組みに対する目配りを怠っていることが、このような説明の説得力が十分でない原因であろう。

　文化の発展が、我々の著作物へのアクセスが容易となり、また、拡大されることによって、促進されることには、疑いの余地がない。では、我々の著作物へのアクセスを容易とし、または、拡大する役割は、誰が果たしているのであろうか？　我々の著作物に対するアクセスのほとんどは、著作者自身によって与えられたものではない。ほとんどすべての場合において、何らかのメディア機能を持つ企業が、著作者と我々との間で著作物に対するアクセスを媒介しているのである。このことは、一見、我々が直接に著作者から著作物に対するアクセスを与えられているように見えるブログですら例外ではない。なぜなら、そこには、少なくとも、ブログサービスを提供する企業と、インターネット・アクセス・サービス・プロバイダ（以下、「ISP」という。これらの企業は、時として、同一の企業であることもある）が介在しているからだ。このようなメディア企業の存在に注目するならば、著作権法の主たる機能は、次のように説明できるだろう。すなわち、我々の著作物に対するアクセスの容易化および拡大のためには、メディア企業に対して、アクセス媒介機能を果たすことへの経済的なインセンティブを与えることが役に立つ。では、如何にして、メディア企業に対して、このような経済的なインセンティブを与えるか？　もちろん、手っ取り早い方法は、ある著作物に対するアクセス媒介というサービスの提供について、自由な競争が成り立たないようにして、特定のメディア企業に対してレント[6]の獲得を可能とすることである。どうやってレントを獲得させるか？　その著作物に対するアクセス手段を当該メディア企業に独占させればよい。

　もっとも、これで一件落着というわけにはいかない。メディア企業は、著作者と取引することによって、著作者から著作物へのアクセスを獲得しなければ

---

[6]　レントとは、経済学の用語で、企業や個人等がある行為を開始する、あるいは維持するために必要となる利益に対する上乗せ利益分を意味する。たとえば、企業が新規事業への参入を決定する際に見込む最低限の利益と現実に得られる利益との差がレントである。したがって、ある事業への参入によって見込まれるレントが大きければ、企業はその事業への参入に誘引されることとなる。レントは、許認可等による独占的営業によって生じるのが典型例の1つである。たとえば、Anne O. Krueger, *The Political Economy of the Rent-Seeking Society*, 64 The American Economic Review 291（1974）参照。

ならない。この取引を実現させるためのコストは、実は、取引の成立を妨げるほどに大きなものとなる危険を秘めている。なぜか？ 著作物は、いくらでも複製可能である。著作者が、その著作物に対するアクセスを、メディア企業に対してひとたび与えたらどうなるか？ メディア企業としては、そのことによって、我々に対して著作物へのアクセスを媒介するサービスを提供するために必要な条件がすべて整ったことになる。そうなると、著作者のメディア企業に対する交渉力（典型的には、著作物へのアクセスを与えることの対価をいくらに設定するかという主題をめぐる交渉が想定される）は、著しく低いものとなってしまう。メディア企業からすれば、交渉を開始する前に目的を達成してしまっているのだから、そもそも著作者と今さら交渉をしなければならない理由すらないといえる。では、著作者が、メディア企業との交渉を有利にするために、交渉がまとまらなければ著作物へのアクセスを与えない、という戦術をとるとどうなるか？ メディア企業からすれば、まだ見ぬ著作物という商売になるかどうかもわからないもののために取引交渉に入るというリスキーな決断、あるいは、その著作物へのアクセスを与えてもらうために一定の対価を支払うというさらにリスキーな決断は行いがたいであろう。結局、著作者とメディア企業との間において、取引が成立する可能性が著しく低いということになってしまう。これでは、いくらメディア企業に対して著作物に対するアクセス媒介へのインセンティブを与えたとしても、そもそも、メディア企業が著作物へのアクセスを著作者から得られないのだから、我々の著作物へのアクセスは容易とはならないし、また、拡大することもない。そこで、著作者に対して、メディア企業による著作物へのアクセス媒介機能を制御する力を与えることとする。すると、メディア企業は、著作物へのアクセスを与えられることによって、著作者との交渉に入るためのコストが十分に低くなったとしても、自由に著作物へのアクセス媒介サービスを我々に提供することはできなくなる。それを行うためには、著作者の許可が必要ということになる。つまり、著作権法が、著作者に対して著作物の利用に関する排他的権利を与えることにより、結果的には、著作者とメディア企業との間の取引コストが低くなっている。メディア企業は、著作者からこのような排他的権利の譲渡を受け、あるいは、著作者がそのような排他的権利を行使するであろうという事実上の脅威に守られて、レントを確保する

ことができる。[7]

　著作権法は、このような二段構えのメカニズムによって、メディア企業に対してインセンティブを与えつつ、著作者とメディア企業との取引コストも低くする。そのことによって、我々の著作物に対するアクセスが容易となり、また、拡大されるのである。これが、著作権法の機能である。

II. 伝統的なメディアと新しい世代のメディアとの衝突

　では、あらゆるメディア企業にとって、このような著作権法の働き方が好都合なのだろうか？　決してそのようなことはない。このような著作権法の働き方は、ときとして、あるクラスのメディア企業に不都合を及ぼす。その典型的な局面は、次のようなものである。

　第1に、ある著作物に対するアクセスを媒介するサービスに後から参入しようとしたメディア企業にとっては、先行するメディア企業が排他的権利によって直接または間接に保護されることが不都合であることは、いうまでもない。たとえば、十分に成功した先行するメディア企業がある著作物に対するアクセスを媒介する市場に、遅れて参入しようとするメディア企業にとって、既存の著作物へのアクセスを先行するメディア企業が独占し、それが排他的権利の保護を受けていることは、自分たちの商品カタログに既存の著作物の多く（消費者に支持される著作物の多くが含まれよう）を載せられないことを意味する。また、いわゆるロングテール型[8]のビジネスで儲けようとする新興メディア企業（たとえば、Amazon や iTunes Store を展開する Apple 等）の場合は、できる限り低いコストで膨大な種類の著作物へのアクセスを少量ずつ販売する必要があるから、コストをかけて排他的権利を取得することは採算に合わない。さらに、そのような新興メディア企業にとっては、物理的な制約にとらわれずに膨大な種類の商品を販売することを可能にするビジネスの仕組み自体が強みとなっているのだから、彼らのビジネスにとっては、商品となる著作物について、排他的権利による保護が常に必要とまではいえない。したがって、排他的権利によ

7）　中山（2007）8頁は、著作権の分野における著作物の流通の重要性を指摘する。

る保護よりも、制約の少ない自由競争に近い状況が望ましいことが多いはずである。くわえて、公表済みの著作物を別の手段で公衆送信したり、インターネット放送事業者が放映済みのテレビ番組をインターネットで公衆送信する場合等、公表済みの著作物を改変したうえで公衆送信しようとする新興メディア企業にとっては、先行するメディア企業が、権利の取得時点では自身のビジネスに使用するつもりのなかった利用方法まで包含する排他的権利を保有していることはビジネスの障害となる。

　もっとも、現状においては、出版社やレコード会社等の伝統的なメディア企業が新たなアーティストを発掘しプロモートする機能を有しているところ、著作権が全く保護されない完全な自由市場は、このような機能を不全にするおそれがあるから、上に挙げたような新興メディア企業にとっても望ましいとはいえない。すなわち、著作権という排他的権利による保護が完全に失われれば、レコード会社は多くの資金を投じて新人アーティストの発掘やプロモートをしなくなるだろう。他人が発掘してプロモートした結果、人気を得たアーティストの楽曲を複製して販売する方が、リスクもコストも小さいからである。そのような状況になれば、新興メディア企業にとっても、自らの商品である著作物が質量ともに十分に供給されなくなるため、事業に支障を生じることになるからである。

---

8) ロングテールとは、売上順位が下位の商品は、1商品あたりの売上は小さいものの、その数（売上がゼロではない商品の数）は非常に多いのだから、これらを多数集めて販売することができれば、その総売上は大きなものになるという考え方である。これは、売り場面積等の物理的制約から商品構成を売れ筋に絞るという従来のマーケティングの常識に反するものである。しかし、Amazon のオンラインストアや Apple の iTunes Store での楽曲等のダウンロード販売は、このような物理的制約を受けることなく、膨大な種類の商品を販売して利益を上げている。これらは、ロングテール型のビジネスの典型例である。たしかに、Amazon はオンラインストアの背後に巨大な在庫を抱えている。だが、消費者に対する商品の展示を考慮せずに倉庫の場所を選択できるから、物理的制約は概ね無視できるといえる。また、iTunes Store は一つのデータを繰り返しダウンロード販売することができるから、およそ在庫は存在せず、ほぼ完全に物理的制約を無視できる。ロングテールという考え方の起源は、WIRED 誌の編集長であったクリス・アンダーソン氏が同誌に 2004 年に発表した論文とされている。Chris Anderson, *The Long Tail*, 12.10 WIRED（2004）〈http://www.wired.com/wired/archive/12.10/tail.html〉、クリス・アンダーソン（篠森ゆりこ訳）『ロングテール―「売れない商品」を宝の山に変える新戦略〔アップデート版〕』（早川書房・2009 年）。

この問題を解決するために、新興メディア企業がロングテールの儲けをアーティストの発掘とプロモーションに回すことも考えられる。しかしながら、まだまだ、このような新興メディア企業によるアーティストの発掘やプロモーションの機能は大きいとはいえない[9]。結局のところ、そのような新興メディア企業としても、著作物に対する排他的権利の保護がなければ、アーティストの発掘とプロモーションに要するコストとリスクを負担することは、当面、困難であるかもしれない。

　したがって、現在においては、新興メディア企業にとっても、適当な程度と範囲の著作権保護が必要になるのである。

　第２に、我々消費者による著作物の利用方法が制約されないことによって収益機会を拡大できる型のビジネスモデルを採用するメディア企業にとって、排他的権利の存在は、収益機会拡大の障害となる。たとえば、DVDやMD等の記録媒体を販売する企業やメディアプレーヤを販売する企業（これも、一種のメディア企業とみることができる[10]）にとっては、記録媒体に記録される著作物が著作者の許諾を得て利用されるか否かは関係なく、消費者が排他的権利に制約されずに自由に著作物を複製して利用すればするほど、記録媒体やメディアプレーヤの売上が伸びることになる。また、携帯電話事業者やISPのような通

---

[9] 携帯電話向け無料ウェブサイトサービスを提供している新興メディア企業である株式会社魔法のiらんどは、自社のウェブサービス利用者から多くの携帯小説家を世に送り出し、その作品の中から「恋空」、「赤い糸」等が映画化された。これは、新興メディア企業がアーティストの発掘とプロモーションに成功した数少ない例である。また、Amazonは、2010年1月、Kindleデジタルプラットフォームを利用して、世界中の人間が自らの著書をKindle Storeで販売できるサービスの提供を始めた。「Amazon Expands Kindle Digital Text Platform to Enable Authors and Publishers Worldwide to Publish English, German, and French Language Books in the Kindle Store」〈http://phx.corporate-ir.net/phoenix.zhtml?c=176060&p=irol-newsArticle&ID=1375511&highlight=〉。この仕組みを利用すれば、世界中の個人が出版者を通さずに、自らの著書を世界中の読者に向けて販売することが可能となる。これは、新興メディア企業が、新しいアーティストの発掘とプロモーションのためのインフラを自ら構築して提供する試みである。今後、このような新興メディアによるアーティストの発掘とプロモーションの試みは増加していくことが期待できる。

[10] マーシャル・マクルーハン（栗原裕＝河本仲聖訳）『メディア論―人間の拡張の諸相』（みすず書房・1987年）283頁は、蓄音機は人の声やメロディを拡張できるものであるとして、蓄音機をメディアとして論ずる。DVDプレーヤやMDプレーヤも、蓄音機と同様に、人の声、動作、メロディ等を拡張するという意味で、一種のメディアといえる。

信事業者にとっても、自社の通信インフラ上を何が流れるかは関係なく、消費者が自由に著作物を利用することで、自社の通信インフラ上のトラフィックが増えることが収益拡大につながる。

　もっとも、このような記録媒体やメディアプレーヤを販売する企業にとっても、現状においては、著作権という排他的権利が完全になくなることは望ましくない。なぜなら、レコード会社等の著作物を発掘し、育て、分配する伝統的なメディア企業が機能しなくなれば、自分たちが扱う記録媒体およびメディアプレーヤに記録される情報または携帯電話通信網およびインターネットを経由して流れる情報自体の創出が損なわれるからである。

　こうしてみると、既存の伝統的なメディア企業にとっては著作権保護が手厚いことが都合がよく、新興メディア企業にとっては著作権保護がほどほどの水準にとどまっていることが都合がよいというおおよその傾向が見えてくる[11]。なるべく多くの創作物に対するアクセスが社会に対して提供されることが好ましく、また、それが著作権法の目的であると考えるならば、伝統的なメディア企業と新興メディア企業の一方のみに都合のよい水準に著作権保護を設定することは適切ではない。創作物に対するアクセスを社会に対して提供するにあたっては、双方の世代のメディア企業が大きな役割を果たしているはずだからである。

　いうまでもないことだが、時代に応じて、伝統的な世代のメディア企業の顔ぶれも、新しい世代のメディア企業の顔ぶれも変動する。ある時代において新しい世代のメディア企業と目されたものが、現代においては伝統的な世代に属するとみられることもあるだろう。また、それぞれの世代のメディア企業の役割の重要性も変動する。

---

11) 岩倉正和弁護士は、2009年7月24日に開催された文化審議会著作権分科会法制問題小委員会において、デジタル・コンテンツの特性に応じた日本版フェアユース規定を、(特別法において) 独立して設けることを提唱した。このような提唱は、新興メディア等の行為について、デジタル・メディアにおける利用に限って広く著作権の排他的効力の行使に対する制限を強くしようとするものである。これは、新しい世代のメディア企業が、もっぱら、デジタル・メディアにおいて著作物を利用し、媒介するものである現状を強く反映している。文化審議会著作権分科会法制問題小委員会 (第3回) 議事録〈http://www.bunka.go.jp/chosakuken/singikai/housei/h21_shiho_03/gijiyoshi.html〉。

たとえば、かつては、新聞という伝統的なメディアに対して、テレビは新興メディアとして位置づけられていたが[12]、インターネットという新たなメディアが登場した現代においては、インターネットとの関係では、テレビもまた新聞とともに伝統的なメディアと位置づけられるだろうし、実際、視聴者および広告を奪われつつある。とりわけ、新聞は、購読者および広告をインターネットに奪われ、存亡の危機にあるという向きもある[13]。

また、かつては、映画会社はビデオレコーダという新しいメディアに激しい拒否反応を示した。米国において、大手映画会社である Universal City Studios, Inc.（ユニバーサル・スタジオ社）は、ビデオレコーダによるテレビ番組の録画は著作権侵害であると主張して、Sony Corp. of America（ソニーの現地法人）に対して、訴訟を提起した。これに対する米国連邦最高裁判所の判断は、ビデオレコーダによるテレビ番組の録画はフェアユースにあたり、著作権を侵害せず、ビデオレコーダの製造販売も著作権侵害ではないというものであり、映画業界は敗訴した[14]。ところが、その後、映画会社では、映画館での上映開始後、一定期間経過後にビデオ（現在ではDVDまたはBlu-rayに置き換わっている）を販売することで、一つの著作物から再度の収益を得ることが、ビジネスモデルとして定着している。

さらに、2000年代に入って、それまではイメージを売るという戦略に長けていたとはいえ PC というハードの販売をビジネスの中心としていた Apple が、iPod および iTunes Store によって、消費者による楽曲購入の経路を押さえることで、新興メディア企業としての存在感を増している。その一方で、レ

---

[12] テレビ等の発達によって新聞が受けた変容について論じた文献として、マクルーハン・前掲注10) 218 頁参照。

[13] 新聞は、インターネットにその地位を脅かされながらも、ウェブサイトを開設するなど、積極的にインターネットに進出することで生き残りをはかろうとしている。New York Times が、Amazon が発売する電子ブックリーダー「キンドルDX」を介してニュースを配信する、というのもその一例である。ダニエル・ライオンズ「アマゾンの新端末は新聞を救うか―大型画面の電子ブックリーダー『キンドルDX』に集まる期待と厳しい現実」ニューズウィーク日本版オフィシャルサイト〈http://newsweekjapan.jp/stories/business/2009/07/post-273.php〉。2010年2月17日現在。

[14] Sony Corp. of America v. Universal City Studios, Inc., 464 U. S. 417 (1984)（ソニー・ベータマックス事件）。

コード会社は、音楽CD販売の減少に苦しみ、楽曲のダウンロード販売においても必ずしも主導権を握ることができていない。

日本においてもファイル共有ソフトWinny[15]をめぐって、レコード、音楽CD、映画、テレビ放送等にくわえて（近年成立した比較的新しいメディアである）クライアント・サーバ方式のインターネット経由によるコンテンツ配信までもが伝統的メディア側に立ち、Peer to Peer通信によるデータ配信というより新しいメディア（Winny）を自分たち伝統的メディアの著作権を侵害するものであるとして非難している。かかる一連の紛争は、Winnyの開発者が著作権法違反の疑いで逮捕起訴されるまでに及んだ（ウィニー著作権法違反幇助事件）[16]。これは、新旧メディアの顔ぶれが時代により変動することにより、新旧メディアの対立が顕著にあらわれた一例である[17]。

したがって、伝統的な世代のメディア企業の機能と新しい世代のメディア企業の機能のそれぞれがトータルで最も良く機能する均衡点というものは、時代に応じて変動せざるを得ない。そのような変動に応じて、著作権保護の水準もまた変動せざるを得ない。このことは、常に、著作権法の見直しが必要であることを意味する。また、著作権保護の水準をただ高めればよいというものでもなく、緩めるべき場合もありうることをも意味する。著作権法改正は、そのときどきの均衡点を可能な限り迅速に追いかける終わりのない作業であることを運命づけられているのである。

III. 2009年改正は、現時点における新旧世代のメディア企業の要求の均衡点に対して、どこまで迫ることができたか？

筆者らは、著作権法改正とは、伝統的な世代のメディア企業の機能と新しい

---

15) Winnyとは、サーバを利用せずに、インターネットを介して不特定多数の端末（パソコン等）間で楽曲や動画等のファイルの転送を可能とするソフトウェアである。このようなファイル転送の方式は、Peer to Peer（ピアツーピア）方式と呼ばれている。一方で、サーバがファイルを一極管理して、各端末に転送する方式をクライアント・サーバ方式という。

16) Winnyの開発者である元東京大学大学院助手は、著作権法違反幇助の罪で起訴され、第一審（京都地判平成18年12月13日判タ1229号105頁。有罪）と控訴審（大阪高判平成21年10月8日。無罪）で判断が分かれている。

世代のメディア企業の機能のそれぞれが、トータルで最も良く機能するその時々の均衡点を可能な限り迅速に追いかける終わりなき作業であると述べた。2009年改正もまた、現時点における新旧世代のメディア企業の要求の均衡点を追いかける作業と位置づけられる。では、2009年改正はかかる均衡点にどこまで迫ることができたであろうか。

たとえば、法47条の6（送信可能化された情報の送信元識別符号の検索等のための複製等）は、インターネットを経由して、Googleのような検索サービスを業として提供するものが、当該検索およびその結果の提供を行うために必要と認められる限度で、インターネットを経由して提供されている著作物をキャッシュとして保存したり、検索結果として表示することが著作権侵害にあたらないことを明確にした。

従来、インターネットを経由して提供されている検索エンジンについて、他人の著作物を許諾なくキャッシュとして保存することや、検索結果として文章の一部または画像のサムネイルを表示することが、複製権、翻案権等を侵害す

---

17) 社団法人私的録画補償金管理協会（以下「SARVH」という）は、2009年11月10日、株式会社東芝（以下「東芝」という）に対して、同社が販売するアナログチューナー非搭載のデジタル放送専用のDVDレコーダ（以下「アナログチューナー非搭載DVDレコーダ」という）について、私的録画補償金（以下「補償金」という）を支払うように訴訟を提起した。これも新旧メディアの闘争の例といえる。たしかに、著作権保護技術が施され複製の範囲や態様が管理されているデジタル放送の記録しかできないアナログチューナー非搭載DVDレコーダについては、補償金を支払う必要がないとすることは理屈がとおっているようにも思える（なお、東芝は、アナログチューナー非搭載DVDレコーダが補償金の対象であるか否か明確でないとしている。東芝ウェブサイト2009年11月11日付ニュースリリース「私的録画補償金に関する当社の対応について」参照〈http://www.toshiba.co.jp/about/press/2009_11/pr_j1101.htm〉）。しかしながら、アナログチューナー非搭載DVDレコーダの普及と地上波放送の完全デジタル化によって補償金の支払が不要となるような結論は、これまで補償金を受け取ってきたレコード会社等の著作物の権利者（SARVHの役員の多くは、いわゆる権利者団体が占めている。また、音楽の著作権がしばしば音楽出版社に譲渡されていることからすれば、権利者イコール創作者とは限らないことに注意すべきである）にとっては、受け入れがたいことと思われる。伝統的メディアが担う著作物の発掘、育成等の役割を考慮すれば、なお伝統的メディアに対して補償金を支払い続けることも、著作物に対するアクセスを拡大するという著作権の機能に反するものではないともいえる。だが、伝統的メディアがそのような役割を十分に果たせなくなったとき、あるいは、新興メディアがそのような役割を十分に担えるようになったときには、補償金制度を正当化する理由付けは著しく困難となるだろう。補償金制度が過渡的な制度である所以である。

るのではないかとの懸念が存在していた。しかしながら、インターネットを利用して情報へアクセスするうえで、検索サービスが与える利便は非常に大きい。検索サービスが存在しなければ、インターネットを経由して提供されている情報へのアクセスが著しく困難になる。その一方で、検索エンジンによって収集され、表示される情報の多くは、すでにインターネットを経由して公開されている情報である。したがって、これらの情報が、検索エンジンによって、キャッシュとして記録されたり、検索結果として表示されたりしたとしても、著作権者に与える不利益はごくわずかであるかまたはないに等しい。

法47条の6は、検索サービスを提供する新しい世代のメディア企業が、インターネットを経由して提供されている情報へのアクセスの媒介者として果たす極めて大きな役割と著作権者の被る不利益が軽微であることとを衡量して、検索サービスが著作権を侵害しないことを明確にしたと評価できる。

また、法37条3項（視覚障害者等のための複製等）は、視覚による書籍、放送、映画その他の旧来のメディアではコンテンツを認識することに困難がある人々のために、視覚によって認識される著作物を音声化すること、その他視覚による旧来のメディアではコンテンツを認識することに困難がある人々がこのような著作物を利用するために必要な方式により複製し、または自動公衆送信することが著作権を侵害しないことを明確にした。法37条3項は、2009年改正前法37条3項と比較して、権利制限の受益者を視覚障害者に限定せず、弱視者等を含む視覚による表現の認識に障害のある者に拡大した点、および、公衆送信の対象となる利用態様を録音に限定せず、視覚による旧来のメディアではコンテンツを認識することに困難がある人々にとって適当な方式を選択できるようにした点において、視覚による旧来のメディアではコンテンツを認識することに困難がある人々による情報へのアクセスをより強く支援する内容となっている。その一方で、著作権者等により、視覚による旧来のメディアではコンテンツを認識することに困難がある人々が認識できる方法で、著作物が公衆に対して提供または提示されている場合には、当該規定の適用がない旨も規定された。

視覚による旧来のメディアではコンテンツを認識することに困難がある人々による情報へのアクセスを確保するためには、著作物を音声化すること等が重

要な手段となる。一方で、著作物の権利者にとっては、著作物の音声化等がなされて視覚障害者等に提供されたとしても、そもそも視覚による旧来のメディアではコンテンツを認識することに困難がある人々向けの著作物の市場が、いわゆる健常者、すなわち旧来のメディアでそのコンテンツを認識することにあまり困難を感じていない人々（以下「旧来メディア適合者」という）向けの市場と比較して大きいとは思われず、権利者が被る不利益は小さいと思われる。法37条3項は、このような視覚による旧来のメディアではコンテンツを認識することに困難がある人々が著作物へアクセスする必要性と著作物の権利者が被る不利益とを衡量して、視覚による旧来のメディアではコンテンツを認識することに困難がある人々が著作物へアクセスする必要性を優先したと評価できる。

一方、著作権者等により、視覚による旧来のメディアではコンテンツを認識することに困難がある人々が認識できる方法で、著作物が公衆に対して提供または提示されている場合には、このような動きを尊重し、権利制限を行わないこととしたことは、民間主導のユニヴァーサルデザイン化をサポートするものとして評価できる。もっとも、この種の規定の運用に際しては、視覚による旧来のメディアではコンテンツを認識することに困難がある人々にとって、著作物の音声化が、情報へのアクセスを確保し、知る権利（知る権利は、憲法上の権利である表現の自由（憲法21条1項）の一類型と解されている[18]）を保障する不可欠の手段の一つであることを重視し、慎重であることが求められる。

このような旧来のメディアではコンテンツを認識することに困難がある人々による情報へのアクセスの必要性と著作物の権利者が被る不利益との衡量は、法37条の2（聴覚障害者等のための複製等）においても見受けられる。

さらに、2009年改正では、法30条1項3号（私的使用のための複製）に著作権を侵害する著作物の配信を、著作権侵害の事実を知りながら、受信してデジタル方式で録音または録画するような行為は、私的使用のための複製に該当せず、著作権侵害にあたる旨を規定した。たとえば、インターネットを経由して著作権者の許諾なく配信される楽曲や動画をそうと知りつつダウンロードする

---

18) 芦部信喜（高橋和之補訂）『憲法〔第4版〕』（岩波書店・2007年）165頁、佐藤幸治『憲法〔第3版〕』（青林書院・1995年）513頁。

III. 2009年改正は、現時点における新旧世代のメディア企業の要求の均衡点に対して、どこまで迫ることができたか？

ような行為がこれにあたる。ただし、法 30 条 1 項 3 号に違反する行為に対する罰則は定められていない。

このような行為は、家族にも極めて親密なコミュニティにも属さない他人同士の間で著作物を複製して譲渡するものであるから、そもそも私的使用のための複製にはあたらないとすれば、2009 年改正で著作権侵害にあたる旨規定されなかったとしても著作権を侵害すると考えられたであろう。そのようなもともと著作権侵害にあたる行為につき、あえてそうである旨を明確にしたことは、このような楽曲や動画の配信によって損害が生じていると主張するレコード会社や映画会社等の旧世代のメディア企業にとっては、こうしたダウンロードを行う者に対する威嚇効果が期待できることにくわえて、これらのダウンロードを行う者に対する損害賠償請求等の民事上の措置を執りやすくなるというメリットがあるといえる。

その一方で、インターネットの普及によって、個人からの社会に対する情報発信が容易になったために、特別な才能や情熱を持っているわけではない一般の個人が情報へのアクセスを媒介する、いわば一般の個人がメディアの機能を果たすような状況が生じている。このような一般の個人は、一から作り出すというよりも他人の著作物をもとに創作することが多いと思われるし、そのような著作物が他の著作権に抵触するものであるかどうかを知ることは難しい。

違法に複製されたデータのダウンロードに罰則を設けなかったことは、一般の個人による情報へのアクセスの媒介による利益と違法に複製されたデータの流通を防止するという伝統的メディア企業の利益とのバランスをはかるための努力がなされていると評価しうる。

以上の例にみられるように、2009 年改正は、現時点における、新旧世代のメディア企業の要求の均衡点に迫るという意味では、新しいメディア企業の活動を過度に阻害することなく、伝統的メディア企業の利益を一定程度確保することを追求したという点でそれなりの評価をすることができる。しかしながら、とりわけ旧来のメディアではコンテンツを認識することに困難がある人々のための対応の不徹底さ（かかる分野における立法の不徹底さは過去の改正においてもみられた。この点については、第 3 章 III 節参照）にみられるように、今という時点における理想的な均衡点に達することは、なかなか困難なことである。

第 2 章

近時の議論の整理

I. 創作物の保護と情報アクセスの確保との均衡を軸とする議論の動向

1. 著作権と「言論の自由」との相克

著作権法の存在理由の一つとして、著作権を保護することにより、創作へのインセンティブを付与することが挙げられる[1]。

しかし、これは、あくまでも原作品の創作者側に着目した見方である。著作権侵害が問われる側に目を転ずると、著作権法により創作物が保護されることによって、情報への自由なアクセスが制限され、個人や企業の表現活動、創作活動およびソフトウェア開発等が制約される面もある[2]。

このように、著作権制度を考えるにあたっては創作物の保護による創作へのインセンティブを付与することと、情報アクセスを確保することとの、双方に対して配慮することが必要となる。著作権制度が、他人の著作物を含む一定の表現を著作権者の承諾なく利用したり発表したりできなくなるという点で、憲法によって保障されている「表現の自由」という基本的人権（憲法21条）を制約する側面を持っていることに留意する必要がある。

この問題をめぐって、米国では、1998年に制定されたソニ・ボノ著作権保護期間延長法（CTEA）の合憲性が争われた Eldred 事件（ソニ・ボノ法違憲訴訟）[3]にみられるように、著作権と、言論の自由を保障する合衆国憲法第1修正[4]との間の調整の問題が、活発に論じられるようになっている[5]。著作権と表現

---

1) 中山（2007）13頁。
2) 野口祐子「デジタル時代の著作権制度と表現の自由―今後の知的財産戦略に当たって考慮すべきバランス（上）」NBL777号（2004年）18頁。
3) Eldred v. Ashcroft, 537 U.S. 186 (2003) (Eldred 事件)。当該訴訟は、エルドレッドをはじめとする個人や事業者からなる原告が、司法長官を相手取り、CTEA が制定されたことにより、パブリックドメインに入るはずであった著作物の利用が難しくなったと主張し、CTEA の合憲性を争った事件である。横山久芳「ミッキーマウス訴訟がもたらしたもの」ジュリスト1244号（2003年）268頁など参照。
4) 合衆国憲法第1修正は、"Congress shall make no law...abridging the freedom of speech, or of the press" と規定している。

の自由との関係については、Eldred 事件に先立って、Harper & Row v. Nation Enterprises事件最高裁判決が、「合衆国憲法制定者は、著作権自体が、自由な表現の原動力（the engine of free expression）となることを意図していた」と判示していた。そして、Eldred 事件最高裁判決においても、同様に、著作権の目的が自由な表現の創造と出版を促進することにある点を強調した上で、もともと著作権法は、第1修正の要請を充足する形で制度設計されているとして、CTEA は第1修正に違反しないと結論付けている。しかしながら、同訴訟の反対意見には、著作権条項の真の目的は一般公衆の著作物へのアクセスを保障する点にあるところ、CTEA による著作権の保護期間延長は、このような一般公衆の著作物へのアクセスを過度に制約するもので、一方的に著作権者の利益を図ろうするものであるから許されない、といった意見や、著作権の保護期間延長立法は、表現規制としての性格を有するものであるから、裁判所はその合憲性について純粋な経済規制よりも厳格な司法審査を行うべきであるところ、CTEA の立法目的には合理性が認められないといった意見がある。

　日本の場合は、米国と異なり、著作権を保護せよとの憲法上の要求がされているわけではないし、また著作権法上の規定も米国のものとは異なる。しかしこれらの米国裁判例は、日本の著作権法と表現の自由の関係を考える上で大

---

5) 山口いつ子「表現の自由と著作権」相澤英孝ほか編『知的財産権の理論と現代的課題—中山信弘先生還暦記念論文集』（弘文堂・2005 年）365 頁。著作権と、合衆国憲法第1修正との間の調整の問題を論じたものとして、Jed Rubenfeld, *The Freedom of Imagination: Copyright's Constitutionality*, 112 Yale L.J.1(2002)参照。

6) Harper & Row Publishers, Inc., v. Nation Enterprises, 471 U.S. 539(1985)(Harper & Row v. Nation Enterprises 事件)。

7) 合衆国憲法1条8節8項は、"The Congress shall have Power…To promote the Progress of Science and useful Arts, by securing for limited Times to Authors the exclusive Right to their respective Writings"と規定している。この条項の当該箇所が、一般的に著作権条項と呼ばれるものである（山口・前掲注5)）。

8) 長谷部恭男「憲法学者はなぜ著作権を勉強する必要がないか？」法学教室 305 号（2006 年）33 頁。なお本記事は、最後に「憲法学者が著作権を勉強しない理由は実にない」と述べている。

9) 具体的には、思想と表現とを区別して、思想には著作権の保護は及ばないとする「アイデア／表現二分論」（17 U.S.C. § 102 (b)）とフェアユースの抗弁（17 U.S.C. § 107）の二つが挙げられている（山口・前掲注5)）。

10) 横山・前掲注3)。

いに参考になるといえる[12]。特に、著作権の保護が表現活動の促進になると本当に言えるかどうかという点は、情報へのアクセスを如何に確保するか、という観点からも、考え直してみる必要がある[13]。

2. 社会的および技術的な背景

この著作権と「言論の自由」との関係は、近年のデジタル技術およびネットワーク化の発展および普及により、大きな問題になりつつある。

デジタル技術により、既存の情報を、大量かつ高品質に複製またはアレンジすることが容易となり、誰もが情報発信者になれる時代が到来した。また、ネットワーク化の発展および普及によって、情報流通のあり方には、従来の一方的な情報発信ではなく、インタラクティブ性を有する双方向的な情報発信が可能になるという劇的な変化が生まれ、今では個人も企業も等しく、インターネットを通じて容易に情報発信が可能となった。このように、デジタル化およびネットワーク化によって、著作物をめぐる状況は劇的に変化したといえる[14]。

このような変化のもとで、現行の著作権制度が、デジタル時代の「情報発信者」となった個人の表現の自由に及ぼす影響は小さくないと思われる。なぜならば、著作権侵害の最もわかりやすい形態は複製であるところ、デジタルネッ

---

11) 著作権と表現の自由の関係が争われた日本の裁判例として、知財高判平成17年10月6日平成17年(ネ)10049号(ヨミウリオンライン事件)(この事件において、原告は、ヨミウリオンラインの見出しに著作物性を認めることは、事実の報道そのものの独占を許すことになり、表現の自由が阻害されると主張した。裁判所は、結論として見出しの著作物性を否定したが、原告の上記主張については触れていない)や、東京高判平成21年9月16日平成21年(ネ)10030号(催告書の著作物性が争われた事件で、被告が、原告(読売新聞西部本社)による訴え提起はフリージャーナリストの報道の自由を抹殺するものであり権利濫用であると主張した。裁判所が催告書の著作物性を否定したため、被告の上記主張については判断されなかった)等がある。

12) 日本においても、2003年の著作権法改正によって、映画の著作物の保護期間が公表後50年から公表後70年に延長された(法54条)が、改正当時、かかる保護期間延長については正当理由がないとして批判する意見があった(山本隆司「米国ソニー・ボノ法違憲訴訟の連邦最高裁判決」コピライト2003年5月号35頁)。

13) 長谷部・前掲注8)。

14) デジタル化およびネットワーク化の発展が著作権法に及ぼす影響につき、中山信弘＝三山裕三「対談 デジタル・ネット時代における著作権のあり方(上)」NBL898号(2009年)20頁以下および「同(下)」NBL899号(2009年)48頁参照。

トワークにおける著作物の使用は、すべて複製を伴うからである。他方で、デジタル化およびネットワーク化は、アナログ技術を前提とした現行制度の下で行動する著作権者、とりわけ旧来のメディア企業に対して、打撃を与える面もある。

このような、急速に普及したデジタル技術と、アナログ技術に基礎を置く現行の著作権制度の間の相克およびネットワーク技術による情報通信のあり方の劇的な変化に早急に対処すべく、著作権を強化して情報へのアクセスを制限しようとする動きがある。しかし、強すぎる著作権が、著作物へのアクセスおよび情報流通の阻害要因になり、またその結果新しいビジネスチャンス（検索エンジンサービス、動画配信サービス等が典型）が失われるという指摘もある。

このように、創作物の保護と情報へのアクセスの確保との均衡を軸とする議論には、種々の利益グループの立場とそれに基づく主張があり、その調整は容易なものではない。2009年改正をめぐっても、多岐にわたる論点において様々な意見対立がみられた。以下、具体的な論点ごとにみていくこととする。

3. 種々の利益グループとその立場[18]

(1) 私的録音録画補償金制度、私的複製の範囲

1992年に設けられた私的録音録画補償金制度（法30条2項）については、近年、音楽配信ビジネスにみられるような、個別の契約によって課金する方法が普及しつつあることや、著作物の利用を制限する技術が発展していることを背景に、制度自体の見直しが議論されている。この議論においては、著作権者

---

15) この点に関し、ローレンス・レッシグ教授は、著作権者は、法と技術の双方の恩恵により、インターネットを通じて、以前には想定されなかったような形で著作物の使用を規制することが可能となってしまった、と指摘している（ローレンス・レッシグ（白石忠志訳）「創造を育むコモンズ」NBL752号（2003年）21頁）。この指摘は一面の真理である。なぜならば、インターネットを通じて、以前には想定されなかったような著作物の使用がなされるようになった、ともいえるからである。

16) 野口祐子「デジタル時代の著作権制度と表現の自由―今後の知的財産戦略に当たって考慮すべきバランス（下）」NBL778号（2004年）32頁、35頁以下。

17) 中山＝三山・前掲注14）NBL898号24頁。

18) 全体につき、山下和茂「著作権行政をめぐる最新の動向について」コピライト2008年11月号2頁。

等の団体は、著作物の利用の対価として適正な補償金を要求し、また、補償金の課金対象を拡大すべきだと主張する。これに対し、デジタル方式の録音録画機器を製造販売しているメーカーは、私的複製については契約とデジタル情報保護技術によって制御可能であるから補償金制度は不要であると主張し、特にいわゆるダビング10対象機器について、補償金を上乗せして販売しなければならないことについて強く反発をしている。

この点に関し、2009年改正では、補償金制度自体の改正は見送り、私的複製のうち、違法配信であることを知りながらする私的複製を法30条の例外と

---

19) ここでいう著作権者等には、創作者のほか、創作者でない著作権者（権利を譲り受けた場合も含む）、著作隣接権者、著作権の管理者等が含まれることに留意する必要がある。

20) 著作権法施行令の一部を改正する政令（平成21年政令第137号）の施行日である2009年5月22日の時点で課金対象となっている機器は、以下のとおりである（著作権法施行令1条。なお、各機器の名称については、文化審議会著作権分科会基本問題小委員会平成21年第2回議事録参考資料3参照〈http://www.bunka.go.jp/chosakuken/singikai/kihon/h21_06/pdf/sankoshiryo_3.pdf〉）。近年では、特にiPod等の携帯型オーディオプレーヤを新たに課金対象とすることの是非が議論されている（2009年改正では、携帯型オーディオプレーヤへの課金は見送られた）。
（i）録音機器
・DAT（デジタル・オーディオ・テープ）レコーダ
・DCC（デジタル・コンパクト・カセット）レコーダ
・MD（ミニ・ディスク）レコーダ
・CD-R（コンパクト・ディスク・レコーダブル）方式CDレコーダ
・CD-RW（コンパクト・ディスク・リライタブル）方式CDレコーダ
（ii）録画機器
・DVCR（デジタル・ビデオ・カセット・レコーダ）
・D-VHS（データ・ビデオ・ホーム・システム）
・MVDISC（マルチメディア・ビデオ・ディスク）レコーダ
・DVD-RW（デジタル・バーサタイル・ディスク・リライタブル）方式DVDレコーダ
・DVD-RAM（デジタル・バーサタイル・ディスク・ランダム・アクセス・メモリー）方式DVDレコーダ
・Blu-ray Disc（ブルーレイ・ディスク）レコーダ

21) 私的録音録画補償金制度とダビング10については後述する（第3章Ⅶ節参照）。なお消費者の立場からすると、自由な複製ができることを望むから、消費者が補償金を負担したくないというのは当然といえる。しかし、回数制限なく複製ができるかわりに僅かな補償金を支払うことにする制度は、回数制限等の技術により著作権者等を保護する制度よりも、消費者のニーズに沿うという見方もできる。

22) 社団法人私的録画補償金管理協会（SARVH）が株式会社東芝に対して補償金の支払いを求めて起こした損害賠償請求訴訟について、第1章参照。

(2) 保護期間延長問題

著作権等の保護期間については、著作者の死後 50 年までとされている現行法の保護期間を、EU 加盟国や米国の著作権法上の水準に合わせて死後 70 年[23]まで延長することの可否を中心として議論がなされてきている[24]。

この議論では、コンテンツホルダーや権利管理団体等の著作権者等が保護期間の延長論を、著作物の利用者側が慎重論を、それぞれ主張する。また、かかる意見対立があることに加え、そもそも欧米諸国と合わせる必要があるのかという指摘や、保護期間を延長しても必ずしも創作意欲の向上に結びつかないのではないかといった指摘があり、さらに、近年のデジタル化およびネットワーク化の下で、保護期間延長の効果がどれくらいあるのかという問題も提起され、議論は未だまとまらない状況である[25]。そこで、保護期間については検討が継続されることとなり、改正は見送られた。

(3) 過去の著作物の利用

過去のあらゆる著作物を円滑に利用できるようにすることは、次代の文化創造につながるという点で、重要な課題である。この点、権利者が不明である著作物の利用を円滑化することや、アーカイブ事業の円滑化をめぐっては、コンテンツホルダー、権利管理団体および放送番組管理者等の著作権者等は、過去の著作物の利用円滑化に慎重な立場であり、他方、著作物ビジネス運用者や図書館等の著作物を利用する側は、利用円滑化に賛成する立場にある。

2009 年改正では、国立国会図書館における所蔵資料のデジタルアーカイブ化のための複製等の適法性を示すこと、および、過去の放送番組を二次利用する際にも裁定制度を導入することの 2 点について改正することとし、国立国会図書館以外についてのデジタルアーカイブ化や共同実演の定義規定の盛り込[26]

---

23) 文学的及び美術的著作物の保護に関するベルヌ条約に加盟している 163 カ国のうち、著作権等の保護期間を 70 年以上としているのは 70 カ国であり、全体の 4 割強を占める（2007 年 4 月現在。以上につき、文化審議会著作権分科会報告書（2009 年 1 月）200 頁〈http://www.bunka.go.jp/chosakuken/singikai/pdf/shingi_hokokusho_2101.pdf〉）。
24) 山下・前掲注 18)。
25) 前掲注 23) 文化審議会著作権分科会報告書 194 頁以下。

みについては、改正が見送られた。

(4) 海賊版の拡散防止

近年のデジタル化およびネットワーク化により、著作物の複製が容易になり、誰でも高品質な複製物を作り、また誰でもインターネットを経由して違法な複製物を入手できる時代となった。かかる状況下で、著作権者等は海賊版の規制を強化することを望むのに対し、インターネットユーザやインターネットサイト運営者は、規制強化に反発するという意見対立がある。

この点、2009年改正では、著作権等を侵害する行為によって作成された物等の譲渡告知行為を著作権等を侵害する行為とみなす旨の改正をすることとし、みなし侵害行為の対象を拡大した。なお、権利侵害等の罪を非親告罪とすることも議論されたが、非親告罪についての改正は見送られた。

(5) いわゆる権利制限の見直し

法30条以下のいわゆる権利制限規定については、消費者側（具体的には、医療機関、視覚障害者、聴覚障害者、ネットオークションユーザ、検索エンジンの運営者および授業を教室で受けられないために公衆送信を通じて授業を受ける生徒等）からの要請により、規定の拡大が検討され、著作権者等からの反対意見があったものの、2009年改正においては、障害者対策、ネットでの美術の著作物等の画像掲載および検索サービス実施のための複製について権利制限規定を設けることとなった。他方、医療機関への文献の提供に関する権利制限規定の新設や、教育機関における授業の公衆送信（法35条2項参照）について、同時送信のみならず異時送信をも権利制限規定の対象に含めるための改正は見送られた。

---

26) 共同実演の意味については、文化審議会著作権分科会過去の著作物等の保護と利用に関する小委員会中間整理（2008年10月1日）12頁〈http://www.bunka.go.jp/chosakuken/singikai/pdf/kako_chukan_2010.pdf〉）で、「『共同著作物』（法2条1項12号）に準じて『共同実演』を定義するとすれば、その要件は①実演であること、②2人以上の者が共同して行うこと、③各実演家の寄与を分離して個別的に利用することができないことである」と述べられている。

27) 以上につき、前掲注23）文化審議会著作権分科会報告書183頁以下および山下・前掲注18）15頁以下。

28) 前掲注23）文化審議会著作権分科会報告書20頁以下。

29) 以上につき、前掲注23）文化審議会著作権分科会報告書113頁。

(6) リバースエンジニアリング、一時的固定

コンピュータ・プログラムのリバースエンジニアリングについては、プログラムの調査および解析を行う過程で、プログラムの複製権、翻訳権および翻案権を侵害すると解釈され得る行為を伴うため、許容すべきリバースエンジニアリングの適法性を示すための改正が検討された。また、研究開発（特に情報開発分野）における情報の利用や、機器利用および通信過程における情報の一時的な固定についても、適法性を示す必要性が検討された。

以上の点について、上記の行為の適法性を示すための権利制限規定を新設することについては、著作権者等は反対するが、ソフトウェア開発企業、研究開発者およびインターネットユーザは賛成する、という状況にある。

この点 2009 年改正では、情報解析、送信の効率化および電子機器利用のための複製について、権利制限規定が設けられることとなった。

(7) いわゆる間接侵害

現行法では著作権等を侵害する者または侵害するおそれがある者に対しては差止請求権が認められている（法 112 条）が、著作権を直接的に侵害する者以外の者（教唆者および幇助者）に対しても差止請求を認めるべきか否かという問題（いわゆる間接侵害の問題）が議論されている。

いわゆる間接侵害の規制については、著作権等の行使の主体である著作権者等およびサービス提供事業の主体である事業者の両者から、規定創設を望む声がある。しかしながら、立法化が双方に与える影響等の検討が未了であり、また、立法化の目的について、著作権者等は規制強化を、事業者は規制が及ばない範囲の明確化を、それぞれ掲げるであろうこともあり、議論が尽くされず、2009 年改正では規定の創設は見送られた。

---

30) リバースエンジニアリングの著作権法上の適法性についての分析については、渡辺左千夫＝寺本振透「リバースエンジニアリングと著作権法（上）」NBL424 号（1989 年）17 頁以下、「同（上）」NBL426 号（1989 年）22 頁以下、「同（下）」NBL429 号（1989 年）11 頁以下を参照。
31) 権利者でもあることに留意する必要がある。
32) 以上につき、前掲注 23) 文化審議会著作権分科会報告書 67 頁以下。
33) 中山（2007）475 頁。
34) 以上につき、前掲注 23) 文化審議会著作権分科会報告書 116 頁以下。

II. 放送と通信との加速的な融合による影響を軸とする議論の動向

1. 基本的人権を支える基盤としての、情報へのアクセスおよびコミュニケーション手段の保障

　著作権法上、メディアとしての「放送」には他のメディアにはない特別な地位が与えられている。本章では、放送に対する配慮の根拠に立ち返りつつ、放送を巡る著作権の扱いに関する動向を整理するとともに、「放送と通信の融合」の時代における著作権法上の「放送」のあり方について展望する。

(1) 放送の社会的役割

(i) 放送の特徴

　法律上の定義を離れ[1]、一般に「放送」と理解されているものを正確に定義することは必ずしも容易ではないが、古くからある典型的な「放送」であるラジオ放送および地上波テレビ放送[2]を念頭に置くと、以下の特徴を挙げることができる[3]。

(a) 地域的な偏在なく日本全国あまねく放送へアクセスできるよう配慮されていること（普遍性）
(b) 放送のコンテンツについても（地域の特殊性への配慮がなされている一方で）均一の内容の放送が時間的に大きな隔たりなく日本全国に配給されていること（同一性および同時性）
(c) 視聴者は無償で放送を視聴することができること（無償性）
(d) 放送の内容が公正、中立かつ多角的なものになっていること（公正中立性）

　これらの特徴は、後述する放送に対する規制の影響を受けて形成された面も否定しがたいが、放送が自然と備えてきたものであるという意味[4]で放送に本

---

1) 後述するように、「放送」については、電波法、放送法等に定義があり、さらに、これとはやや異なる定義が著作権法に置かれている。
2) 日本では 1925 年にラジオ放送が開始された。

来的に備わった性質であるともいえる。たとえば、上記(a)普遍性については、全国あまねく放送する義務を負っていない民放の放送局も難視聴地域の解消に努めている。上記(b)同一性および同時性については、放送番組の制作費の回収を意図する制作局と高視聴率の見込める人気番組をその鮮度が落ちないうちに放送したいというネット局の双方の意図により同一の放送番組が大きな時間的な隔たりなく配給されている。また、上記(c)無償性については、放送は、地理的に広範囲にわたって、かつ放送局の選択以上に視聴者の行為を要することなく、情報を伝達するプッシュ型のメディアとして、広告主にとって魅力的なメディアであったから、民放局は、スポンサーからの広告料を基にして番組を配給することができた。さらに、上記(d)公正中立性については、なるべく多くの視聴者を得ようとすると、スポンサーおよびその意を受けた放送事業者としては視聴者の好みが分かれる極端な番組を避けざるをえないから、その結果、放送内容は公平、中立かつ多角的なものになりやすいといえる。

(ii) 放送の社会的役割

「放送」は、上記(i)で述べた特徴を有するがゆえに、重要な社会的価値を有することになる。すなわち、放送は、人々に、地理的所在にかかわりなく、かつ、経済的境遇にかかわりなく、共通した情報を提供する。政治に関連する情報の提供は、民主的な政治過程への国民の参加を支えている。また、生活や文

---

3) 長谷部恭男教授は、従来の放送の理念型として、(a)多様な番組で編成され、政治的に公平で、論争的な問題については多角的視点から解明するという意味で番組内容のユニバーサリティがあり、かつ放送対象となる地域全体に同時に同じ番組が到達するという意味で地理上のユニバーサリティがあること、(b)視聴者から対価を徴収しないという意味で「無料」であること、(c)サービスの出口の数が限定されていること、という三つの特徴を指摘する。長谷部恭男「ブロードバンド時代の放送の位置付け―憲法論的視点から」長谷部恭男＝金泰昌『法律から考える公共性』(東京大学出版会・2004年) 119頁以下参照。
4) たとえば、放送事業者がその行う放送に係る放送対象地域において当該放送があまねく受信できるように努めること、および放送番組の編集にあたっては公平、中立かつ多角的であるべきことについては、放送法で規定されている (放送法2条の2第6項、3条の2第1項)。
5) 日本放送協会 (NHK) に対しては、放送法上、あまねく日本全国において受信できるように国内放送を行うことが規定されている (放送法7条)が、民放局に対してはこれに相当する法律上の規定はない。
6) 民放局によるラジオ放送および地上波テレビ放送については、視聴の対価が徴収されていない。

化に関する情報の提供は、国民の文化的な生活を支えている[7][8]。「放送の公共性」という言葉が用いられることがあるが、このような放送の社会的価値のことを意味していると理解できる。

(iii) **放送に対する法規制**

「放送」は、上記(ii)で述べた社会的価値を有するがゆえに、これに対しては、放送法その他の法律で新聞等の印刷媒体の場合とは異なる規制が課されている。たとえば、放送番組に関する主な規制としては、以下のようなものがある[9][10][11]。

【放送番組に関する主な規制】
・番組編集準則[12]
　放送事業者は、国内放送の放送番組の編集に当たっては、公安および善良な風俗を害しないこと、政治的に公平であること、報道は事実をまげないですること、および、意見が対立している問題については、できるだけ多くの角

---

7) なお、長谷部恭男「公共放送の役割と財源―英国の議論を素材として」舟田正之＝長谷部恭男『放送制度の現代的展開』(有斐閣・2001年) 193頁以下は、放送の価値について、(a)社会生活を支える基本情報を社会のすべてのメンバーに伝達し、多様な価値観、世界観を抱く人々が共存することを支えるという「個人の生を支える放送」としての側面、および、(b)政治のプロセスに参加する市民に情報を提供し、民主的な政治過程における公開の討論と決定を支えるという「民主的政治過程を支える放送」としての側面を指摘している。

8) 日本国憲法には放送に関する明文の規定はないが、表現の自由(憲法21条)の保障には「報道の自由」の保障も含まれ、「報道の自由」のうち特に電波メディアによる報道の自由は「放送の自由」として憲法上の基本的人権として保障されることに異論はない。芦部信喜(高橋和之補訂)『憲法〔第4版〕』(岩波書店・2007年) 175頁以下参照。

9) かかる特別な規制については、憲法上の放送の自由の保障との関係で正当性が問題となるが、(a)電波が有限であること、(b)社会的影響が強度であること等を根拠に正当化されることが一般的である。

10) 法律による規制のほか、放送事業者の自主規制機関として放送倫理・番組向上機構(BPO)がある〈http://www.bpo.gr.jp/〉。

11) 番組編集準則との関係では、薬害エイズ事件の報道について公平さや正確性の観点から疑問を呈するものとして、武藤春光＝弘中惇一郎『安部英医師「薬害エイズ」事件の真実』(現代人文社・2008年) がある。また、番組調和原則との関係では、ショッピング番組を教養番組に分類する放送事業者があることが問題視されており、情報通信審議会の「通信・放送の総合的な法体系の在り方〔平成20年諮問第14号〕答申」(2009年8月26日) 22頁〈http://www.soumu.go.jp/main_content/000035773.pdf〉に、「放送番組ごとに、教育、教養、報道、娯楽といった番組の種別、当該種別の放送時間等の公表を放送事業者に対して求める制度」の導入が盛り込まれた。

度から論点を明らかにすること、という各準則によらなければならない（放送法3条の2第1項、有線テレビジョン放送法17条）。
・番組調和原則
　放送事業者は、テレビジョン放送による国内放送の放送番組の編集に当たっては、特別な事業計画によるものを除くほか、教養番組または教育番組ならびに報道番組および娯楽番組を設け、放送番組の相互の間の調和を保つようにしなければならない（放送法3条の2第2項）。
・番組基準の制定
　放送事業者は、放送番組の種別および放送の対象とする者に応じて放送番組の編集の基準（番組基準）を定め、これにしたがって放送番組の編集をしなければならない（放送法3条の3第1項）。
・放送番組審議機関の設置
　放送事業者は、放送番組審議機関を置く。放送事業者は、番組基準および放送番組の編集に関する基本計画を定め、またはこれを変更しようとするときは、審議機関に諮問しなければならならず、審議機関が諮問に応じて答申し、または意見を述べた事項があるときは、これを尊重して必要な措置をしなければならない（放送法3条の4）。
・選挙における候補者放送の実施
　一般放送事業者が、公選による公職の候補者に政見放送その他選挙運動に関する放送をさせた場合において、他の候補者の請求があったときは、同等の条件で放送をさせなければならない（放送法52条）。
・学校向け放送番組における広告規制
　一般放送事業者は、学校向けの教育番組の放送を行う場合には、その放送番組に学校教育の妨げになると認められる広告を含めてはならない（放送法52条の2）。

(2) 「放送」の定義
(i) 著作権法上の「放送」
1970年に旧著作権法が全面改正され現行の著作権法（昭和45年法律第48号）

---

12) 放送局の開設の根本的基準（昭和25年電波監理委員会規則第21号）3条1項4号においても、番組編集準則と同じ内容が放送施設の免許を付与するための基準に含まれている。

が制定された際、初めて著作権法において「放送」および「有線放送」が定義された。その後、1986年改正および1997年改正を経て、現在の「放送」および「有線放送」の整理に至っている。

著作権法上、「放送」とは「公衆送信のうち、公衆によつて同一の内容の送信が同時に受信されることを目的として行う無線通信の送信」をいい（法2条1項8号）、「有線放送」とは「公衆送信のうち、公衆によつて同一の内容の送信が同時に受信されることを目的として行う有線電気通信の送信」をいう（法2条1項9号の2）。

なお、「公衆送信」とは、「公衆によつて直接受信されることを目的として無線通信又は有線電気通信の送信（電気通信設備で、その一の部分の設置の場所が他の部分の設置の場所と同一の構内（その構内が二以上の者の占有に属している場合には、同一の者の占有に属する区域内）にあるものによる送信（プログラムの著作物の送信を除く。）を除く。）を行うこと」をいう（法2条1項7号の2）。すなわち、「公衆送信」のうち、同一の内容の送信が同時に公衆に受信されることを目的として行うものが「放送」または「有線放送」であって、このうち無線によるものが「放送」、有線によるものが「有線放送」である[13]。

(ii) **放送法等における「放送」**

一方、放送法および電波法における「放送」は、単に「公衆によつて直接受信されることを目的とする無線通信の送信」と定義され（放送法2条1項1号、電波法5条4項柱書）、電気通信役務利用放送法における「電気通信役務利用放送」は「公衆によって直接受信されることを目的とする電気通信の送信であって、その全部又は一部を電気通信事業を営む者が提供する電気通信役務を利用

---

13) 1997年の著作権法改正において、(a)「放送」および「有線放送」の上位概念として「公衆送信」が創設され、(b)「放送」の定義に「公衆によつて同一の内容の送信が同時に受信されることを目的として行う」という特徴が加わった（法2条1項8号）。また、(c)個々の受け手からのリクエストを受けて、自動的に行う送信は無線によるものか有線によるものかを問わず「自動公衆送信」として整理されたが、「自動公衆送信」は「公衆からの求めに応じ自動的に行うもの（放送又は有線放送に該当するものを除く。）をいう」とされ、放送および有線放送を除外する形で規定された（法2条1項9号の4）。この改正により、「放送」と「有線放送」は、同一内容のコンテンツが複数の視聴者によって同時に受信されるものという共通の特徴で把握することが可能になった。

して行うもの」と定義されている（電気通信役務利用放送法2条1項）。著作権法における「放送」および「有線放送」と異なり、「同一の内容の送信が同時に受信される」ことは要件となっていない。

「有線役務利用放送」に分類されるいわゆるIPマルチキャスト放送は、文化庁の解釈によると「著作権法上『自動公衆送信』に当たり、著作権法上の『有線放送』には当たらない」とされる（2006年改正もそのような見解が前提となっている[14]）。

【放送の定義の変遷】

	著作権法		放送法 電波法 電気通信役務利用放送法
1950年 放送法制定	（旧著作権法には放送の定義なし）		放送 公衆によって直接受信されることを目的とする無線通信の送信
1970年 現行著作権法制定	放送 公衆によって直接受信されることを目的として無線通信の送信を行うこと	有線放送 公衆によって直接受信されることを目的として有線電気通信の送信を行うこと	
1986年 著作権法改正		有線放送[15] 有線送信（＝公衆によって直接受信されることを目的として有線電気通信の送信を行うこと）のうち、公衆によって同一の内容の送信が同時に受信されることを目的として行うもの	
1997年 著作権法改正 2001年 電気通信役務利用放送法制定	放送 公衆送信（＝公衆によって直接受信されることを目的として無線通信または有線電気通信の送信を行うこと）のうち、公衆	有線放送 公衆送信（＝公衆によって直接受信されることを目的として無線通信または有線電気通信の送信を行うこと）のうち、公衆によって同一の内	電気通信役務利用放送 公衆によって直接受信されることを目的とする電気通信の送信

	によって同一の内容の送信が同時に受信されることを目的として行う無線通信の送信	容の送信が同時に受信されることを目的として行う有線電気通信の送信		であって、その全部または一部を電気通信事業を営む者が提供する電気通信役務を利用して行うもの

(3) 著作権法上の放送の扱い

　放送は、情報のアウトプットの一形態であって、著作物の一つの利用形態となる。したがって、放送される著作物または実演の保護という観点からは、放送は著作権法によって規制の対象とされるべき必要性がある。一方、放送の有する社会的価値の観点からすれば、放送においては、他の利用形態と比べてより自由な利用を認める必要性も存在する。

　著作権法の規定に即してみると、前者の規制の必要性の観点から、次のとおり、放送は著作権および著作隣接権の対象となっている。すなわち、著作者は、その著作物を放送または有線放送する権利を専有し（法23条1項）、実演家はその実演を放送または有線放送する権利を専有する（法92条1項）。また、放送事

14）「有線電気通信設備を用いた送信が著作権法上の有線放送と解されるには、①有線電気通信設備により受信者に対し一斉に送信が行われること、②送信された番組を受信者が実際に視聴しているかどうかにかかわらず、受信者の受信装置まで常時当該番組が届いていること、が必要であると考えられる。この点、IPマルチキャスト放送は、IP局内装置までは『同一内容の送信』が行われているが、局内装置から各家庭までの送信は、各家庭からの『求めに応じ自動的に行う』ものであることから、『自動公衆送信』であると考えられる」としていた。文化審議会著作権分科会「著作権分科会（IPマルチキャスト放送及び罰則・取締り関係）報告書」（2006年8月）〈http://www.mext.go.jp/b_menu/shingi/bunka/toushin/06083002.htm〉参照。しかし、なぜ「②送信された番組を受信者が実際に視聴しているかどうかにかかわらず、受信者の受信装置まで常時当該番組が届いていること」という要件が必要であるのか不明であるうえ、受信者が実際に視聴していない時にも受信者の受信装置まで届いているか、それともIP局内の装置までにとどまっているかという、受信者からみて全く意味のない側面を捉えて有線放送か否かを区別している点で、説得力のある解釈であるとはいいがたい。

15）1986年の著作権法改正では、個々の受け手からのリクエストを受けて、自動的に行う送信が「有線放送」から除外された。なお、無線の場合の整理は将来の検討課題として先送りされた。これは、無線により個々の利用者の求めに応じて情報を送信するという実態がなく、また無線系の伝達手段の実用性が、当時は不確かであったからである。

業者および有線放送事業者は、その放送（有線放送事業者の場合は有線放送）を受信してこれを再放送しまたは有線放送する権利を専有する（法99条1項、法100条の3）。

他方、後者の自由な利用を認める必要性の観点から、放送のために著作物等を利用する場合、次のとおり、著作権および著作隣接権が制限されている。

(i) **放送事業者による一時的固定（法44条1項・2項）**

放送事業者は、自己の放送のために著作物（公衆送信権を侵害することなく放送することができる著作物に限る）を一時的に録音しまたは録画することができ、かかる録音または録画について著作物の複製権者から許諾を得ることを要しない（法44条1項。なお、有線放送事業者についても同様である。同条2項）。

著作物を利用した番組を放送する場合、番組の編集のために著作物の録音または録画が必要であるし、あらかじめ定められた時間に番組を放送するためには、録音または録画して編集した番組を用意しておくことが不可欠である。そのため、法44条は、編集による放送番組の質の向上を妨げ、適時に放送することを困難ならしめることのないよう、放送事業者の便宜を複製権者に優先したものである[16]。

また、地上波テレビ放送の場合、キー局から配信される放送番組をネットワーク局が受信して放送するが、ネットワーク局は独自の放送番組も放送するため、キー局から配信される放送番組をキー局での放送時間とは異なる時間に放送することがよく行われる。そのためにも、ネットワーク局においてキー局から配信される放送番組を一時的に録画する必要がある。このような録画を複製権者の許諾なしに行えることは、キー局から配信される番組を全国津々浦々にあまねく放送するという要請と、ネットワーク局が地域の独自性に根ざした番組を放送するという要請とを両立する上で、欠かせないものとなっている。

(ii) **放送の許諾を得た実演の録音物／録画物による放送**

実演家は、その実演について録音権および録画権（法91条）、ならびに放送権および有線放送権（法92条）を有している。しかし、実演の放送について放[17]

---

16) 田村（2001）217頁。
17) 有線放送は含まれない。

送事業者が許諾を得た場合、当該放送事業者は当該許諾にかかる実演を放送のために録音または録画することができ（法93条1項）、実演家は、かかる録音物または録画物を用いた放送（実演の放送について許諾を受けた放送事業者による放送に限らない）については許諾権を有さず（法94条1項各号）、報酬請求権を有するのみである（法94条の2）。

これは、権利者がいったん放送を許諾した場合には、許諾を受けた放送事業者が放送のために録音または録画する行為と、録音または録画されたものを用いて再放送する行為、あるいはネット局等が放送する行為に対して実演家の権利を制限することで、放送の便宜を図るものである[18]。また、かかる規定により、音楽CDもインターネットも普及していない時代において、放送の視聴者は、地方に住んでいても、または高価な機材を持たずとも、音楽、演劇等の文化に触れることができた[19]。

(iii) **商業用レコードを用いた実演の放送または有線放送**

録音権または録画権を有する者の許諾を得て録音または録画された実演を放送または有線放送する場合は、実演家の放送権および有線放送権は及ばず（法92条2項1号）、ただ、商業用レコードを用いて放送または有線放送を行う場合には実演家に対して二次使用料を支払うものとされている（法95条）。すなわち、許諾を受けた録音または録画による実演の放送または有線放送については、実演家の権利が、許諾権ではなく二次使用料請求権（商業用レコードに限る）にとどめられている。

これは、高品質のレコードプレーヤが必ずしも容易に入手できなかった時代（もちろんインターネットも普及していない）においては、ラジオのリクエスト番組が音楽の普及に一役買っていたが、かかる規定がその背景にあったと思われる[20]。

(4) **放送と通信の融合の影響**

「放送」の著作権法上の取扱いについては、制度の合理性を支える背景が

---

18) 田村（2001）529頁。
19) Th.W.アドルノ（高辻知義＝渡辺健訳）『音楽社会学序説』（平凡社・1999年）256頁以下は、マスメディアによる放送によって多くの人が音楽に触れており、音楽と人間との関係にも影響を及ぼしていることを指摘している。

「放送と通信の融合」によって劇的に変化している。以下、項を改めてかかる変化について概観する。

2. 放送と通信の融合の状況と社会的および技術的な背景

(1) 放送と通信の融合の状況

(i) 総論

従来、映像配信は、もっぱらテレビ放送によって行われていた。また、放送と通信は全く別のものとして考えられていた[21]。すなわち、放送は、不特定多数に向けて電波を発信する行為であり、公的な空間における伝達手段であるため、一定の規制が必要であり、また当然であると考えられてきた。他方、通信は、私的空間から私的空間への情報伝達であり、全体として私的空間の中で情報のやり取りが行われているため、情報の内容については特別の規制は必要で

図1

```
┌─────────────────────────────────────────────────┐
│   映像等配信コンテンツの増加      様々な融合    │
│   ビデオオンデマンド              ワンセグ       │
│   IPマルチキャストサービス        ケーブルテレビ │
│   ポッドキャスティング            トリプルプレイサービス │
│                                                 │
│              ↘         ↙                       │
│           テレビ放送の役割の低下                │
└─────────────────────────────────────────────────┘
```

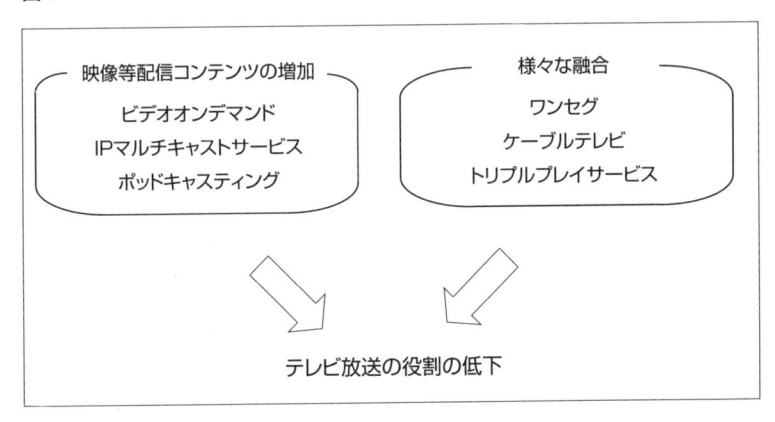

20) たとえば、NHKのFM放送40周年を振り返る特別企画において、FM雑誌で放送予定をエアチェックし番組を録音したカセットテープを大切にコレクションする音楽ファンが多かったこと〈http://www.nhk.or.jp/fm/40th/special/20090226.html〉や、NHKのFM放送番組が、1960年代、70年代の中・高校生にとってライブラリーのような役割を果たしていたこと〈http://www.nhk.or.jp/fm/40th/special/20090205.html〉が語られている。

21) ただし、放送法2条1号の放送の定義（「公衆によって直接受信されることを目的とする無線通信の送信をいう」）を前提とすると、通信の一部が放送という関係になる。菅谷実＝清原慶子『通信・放送の融合―その理念と制度変容』（日本評論社・1997年）14頁参照。

図2[22]

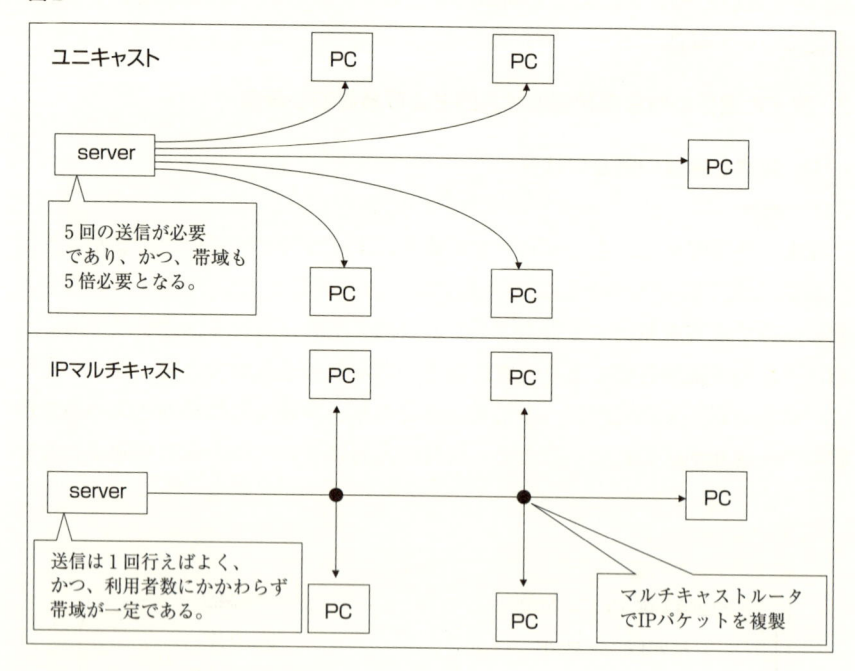

```
ユニキャスト

  server ──→ PC
        ──→ PC
        ──→ PC
        ──→ PC
        ──→ PC

  5回の送信が必要
  であり、かつ、帯域も
  5倍必要となる。
```

```
IPマルチキャスト

  server ──→●──→●──→ PC
              │    │
              ↓    ↓
             PC   PC
              │    │
              ↓    ↓
             PC   PC

  送信は1回行えばよく、
  かつ、利用者数にかかわらず
  帯域が一定である。

  マルチキャストルータ
  でIPパケットを複製
```

はないとされてきた[23]。

　しかし、ネットワークのブロードバンド化の進展およびインターネット利用者の増加[24]を背景として、インターネットを利用した映像コンテンツの配信ビジネスが増加してきたため、映像配信におけるテレビ放送の役割が従来よりも小さくなってきている。その結果、テレビ放送が通信とは異なる特別な役割を担っているとはいいにくくなってきている。

---

22) 図2は、総務省「2010年代のケーブルテレビの在り方に関する研究会」第6回会合（2006年9月22日）配付資料「IPマルチキャスト放送についての著作権問題の検討動向」（総務省情報通信政策局地域放送課）〈http://www.soumu.go.jp/main_sosiki/joho_tsusin/policyreports/chousa/2010cabletv/pdf/060922_2_6_4.pdf〉を基にして作成したものである。

23) 多賀谷一照「放送と通信の区別—著作権法制との関わり」塩野宏先生古稀記念『行政法の発展と変革　下巻』（有斐閣・2001年）747頁。

24) 総務省「平成20年通信利用動向調査の結果」1頁〈http://www.soumu.go.jp/main_content/000016027.pdf〉。

また、放送と通信におけるインフラの共用（伝送路の融合）、放送と通信の両者に利用可能な端末の出現（端末の融合）、放送と通信の両分野の兼営あるいは資本の連携（事業体の融合）等により、放送と通信の融合が進んできている。

(ii) **映像等配信サービス**[25]

2005年4月、株式会社USEN[26]が、PCで見ることができる動画配信サービス「GyaO」を開始した[27]。USENのニュースリリースによると、GyaOの視聴登録者数は2006年6月に1,000万人を突破し、2008年7月に2,000万人を突破している[28]。GyaOから配信される動画においては、テレビ放送の番組と同様に、番組の冒頭、中間および終了前にCMが流れる。この点で、テレビ放送に非常によく似ている。

また、2003年3月から、ビー・ビー・ケーブル株式会社（ソフトバンクグループ）が東京23区内における有線テレビ放送（IPマルチキャスト放送）およびVODサービス「BBケーブルTV」（現「BBTV」）の商用サービスを開始し、その後、いくつかの業者がIPマルチキャストサービスを開始した。IPマルチキャストとは、あらかじめ受信を要求した複数の相手にIPパケットを同時に送信する技術である。送り手と受け手の間で「1対1」で行われるユニキャスト方式では、利用者のアクセス数に比例して回線の伝送容量を大きくする必要がある。これに対して、マルチキャスト方式では、情報の内容を中継するルータで複製しながら複数の利用者に送信する「1対多」の伝送方式であるため、利用者からのアクセスが増えても回線の負担は増大しないという利点がある[29][30]。

---

25) YouTubeおよびニコニコ動画については、自ら主体的に映像配信サービスを提供しているわけではないから、ここでいう「映像配信サービス」には含めていない。

26) 〈http://www.usen.com/index.php〉

27) GyaOによる配信は、マルチキャスト方式ではなく、ユニキャスト方式である。「緊急インタビュー　東洋大学経済学部教授　松原聡―最終報告書の内容には満足だ　2010年への道筋を示せたはず」日経コミュニケーション2006年7月1日号53頁以下。そして、GyaOにより大容量のデータが配信されていることを問題視する声もあった。「NTTコム和才社長がGyaOに『NO』"インフラただ乗り論"をNTTが急展開する理由」日経コミュニケーション2006年2月1日号55頁以下。

28) 〈http://www.usen.com/admin/corp/news/pdf/2008/080716.pdf〉

29) 「今更聞けない素朴な疑問」日経エレクトロニクス2006年6月19日号91頁。

30) 杉野信雄「デジタル時代の著作権制度(上)IPマルチキャスト放送と著作権問題」AIR21 191号（2006年）18頁。

この点において、IPマルチキャスト放送は有線放送と類似したものであるといえる。

　さらに、2008年12月、NHKが同社のテレビ放送の番組を有料配信するVODサービスである「NHKオンデマンド」を開始した[31)][32)]。

　ほかに、音声、映像等の配信サービスの例として、ポッドキャスティングが挙げられる[33)]。ポッドキャスティングとは、インターネットでラジオ番組を配信する仕組みのことであり、具体的にはRSSに音声データへのリンク情報を含めることで[34)]、ソフトウェアやウェブサイトを経由して、その音声データを保存または再生する技術をいう。ポッドキャスティングは2004年に米国で始まった。名前の由来は、米国アップル社の「iPod」と、「broadcasting」を組み合わせた造語である[35)][36)]。ラジオ放送局がポッドキャスティングを利用して配信している場合には、放送と通信がかなり類似したものとなる。

(iii)　**放送および通信の両方に利用できる端末の出現**（端末の融合）

　端末の融合の例としてワンセグが挙げられる。ワンセグとは、携帯電話機等の携帯機器を受信対象とする地上デジタルテレビジョン放送のことをいう。通信専用の端末であった携帯電話機が、放送の受信端末も兼ねているのである。もっとも、これまでの技術においても、放送および通信の両方に利用できる端末を作ることは可能であった[37)]。しかし、ワンセグは、放送および通信の両方に利用できる端末を作ることを意図的に狙った点で特徴的である。ワンセグは、2006年のサービス開始当時は、テレビ画面と通信コンテンツの混在表示がで

---

31)　〈http://www.nhk.or.jp/nhk-ondemand/〉
32)　NHKオンデマンドはユニキャスト方式による配信である。
33)　他の例として、インターネットラジオが挙げられる。インターネットラジオとは、既存の放送局がインターネットで従来の電波放送と同内容の音声、もしくはそれに準ずる内容を配信するもの等をいう。オンデマンド方式またはストリーミング方式で配信されることが多い。
34)　RSSとは、RDF Site Summaryの略で、ウェブサイトの見出し、要約、リンク情報等のメタデータを構造化して記述するXMLベースのフォーマットのことである。赤堀侃司『標準パソコン用語辞典』（秀和システム・2009年）1112頁参照。
35)　赤堀・前掲注34) 690頁。
36)　「podcasting」という造語を作ったのは、英国紙Guardianの記者Ben Hammersleyであるとのことである〈http://www.guardian.co.uk/media/2004/feb/12/broadcasting.digitalmedia〉。
37)　たとえば、PCは放送および通信の両方に利用することができる。

きず、ワンセグを見ながらメールを見ることができない等[38]、放送と通信の端末を組み合わせたに過ぎないものであった。しかし、たとえば2009年2月6日に発売されたAQUOSケータイ（SoftBank 932SH）においては、ワンセグを見ながらメール操作またはウェブサイトの閲覧をすることができる[39]等、携帯電話機は放送と通信の融合が進んだ端末機器となってきている。

(iv) 放送および通信におけるインフラの共用（伝送路の融合）

伝送路の融合の例としてケーブルテレビが挙げられる。ケーブルテレビは、当初地上波テレビ放送の難視聴地域を解消する目的で利用されていたが、現在ではインターネット接続のインフラとしても利用されている[40][41]。

(v) 放送および通信におけるインフラの共用（伝送路の融合）ならびに通信および放送の両分野の兼営または資本提携（事業体の融合）

伝送路および事業体の融合の例としてトリプルプレイサービスが挙げられる。トリプルプレイサービスとは、1本の回線で、インターネット接続、固定電話および映像配信（有料テレビ）の三つのサービスを提供することをいう。このサービスには、利用者にとってトータル費用を抑えられるというメリットがある。トリプルプレイサービスは、ケーブルテレビ（有線テレビジョン放送）事業者が電気通信事業を兼営する形態のほか、最近では、電気通信事業者の保有する光ファイバを活用し、電話、映像配信およびインターネット接続サービスをまとめて提供する形態も出現している。2007年3月末現在で、インターネット接続サービスを実施するケーブルテレビ事業者は385社、電気通信役務を

---

38) 堀内功「地デジ対応の携帯端末に思わぬ制約　CEATECでお披露目も、通信・放送コンテンツの混在表示は不可」日経コミュニケーション2005年10月15日号56頁参照。
39) 〈http://mb.softbank.jp/mb/product/3 G/932sh/〉
40) 国内のマーケットシェアは、2007年6月末時点で、総加入世帯数の市場占有率の1位がジュピターテレコム（27.4％）、2位がジャパンケーブルネット（8.2％）である（総務省「有線放送による放送の再送信に関する研究会」第1回会合（2007年10月5日）配付資料1-3「ケーブルテレビを取り巻く状況」）〈http://www.soumu.go.jp/main_sosiki/joho_tsusin/policyreports/chousa/yusen/pdf/071005_2_si1-3.pdf〉。
41) 通信用のインフラを放送に利用するという試みもある。2011年の地上デジタル放送への完全移行に向け、NHKと道内民放5社が、難視聴地域に対して地上デジタル放送の電波を既設の光ファイバと新たな送信機を用いて伝送する実証実験を行った。北海道新聞2007年3月16日朝刊10面参照。

用いてサービスを提供する事業者は 17 社にのぼっている[42)][43)]。
(2) 今後の放送と通信の融合の展望

わが国では、ブロードバンドサービス[44)]の契約数が伸び続けており[45)]、また、総務省は、u-Japan 推進計画 2006（2006 年 9 月）において、2004 年 12 月に策定した「u-Japan 政策」に基づき、2010 年までにユビキタスネットワークを整備し、国民の 100％が高速または超高速ユビキタスネットワークを利用可能な社会にすることを目標の 1 つとしている[46)]。それゆえ、今後も通信と放送の融合はさらに進むことが予想される。

3. 種々の利益グループとその立場、そして、利益グループとしての主張と個々の主体としての主張との相違

以上のような「放送と通信の融合」に伴い、著作権法における放送の取扱いも再検討が迫られているが、各所からの意見が錯綜し落ち着く気配を見せない。そこで、ここでは、著作権法における放送の取扱いに関して、種々の利益グループの立場を概観する。

(1) 放送の視聴者

放送の社会的価値を享受してきたのは放送の視聴者であり、著作権法における放送の特別扱いも、かかる価値を支えてきた。

放送と通信の融合のほか、放送以外のメディアの普及によって、放送が担う

---

42) 総務省「通信・放送の総合的な法体系に関する研究会」最終報告書（2007 年 12 月）〈http://www.soumu.go.jp/main_sosiki/joho_tsusin/policyreports/chousa/tsushin_houseikikaku/pdf/071206_4.pdf〉。
43) 具体的には、株式会社ジュピターテレコムの J:COM〈http://www.jcom.co.jp/services.html〉、エヌ・ティ・ティ・コミュニケーションズ株式会社の OCN 光 with フレッツ〈http://www.ocn.ne.jp/hikari/wflets〉、ソフトバンクグループの Yahoo! BB 光 TV package〈https://ybb.softbank.jp/terms/hikari_m/index.html〉等のサービスが提供されている。
44) FTTH アクセスサービス、DSL アクセスサービス、CATV アクセスサービスまたは FWA アクセスサービスをいう。
45) 総務省「ブロードバンドサービスの契約数等（平成 20 年 6 月末）」別紙「ブロードバンドサービスの契約数の推移等（図表）」〈http://www.soumu.go.jp/menu_news/s-news/2008/pdf/080917_2_bs.pdf〉。
46) 総務省「u-Japan 推進計画 2006」（2006 年 9 月）〈http://www.soumu.go.jp/menu_news/s-news/2006/pdf/060908_3_1.pdf〉。

価値の重要性は相対化されているから、著作権法における放送の扱いを見直すことは、一つの合理的な政策判断である。

しかし、視聴者の地域的な所在や経済的境遇にかかわらず、情報をすみやかに提供するという放送の役割は完全には失われていない。

それゆえ、今後の著作権法のあり方を議論するにあたっては、視聴者が放送の公共性によって享受してきた利益が損なわれないようにすべきである。創作者や伝達者に経済的利益がもたらされることも重要である。だが、そのために放送の社会的価値が喪失されるということがあってはならない[47]。

また、視聴者の立場からみたとき、細かい技術的な差異に依拠して放送か通信かを峻別し、そこで伝送される情報に適用されるルールを演繹的に導くという議論のあり方は、説得力を有しないということも指摘できる。

(2) **通信事業者および放送局**

放送局や、「放送」に類する公衆送信(役務利用放送)を行う通信事業者は、著作物である放送番組を利用する立場にある一方で、著作物である放送番組を制作する立場にもある。したがって、著作物の利用の促進と、権利者の利益の維持および拡大という、二つの容易に整合しがたい要請を有している[48]。

現に、放送事業者の中には、過去の著作物利用の制限緩和には積極的な意見を表明しつつ、特別法による権利の集約や一般的フェアユース規定の導入には消極的な意見を述べる事業者もある[49]。

---

47) たとえば、スクランブル等のコピー制御のための技術的手段が、放送の受信そのものにかかることについて、基幹放送へのアクセスの障害となるおそれを指摘し反対する見解がある。情報通信審議会情報通信政策部会「デジタル・コンテンツの流通の促進等に関する検討委員会」第41回(2008年6月24日)〈http://www.soumu.go.jp/main_content/000030656.pdf〉における河村真紀子委員発言(11頁)参照。また、同氏のインタビューを収録した「NEインタビュー──主婦連合会副常任委員 河村真紀子氏─地デジの問題が顕在化するのはこれからですよ」日経エレクトロニクス2007年6月18日号34頁も併せて参照されたい。

48) 役務利用放送を行う事業者で構成する役務利用放送協議会は、放送の同時再送信以外の「自主放送」について、一時的固定(法44条)や著作隣接権による保護等の点で有線放送と同等に扱うことを求めている。

49) 知的財産戦略本部 デジタル・ネット時代における知財制度専門調査会(第10回)(2008年11月27日)資料2「デジタル・ネット時代における知財制度専門調査会報告案に関する意見募集の結果について」〈http://www.kantei.go.jp/jp/singi/titeki2/tyousakai/digital/dai10/10gijisidai.html〉参照。

(3) 権利者

権利者の立場からすると、創作物に関して、経済的な利益がもたらされることが重要である。利益の名目は、許諾料であれ、補償金であれ、損害賠償であれ、それほど重要ではない。

しかし、権利者団体から出される意見を見ると[50]、既存の法律の枠組みにおいて権利者に与えられた権利を縮小するのではなく、既存の法律の枠組みを基本的に維持した上で、権利の集中管理等によって許諾を円滑にする方向で著作物の利用を促進することを求めるものが大半である。著作権および著作隣接権を制約する改正については、権利者団体は強く反対している[51][52][53]。

なお、権利者団体の要求は、個々の権利者のレベルでの要求とは必ずしも一致しているわけではない。たとえば、十分な知名度と十分な交渉力を有しない無名の創作者の場合、著作物が利用されないまま埋もれ、あるいは利用許諾条件の交渉に際してメディア企業に買いたたかれるよりも、むしろ著作物の利用を促進することを希望するであろう。

(4) メーカー

著作物の利用促進によって受信機その他関連製品の売上増が期待されるため、

---

50) なお、権利者の団体は創作者の団体に限られないことに注意が必要である。創作者以外の権利者（たとえばレコード製作者）に関しては、著作物の利用促進と創作のインセンティブの確保および向上、という図式での利害調整よりも、むしろ、当該権利者のメディアと放送および通信との間におけるメディア間の利害調整という図式で捉えるのが適当である。権利者団体をひとくくりにした議論は利害の調整を誤るおそれがある。

51) たとえば、2004年の著作権法改正において、IPマルチキャストによる放送の同時再送信について、「放送」と同等の扱いとする改正がなされたが、この改正に際して権利者団体から反対意見が出された。2004年改正で将来の課題として先送りされた、いわゆる「自主放送」を放送と同様の扱いとすることについては、権利者団体の慎重論が強く、実現していない。情報通信審議会情報通信政策部会「デジタル・コンテンツの流通の促進等に関する検討委員会」（第8回）（2007年1月23日）における議論参照〈http://www.soumu.go.jp/main_sosiki/joho_tsusin/policyreports/joho_tsusin/digitalcontent/pdf/070123_2.pdf〉。

52) たとえば、ネット権およびフェアユース規定の導入に反対している。前掲注49)「デジタル・ネット時代における知財制度専門調査会報告案に関する意見募集の結果について」。

53) 逆に、法律上の権利を拡大する方向での見直しも要求している。たとえば、商業用レコードの放送または有線放送における二次使用に対するレコード製作者の権利は報酬請求権であるが（法97条）、これを許諾権へ変更すべきとの意見がある。「『知的財産推進計画2008』の見直しについての当協会の意見」The Record 2009年4月号11頁参照。

メーカーは著作物の利用促進と利害を共通にする立場であるといえる。

　メーカーとの関係では、私的録音録画補償金の今後の扱いが問題となっている。メーカーは補償金を事実上負担しているが、補償金の縮小ないし廃止を希望している。いわゆる Blu-ray Disc（ブルーレイ・ディスク）課金の実施の際に、メーカー団体が、暫定的措置であるべきこと、無料デジタル放送の録画を課金から外すべきこと、等の主張を展開したことは記憶に新しい。また、携帯音楽プレーヤを補償金の対象機器に含める議論（いわゆる iPod 課金）に対しては強く反対している。

4. 放送と通信の融合を踏まえ、著作権法の放送の扱いは今後どのようにあるべきか

　ネットワークにおける放送コンテンツの流通に関しては、様々な議論が展開されている。主なものとしては、「デジタル・コンテンツ法有識者フォーラム」による「ネット法」提言、「デジタル・コンテンツ利用促進協議会」による会長・副会長試案、「ネットワーク流通と著作権制度協議会」による「コンテンツの流通促進方策に関する提言」、日本経団連による複線型著作権法制の提言等がある。しかし、これらの議論においては、放送の社会的役割や公共性については、必ずしも意識的に論じられてはいないようである。

　今後の著作権法上の放送にあるべきルールについては、放送の社会的役割や公共性という放送の優遇の根拠に立ち返った検討が望まれる。

---

54) 2009 年 2 月 13 日の JEITA 意見書〈http://home.jeita.or.jp/lip/coment.pdf〉。
55) 汎用性ある機器への課金を許容するとさらに PC 等へも補償金が拡大してしまうことを懸念しているとの指摘がある。山田剛良「『Blu-ray 課金』で行き詰まる私的録音録画補償金」日経エレクトロニクス 2009 年 4 月 20 日号 75 頁。
56) 松田政行「コンテンツのネット流通と著作権―ネット流通促進政策の法的スキーム」コピライト 2009 年 6 月号 20 頁参照。
57) 中山信弘「放送と通信の融合（著作権の観点から）」『国際商取引に伴う法的諸問題(15)』（トラスト60・2008年）11頁は、まず将来の放送をどうするのか、という放送行政が定まらなければならず、著作権法はそれを邪魔してはならないとする。

5. 立法と行政の動き

(1) 立法の動き
(i) 著作権法関係

著作権法においては、1997年改正により、「放送」、「有線放送」および「公衆送信」の定義を規定する改正がなされている。また、2006年改正によりIPマルチキャストによる放送の同時再送信について、ならびに実演家およびレコード制作者の権利に関して有線放送と同等に取り扱う改正がなされ、IPマルチキャスト放送の円滑化が図られている。

(ii) 通信関係

従来、通信は1対1のやりとりを前提としたものであるため、規制を及ぼすべきものではないと考えられていた。しかし、近時、通信に対する規制を目的として、「特定電気通信役務提供者の損害賠償責任の制限及び発信者情報の開示に関する法律」（プロバイダ責任制限法）（平成13年法律第137号）、「特定電子メールの送信の適正化等に関する法律」（迷惑メール法）（平成14年法律第26号）、「携帯音声通信事業者による契約者等の本人確認等及び携帯音声通信役務の不正な利用の防止に関する法律」（携帯電話不正利用防止法）（平成17年法律第31号）および「青少年が安全に安心してインターネットを利用できる環境の整備等に関する法律」（青少年インターネット環境整備法）（平成20年法律第79号）が次々と制定された。これは、放送同様、通信についても規制が必要であると考えられるようになったことの現れであるといえる。

(iii) 放送関係

CS放送および有線テレビジョン放送の設備利用の規制緩和を行うため、2001年に、電気通信役務を利用した放送を制度化することを目的とした「電気通信役務利用放送法」（平成13年法律第85号）が成立した。この法律により、これまで通信用と放送用に分離していた通信衛星の中継器をその時々の需要に応じて、通信にも放送にも柔軟に提供できることとなった。したがって、電気通信役務利用放送法は、通信と放送の伝送路の融合に対応して規定された法律であるといえる。

(2) 行政の動き
(i) 総務省「通信・放送の総合的な法体系に関する研究会」

総務省では、「通信・放送の在り方に関する懇談会」(2006年1月から2006年6月まで)[58]、「通信・放送の総合的な法体系に関する研究会」(2006年8月から2007年12月まで)[59]および「通信・放送の総合的な法体系に関する検討委員会」(2008年2月から始まり2009年8月まで)[60]において、通信と放送の総合的な法体系に関する議論が行われている。

「通信・放送の総合的な法体系に関する研究会」では、その報告書において、通信・放送法制について、「縦割り型」から「横割り型」への構造の転換をすべきであると指摘している。すなわち、現在の通信および放送に関する法制度は、従来の通信および放送のサービスに対応して、サービスの態様ごとに規律の体系を構築する、いわゆる「縦割り型」を前提としてきたが、ネットワークのブロードバンド化等に伴い、サービスごとにネットワークを区別する合理性が失われてきているため、コンテンツとネットワークの自由な組み合わせが可能な「横割り型」のレイヤー構造にするべきであるとしている[61]。

(ii) その他の行政の動き

上記のほかに、高度情報通信ネットワーク社会推進戦略本部[62]、知的財産戦略本部コンテンツ専門調査会[63]、総務省情報通信審議会情報通信政策部会デジタル・コンテンツの流通の促進等に関する検討委員会[64]、文部科学省文化審議

---

58) 総務省「通信・放送の在り方に関する懇談会」〈http://www.soumu.go.jp/main_sosiki/joho_tsusin/policyreports/chousa/tsushin_hosou/index.html〉。
59) 総務省「通信・放送の総合的な法体系に関する研究会」〈http://www.soumu.go.jp/main_sosiki/joho_tsusin/policyreports/chousa/tsushin_houseikikaku/index.html〉。
60) 情報通信審議会情報通信政策部会「通信・放送の総合的な法体系に関する検討委員会」〈http://www.soumu.go.jp/main_sosiki/joho_tsusin/policyreports/joho_tsusin/houtai.html〉。
61) 前掲注42)「通信・放送の総合的な法体系に関する研究会」最終報告書。
62) 高度情報通信ネットワーク社会推進戦略本部(IT戦略本部)〈http://www.kantei.go.jp/jp/singi/it2/〉。
63) コンテンツ専門調査会〈http://www.kantei.go.jp/jp/singi/titeki2/tyousakai/contents/index.html〉。
64) 情報通信審議会情報通信政策部会「デジタル・コンテンツの流通の促進等に関する検討委員会」〈http://www.soumu.go.jp/main_sosiki/joho_tsusin/policyreports/joho_tsusin/digitalcontent.html〉。

会著作権分科会法制問題小委員会[65]等においても放送と通信の融合に関して検討がなされている。

(3) まとめ

インターネットの進展等に伴い、放送と通信との融合を著作権法に反映させなければならない時代が来ている。しかしながら、2009年改正においては、極めて部分的かつテクニカルな反映が行われたに過ぎない。具体的には、通信を円滑、かつ、効率的に行うための送信の障害の防止等のための複製（法47条の5）およびインターネットにより送信される信号を受信して著作物を利用する際のコンピュータのキャッシュへの蓄積（法47条の8）が可能となったに過ぎない。

したがって、放送と通信との融合を著作権法に反映させるという課題への回答は先に持ち越されたといえる。

---

65) 著作権分科会法制問題小委員会〈http://www.bunka.go.jp/chosakuken/singikai/housei/index.html〉。

第 3 章

2009 年改正の解説

I. インターネットがインフラとなり、検索エンジンがコモディティ化した社会への対応

（下線は改正部分。以下同じ）

（送信の障害の防止等のための複製）
第47条の5 自動公衆送信装置等（自動公衆送信装置及び特定送信装置（電気通信回線に接続することにより、その記録媒体のうち特定送信（自動公衆送信以外の無線通信又は有線電気通信の送信で政令で定めるものをいう。以下この項において同じ。）の用に供する部分（第1号において「特定送信用記録媒体」という。）に記録され、又は当該装置に入力される情報の特定送信をする機能を有する装置をいう。）をいう。以下この条において同じ。）を他人の自動公衆送信等（自動公衆送信及び特定送信をいう。以下この条において同じ。）の用に供することを業として行う者は、次の各号に掲げる目的上必要と認められる限度において、当該自動公衆送信装置等により送信可能化等（送信可能化及び特定送信をし得るようにするための行為で政令で定めるものをいう。以下この条において同じ。）がされた著作物を、当該各号に定める記録媒体に記録することができる。
　一　自動公衆送信等の求めが当該自動公衆送信装置等に集中することによる送信の遅滞又は当該自動公衆送信装置等の故障による送信の障害を防止すること　当該送信可能化等に係る公衆送信用記録媒体等（公衆送信用記録媒体及び特定送信用記録媒体をいう。次号において同じ。）以外の記録媒体であつて、当該送信可能化等に係る自動公衆送信等の用に供するためのもの
　二　当該送信可能化等に係る公衆送信用記録媒体等に記録された当該著作物の複製物が滅失し、又は毀損した場合の復旧の用に供すること　当該公衆送信用記録媒体等以外の記録媒体（公衆送信用記録媒体等であるものを除く。）
　<u>2　自動公衆送信装置等を他人の自動公衆送信等の用に供することを業として行う者は、送信可能化等がされた著作物（当該自動公衆送信装置等により送信可能化等がされたものを除く。）の自動公衆送信等を中継するための送信を行う場合には、当該送信後に行われる当該著作物の自動公衆送信等を中継</u>

するための送信を効率的に行うために必要と認められる限度において、当該著作物を当該自動公衆送信装置等の記録媒体のうち当該送信の用に供する部分に記録することができる。
3 次の各号に掲げる者は、当該各号に定めるときは、その後は、当該各号に規定する規定の適用を受けて作成された著作物の複製物を保存してはならない。
　一 第1項（第1号に係る部分に限る。）又は前項の規定により著作物を記録媒体に記録した者　これらの規定に定める目的のため当該複製物を保存する必要がなくなつたと認められるとき、又は当該著作物に係る送信可能化等が著作権を侵害するものであること（国外で行われた送信可能化等にあつては、国内で行われたとしたならば著作権の侵害となるべきものであること）を知つたとき。
　二 第1項（第2号に係る部分に限る。）の規定により著作物を記録媒体に記録した者　同号に掲げる目的のため当該複製物を保存する必要がなくなつたと認められるとき。

（送信可能化された情報の送信元識別符号の検索等のための複製等）
第47条の6　公衆からの求めに応じ、送信可能化された情報に係る送信元識別符号（自動公衆送信の送信元を識別するための文字、番号、記号その他の符号をいう。以下この条において同じ。）を検索し、及びその結果を提供することを業として行う者（当該事業の一部を行う者を含み、送信可能化された情報の収集、整理及び提供を政令で定める基準に従つて行う者に限る。）は、当該検索及びその結果の提供を行うために必要と認められる限度において、送信可能化された著作物（当該著作物に係る自動公衆送信について受信者を識別するための情報の入力を求めることその他の受信を制限するための手段が講じられている場合にあつては、当該自動公衆送信の受信について当該手段を講じた者の承諾を得たものに限る。）について、記録媒体への記録又は翻案（これにより創作した二次的著作物の記録を含む。）を行い、及び公衆からの求めに応じ、当該求めに関する送信可能化された情報に係る送信元識別符号の提供と併せて、当該記録媒体に記録された当該著作物の複製物（当該著作物に係る当該二次的著作物の複製物を含む。以下この条において「検索結果提供用記録」という。）のうち当該送信元識別符号に係るものを用

いて自動公衆送信（送信可能化を含む。）を行うことができる。ただし、当該検索結果提供用記録に係る著作物に係る送信可能化が著作権を侵害するものであること（国外で行われた送信可能化にあつては、国内で行われたとしたならば著作権の侵害となるべきものであること）を知つたときは、その後は、当該検索結果提供用記録を用いた自動公衆送信（送信可能化を含む。）を行つてはならない。

（情報解析のための複製等）

第47条の7　著作物は、電子計算機による情報解析（多数の著作物その他の大量の情報から、当該情報を構成する言語、音、影像その他の要素に係る情報を抽出し、比較、分類その他の統計的な解析を行うことをいう。以下この条において同じ。）を行うことを目的とする場合には、必要と認められる限度において、記録媒体への記録又は翻案（これにより創作した二次的著作物の記録を含む。）を行うことができる。ただし、情報解析を行う者の用に供するために作成されたデータベースの著作物については、この限りでない。

（電子計算機における著作物の利用に伴う複製）

第47条の8　電子計算機において、著作物を当該著作物の複製物を用いて利用する場合又は無線通信若しくは有線電気通信の送信がされる著作物を当該送信を受信して利用する場合（これらの利用又は当該複製物の使用が著作権を侵害しない場合に限る。）には、当該著作物は、これらの利用のための当該電子計算機による情報処理の過程において、当該情報処理を円滑かつ効率的に行うために必要と認められる限度で、当該電子計算機の記録媒体に記録することができる。

（複製物の目的外使用等）

第49条　次に掲げる者は、第21条の複製を行つたものとみなす。

　　一～六　（略）

　　七　第47条の8の規定の適用を受けて作成された著作物の複製物を、当該著作物の同条に規定する複製物の使用に代えて使用し、又は当該著作物に係る同条に規定する送信の受信（当該送信が受信者からの求めに応じ自動的に行われるものである場合にあつては、当該送信の受信又はこれに準ず

るものとして政令で定める行為）をしないで使用して、当該著作物を利用した者

施行期日：2010年1月1日（著作権法の一部を改正する法律（平成21年法律第53号）附則1条）

（著作権法施行令）

第4章　送信の障害の防止等のための複製に係る特定送信等

（特定送信）
第7条の3　法第47条の5第1項（法第102条第1項において準用する場合を含む。）の政令で定める送信は、無線通信又は有線電気通信の送信で次に掲げるものとする。
　一　受信者からの求めに応じ自動的に行う送信であつて自動公衆送信に該当するもの以外のもの
　二　受信者からの求めに応じ自動的に行う送信以外の送信であつて電子メールの送信その他の文部科学省令で定めるもの

（特定送信をし得るようにするための行為）
第7条の4　法第47条の5第1項（法第102条第1項において準用する場合を含む。）の政令で定める行為は、次に掲げる行為とする。
　一　電気通信回線に接続している特定送信装置の特定送信用記録媒体に情報を記録し、情報が記録された記録媒体を当該特定送信装置の特定送信用記録媒体として加え、若しくは当該記録媒体を当該特定送信装置の特定送信用記録媒体に変換し、又は当該特定送信装置に情報を入力すること。
　二　その特定送信用記録媒体に情報が記録され、又は当該特定送信装置に情報が入力されている特定送信装置について、電気通信回線への接続（法第2条第1項第9号の5ロに規定する接続をいう。）を行うこと。

第5章　送信可能化された情報の収集、整理及び提供の基準

第7条の5　法第47条の6（法第102条第1項において準用する場合を含む。第2号において同じ。）の政令で定める基準は、次のとおりとする。
　一　送信可能化された情報の収集、整理及び提供をプログラムにより自動的に行うこと。
　二　文部科学省令で定める方法に従い法第47条の6に規定する者による収集を禁止する措置がとられた情報の収集を行わないこと。
　三　送信可能化された情報を収集しようとする場合において、既に収集した情報について前号に規定する措置がとられているときは、当該情報の記録を消去すること。

第6章　著作物等の送信の受信に準ずる行為

第7条の6　法第49条第1項第7号の政令で定める行為は、法第47条の8の規定の適用を受けて作成された著作物の複製物を使用して当該著作物を利用するために必要なものとして送信される信号の受信とする。
2　前項の規定は、法第102条第9項第7号の政令で定める行為について準用する。この場合において、前項中「第47条の8」とあるのは「第102条第1項において準用する法第47条の8」と、「著作物」とあるのは「実演等」と読み替えるものとする。

施行期日：2010年1月1日（著作権法施行令の一部を改正する政令（平成21年政令第299号）附則1項）

（著作権法施行規則）

第6章　受信者からの求めに応じ自動的に行う送信以外の特定送信

第4条の3　令第7条の3第1項第2号の文部科学省令で定める送信は、次に掲げるものとする。
　一　電子情報処理組織（電子計算機を電気通信回線で接続した電子情報処理組織をいう。）を用いて行う通信文その他の情報の送信（アナログ信号伝送用の電話回線のみを用いるものを除き、相手方の使用に係る電子計算機

を用いて当該情報が出力されるようにするものに限る。)
二　前号に掲げるもののほか、ファクシミリ装置又は電話機により受信されることを目的として行われる送信(インターネットプロトコル又は当該送信を中継し、及び当該送信に係る情報を記録する機能を有する装置を用いるものに限る。)
三　前二号に掲げるもののほか、情報通信の技術を利用する方法を用いて電子計算機により受信されることを目的として行われる通信文その他の情報の送信

第7章　送信可能化された情報の収集を禁止する措置の方法

第4条の4　令第7条の5第2号の文部科学省令で定める方法は、次に掲げる行為のいずれかを、法第47条の6(法第102条第1項において準用する場合を含む。以下この条において同じ。)に規定する者による情報の収集を禁止する措置に係る一般の慣行に従つて行う方法とする。
一　robots.txt の名称の付された電磁的記録(法第31条第2項に規定する電磁的記録をいう。次号において同じ。)で送信可能化されたものに次に掲げる事項を記載すること。
　イ　法第47条の6に規定する者による情報の収集のためのプログラムのうち情報の収集を禁止するもの
　ロ　法第47条の6に規定する者による収集を禁止する情報の範囲
二　HTML(送信可能化された情報を電子計算機による閲覧の用に供するに当たり、当該情報の表示の配列その他の態様を示すとともに、当該情報以外の情報で送信可能化されたものの送信の求めを簡易に行えるようにするための電磁的記録を作成するために用いられる文字その他の記号及びその体系であつて、国際的な標準となつているものをいう。)その他これに類するもので作成された電磁的記録で送信可能化されたものに法第47条の6に規定する者による情報の収集を禁止する旨を記載すること。

施行期日：2010年1月1日(著作権法施行規則の一部を改正する省令(平成21年省令第38号)附則)

1. 社会的および技術的な背景と、現実的な要請

(1) インターネットのインフラ化

　現在、インターネットなしの生活を想像しがたくなっていることは疑うまでもない[1]。インターネットが広く普及したのは、情報の取得等におけるインターネットの中立性と接続性ゆえに、インターネットが仕事、趣味等のあらゆる社会生活において欠かせないものとなっているからである。すなわち、インターネットは電気、ガス、水道等と同様、社会生活におけるインフラになっているといえる。

(2) 検索エンジンのコモディティ化

　前述のとおり、インターネットが広く普及し、かつ、その利用者のほとんどが頻繁に検索エンジンを利用している[2][3][4]。このことは、社会において検索エンジンがいわばコモディティ化していることを示している。

　検索エンジンが社会においてコモディティ化したのは、検索エンジンが社会的インフラであるインターネットと一体不可分の関係にあるからである。すなわち、インターネットの重要な利用目的は情報を取得することにあるが、情報を取得するためにはインターネットに存在する情報の所在情報を提供しつつ、ノイズとなる情報をフィルタリング・アウトする検索エンジンが不可欠であるからである[5]。この意味で、検索エンジンというものが、我々の情報へのアク

1） 総務省の推計によると、2008 年におけるインターネットの利用者数は 9,091 万人、パソコンによるインターネット利用者は 8,255 万人、モバイル端末（携帯電話、PHS および携帯情報端末（PDA））によるインターネット利用者は 7,506 万人、パソコンおよびモバイル端末の両方によるインターネット利用者は 6,196 万人である〈http://www.soumu.go.jp/main_content/000016027.pdf〉。

2） 総務省の推計によると、インターネット検索エンジンの月間延べ利用者数（2008 年）は 4,775 万人である〈http://www.soumu.go.jp/menu_news/s-news/17828.html〉。

3） 検索サービスの 1 日の平均利用回数（2009 年）は、インプレス R&D の調査では、10 回以上が約 26％、5 回以上が約 42％、1 回以上が 91％となっている。インターネット協会『インターネット白書 2009』（インプレス R&D・2009 年）192 頁参照。

4） 検索エンジンの利用割合（2009 年）は、インプレス R&D の調査では、「Yahoo! JAPAN」が 57.5％、「Google」が 32.8％であり、両者を合わせると 90％を超えている。その他は「MSN サーチ」が 1.7％、「infoseek」が 1.5％等となっている。インターネット協会・前掲注 3) 参照。

セスを保障するいわばメタ・メディアとして機能しているといえる。従来においても、テレビやラジオの番組表や書評がメタ・メディアとして機能していたことは確かである。だが、これらメタ・メディアがなくとも、テレビ番組、ラジオ番組、書籍などにアクセスすることは十分にできた。これに対して、ウェブ上の情報は、検索エンジンというメタ・メディアなしには、単なる情報の「洪水」でしかないのである。

　検索エンジンがインターネットを経由する我々の情報へのアクセスと一体不可分であることは、インターネットの商用利用開始時期と踵を接して検索エンジンが登場していたという事実からもわかる。

　たとえば米国では、1991 年における CIX（Commercial Internet eXchange）の設立を機にインターネットの商用利用が本格的に開始された[6]。そして、検索エンジンについては、1990 年にはカナダの McGill 大学の Alan Emtage が初のサーチツールである「Archie」を、1991 年には、Minnesota 大学の Mark McCahill が階層型ファイル検索システム「Gopher」を各々開発し[7]、1994 年には、Stanford 大学の Jerry Yang と David Filo が「Yahoo！」のサービスを開始した[8]。

---

5) インターネットナンバー株式会社では、会社の URL に対応する数字（インターネットナンバー）を割り当て、当該会社に対応する数字を入力することにより、当該会社のサイトにアクセスすることができるサービスを提供している〈http://www.888.ne.jp/biz/index.php〉。また、株式会社日本レジストリサービスでは、ドメイン名を日本語で登録することができるサービスを提供している〈http://xn--wgv71a119e.jp/support/〉。これらのサービスによれば、検索エンジンによらずに目的のウェブサイトへ到達することが一応可能である。しかし、これらのサービスの利用は限定的なものにとどまるようである。たとえば、インターネットナンバーを取得し活用している企業、団体または個人は合計で 1,100 にとどまっている〈http://www.888.ne.jp/biz/company/company.html〉。また、株式会社日本レジストリサービス（JPRS）の調査では、1 文字以上の日本語の文字を含む JP ドメイン名の数は 132,435 個にとどまる（2010 年 4 月 1 日現在）〈http://jpinfo.jp/stats〉。

6) インターネットがそれまで商用利用されなかったのは、当時の米国の ISP が相互接続していた NSF ネットのバックボーンの AUP（Acceptable Use Policy）（〈http://www.physics.ohio-state.edu/~pcf/nsfnet-policy.txt〉参照）が、「営利活動（for-profit activities）」等での利用を禁止していたからである。そこで、ISP が CIX という新たなバックボーンを設立し、ISP が CIX に接続することで商用化を実現させたのである。ヴィンセント・ギベス「NSF ネットの終焉とその歴史的意義」インターネットマガジン 1995 年 7 月号 94 頁参照。

7) 〈http://www.ntia.doc.gov/ntiahome/domainname/dnstransition/comments/dnstrans_comment0084.doc〉

また、日本では1993年にインターネットの商用利用が開始された[9]。そして、検索エンジンについては、1995年には、早稲田大学が検索システム「千里眼」をリリースし[10]、また、NTTがディレクトリ型検索サービス「NTT DIRECTORY」のサービスを開始した[11]。

　このように検索エンジンが社会においてコモディティ化しているにもかかわらず、検索エンジンによる著作物の複製等が著作権侵害とならないかどうかについては、2009年改正前においては不安視する向きがあった[12]。

(3)　検索エンジンの仕組み

　検索エンジンサービスの提供に至る作業工程は、大きく次の三つの工程に区分することができる[13]。

(i)　第1工程：ソフトウェアによるウェブサイト情報の収集および格納（クローリング）

　第1工程は、クローラと呼ばれるソフトウェアによって、ウェブサイトの情報を収集し、そのデータをストレージサーバへ蓄積する工程である。

(ii)　第2工程：検索用インデックスおよび検索結果表示用データの作成ならびに蓄積

8）〈http://docs.yahoo.com/info/misc/history.html〉

9）日本では、学術ネットワークを商用目的に利用することができなかった。金森國臣「インターネット用語解説：03」インターネットマガジン1995年8月号193頁参照（なお、当時の学術ネットワークの一つであるJUNETが商用利用を禁止していたことについては、JUNET利用の手引作成委員会『JUNET利用の手引』（近代科学社・1988年）5頁参照）。そのため、日本においてインターネットの商用利用が始まったのは、商用プロバイダの誕生後であった。具体的には、1993年に、商用プロバイダであるインターネットイニシアティブジャパン（IIJ）と日本イーエヌエス AT&T（AT&T Jens）のSpinプロジェクトが、商用UUCPサービスを開始した。日本インターネット協会『インターネット白書'96』（インプレス・1996年）51頁参照。

10）〈http://web.archive.org/web/19980210120843/http://senrigan.ascii.co.jp/〉

11）神崎洋治ほか『体系的に学ぶ　検索エンジンのしくみ』（日経BPソフトプレス・2004年）36頁参照。

12）文化審議会著作権分科会報告書（2009年1月）57頁以下参照〈http://www.bunka.go.jp/chosakuken/singikai/pdf/shingi_hokokusho_2101.pdf〉。

13）検索エンジンにはロボット型とディレクトリ型が存在し、前者は本文に示すところの第1工程から第3工程までのすべてを自動的に行うものであり、後者は第1工程および第2工程を人が行うものである。現在の検索エンジンの大勢は前者である。前掲注12）文化審議会著作権分科会報告書54頁参照。

第2工程は、第1工程でストレージサーバに格納されたデータを用いて、あらかじめ検索用インデックスおよび検索結果表示用データを作成ならびに蓄積する工程である。検索結果表示用データの代表例としては、スニペット[14]、サムネイル[15]、プレビュー[16]およびキャッシュリンク[17]がある。

(iii) **第3工程：検索結果の表示**

第3工程は、検索エンジンの利用者の要求に対して、第2工程で作成および蓄積された検索用インデックスを用いてウェブサイト情報の検索を行い、第2工程で作成および蓄積された検索結果表示用データをウェブサイトのURL等とともに検索結果として利用者に送信する工程である。

(4) **検索エンジンの各工程における著作権侵害の成否**

(i) **第1工程における著作権侵害の成否**

第1工程は、ウェブサイトの情報を収集して蓄積する工程であるため、ウェブサイトに著作物である文章、画像等がある場合には、形式的には著作物の複製（法21条）を行っているといえる。

(ii) **第2工程における著作権侵害の成否**

第2工程のうち、検索用インデックスは、単なる文字列または変換された数値データであり、元となるデータが著作物であるとしても、その著作物の著作物性のない部分のみを用いているに過ぎないと考えられる。したがって、著作物の利用には該当せず、著作権法上の問題は生じないと思われる。これに対して、第2工程における検索結果表示用データの作成および蓄積においては、元のデータが著作物である場合に、検索結果表示用データがその著作物の著作物性のある部分を含む場合があるため、著作権法上の複製（法21条）に該当する場合があると考えられる。

---

14) スニペット（snippet）とは「断片」の意味である。検索対象のテキストの数行を抜粋したものを表示する。
15) サムネイルは、親指（thumb）の爪（nail）のように小さく簡潔であるという意味から来ている。
16) プレビュー（preview）とは、動画の数シーンを切り出し、たとえば2、3秒の間表示するものをいう。
17) キャッシュリンク（cache link）とは、ウェブページをクロールした際に作成したコピーを表示するページへのリンクをいう。

(iii) 第3工程における著作権侵害の成否

　第3工程においては、検索結果表示用データが、URL等とともに検索結果として送信可能化され、利用者からの検索要求に従って、自動公衆送信される。したがって、検索結果表示用データが元のデータの著作物性のある部分を含むものであって、その作成および蓄積が著作物の利用に該当する場合には、検索結果の表示に際して、著作物の送信可能化および自動公衆送信が行われることになる（法23条）。[18]

(5) 2009年改正前法による対応の可能性

　上記のように、検索エンジンによる著作物の複製等は、形式的には著作物の利用行為に該当する。これらの行為について、権利制限規定等により著作権侵害とならないことを明らかにするには難があった。

(i) 引用の成否

　スニペットおよびサムネイルにより検索結果を表示する行為は、引用（法32条）に該当し、著作権侵害を構成しないとする見解がある。[19] この見解は、引用の成否については、旧著作権法30条についての最判昭和55年3月28日民集34巻3号244頁（モンタージュ写真事件）が提示した「明瞭区別性」[20]および「附従性」[21]の2要件により判断すべきではなく、端的に法32条1項の条文の

---

[18] 東京地判平成16年3月24日判時1857号108頁（ヨミウリオンライン事件）は、「言語から構成される作品において、ごく短いものであったり、表現形式に制約があるため、他の表現が想定できない場合や、表現が平凡かつありふれたものである場合には、筆者の個性が現れていないものとして、創作的な表現であると解することはできない」とした上で、いずれの記事見出しも著作物には該当しないとした。その控訴審である知財高判平成17年10月6日平成17年（ネ）10049号は、いずれの記事見出しも著作物には該当しないとしたものの、記事見出しは、多大な労力および費用をかけた報道機関としての一連の活動が結実したものといえること等から当該記事見出しは法的保護に値する利益になり得るとした上で、被控訴人による、控訴人の記事見出しを実質的にデッドコピーした見出しを配信する等の行為は社会的に許容される限度を越えたものであるとして、不法行為の成立を認めた。なお、東京高判平成6年10月27日判時1524号118頁（ウォール・ストリート・ジャーナル事件）は、新聞記事を編集著作物であると認定した上で、新聞記事の著作権の侵害を肯定している。これらの裁判例を前提とすれば、検索エンジンの検索結果表示用データが短い場合、平凡かつありふれたものである場合等には、検索結果表示用データが著作物に該当する可能性は低くなると思われる。

[19] 田村善之「検索サイトをめぐる著作権法上の諸問題（3・完）―寄与侵害、間接侵害、フェア・ユース、引用等」知的財産法政策学研究18号（2007年）31頁。

文言に従い、「公正な慣行に合致する」、「引用の目的」および「正当な範囲内」の各要件の存否について判断すべきであるとする。そして、まず、法32条1項の「公正な慣行に合致する」ものであるという要件については、検索エンジンがインターネット利用者の多くに利用され、かつ、利用者に受け入れられていること等により、検索エンジンは公正な慣行に合致したものであるとする。また、「引用の目的」の要件については、現代の文化に対してインターネットが果たしている役割の大きさおよびインターネットにおいてはウェブサイトの情報を大量にデータベース化する検索エンジンが不可欠であることに鑑みれば、検索エンジンが検索結果を表示するという目的には正当性があり、「引用の目的」の要件を満たすとする。さらに、「正当な範囲内」の要件については、大量のウェブサイトが存在し、かつ、頻繁に更新される中でインターネットの利用者が然るべき情報に辿り着くことができるのは、検索エンジンによるところが大きいこと、また、検索結果を短時間に効率的に把握するためには、スニペット表示、サムネイル表示等をなすことが必要であること等を理由に、「正当な範囲内」の要件も満たすとする。

しかし、引用の定義規定は著作権法には存在しないが、伝統的には、報道、批評、研究等の目的のために他人の著作物を自己の作品に採録することと解されてきた[22][23]。このような理解を前提にすると、上記の見解における引用は、伝統的な引用の定義との間で齟齬があるとの批判があり得る。

したがって、スニペットおよびサムネイル等により検索結果を表示する行為が引用（法32条）に該当するという上記見解について意見の一致がみられている状況にあるとはいいがたい。また、上記見解を前提としても、キャッシュリ

---

20) 「明瞭区別性」とは、モンタージュ写真事件判決において示された、「引用を含む著作物の表現形式上、引用して利用する側の著作物と、引用されて利用される側の著作物とを明瞭に区別して認識することができ」るという要件のことをいう。

21) 「附従性」とは、モンタージュ写真事件判決において示された、「両著作物の間に前者が主、後者が従の関係があると認められる」という要件のことをいう。

22) 中山（2007）256頁。

23) なお、最判昭和55年3月28日民集34巻3号244頁（モンタージュ写真事件）は、「引用とは、紹介、参照、論評その他の目的で自己の著作物中に他人の著作物の原則として一部を採録することをいうと解するのが相当である」とする。中山（2007）261頁以下参照。

ンクについては引用にあたるとはいいがたいから、引用により対応することは困難である。

(ii) **黙示の承諾**

一定の場合、黙示の承諾を理由に検索エンジンによる複製等が著作権侵害に該当しないとする見解がある。すなわち、著作者自身またはその承諾を受けた者が公衆に送信している著作物に関しては、原則として黙示の承諾理論を適用し、標準のプロトコルに従った意思表示をなさない限り、検索エンジンによる複製等に対して黙示的に承諾したとみなすべきであるとする[24]。

しかし、WWW サーバのプロトタイプが誕生した 1990 年当時のように、インターネットがアカデミックコミュニティを中心として使われていた場合であればともかく[25]、きわめて多数のウェブサイトが商用または私的なものである現在では、一般的に黙示の承諾があるとはいいがたい。

また、上記見解は、ウェブサイトの開設者であれば、ウェブサイトに「robots.txt」というファイルを設置し、このファイルにクローラのアクセスを拒否する情報を書き込んでおくこと[26]、または、ウェブページの head タグ内（〈head〉から/〈head〉の間に）クローラによるクローリングを拒否するメタタグを記述するという方法[27]で、インデックスへの登録を拒否すること等ができるのであるから[28]、メタタグの変更をしていない以上、検索エンジンにクローリング等がなされることに対して原則として黙示の承諾をしていると主張する。

しかし、インターネット利用者が増え、誰でも容易にウェブサイトを開設することができる現在において、すべてのウェブサイト開設者がメタタグを書き換える等の措置を採ることができるとは考えにくい[29]。また、ブログの開設者

---

24) 田村善之「検索サイトをめぐる著作権法上の諸問題(2)―寄与侵害、間接侵害、フェア・ユース、引用等」知的財産法政策学研究 17 号（2007 年）104 頁。
25) 日本では、学術ネットワークを商用目的に利用することは禁じられていた。金森・前掲注 9）参照。
26) 具体的な記述の仕方については、〈http://www.robotstxt.org/robotstxt.html〉を参照。
27) 具体的な記述の仕方については、〈http://www.robotstxt.org/meta.html〉を参照。
28) 神崎・前掲注 11）141 頁。
29) 検索エンジンにクローリング等がなされない方法である「robot.txt」および「ロボット検索防止タグ」のいずれも知らない人の割合が 66.0％であるとのアンケート結果もある。三浦基ほか「検索エンジンと著作権」放送研究と調査 2006 年 8 月号 68 頁以下参照。

は、ブログサービスの提供を受けている関係で、上記手段を採ることができない場合がある[30]。さらに、上記いずれの検索回避手段も、国際的な規格等によって明確に定められたルールではなく、検索エンジンによっては、上記クローリング拒否設定に対する対応が異なり得る[31]。したがって、これらの方法によって、確実にクローリングを回避することができると保証されているわけではない。

　以上からすれば、検索エンジンによる複製等が著作権侵害に該当しないとする結論は合理的であるものの、黙示の承諾がその理由になるとはいいがたい。

(iii) 権利濫用

　権利濫用の法理は、検索エンジンがどのようなものであるか、複製された著作物の質および量等、個別具体的に利益衡量をして判断されるものであるから、検索エンジンによる複製等に対する著作権の行使が、常に権利濫用になるとはいいがたい。

(iv) 著作権の内在的制約

　所有権が内在的制約に服するように（憲法29条2項）、著作権も絶対的な権利ではなく、一定の内在的制約に服する。

　上記のように、インターネットは社会的インフラである。そしてインターネットを利用するためには、検索エンジンが必要である。そうすると、検索エンジン自体も社会的インフラの一部といえる。そのため、検索エンジンによる複製等については、著作権の内在的制約に服するとも考えられる。

　しかしながら、著作権の内在的制約の範囲については、論者によって見解が区々であると思われる。したがって、著作権の内在的制約により検索エンジンによる複製等に対して著作権が及ばないという見解について意見の一致が簡単に得られるとは考えがたい。

(6) 現実的な要請

　以上のように、2009年改正前法においては、検索エンジンによる複製等が

---

30) たとえば、2009年11月1日現在において、「gooブログ（無料版）」においてはメタタグの編集を行うことはできない。なお、有料の「gooブログアドバンス」においてはメタタグの編集を行うことも可能である〈http://blog.goo.ne.jp/info/advance〉。

31) 神崎・前掲注11) 141頁参照。

著作権侵害を構成しないことについて意見の一致がみられているとはいいがたい状態にあった。

　しかし、検索エンジンは、上記のように、社会的インフラであるインターネットを利用する上で不可欠なものである。また、検索エンジンサービス提供者が各著作権者から事前に利用許諾を得るという方法は現実的に不可能である。

　そこで、2009年改正により、検索エンジンによる複製等について、著作権の権利制限規定が新設されることとなった[32]。

(7) 送信の障害の防止等のための複製（法47条の5）の新設の背景

　上記のようにインターネットは社会生活におけるインフラである。だとすると、インターネットを介した送信を安定的に行えるようにしておくことが必要である。そのための技術として、たとえば、頻繁なアクセスによる情報通信量の膨張を抑えるため、キャッシュサーバ[33]に一時的にデータを複製する方法がある。しかしながら、これらの複製が著作権侵害とならないかどうかについては、2009年改正前においては不安視する向きがあった[34]。

(8) 情報解析のための複製等（法47条の7）の新設の背景[35]

　情報解析においては膨大な計算量が必要となるから、コンピュータ[36]の利用が必要不可欠である。そして、情報解析においてコンピュータを利用する場合には、いったん著作物等の情報を記録媒体に複製することが必要になる。この複製は、形式的には著作物の複製に該当するものの、そもそも著作物の表現そのものの利用ではなく、その情報またはアイディアの抽出を行うに過ぎないから、本来著作権侵害には該当しないようにも思われる。しかし、2009年改正

---

32) もっとも、後述のように、著作者人格権については特段の手当てがなされていない点には注意が必要である。
33) キャッシュサーバとは、WWWサーバ等のデータを一時的に記憶装置等に複製しておくサーバをいう。赤堀侃司『標準パソコン用語辞典』（秀和システム・2009年）177頁。
34) 前掲注12) 文化審議会著作権分科会報告書99頁以下。
35) リバースエンジニアリングにおける複製等についての規定は、文化審議会著作権分科会法制問題小委員会で検討され、かつ、文化審議会著作権分科会報告書（2009年1月）に盛り込まれたものの（前掲注12) 文化審議会著作権分科会報告書67頁以下参照）、新設されるに至らなかった。
36) 著作権法上、「電子計算機」とは、いわゆるコンピュータのことである。加戸（2006) 44頁参照。

前においては不安視する向きがあった。

(9) 電子計算機における著作物の利用に伴う複製（法47条の8）の新設の背景

現在、あらゆる業務がコンピュータによって行われている。そして、コンピュータにおいて著作物を利用すると、処理の高速化等の目的で、その過程においてコンピュータのRAM等に著作物を複製することになる。これは形式的には著作物の複製に該当する。これらの複製は、コンピュータを利用する場合に不可避的に生じるものである。また、計算機資源が企業、学校、SaaS（Software as a Service）業者等によって提供されている場合に、これらの計算機資源の利用に伴う上記複製について利用者に複製権侵害を問うことは不合理である。以上の理由により、これらの場合には本来著作権侵害には該当しないとも思われるが、2009年改正前においては不安視する向きがあった。

2. 2009年改正および立法の経緯の紹介

(1) 法47条の5

2009年改正により、インターネットにおいて情報を円滑、かつ、効率的に送信するため、また、安定的に情報を送信するため、一定の行為に対する著作権の権利制限規定が新設された。具体的には、一定の電気通信サービスを業として提供する者が、(i)アクセスがサーバに集中することによる送信の遅滞等

---

37) 前掲注12)文化審議会著作権分科会報告書85頁参照。
38) 任意の番地を任意の順序でデータを読み書きすることが可能なメモリをいう。赤堀・前掲33)1101頁参照。
39) 文化審議会著作権分科会報告書（2006年1月）56頁参照〈http://www.bunka.go.jp/1tyosaku/pdf/singi_houkokusho_1801.pdf〉。
40) なお、文化庁としての見解の簡明な説明としては、ジュリ1392号「窓」およびコピライト1月号「H21年改正」を参照。
41) 法47条の5の1項および2項の主体は、自動公衆送信装置等（自動公衆送信装置および特定送信装置）を他人の自動公衆送信等（自動公衆送信および特定送信）の用に供することを業として行う者である。自動公衆送信とは、公衆送信のうち、公衆からの求めに応じ自動的に行うものをいう（法2条1項9号の4）。一方、特定送信とは、(i)自動公衆送信以外の無線通信、(ii)たとえばストレージサービスにおける送信のように、送信行為の相手方が特定かつ少数であり（法2条5項参照）、受信者からの求めに応じて自動的に行う有線電気通信の送信（施行令7条の3第1号）、または、(iii)受信者からの求めに応じ自動的に行う送信以外の送信であって電子メールの送信等の有線電気通信の送信をいう（施行令7条の3第2号および施行規則4条の3）。

を防止するために必要と認められる限度で送信可能化等[42]された著作物を一定の記録媒体に記録すること（法47条の5第1項柱書、1号）、(ii)記録媒体等に記録されたその著作物の複製物が滅失等した場合の復旧の用に供するために必要と認められる限度で送信可能化等された著作物を一定の記録媒体に記録すること（法47条の5第1項柱書、2号）および(iii)送信可能化等された著作物の自動公衆送信等を中継するための送信を効率的に行うために必要と認められる限度で、その著作物をその自動公衆送信装置等の記録媒体のうちその送信の用に供する部分に記録すること（法47条の5第2項）に対する著作権の権利制限規定が新設された。

インターネットにおいて情報を円滑、かつ、効率的に送信するためには、送信しようとするデータを何らかの記録媒体に記録しておくことがほぼ必要不可欠といえる。そのため、そのような行為に対しては、そもそも著作権の効力が及ぶと考えることは不合理である。しかし、当該行為は形式的には複製権侵害を構成するから、企業等がいわゆるコンプライアンスの観点等から過剰に自己抑制し、その結果として、当該行為を躊躇することが想定される。そこで、当該行為により著作権侵害を構成しないことを明らかにする本規定は、このような状況下においては一定の意味があるといえる。

(2) 法47条の6

2009年改正により、検索エンジンによる複製等に対する著作権の権利制限規定が新設された。具体的には、検索エンジンサービスの提供を業として行う者[43]が、(i)必要と認められる限度で、送信可能化された著作物を記録媒体へ記録または翻案できることとなり、また、(ii)検索エンジンの利用者の求めに応じて、その利用者が求める情報の存するURL等の提供と併せて、そのURL等において送信可能化されている（上記記録媒体に記録された）その著作物の複製物を自動公衆送信することが可能となる。

(3) 法47条の7

2009年改正により、研究開発における情報利用の円滑化を図るため、電子

---

42) 送信可能化等とは、送信可能化（法2条1項9号の5）、および、特定送信をし得るようにするための行為として施行令7条の4に規定されている行為をいう。

計算機による情報解析を目的とする場合に、必要と認められる限度で記録媒体へ記録または翻案することができるとする規定が新設された。[44)][45)]

情報解析を電子計算機により行うためには、解析しようとするデータを記録媒体へ記録または翻案することがほぼ必要不可欠といえる。そのため、そのような行為に対しては、そもそも著作権の効力が及ぶと考えることは不合理である。しかし、当該行為は形式的には複製権侵害を構成するため、上記のように、企業等がコンプライアンスの観点等から当該行為を躊躇することが想定される。そこで、当該行為が著作権侵害を構成しないことを明らかにする本規定は意味のあるものといえる。

(4) **法47条の8**

2009年改正により、電子計算機において著作物を一定の方法で利用する場合に、その利用のための情報処理の過程において、その情報処理を円滑かつ効率的に行うために必要と認められる限度でその電子計算機の記録媒体に記録することができるとする規定が新設された。

---

43) 検索エンジンサービスの提供を業として行う者が本条の適用を受けるためには、さらに以下の三つの要件を満たす必要がある。すなわち、(i)送信可能化された情報の収集、整理および提供をプログラムにより自動的に行うこと（施行令7条の5第1号）、(ii) robots.txt、HTML等により情報の収集を禁止する措置がとられた場合に情報の収集を行わないこと（施行令7条の5第2号および施行規則4条の4)、および、(iii)情報を収集する過程において、あるサイト等で情報の収集を禁止する措置がとられていた場合に、それまでに当該サイト等で収集した情報の記録を消去すること（施行令7条の5第3号)、という三つの要件を満たす必要がある。しかし、(i)の要件は限定をしすぎていると思われる。たとえば、あるホームページにおいて情報の収集を禁止する措置がとられた場合において、当該ホームページからすでに収集していた情報の消去を自動的に行うことができず、人間がコマンドの入力をすることが必要であることもあり得る。このような場合にまで情報の収集、整理および提供の中に自動的でない部分が存在するという理由で「政令で定める基準」から除外されるとすれば、「政令で定める基準」を限定しすぎるものであり、2009年改正においてインターネットにおける情報の所在を検索する手段として現在幅広く用いられている検索エンジンによるサービスの提供につき著作権侵害に該当しないことを明確化しようとした趣旨を没却し、妥当でない。

44) ヨーロッパでは研究開発目的の権利制限規定については、非営利目的という制限をかけている立法例が多いが、本規定では目的による制限は課されていない。

45) 放送番組の視聴の分析、大学等における論文等の文献の複製およびデータベース化等の適法性を確認する規定についても議論はされたものの、2009年改正では導入されるには至らなかった。前掲注12）文化審議会著作権分科会報告書85頁以下参照〈http://www.bunka.go.jp/chosakuken/singikai/pdf/shingi_hokokusho_2101.pdf〉。

この規定により、たとえば、コンピュータでプログラムを実行した際のRAMへの蓄積、インターネットにより送信される信号を受信して利用する際のコンピュータのキャッシュへの蓄積が、上記のとおり、一定の限度で可能となる。

しかし、このようにして作成された複製物を目的外で使用した場合には、複製をしたものとみなされる。すなわち、上記複製物を、法47条の8に規定する複製物の使用に代えて使用することにより著作物を利用した場合、または、法47条の8に規定する送信の受信[46]をしないで著作物を利用した場合には、複製をしたものとみなされる（法49条1項7号）。

電子計算機により著作物を利用する場合において、情報処理を円滑かつ効率的に行うためには、利用する著作物のデータを何らかの記録媒体へ記録することがほぼ必要不可欠といえる。そのため、そのような行為に対しては、そもそも著作権の効力が及ぶと考えることは不合理である。しかし、当該行為は形式的には複製権侵害を構成し、上記のように、企業等がコンプライアンスの観点等から当該行為を躊躇することが想定されるから、当該行為が著作権侵害を構成しないことを明らかにする本規定は意味のあるものといえる。

3. 解説とコメント

(1) 送信の障害の防止等のための複製（法47条の5）

本規定の新設により、以下の三つの場合における複製が適法であることが確認された。

---

46)「受信」には、著作物の送信の受信のみならず、上記著作物の複製物を使用して著作物を利用するために必要なものとして送信される信号の受信を含む（施行令7条の6）。なぜなら、このような受信行為は、著作物の送信の受信に準ずる行為といえるからである。具体例としては、ブラウザキャッシュによるウェブサイトの表示が挙げられる。著作物を含むウェブサイトにアクセスした場合、著作物等をダウンロードしてウェブサイトをブラウザに表示するのが原則である。しかし、当該ウェブサイトに以前アクセスした際のブラウザキャッシュが残っており、かつ、当該ウェブサイトに以前アクセスしたときから更新されていない場合には、当該ウェブサイトのデータが保存されているサーバから信号を受信し、そのブラウザキャッシュを使って当該ウェブサイトが表示される。このような場合、当該ウェブサイトの著作物の送信を受信しているわけではないものの、これに準ずる行為として、目的外使用には該当しないこととなる。

一つめは、送信の遅滞または送信の障害を防止することを目的として「当該送信可能化等に係る公衆送信用記録媒体等……以外の記録媒体であつて、当該送信可能化等に係る自動公衆送信等の用に供するためのもの」に記録する場合である（法47条の5第1項1号）。この場合の典型例としては、キャッシュサーバの記憶装置への複製が挙げられる。上記のように、キャッシュサーバとは、WWWサーバ等のデータを一時的に保持しておくサーバをいう。たとえば、頻繁にアクセスされるデータをキャッシュサーバの記憶装置に複製しておくことにより、当該データへのアクセスに対して素早く対処することができるため、送信の遅滞を防止することが可能となる。この場合、「当該送信可能化等に係る公衆送信用記録媒体等」とはWWWサーバのハードディスク等が該当し、また、「当該送信可能化等に係る公衆送信用記録媒体等……以外の記録媒体であつて、当該送信可能化等に係る自動公衆送信等の用に供するためのもの」とはキャッシュサーバの記憶装置等が該当する。

二つめは、送信可能化等のための記録媒体等に記録された著作物の複製物が滅失または毀損した場合の復旧の用に供するために、「当該公衆送信用記録媒体等以外の記録媒体」に著作物を記録する場合である（法47条の5第1項2号）。この場合の典型例としては、ミラーサーバにおける複製が挙げられる。ミラーサーバとは、オリジナルのサーバと同じ内容を持つバックアップ用のサーバのことをいう。[47] ミラーサーバを利用することにより、オリジナルのサーバのハードディスク等に記録されたデータが滅失または毀損した場合にも復旧することが可能となる。この場合、「当該公衆送信用記録媒体等」とは、オリジナルのサーバのハードディスク等が該当し、「当該公衆送信用記録媒体等以外の記録媒体」とは、ミラーサーバのハードディスク等が該当する。

三つめは、著作物の自動公衆送信等を中継するための送信を効率的に行うために必要と認められる限度で、「当該著作物を当該自動公衆送信装置等の記録媒体のうち当該送信の用に供する部分」に記録する場合である（法47条の5第2項）。この場合の典型例としては、プロキシサーバにおける複製が挙げられる。プロキシサーバとは、WWWなどへのアクセスを中継するためのサーバのこ

---

47) 赤堀・前掲33) 719頁参照。

とをいう。[48]プロキシサーバが利用されるのは、セキュリティ対策等のためである。この場合、「当該著作物を当該自動公衆送信装置等の記録媒体のうち当該送信の用に供する部分」とは、プロキシサーバの送信に利用される記憶装置等が該当する。

(2) 送信可能化された情報の送信元識別符号の検索等のための複製等
　　（法47条の6）

本規定の新設により、検索エンジン業者が、検索サービスを提供するために必要と認められる限度で、アップロードされている著作物をクローリングすること、検索エンジン利用者の要望に応じてアップロードされている情報に係るURLを提供すること、および、そのURLの提供と併せて検索エンジンがクローリングした著作物の複製物のうち当該URLに係るもの（文字情報、画像等）を用いて公衆送信することが適法であることが確認された。つまり、上記の必要と認められる限度で、検索エンジン業者がWWWにアップロードされている著作物をクローリングし、スニペット、サムネイル、プレビュー、キャッシュリンク等の検索結果表示等を公衆送信することが適法であることが確認された。

条文の文言のうち、「送信元識別符号（自動公衆送信の送信元を識別するための文字、番号、記号その他の符号）」とは、URL等が該当し、「公衆からの求めに応じ、送信可能化された情報に係る送信元識別符号……を検索し、及びその結果を提供することを業として行う者」とは、検索エンジン業者が該当し、「送信可能化された著作物……について、記録媒体への記録又は翻案……を行う」とは、クローリングが該当し、「当該著作物の複製物……のうち当該送信元識別符号に係るものを用いて自動公衆送信（送信可能化を含む。）を行う」とは、スニペット、サムネイル、プレビュー、キャッシュリンク等といった検索結果表示用データ等を公衆送信することが該当する。

(3) 情報解析のための複製等（法47条の7）

本規定の新設により、コンピュータによる情報解析を行うことを目的とする場合には、必要と認められる限度で著作物を複製することが適法であることが

---

48) 赤堀・前掲33) 652頁参照。

確認された。情報解析とは、「多数の著作物その他の大量の情報から、当該情報を構成する言語、音、影像その他の要素に係る情報を抽出し、比較、分類その他の統計的な解析を行うこと」をいう。

本規定が適用されるのは、たとえば、単語や文のつながりなどについての統計的な解析をコンピュータで行うために必要と認められる限度で、文献等の言語情報を記録媒体に記録する場合である。

(4) **電子計算機における著作物の利用に伴う複製（法 47 条の 8）**

本規定の新設により、コンピュータにおいて、(i)著作物を当該著作物の複製物を用いて利用する場合、または、(ii)無線通信もしくは有線電気通信の送信がされる著作物を当該送信を受信して利用する場合において、コンピュータの情報処理を円滑かつ効率的に行うために必要と認められる限度でコンピュータの記録媒体に著作物を記録することが適法であることが確認された。

(i)の例としては、著作物である映画の DVD をコンピュータで視聴する場合に、コンピュータの RAM に蓄積される映画データの複製が挙げられる。

(ii)の例としては、著作物であるデータ放送をコンピュータで視聴する場合に、コンピュータの RAM に蓄積されるデータ放送用データの複製が挙げられる。

(5) **残る問題（検索エンジンによる著作者人格権侵害の成否）**

2009 年改正で新設された法 47 条の 6 の規定は、著作者人格権に影響を及ぼさない（法 50 条）。また、2009 年改正では、著作者人格権の規定については改正がなされていない。

そこで、以下、検索エンジンによる複製等は著作者人格権の規定を侵害しないかについて検討する。

(i) **公表権**

公表権とは、条文上は、著作物を公表するか否かを決定する権利であるとされているが（法 18 条）、これに加えて、公表の「時期」や「方法」を決定することができる権利であると解されている[49]。

公表権の対象となる著作物は、公表されていない著作物、または著作者の同意を得ずに公表された著作物である（法 18 条 1 項）。また、著作者または著作者

---

49) 作花（2004）234 頁参照。

図1

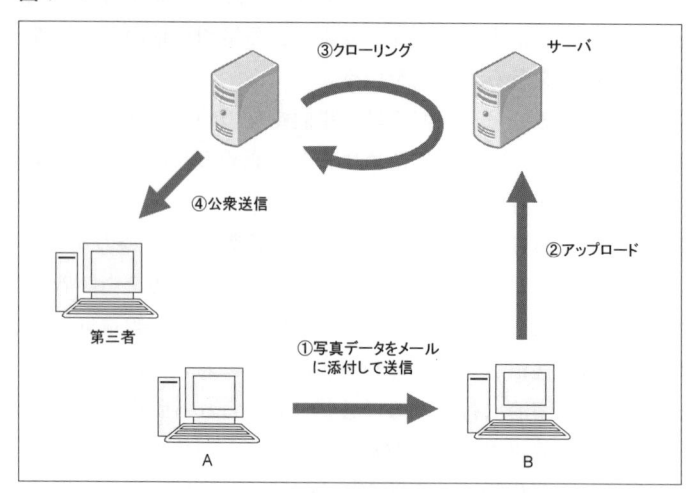

③クローリング　サーバ
④公衆送信
第三者
①写真データをメールに添付して送信
②アップロード
A　　　B

の許諾を得た者により送信可能化された場合には、公表されたものとみなされるが（法4条2項）、その他の者によって送信可能化された場合には公表されたものとはみなされない。

　したがって、たとえば、以下のような場合には公表権侵害が成立し得る。写真を撮影したが、その写真の公表をしていなかったAが、友人であるBに対して当該写真のデータを電子メールに添付して送ったところ、BがAの許諾を得ずに当該写真のデータを勝手にウェブサイトにアップロードした。その後、検索エンジンが当該ウェブサイトをクローリングし、当該著作物を第三者に公衆送信した場合、検索エンジンによる当該公衆送信行為により、公表権侵害が成立し得る（図1参照）。

　検索エンジンは、上記のように、各ウェブサイトに含まれるコンテンツの権利状況または公表もしくは未公表の別にかかわらず、無差別にクローリングをせざるを得ない。それにもかかわらず、条文を形式的に適用すると、検索エンジンの公衆送信行為により公表権侵害が成立しかねないこととなってしまうのである。

(ⅱ)　氏名表示権

　氏名表示権とは、著作物の原作品に、または著作物の公衆への提供もしくは

提示に際し、氏名を付すか否か、または、どのような氏名を付すかの決定をする権利である（法19条）。

したがって、たとえば、あるウェブサイトで画像とともに氏名が表示されている場合に、検索エンジンが画像のみを表示する場合には、条文を形式的に適用すると、氏名表示権の侵害が成立し得る。

また、検索対象となった著作物が氏名表示権を侵害して作成されたものである場合にも氏名表示権の侵害が成立し得る。

(iii) **同一性保持権**

同一性保持権とは、著作権者が自己の著作物とその題号につき、その意に反して変更、切除その他の改変を受けない権利である（法20条）。

検索エンジンにおいて、同一性保持権が問題となるのは、検索エンジンにより複製されたウェブページにおいて、ウェブページのレイアウトが崩れた場合、スニペットにより表示された文章の一部の抜き出しが、文章全体と著しく異なる印象を与える場合等である[50]。

これらの場合に同一性保持権の侵害となるかが問題となるが、この問題の結論は、同一性保持権の趣旨をどのように解するかによって異なり得る。しかしながら、同一性保持権の趣旨については様々な、しかし、決して説得力があるともいえない見解がある[51]。そのため、このような状況を前提とすると、この問題については、意見の一致がみられているとはいいがたし、また、説得力のある説明がない以上、意見の一致がみられることを期待できる状況にもない。

(iv) **まとめ**

上記のように、著作者人格権については、公表権侵害および氏名表示権侵害が成立する場合があり、また、同一性保持権については、同一性保持権侵害が

---

[50] たとえば、文章の冒頭で自己と反対の考え方を提示し、それを反駁する構成の文章がアップロードされている場合に、スニペットにより、自己と反対の考え方のみが表示される場合が挙げられる。

[51] 同一性保持権の趣旨については、著作物が無断で改変されることにより、著作物が著作者の意に沿わない表現を有することになる結果、著作者が受ける精神的苦痛を救済することであるとする見解（田村（2001）433頁）、著作物に具現化された著作者の思想および感情の表現の完全性または文化的所産の同一性を保持することであるとする見解（加戸（2006）169頁以下）等がある。

成立しない蓋然性が高いと思われるものの、この点につき意見の一致がみられているとはいいがたい。したがって、本来、著作者人格権の規定についても手当がなされるべきであったと思われる。

　しかしながら、2009年改正では、著作者人格権について手当がなされていない。それはなぜか。

　2009年1月付の文化審議会著作権分科会報告書では、公表権および氏名表示権については問題となるケースが実際上少ないこと、また、同一性保持権については「やむを得ないと認められる改変」に該当し、同一性保持権侵害とはならないことが記載されている[52]。そのため、これらを理由に著作者人格権の規定について改正を行わなかったのではないかと思われる。

　しかし、公表権および氏名表示権が問題となるケースが少ないか否かは明らかではなく、また、仮にそれらのケースが少ないとしても、立法による手当をしない理由とはならない。さらに、同一性保持権についても、上記のように同一性保持権侵害が成立しないという点について意見の一致が得られるとはいいがたい。

　以上によれば、本来、著作者人格権についても同時に手当がなされるべきであったというべきである。

(6) 準拠法の問題

　インターネットによる著作権侵害に基づく差止請求については、ベルヌ条約5条2項第3文[53]を根拠に「保護が要求される同盟国の法令」が準拠法となり、「保護が要求される同盟国」とは、「利用行為地」または「侵害行為地」を意味するとされている[54]。

　しかし、実際にどのように準拠法を決定するかについては、著作物の利用行為自体に着目し、発信国の準拠法を適用すべきだとする発信国法主義と、利用

---

52) 前掲注12) 文化審議会著作権分科会報告書64頁参照。
53) ベルヌ条約5条2項第3文は、「したがつて、保護の範囲及び著作者の権利を保全するため著作者に保障される救済の方法は、この条約の規定によるほか、専ら、保護が要求される同盟国の法令の定めるところによる」と規定している。
54) 駒田泰土「インターネットによる著作権侵害の準拠法に関する議論状況」コピライト2000年5月号20頁参照。

行為により生じた侵害の結果に着目し、受信国の準拠法を適用すべきとする受信国法主義の間で争いがある。発信国法主義に対しては、著作権の保護が全く与えられない国にサーバが置かれた場合、他の国の著作権法によれば享受し得たはずの著作権の保護を得られなくなる点で不合理であるとの問題点が指摘されている。また、受信国法主義に対しては、多数の国で同時に受信される場合に受信国の法律を適用しようとすると、法律関係が錯綜し、収拾がつかなくなるとの問題点が指摘されている。[55)][56)][57)][58)]

(7) 日本版検索エンジン

今回の検索エンジンによる複製等について権利制限規定が新設された背景に

---

55) 田村（2001）567 頁以下、石黒一憲『国際知的財産権―サイバースペース vs.リアル・ワールド』（NTT 出版・1998 年）19 頁以下、および 34 頁以下、作花（2004）665 頁、茶園成樹「インターネットによる国際的な著作権侵害の準拠法」国際税制研究 3 号（1999 年）80 頁以下、岡村久道ほか『インターネットの法律実務〔新版〕』（新日本法規・2001 年）37 頁以下、黒川徳太郎「衛星放送と広域的著作権論」ジュリスト 1000 号（1992 年）337 頁以下、Annette Kur, *Applicable Law: An Alternative Proposal for International Regulation-The Max-Planck Project on International Jurisdiction and Choice of Law,* 30 Brook. J. Int'l L. 951（2005）参照。

56) MPI (Max-Planck-Institut) の CLIP PRINCIPLES 〈http://www.ip.mpg.de/shared/data/pdf/draft-clip-principles-06-06-2009.pdf〉が、603 条において、以下に示す新しいルールの提案を行っている。

Article 3 : 603 : Ubiquitous infringement

(1) In disputes concerned with infringement carried out through ubiquitous media such as the Internet, the court may apply the law or the laws of the State or the States having the closest connection with the infringement, if the infringement arguably takes place in every State in which the signals can be received.

(2) In determining which State has the closest connection with the infringement, the court shall take all the relevant factors into account, in particular the following :
   (a) the infringer's habitual residence ;
   (b) the infringer's principal place of business ;
   (c) the place where substantial activities in furthering of the infringement in its entirety have been carried out ;
   (d) the place where the harm caused by the infringement is substantial in relation to the infringement in its entirety.

(3) Notwithstanding the law applicable pursuant to paragraph 2, any party may prove that the rules applying in a State or States covered by the dispute differ from the law applicable to the dispute in aspects which are essential for the decision.The court shall apply the different national laws unless this leads to inconsistent judgments, in which case the differences shall be taken into account in fashioning the remedy.

は、日本版検索エンジンを作る環境を整備する狙いがあるといわれている。すなわち、2007年に経済産業省が「情報大航海プロジェクト」を発足させ、国産の「検索エンジンサービス」を軌道に乗せることを計画したが、検索を行う際には著作物の複製等を伴うため、検索に伴う複製等に対する著作権の権利制限規定の導入の要望が関係省庁から出され、2009年改正につながったというのである。[59][60]

たしかに、今回の検索エンジンに関する権利制限規定の新設は日本における検索エンジン開発の一助になり得ると思われる。

しかし、検索エンジンによる複製等が著作権侵害となることは、日本が検索エンジンの分野で後れをとった理由の一つに過ぎず、その最大の理由は、Google等に対してアイディアおよび技術の面で後れをとったことにある。

---

57) American Law Institute の「ALI PRINCIPLES」〈http://www.ali.org/doc/2007_intellectualproperty.pdf〉が、321条において、以下に示す新しいルールの提案を行っている。
  § 321. Law or Laws to Be Applied in Cases of Ubiquitous Infringement
    (1) When the alleged infringing activity is ubiquitous and the laws of multiple States are pleaded, the court may choose to apply to the issues of existence, validity, duration, attributes, and infringement of intellectual property rights and remedies for their infringement, the law or laws of the State or States with close connections to the dispute, as evidenced, for example, by :
      (a) where the parties reside ;
      (b) where the parties' relationship, if any, is centered ;
      (c) the extent of the activities and the investment of the parties ; and
      (d) the principal markets toward which the parties directed their activities.
    (2) Notwithstanding the State or States designated pursuant to subsection (1), a party may prove that,with respect to particular States covered by the action, the solution provided by any of those States' laws differs from that obtained under the law (s) chosen to apply to the case as a whole. The court must take into account such differences in fashioning the remedy.
58) なお、国際シンポジウム「知的財産権と渉外民事訴訟」(主催者：特定領域研究「日本法の透明化」産業財産権・著作権・国際民事訴訟法研究グループ、2009年5月8日および9日開催)の資料の一部を下記URLからダウンロードすることができる〈http://www.tomeika.jur.kyushu-u.ac.jp/chizai/symposium/〉。
59) 甲野正道「最近の著作権制度上の課題について」知財ぷりずむ59巻5号 (2007年) 20頁。
60) なお、情報大航海プロジェクトの目的は、Googleと対抗する日本版検索エンジンを作ることではなく、Googleのウェブ検索ではカバーしていない広大な領域を、検索やマイニングなどの技術によってカバーしていくことであった、との指摘もある。佐々木俊尚『ウェブ国産力―日の丸ITが世界を制す』(アスキー・2008年) 192頁。

1990年代、米国では激しい検索エンジンの開発競争が繰り広げられていたにもかかわらず、日本では検索技術が図書検索、データベース検索等の分野に閉ざされ、業界秩序が支配する寡占の中で、予定調和的なビジネスが行われていたに過ぎなかった。その結果、米国における激しい競争の中から「ページランクテクノロジー[61]」等の優れたアイディアおよび技術を有するGoogleが台頭してくると、日本の検索エンジンはあっという間に置いていかれてしまったのである[62]。

　したがって、今後の日本版検索エンジンの成功のためには、優れたアイディアと技術が必要不可欠なのであって、2009年改正のみによって日本版検索エンジンの開発が成功すると考えるのは楽観的にすぎる[63]。

(8)　**検索エンジンによるアーカイブの保存について**

　検索エンジンが法47条の6に基づきいったん適法に記録したデータについては、検索エンジンはいつまでも保持し続けられるのか。

　法47条の6では、検索に必要と認められる限度で著作物の記録等ができることを定めているが、削除義務については定められていない[64]。また、いったん適法に複製等がなされた場合には、目的外使用（法49条）等特別の規定に該当しない限り、複製権侵害等となることはない。

　したがって、検索エンジンがいったん適法に記録したデータについては、削除義務は認められない。

---

61)　ページランクについては米国で特許が取得されている（米国特許番号6,285,999）。
62)　佐々木・前掲注60) 198頁以下。
63)　検索エンジンに関する技術の日本、米国、欧州、中国および韓国への総出願に対する国籍別のシェアは、テキストデータ解析に関する出願については、米国国籍（47％）、日本国籍（34％）、欧州国籍（7％）、韓国国籍（4％）、中国国籍（3％）、検索用インデクスまたはキーワードの抽出、作成または更新に関する出願については、米国国籍（43％）、日本国籍（32％）、欧州国籍（13％）、韓国国籍（6％）、中国国籍（2％）、また、他機器連携またはデータ配信に関する出願については、米国国籍（46％）、日本国籍（43％）、欧州国籍（6％）、中国国籍（1％）、韓国国籍（0％）となっている（特許庁特許審査第四部審査調査室「平成20年度特許出願技術動向調査(11・下)」特許ニュース12576号（2009年）1頁以下）。
64)　一方、法47条の5（送信の障害の防止等のための複製）については、保存する必要がなくなった場合に削除する義務が定められている（同条3項）。

II. 公共のアーカイブにおけるデジタル技術利用の促進

> **（図書館等における複製）**
> 第31条　国立国会図書館及び図書、記録その他の資料を公衆の利用に供することを目的とする図書館その他の施設で政令で定めるもの（以下この項において「図書館等」という。）においては、次に掲げる場合には、その営利を目的としない事業として、図書館等の図書、記録その他の資料（以下この条において「図書館資料」という。）を用いて著作物を複製することができる。
> 　一　図書館等の利用者の求めに応じ、その調査研究の用に供するために、公表された著作物の一部分（発行後相当期間を経過した定期刊行物に掲載された個々の著作物にあつては、その全部）の複製物を1人につき一部提供する場合
> 　二　図書館資料の保存のため必要がある場合
> 　三　他の図書館等の求めに応じ、絶版その他これに準ずる理由により一般に入手することが困難な図書館資料の複製物を提供する場合
> <u>2　前項各号に掲げる場合のほか、国立国会図書館においては、図書館資料の原本を公衆の利用に供することによるその滅失、損傷又は汚損を避けるため、当該原本に代えて公衆の利用に供するための電磁的記録（電子的方式、磁気的方式その他人の知覚によつては認識することができない方式で作られる記録であつて、電子計算機による情報処理の用に供されるものをいう。第33条の2第4項において同じ。）を作成する場合には、必要と認められる限度において、当該図書館資料に係る著作物を記録媒体に記録することができる。</u>
>
> 施行期日：2010年1月1日（著作権法の一部を改正する法律（平成21年法律第53号）附則1条）

（著作権法施行令）

> （図書館資料の複製が認められる図書館等）

第1条の3　法第31条第1項（法第86条第1項及び第102条1項において準用する場合を含む。）の政令で定める図書館その他の施設は、次に掲げる施設で図書館法（昭和25年法律第118号）第4条第1項の司書又はこれに相当する職員として文部科学省令で定める職員（以下「司書等」という。）が置かれているものとする。
　一　（略）
　二　学校教育法（昭和22年法律第26号）第1条の大学又は高等専門学校（以下「大学等」という。）に設置された図書館及びこれに類する施設
　三～六　（略）
2　（略）

施行期日：2010年1月1日（著作権法施行令の一部を改正する政令（平成21年政令第299号）附則1項）

（国立国会図書館法の改正）

第23条　館長は、国立国会図書館の収集資料として、図書及びその他の図書館資料を、次章及び第11章の規定による納入並びに第11章の2の規定による記録によるほか、購入、寄贈、交換、遺贈その他の方法によつて、又は行政及び司法の各部門からの移管によつて収集することができる。行政及び司法の各部門の長官は、その部門においては必ずしも必要としないが、館長が国立国会図書館においての使用には充て得ると認める図書及びその他の図書館資料を国立国会図書館に移管することができる。館長は、国立国会図書館では必ずしも必要としない図書及びその他の図書館資料を、行政若しくは司法の各部門に移管し、又は交換の用に供し、若しくは処分することができる。

第11章の2　国、地方公共団体、独立行政法人等のインターネット資料の記録

第25条の3　館長は、公用に供するため、第24条及び第24条の2に規定する者が公衆に利用可能とし、又は当該者がインターネットを通じて提供する役務により公衆に利用可能とされたインターネット資料（電子的方法、磁

気的方法その他の人の知覚によつては認識することができない方法により記録された文字、映像、音又はプログラムであつて、インターネットを通じて公衆に利用可能とされたものをいう。以下同じ。）を国立国会図書館の使用に係る記録媒体に記録することにより収集することができる。

　第24条及び第24条の2に規定する者は、自らが公衆に利用可能とし、又は自らがインターネットを通じて提供する役務により公衆に利用可能とされているインターネット資料（その性質及び公衆に利用可能とされた目的にかんがみ、前項の目的の達成に支障がないと認められるものとして館長の定めるものを除く。次項において同じ。）について、館長の定めるところにより、館長が前項の記録を適切に行うために必要な手段を講じなければならない。

　館長は、第24条及び第24条の2に規定する者に対し、当該者が公衆に利用可能とし、又は当該者がインターネットを通じて提供する役務により公衆に利用可能とされたインターネット資料のうち、第1項の目的を達成するため特に必要があるものとして館長が定めるものに該当するものについて、国立国会図書館に提供するよう求めることができる。この場合において、当該者は、正当な理由がある場合を除き、その求めに応じなければならない。

附則
（経過措置）
第2条　この法律による改正後の国立国会図書館法第25条の3第3項の規定は、この法律の施行の際現に公衆に利用可能とされている同条第1項のインターネット資料及びこの法律の施行後に公衆に利用可能とされた同項のインターネット資料について適用する。

施行期日：2010年4月1日（国立国会図書館法の一部を改正する法律（平成21年法律第73号）附則1条）

（国立国会図書館法の一部を改正する法律附則による著作権法の一部改正）
　（※著作権法2009年改正反映済）

（国立国会図書館法によるインターネット資料の収集のための複製）

第42条の3　国立国会図書館の館長は、国立国会図書館法（昭和23年法律第5号）第25条の3第1項の規定により同項に規定するインターネット資料（以下この条において「インターネット資料」という。）を収集するために必要と認められる限度において、当該インターネット資料に係る著作物を国立国会図書館の使用に係る記録媒体に記録することができる。

2　国立国会図書館法第24条及び第24条の2に規定する者は、同法第25条の3第3項の求めに応じインターネット資料を提供するために必要と認められる限度において、当該インターネット資料に係る著作物を複製することができる。

（複製物の目的外使用等）

第49条　次に掲げる者は、第21条の複製を行つたものとみなす。

一　第30条第1項、第31条第1項第1号、第33条の2第1項若しくは第4項、第35条第1項、第37条第3項、第37条の2本文（同条第2号に係る場合にあつては、同号。次項第1号において同じ。）、第41条から第42条の2まで、第42条の3第2項、第44条第1項若しくは第2項、第47条の2又は第47条の6に定める目的以外の目的のために、これらの規定の適用を受けて作成された著作物の複製物（次項第4号の複製物に該当するものを除く。）を頒布し、又は当該複製物によつて当該著作物を公衆に提示した者

二〜七　（略）

2　（略）

（著作隣接権の制限）

第102条　第30条第1項、第31条、第32条、第35条、第36条、第37条第3項、第37条の2（第1号を除く。次項において同じ。）、第38条第2項及び第4項、第41条から第42条の3まで、第44条（第2項を除く。）並びに第47条の4から第47条の8までの規定は、著作隣接権の目的となつている実演、レコード、放送又は有線放送の利用について準用し、第30条第2項及び第47条の9の規定は、著作隣接権の目的となつている実演又はレコードの利用について準用し、第44条第2項の規定は、著作隣接権の目的となつている実演、レコード又は有線放送の利用について準用す

る。この場合において、同条第1項中「第23条第1項」とあるのは「第92条第1項、第99条第1項又は第100条の3」と、同条第2項中「第23条第1項」とあるのは「第92条第1項又は第100条の3」と読み替えるものとする。

2～8　（略）

9　次に掲げる者は、第91条1項、第96条、第98条又は第100条の2の録音、録画又は複製を行つたものとみなす。
　一　第1項において準用する第30条第1項、第31条第1項第1号、第35条第1項、第37条第3項、第37条の2第2号、第41条から第42条の2まで、第42条の3第2項、第44条第1項若しくは第2項又は第47条の6に定める目的以外の目的のために、これらの規定の適用を受けて作成された実演等の複製物を頒布し、又は当該複製物によつて当該実演、当該レコードに係る音若しくは当該放送若しくは有線放送に係る音若しくは影像を公衆に提示した者
　二～八　（略）

施行期日：2010年4月1日（国立国会図書館法の一部を改正する法律（平成21年法律第73号）附則1条）

1. 社会的および技術的な背景と、現実的な要請

(1) 図書館および国立国会図書館の存在意義および役割

(i) 図書館の存在意義および役割

　図書館とは、「人間の知的生産物である記録された知識や情報を収集、組織、保存し、人々の要求に応じて提供することを目的とする社会的機関」であり、「通時的に見るならば、記録資料の保存、累積によって世代間を通しての文化の継承、発展に寄与する社会的記憶装置であり、共時的には、社会における知識や情報の伝播を円滑にするコミュニケーションの媒介機関としての役割を果たす」ものである[1]。ユネスコ公共図書館宣言1994年（UNESCO Public Library Manifesto 1994）[2]においても、市民が建設的に参加して民主主義を発展させるこ

とは、十分な教育が受けられ、知識、思想、文化および情報に自由かつ無制限に接し得ることにかかっていることに鑑み、個人および社会集団の生涯学習、独自の意思決定および文化的発展のための基本的条件を提供するものとして、公共図書館でのサービスは、年齢、人種、性別、宗教、国籍、言語、または社会的身分を問わず、すべての人が平等に利用できるという原則に基づいて提供され、いかなる年齢層の人々もその要求に応じた資料を見つけ出せなければならないとされており、そのためには、蔵書およびサービスには、伝統的な資料とともに、あらゆる種類の適切なメディアと現代技術が含まれなければならず、また、資料には、人間の努力と想像の記憶とともに現今の傾向や社会の進展が反映されていなければならないとされている。要するに、図書館は、通時的（diachronically）には文化の継承および発展、また、共時的（synchronically）には知識および情報の伝播という、現在および将来の市民にとって非常に重要な役割を果たすものであり、あらゆる資料を蓄積し、それをすべての市民に等しく提供することが求められているといえる。

(ii) **国立国会図書館の存在意義および役割**

国立国会図書館は、明治時代に設立され旧憲法下の帝国議会に属していた貴族院および衆議院の図書館と、明治初期に設立され文部省に属していた帝国図書館（書籍館と呼ばれていた）の二つの源流が合わさり、国立国会図書館法（昭和23年法律第5号）に基づいて1948年に設立された。同法の前文で、国立国会図書館は、「真理がわれらを自由にするという確信に立つて、憲法の誓約する日本の民主化と世界平和とに寄与すること」を使命とすると謳われている。ここでいう民主化とは、国会のみを念頭に置いて書かれたものではない。民主主義は、国会議員だけでなく、国民が情報を持つことによって実現されるため、国会議員の職務遂行に資するのみならず、行政および司法の各部門や、広く国民に図書館サービスを提供することをも使命としている。[3] それを踏まえて、国立国会図書館法2条では、「国立国会図書館は、図書及びその他の図書館資

1）日本図書館情報学会用語辞典編集委員会編『図書館情報学用語辞典〔第3版〕』（丸善・2007年）173頁。
2）〈http://www.unesco.org/webworld/libraries/manifestos/libraman.html〉
3）国立国会図書館2006年2月10日記者発表資料「国立国会図書館の役割について」〈http://www.ndl.go.jp/jp/press060210.pdf〉。

料を蒐集し、国会議員の職務の遂行に資するとともに、行政及び司法の各部門に対し、更に日本国民に対し、この法律に規定する図書館奉仕を提供することを目的とする」と定められている。すなわち、国立国会図書館は、国会がその機能を十全に果たすために必要な補佐をする機能とともに、一国の図書館事業の中心的な役割を担う国立図書館としての機能をも併せもっている。この国立国会図書館は、いわゆる納本制度により、日本の官庁出版物および民間出版物を、出版物の内容による選別を行うことなく網羅的に収集している（国立国会図書館法10章、11章）。納本制度により収集された資料は、国会議員のための立法補佐業務の基盤となると同時に、蓄積保存され、現在および将来の国民の利用に供されている。これにより出版物を文化財として後世に伝え、文化と歴史に価値を認める社会の拠点たる意義を有しているといえる。

(2) 2009年改正前法31条の意義と解釈

2009年改正前法31条（なお、同条は2009年改正後も内容において変更されることなく同条1項として維持されているため、以下の2009年改正前法31条に関する記述は2009年改正後は31条1項について当てはまるものである）は、図書館等において一定の範囲内で著作物の複製を認める規定である。すなわち、図書館等の果たすべき公共的奉仕機能に着目して、図書館等が利用者の求めに応じて行う複写サービスを厳格な条件の下に許容する旨を定めるとともに、学術研究の進歩発達の図書館等に負うところが大であることに鑑み、図書館等が資料の保存活用の必要上行う複製を一定限度内において許容する旨を定めるものである[4]。複製機器の発展により、図書館利用者は資料の閲覧だけでなく、複製することについての要求が強まり、そのため、一定の要件の下に図書館における著作物の複製が認められてきたのである[5]。

(i) 複製の主体、対象等

2009年改正前法31条によって著作物の複製が認められている施設は、国立国会図書館のほか、いわゆる公共図書館（公立か私立かを問わない）、大学等の教育機関（ただし、高等学校等の初等中等教育機関を含まない[6]）の図書館等6つ

---

4) 加戸（2006）235頁。
5) 中山（2007）251頁。

の類型の施設で、司書またはこれに相当する職員（著作権法施行規則 1 条の 3）が置かれるものである（著作権法施行令 1 条の 3 第 1 項）。2009 年改正前法 31 条は、一定の要件の下で、これら図書館等の施設が主体となって複製すること、つまり、これら図書館等が法律的および経済的な主体となって当該図書館等の資料を複製する事業を行うことを認めた規定である。なお、実際には、図書館等にコイン式複写機を設置し、利用者が自ら所蔵図書を複製している例が多いと思われる。[7] 2009 年改正前法 31 条に基づく複製の対象となるのは、複製を行う図書館等が保管している図書、記録その他の資料（複製を行う図書館等の責任において保管している資料であることを要するが、他の図書館等から借りているものも含まれる）に収録されている著作物である。ここでいう資料には、書籍、雑誌等の文書のほか、写真、レコード、録音テープ、フィルム、CD-ROM、DVD 等の視聴覚資料も含まれるため、複製の手段も複写機によるコピーに限られず、録音、録画その他の手段を含む。[8] なお、本条に基づく複製は、条文上、営利を目的としない事業としてのみ認められているが、利用者から実費を徴収する

---

6) 調査研究の用に供するための複写であるからという理由による。だが、初等中等教育機関で調査研究が行われないわけではない。むしろ、近年では初等中等教育機関においても、課題学習等自ら課題を発見し解明する主体的な学習活動が重視されているのであるから、立法論としては、高等教育機関に限定する合理的理由はないとの指摘もある。作花（2004）328 頁等。なお、この点に関しては、対象校数の多さから不利益の増大が予想されるとの懸念が示され、権利者側の理解は得られていないようである。半田正夫＝松田政行編『著作権法コンメンタール 2』［黒澤節男］（勁草書房・2009 年）165 頁。しかしながら、現実には、教育機関内における複写は企業内におけるのと同様に日常茶飯事であるし、本書の筆者らを含むほとんどすべての著作者は、他人の著作物を複写して整理することで、調査、研究、執筆等の便をはかっているはずである。机のまわりに古今東西の図書を積み上げて調査を行うなど、すでに太古の昔の物語に過ぎない。このような複写を行う者こそが著作物を需要する大きな市場を構成していることから目を背けることは、現実的な態度とはいいがたい。もちろん、だからといって補償金制度等を用いて現実的な調整をはかることを筆者らが否定するものではない。

7) かかる実態については、31 条の脱法的な行為であり、少なくともコピーの範囲が同条で認められた範囲にとどまっているかを図書館側がチェックする必要があるとの指摘がある。加戸（2006）237 頁。利用者に複製部分の申告等を義務づけている例も多いと思われるが、そもそも図書館等の利用者による複製が私的使用目的であれば、30 条により侵害とはならないという考えもあり得る。中山（2007）254 頁以下、田村（2001）233 頁。なお、田村（2001）233 頁は、立法論としては、文献複写機に対する課金制度と引換えに、もう少し自由に複製を認めるべきであるとする。

ことは差し支えないと解されている。

(ii) **利用者の求めによる複製（1号）**

　2009年改正前法31条1号は、図書館等の利用者に対する複製サービスについて定めるものであり、(a)利用者の求めに応じて行うこと、(b)利用者の調査研究の用に供するためであること[9]、(c)公表された著作物を対象とすること、(d)複製がなされるのが原則として著作物の一部分（一部分とは著作物全体の半分以下と考えられている）であること[10][11]、(e)利用者1人につき一部のみ提供すること、という五つの要件の下で複製が認められている。なお、2号および3号に基づく場合と異なり、1号に基づく複製については、43条2号により著作物を翻訳して複製することが認められている。

　1号に関しては、利用者が図書館を訪れ、図書館が複製をしてその複製物を手渡しまたは郵送することが前提とされており、公衆送信にあたると考えられるファックスや電子メールでの送信等は認められていないと考えられている[12]。電子メール等が日常的に用いられているなかで、たとえば海外からの求めに応

---

8) 2009年改正前法31条1号の文脈において、半田正夫『デジタル・ネットワーク社会と著作権』（著作権情報センター・2009年）8頁は、立法時に予想されていなかったCD、CD-ROM等については、利用者の求めに応じて複製することは慎むべきだとしている。しかしながら、日本国憲法下において民主主義の根幹の一つをなすはずの図書館制度の趣旨を十分に議論せずに、もっぱら経済的利害の調整にのみ着目してそのように結論づけることは相当ではない。

9) 娯楽、鑑賞、販売等の目的の場合は含まれないと解されるが、この要件については、利用者の目的を判断することが容易でないため、あまり機能していないとの指摘もなされている。中山（2007）254頁。

10) 2009年改正前法31条1号に括弧書きで例外が定められており、発行後相当期間を経過した定期刊行物（新聞、雑誌等）に掲載された個々の著作物については全部分を複製してもよいとされている。発行後「相当期間」を経過したという条件については、市場からその定期刊行物の販売が終了する期間が目安になるとされている。中山（2007）254頁。また、少なくとも定期刊行物が発売されてから次号が発売されるまでの間は複製はできないと解されている。加戸（2006）239頁以下。

11) 田村（2001）233頁以下は、「著作物の一部分」は、複製物の市場に与える影響を小さなものにとどめ、著作権者に与える不利益の拡大化を防ぐための規律であり、市販されている書籍に関してはその半分まで複製を許す基準は緩すぎるとし、また、定期刊行物ではなく単行本に関しても、市場において入手可能な時点と絶版後とを比較すれば、複製に対する利用者の利益と複製を認めることによる著作権者の不利益には、大きな差異があるとしている。

12) なお、国立国会図書館では、インターネット等で複写の申込みを受け付けている〈http://www.ndl.go.jp/jp/service/copy3.html〉。

じようとする場合にはハードコピーを郵送せざるを得なくなるが、これについては、著作権法が送信技術の発展に追いついていない一例であり、公共施設たる図書館の機能を減殺させ、また学問の発展にとっても好ましくない等の指摘がなされているところである[13]。そもそも、民主主義は、市民が広く古今東西の情報にアクセスできることによって支えられるものである。大衆がわずかな、または偏った情報しか持たないところでは、かたちばかり民主主義らしい制度を整えたとしても、そこに生まれるのは衆愚制にすぎない。多くの市民が、経済的、時間的、地理的、視覚、聴覚、移動その他種々の情報へのアクセスに対する支障を大なり小なり抱えていることに鑑みれば、通信技術を用いてこれらの支障を乗り越えることは、図書館制度が真に魂のあるものとして生き続けるためには不可欠なことである。もちろん、補償のシステムを現実的な範囲で準備することは、否定されるべきことではない。

(iii) 図書館資料の保存のための複製（2号）

2号は、図書館等の資料の保存のために必要な複製について定めるものであり、(a)収蔵スペースとの関係で、マイクロフィルム、電子媒体等の形に縮小複製する場合、(b)所蔵する稀覯本の損傷および紛失を防止するために完全なコピーをとっておくという場合、(c)所蔵する資料の汚損ページを補完するために複製する場合が該当すると考えられている[14]。なお、(a)の場合、複製の趣旨から考えて、原資料が廃棄されることを条件として認められると解すべきとし、また、新聞の縮刷版のように市販されて入手可能なコピーが存在する場合にその新聞をマイクロフィルム化することは認められないとする、アーカイブにおける原資料の価値を忘却しているが如き考えが示されがちである[15]。また、(b)の場合に関しては、一般の所蔵文書の虫喰い等による資料欠損に対処するためにコピーをとっておく行為の必要性については、極めて厳しい判断基準が課せられると解する見解がある[16]。これもまた、アーカイブが不完全となり、ひいては民主主義社会の基盤が損なわれるリスクに対する敏感さを欠く考え方である。

---

13) 中山（2007）252頁、半田正夫『著作権法概説〔第14版〕』（法学書院・2009年）157頁、半田・前掲注8)、作花文雄『著作権法 基礎と応用〔第2版〕』（発明協会・2005年）295頁等。

14) 加戸（2006）240頁以下。

上記の三つの場面のほか、古い形式の記録媒体の読取り装置が市場からなくなることに伴い新媒体に移し替える場合も2号による複製が可能であるとする見解もある[17]。所蔵する資料をデジタル化して電子図書館を作ることも、2号に該当すればできるが、2号の「図書館資料の保存のため必要な場合」については一般にかなり限定的に捉えられていることもあり、いかなる場合でも許されるわけではないと考える向きが少なからず存在するようである[18]。この2号については、複製技術の発達と相俟って、2号に該当する複製の機会はますます多くなるであろうといわれている[19]。そのような複製を排除するならば、自然にまたは技術的な理由により資料が利用できなくなっていくことを放置することになり、その結果、意図せざる焚書坑儒を招き、ひいては民主主義の基盤を侵蝕するであろうことに注意すべきである。

(iv) 他の図書館等の求めによる複製（3号）

3号は、図書館等の間での相互の資料提供を認めるものである。すなわち、絶版等の理由で一般市場では入手困難な著作物を、当該著作物を所蔵している図書館等が、他の図書館等[20]の求めに応じて、複製することが認められている。条文上「絶版その他これに準ずる理由」が必要とされているが、値段が高いといった経済的な理由による複製は認められないと解され、また、外国図書であるために入手するのに時間がかかるという理由による複製も認められないとする見解もある[21]。

---

15) 加戸（2006）240頁。なお、斉藤（2007）239頁は、所蔵する複製物が増えることになるが、旧資料を機械的に廃棄するよう求めることはできず、貴重な資料については閲覧等に供するのではなく、永久保存の途が考えられてよいとしており、これが相当な考え方である。作花・前掲注13）296頁は、2号に基づく複製を行った後、原資料については、当該資料を保存することにより権利者の利益を害することとなる事情が認められない限り、保存することに歴史的、文化的価値が存し、その合理性がある場合には、廃棄することまでは要しないとしている。もっとも、このような利益衡量論的な言説は、民主主義の維持のためのアーカイブの本質的な重要性を、個人の権利よりも軽くみる考え方につながりかねない危険を伴なう。
16) 加戸（2006）241頁。
17) 中山（2007）255頁、作花（2004）331頁等。
18) 半田『著作権法概説』・前掲注13）157頁、半田＝松田編・前掲注6）172頁。
19) 斉藤（2007）239頁。
20) ここでいう「他の図書館等」とは、2009年改正前法31条柱書の「図書館等」の定義により、著作権法施行令1条の3に定められた施設を指す。

1号から3号までのいずれについても、図書館等が自主規制をすることが多く、また、後述するガイドライン等図書館団体と権利者団体との間での申し合わせにより対処していることが多いためか、法廷で争われることはほとんどない。図書館等の運営者は、民主主義社会の基盤としての図書館の存在意義を深く自覚される方が多数であろうとはいえ、彼らが必ずしも国民の代表として行動できる立場にあるとはいえない以上、このような申し合わせにもっぱら依存して実務が動くことは、民主主義社会の基盤が侵蝕される現実的なリスクを孕んでいるといわざるを得ない。

(3) 情報通信技術のさらなる発展と図書館等の機能の変容

デジタル化やネットワーク化の進展に伴い、著作物および著作権をとりまく状況は変化してきている。従来想定されていなかったかたちの著作物が登場し、また、著作物の流通、利用、管理等の形態も変容し、複製や拡散が容易にできるようになった。そして、そういった技術の進展もあり、図書館等の機能も変容してきている。かつては、図書館等は、図書等の資料を所蔵し、それを閲覧に供する場にすぎなかったが、複製技術が普及するにつれ、また人々が多忙で時間的制約に悩まされている状況が常態化するにつれ、図書館等への期待が複製物の提供へと変わってきた。図書館等の所蔵する資料も録音物、録画物等が増え、複製の技術も単なる複写以外に新たな技術が普及してきた[22]。また、従来は、利用者は図書館に足を運び、そこで資料を発掘し読むということが中心であったが、遠隔で検索を行い、通信で複製物を送るという形態のデジタル図

---

21) 加戸 (2006) 241 頁。

22) 上記のような変容により、図書館等の行う複製サービスと一般の情報サービス業とが競合する事態も生じているといえるが、電子化情報を提供する一般の情報サービス業は、図書館等のように権利制限の恩恵を受けないから、著作物等の電子化にあたっては必要に応じてその都度権利者の許諾を得ることが必要となる。この不均衡を調整すべきとの見解もある。斉藤 (2007) 240 頁。しかしながら、このような考え方は、社会インフラとしての責任あるサービスと、いつでも撤退可能なサービスとを同列に扱う過ちを犯すものであるとの批判を免れない。たとえば、学校と私塾も、互いに競合する部分もあるし、後者が社会において一定の重要な役割を果たしていることは確かであるが、だからといって社会インフラたる学校に対する法制度の扱いが私塾と比べて有利だから不公平であると主張すれば、相当の驚きをもって受けとめられるであろう。他方で、図書館等が社会インフラとしての自覚と責任をもった存在であることを強く求められること、現在の法制度がそれを十分にはバックアップしていないということも、あわせて指摘しておかなければならない。

書館が出現し、今後はより発展するであろうともいわれている[23]。さらに、たとえば、インターネットを経由して流通する情報等、図書館等が自ら保管していない情報を、コンピュータ等の機器の設置により利用者に提供するという役割等も、公共施設による住民サービスとして図書館等に求められるようになることも予想される[24][25]。

これらの変化により、著作権法上も種々の新しい問題が出現しているのであるから、法解釈や法改正によりその問題を解決することが求められる。31 条に関しては、図書館の存在意義および役割を踏まえ、今後の図書館のあり方を含め、検討していく必要があると思われる。図書館等における資料等のデジタル化に関しては、図書館等による資料等の保存および国民の情報アクセスの保証が公益に資するということと、当該資料等の権利者の権利保護とのバランスをとりつつ、また、主に民間のコンテンツ流通におけるビジネスへも影響しうるからその点も考慮に入れて検討していく必要があると考えられる。

(4) 具体的な要請

2006 年 1 月に公表された文化審議会著作権分科会報告書[26]には、図書館関係の権利制限に関して、次の六つの項目の検討結果が記載されている。

(i) 2009 年改正前法 31 条の「図書館資料」に、他の図書館等から借り受けた図書館資料を含めること
(ii) 図書館等の間においてファクシミリ、電子メール等を利用して、著作物の複製物を送付すること
(iii) 図書館等において、調査研究の目的でインターネット上の情報をプリントアウトすること
(iv) 「再生手段」の入手が困難である図書館資料を保存のため例外的に許諾

---

23) 中山 (2007) 253 頁。
24) 作花 (2004) 332 頁。
25) 実際に、公共図書館のなかには、すでにデジタルコンテンツサービスの提供を開始した千代田図書館のように、技術の進展等に従いサービス提供形態を変えてきているところもある。田中榮博「公共図書館におけるデジタルコンテンツサービス」コピライト 2009 年 2 月号 29 頁。
26) 文化審議会著作権分科会報告書 (2006 年 1 月) 17 頁以下 〈http://www.bunka.go.jp/chosakuken/singikai/pdf/singi_houkokusho_1801.pdf〉。

を得ずに複製すること
 (v) 図書館等における、官公庁作成広報資料および報告書等の全部分の複写による提供
 (vi) 37条3項について、複製の方法を録音に限定しないこと、利用者を視覚障害者に限定しないこと、対象施設を視聴覚障害者情報提供施設等に限定しないこと、視覚障害者を含む読書に障害をもつ人の利用に供するため公表された著作物の公衆送信等を認めること

　(i)は、ある図書館（借受館）が利用者のリクエストに応じて他の図書館（所蔵館）から資料を借りて提供した場合の当該資料の複写サービスに関するものである。借受館にとっては、他の図書館から借り受けた図書は自館で所蔵する図書館資料ではない。そのため、他の図書館から借り受けた図書を複製することは 2009 年改正前法 31 条 1 号による複製にあたらないから、他の図書館から借り受けた図書についての複写サービスは自粛していた。利用者が複写を希望する場合、借受館は、当該資料をいったん所蔵館に返却した後に、利用者の複写依頼を所蔵館に取り次ぎ、資料の返却を待って所蔵館からコピーの提供を受けるという迂遠な対応がなされていた（所蔵館が郵送による送付を行わない場合はコピーの提供を受けられなかった）。そのような状況に対して、利用者に対して迅速に複製物を提供できるように、貸借された図書館資料を借受館で複製できるようにしてほしいという要望があった。この問題については、当時権利者団体と図書館団体との間の協議がなされていたこともあり、その合意の内容および推移を見守ることとされ、今後、この合意の下では図書館による複製が必ずしも円滑に行われないとして、なお権利制限の必要があるとされる場合には、その具体的な条件について、現物貸借において扱われている図書館資料や図書館の蔵書の実態などを踏まえて検討することとされた。なお、上記協議の結果、2006 年 1 月に、2009 年改正前法 31 条の運用に関するガイドライン（「図書館間協力における現物貸借で借り受けた図書の複製に関するガイドライン」）が策定された[27]。

　(ii)は、図書館等の利用者等に対して文献の複製物を迅速に提供するべく、ファクシミリ、電子メール等を利用した送信を認めてほしいという要望についてである。特に外国からの複製依頼について郵送のみによる対応しかできなけれ

ば、研究活動等の著しい制限になり不合理であり、わが国が文化の発信に消極的であるとの批判を受けかねないという指摘もあった[28]。この問題については、具体的な問題点の整理が必要であるとされ、また、いわゆる権利者団体（社団法人日本文藝家協会、社団法人日本複写権センター等）と図書館団体（社団法人日本図書館協会、国公私立大学図書館協力委員会等）との間での協議事項とされていたこともあり、かかる協議の状況を踏まえつつ検討することとされた。

(ⅲ)は、2009年改正前法31条1号による複製物の提供と同様に、図書館等の利用者の求めに応じて、図書館等が設置するインターネット端末からインターネットを経由して提供されている情報を著作権者の許諾なくプリントアウトして提供することを認めてほしいという要望についてであるが、これについては、利用者（端末の利用者）による私的使用のための複製（30条1項）に該当し、あるいは、明示または黙示の許諾があると考えられるから、現行法（2009年改正前法）の枠組みでも自由に行いうる場合があるという意見や、そもそもこの問題は図書館等に限った問題ではないこともあり、今後必要に応じて検討することとされた。

(ⅴ)は、官公庁が作成した広報資料等については、一般への周知を目的としているから、図書館等においてその全部分の複製物を提供することを認めてほしいという要望についてである。これについても、著作権者である国等が複製を許可する旨の表記を行えば問題は解決するという意見もあり、今後そういった

---

27) 〈http://wwwsoc.nii.ac.jp/jla/fukusya/taisyaku.pdf〉　なお、同時に、31条1号の運用上の問題として、31条1号に基づく複製に際してのいわゆる写り込みの問題についても協議がなされ、ガイドライン（「複製物の写り込みに関するガイドライン」）が策定された。すなわち、同号で認められている複製は「公表された著作物の一部分」であるところ、たとえば、事典の一項目等、独立した著作物でありながら、全体の分量が少ないため複写をした際に不可避的に著作物の一部分以外の部分が複製されてしまうものがある。これらについて一部分以外の部分を除いて複製することが現実的に困難であることに鑑みて、このような著作物については複製自体がなされておらず、利用者のリクエストに応じられていなかった。そこで、これらの状況を改善すべきであるという要望があった〈http://wwwsoc.nii.ac.jp/jla/fukusya/uturikomi.pdf〉。また、これらのガイドラインの運用上の細かい点について「Q&A」もとりまとめられ公表されている〈http://wwwsoc.nii.ac.jp/jla/fukusya/q&a.pdf〉。

28) なお、大学図書館間における文献複写に関する業務は、著作権管理団体との契約または合意に基づき、ガイドラインに基づいて行われていた。前掲注26) 文化審議会著作権分科会報告書20頁。

形での権利処理の運用が適切に行われない場合に、必要に応じて検討すること
とされた。(ii)、(iii)および(v)のいずれについても、2007年10月に公表された文
化審議会著作権分科会法制問題小委員会平成19年度中間まとめ[29]でも特に触れ
られていない。

(iv)は、記録のための技術および媒体の急速な変化に伴う旧式化によって、
SPレコード、5インチフロッピーディスク、ベータマックスビデオ等の媒体
の内容を再生するために必要な機器が市場で入手困難となり、事実上閲覧が不
可能となる状態が生じているため、新しいメディアに移し替えて保存するため
の複製を認めてほしいという要望についてである。この問題についても、入手
困難性に関して判断基準を明確にする必要があるといった指摘や2009年改正
前法31条2号により対処が可能ではないかとの意見もあり、今後必要に応じ
て検討することとされた。この(iv)に関しては、その後2008年6月に決定され
た「知的財産推進計画2008」において国立国会図書館のデジタルアーカイブ
化と図書館資料の利用を進めることが明記されたこともあり[31]、文化審議会著
作権分科会過去の著作物等の保護と利用に関する小委員会で、図書館資料のデ
ジタルアーカイブ化等に関する著作権法上の措置について検討がなされ[32]、

---

29) 文化審議会著作権分科会法制問題小委員会平成19年度中間まとめ（2007年10月）〈http://www.bunka.go.jp/chosakuken/singikai/pdf/housei_chuukan_1910.pdf〉。

30) 本来、入手困難性は、個別の案件に即して立証がなされるべきであり、また、それが可能であり、事例の積み重ねにより、安定した解釈が生まれるはずの概念である。なんでも法令で基準を明確にしてくれといった考え方は、子供じみているばかりでなく、いかに有能であろうとも将来のあらゆる事態を見通せるわけもない官僚にそれを期待するという非現実的なものであることに注意すべきである。

31) 具体的には、「国立国会図書館において行われている貴重な図書等のデジタル化やインターネット情報資源等を収集保存し、ネット上で一般ユーザーの利用に供する取組について、その促進が図られるよう一層の連携を進める。このため、権利者の経済的利益や出版ビジネスとの関係を考慮しつつ、国立国会図書館における蔵書のデジタル化の推進に必要な法的措置を2008年度中に講ずるとともに、国立国会図書館と他の図書館等との連携や図書館等利用者への資料提供の在り方については、関係者間の協議を促進し、2008年度中に一定の結論を得る」とされた。知的財産戦略本部「知的財産推進計画2008」（2008年6月）95頁〈http://www.kantei.go.jp/jp/singi/titeki2/2008keikaku.pdf〉。

32) 文化審議会著作権分科会過去の著作物等の保護と利用に関する小委員会中間整理（2008年10月）40頁以下〈http://www.bunka.go.jp/chosakuken/singikai/pdf/kako_chukan_2010.pdf〉。

2009 年改正に盛り込まれた。

なお、(vi)については、上記の文化審議会著作権分科会法制問題小委員会平成 19 年度中間まとめでも触れられ、2009 年改正にも盛り込まれている。第 3 章 Ⅲ節を参照のこと。

(5) 国立国会図書館に納本された資料のデジタル化

前述のように、図書館は、通時的には文化の継承および発展、また、共時的には知識および情報の伝播という役割を果たすもので、あらゆる資料を蓄積し、それをすべての市民に等しく提供することが求められており、国立国会図書館は、わが国の図書館事業の中心的な役割を担う国立図書館として、納本制度により、日本の官庁出版物および民間出版物を出版物の内容による選別を行うことなく網羅的に収集し、これにより収集された資料を、現在および将来の国民に提供している。そこでは資料の蓄積および保存が非常に重要といえる。

図書館に保存されている資料は古くなると傷んでくることが避けられない。実際、国立国会図書館に所蔵されている印刷物資料について行われた調査では、劣化が激しいとの結果が出ている[33]。国立国会図書館の存在意義からすれば、傷みが激しくなるよりも十分前に良好な状態でデジタル化し保存することが技術的に可能である以上、それが行われることが当然期待される。図書館資料をデジタル化して保存しようとする場合、当該図書館資料の複製が行われることになるが、これが 2009 年改正前法 31 条 2 号の「保存のため必要がある場合」に該当すれば、著作権者の許諾を得ることなく行うことができる。ところが、同号は上記(2)(iii)で述べたとおり、従前より必要以上に厳格に解釈されて過剰な自己規制がなされる傾向があった。そのような解釈によれば、国立国会図書館に納本された書籍等を同号に基づいて著作権者の許諾なしに複製できるか否かが明らかでないということになりかねない。そこで、前述の国立国会図書館の存在意義に鑑み、納本された資料についてただちにデジタル方式により複製できることが著作権法上明確にされるべきであるとの提言がなされていた[34][35]。

なお、図書館資料をデジタル化して保存するという要請は、国立国会図書館

---

33) 国立国会図書館所蔵和図書（1950－1999 年刊）の劣化に関する調査研究（平成 17・18 年度調査研究）（2008 年 3 月）〈http://current.ndl.go.jp/files/report/no8/lis_rr_08.pdf〉。

以外の図書館においてもあてはまる。2009年改正前法31条2号は、対象を国立国会図書館に限定していないから、国立国会図書館以外の図書館においても（なお、同条の対象たる図書館等施設に該当する必要はある）、「保存のため必要がある場合」に該当すれば、著作権者の許諾を得ることなくデジタル化を行うことができるが、国立国会図書館以外の図書館においても、国立国会図書館同様、収蔵されて間もない資料をただちにデジタル化できることを著作権法上明文をもって示すべきかどうかについては、所蔵資料の権利者の権利保護の観点から、まずは関係者間の議論が期待されているところであるともいわれている[36]。だが、関係者の一方とされる図書館の運営者らは、民主主義社会の基盤としての図書館の存在意義を自覚していようとも、国民の代表ではないのだから、それは、国民不在の非民主主義的な考え方といわざるを得ない。これは、民間の事業者同士の利害対立ではないのだという明白な真実から目を背けてはならない。

(6) **国立国会図書館による政府等の発信するインターネット資料の収集**
（いわゆるウェブアーカイビング）

技術の進歩ならびにデジタル化およびネットワーク化の進展に伴い、情報の形態は多様化し、紙媒体のみならずデジタル形式による情報が増え、また、社会における情報の流れ方も多様化してきた。今日では、インターネットを経由して様々な情報が流され、その情報は日々書き換えられたり、短期間で消滅したりしている。国立国会図書館がその機能を十分に発揮できるためには、従来の納本制度だけでは足りず、インターネットを経由して流される情報をも収集し、紙媒体の資料等と同様に長期に保存することが求められる。そこで、その

---

34) 前掲注32) 文化審議会著作権分科会過去の著作物等の保護と利用に関する小委員会中間整理42頁。

35) 国立国会図書館では、2002年にデジタル図書館をオープンし、国会会議録や帝国議会会議録の画像イメージデータベースのほか、明治期および大正期に刊行された図書、江戸期の貴重書画像等をデジタル化しているが、古い図書等の資料のデジタル化においては、たとえば明治期の刊行図書では連絡先不明の著作権者等が7割近くに達し、著作権の調査および必要な場合の権利処理（67条に基づく裁定制度の利用とそのための調査を含む）に約2億6000万円の費用を費やしたとのことである。長尾真「国立国会図書館におけるデジタルアーカイブの取組」文化庁月報2008年11月号20頁。

36) 前掲注32) 文化審議会著作権分科会過去の著作物等の保護と利用に関する小委員会中間整理45頁。

ような情報についても、納本制度と同様に国立国会図書館が収集し保存するべきとの議論がなされてきた。特に、国、地方公共団体、独立行政法人等の提供するインターネット資料が、これらの機関による国民への情報伝達の手段として主要な地位を占めるに至っている状況に鑑み、国立国会図書館が図書館資料の収集をより一層適正に行うため、これらのインターネット資料を権利者の許可を得ることなく収集するための規定の整備が求められていた。[37)38)]

2. 2009年改正および国立国会図書館法改正ならびに立法の経緯の紹介

(1) 法31条2項

国立国会図書館における所蔵資料のデジタルアーカイブ化のための複製等を認める規定である。国立国会図書館において、図書館資料の原本を公衆の利用に供することによる滅失、損傷または汚損を避けるため、原本に代えて公衆の利用に供するための電磁的記録を、必要と認められる限度において作成することができることとされた[39)]。なお、2項の新設により1項となった2009年改正前法31条の条文に加えられた修正は、文言の調整にすぎず、実質的な変更はない。

(2) 改正国立国会図書館法23条および25条の3、ならびに、改正著作権法42条の3、49条および102条（国立国会図書館法の改正とそれに伴う著作権法の改正）

いわゆる納本制度とは別に、国、地方公共団体、独立行政法人等が提供するインターネット資料を国立国会図書館が記録媒体に記録する権限を定める規定である。「インターネット資料」とは、電子的方法、磁気的方法その他の人の知覚によっては認識することができない方法により記録された文字、映像、音またはプログラムであって、インターネットを通じて公衆に利用可能とされたものを指し（改正国立国会図書館法25条の3第1項）、国、地方公共団体、沖縄振

---

37) 国立国会図書館法の一部を改正する法律案（衆第43号）（衆議院提出）要旨参照〈http://www.sangiin.go.jp/japanese/johol/kousei/gian/171/pdf/55171430.pdf〉。

38) なお、インターネットを経由して提供される情報は膨大であるから、すべてのウェブサイトを対象としてウェブアーカイビングを行うことは実際上困難と思われる。

39) なお、文化庁としての見解の簡明な説明としては、ジュリ1392号「窓」およびコピライト1月号「H21年改正」を参照。

興開発金融公庫、日本銀行等の独立行政法人等により提供されているものが対象となる。収集された資料は国会審議に役立てられ、また国民の利用に供されることになる。収集は、原則として自動収集のプログラムにより国立国会図書館側において複製することによりなされることが想定されているが（なお、クラウド・コンピューティング[40]が普及しつつある現状からすれば奇異に聞こえるところではあるが、収集頻度は記憶装置の容量の制約等のため、当面、年に数回が予定されているようである[41]）、対象となるインターネット資料を提供する国、地方公共団体、独立行政法人等は、国立国会図書館の館長の定めるところにより、館長が同項に基づく記録を適切に行うために必要な手段を講じなければならないとされ（同条2項）、また、提供を求められたときは正当な理由がある場合を除き当該求めに応じなければならないとされている（同条3項）。

このインターネット資料の収集は、著作権法上の複製にあたるため、これを著作権者の許諾なく行うための権利制限規定が著作権法上に定められた（42条の3）。この規定が設けられたことに伴い、49条および102条も調整された。すなわち、49条は、著作権の制限規定に基づいて作成された著作物の複製物をその作成の目的以外の目的に無断転用する等の行為を防止するべく、かかる行為を複製とみなしているが、同条が掲げる権利制限規定に42条の3第2項が加えられた。また、102条は、著作権制限規定に準じて著作隣接権の制限を定めているが、同条が掲げる権利制限規定にも42条の3が加えられた。

---

40) クラウド・コンピューティングについては、たとえば、濱野敏彦「クラウド・コンピューティングの概念整理(1)(2)(3)(4)」NBL918号（2009年）24頁、919号（2009年）58頁、921号（2010年）62頁、922号（2010年）64頁を参照。

41) 国立国会図書館2009年7月8日記者発表用資料「政府等の発信するインターネット資料の収集に関する国立国会図書館法の改正について」〈http://www.ndl.go.jp/jp/news/fy2009/_icsFiles/afieldfile/2009/07/09/pr20090708.pdf〉。

3. 解説とコメント

(1) 技術の発展とデジタルアーカイブ化およびウェブアーカイビング

(i) デジタルアーカイブ化およびウェブアーカイビング

　現在の著作権法はアナログ著作物を念頭において制度設計されており、デジタル技術やインターネット等の通信技術の発展に対応しきれていないとの指摘は少なくない。[42] 技術の発展が急激に進み、新しい技術は次々と人々の日常生活において活用されるようになってきている。新しい技術を使って図書館等の資料を検索し、読むことを可能とするために、図書館等の資料や様々な情報がデジタルアーカイブ化されることは人々にとって理想的なことといえる。とこ ろが、図書等のデジタルアーカイブ化を行うに際しては、対象となる図書等の複製等が行われるため権利処理が必要となる。このような権利処理には多大な時間とコストを要するうえ、完全に処理しきれない部分も残る。31条に関する2009年改正は、権利者の権利保護に鑑み国立国会図書館のみを対象としたものではあるが、デジタル技術や通信技術を使った著作物の利用の円滑化をはかるための措置の一つであり、社会の情報へのアクセスを拡大する機能を果たすものとして重要な意義を有する。ウェブアーカイビングを認める国立国会図書館法の改正も同様である。焚書坑儒の歴史を見ればわかるとおり、あらゆる資料および情報にアクセスできることは、言論、思想、学問等の自由、ひいては民主主義を守るためにも極めて重要であり、国立国会図書館は権利者に気兼ねすることなくあらゆる資料を蓄積し保存していくべきであろう。民間では、現在までに、Google等が世界中の主要図書館と連携して図書のデジタル化を始め、[43] Amazonも図書の内容検索サービスの提供を始める等している。だが、これら民間企業によるデジタルアーカイブ化は、たとえば権利者から著作物の削除請求等がなされればそれをデータベースから消さざるを得ないといった限

---

[42] たとえば、中山信弘「著作権法と規制緩和」西村利郎先生追悼論文集『グローバリゼーションの中の日本法』（商事法務・2008年）386頁以下等。

[43] 2007年7月に、慶應義塾大学が日本の大学として初めてGoogleブック検索への参加を決定した。石原智子「デジタル時代における慶應義塾図書館の新たな試み—慶應義塾『デジタル時代の知の構築』の展開」コピライト2008年5月号21頁。

界があるから、民間企業によるデジタルアーカイブ化だけでは十分な情報の蓄積が期待できない可能性がある。したがって、国立国会図書館のような公的機関において権利処理することなくデジタルアーカイブ化を行うことができるようになったことには、大きな意義があるといえる。国立国会図書館では、これまでも個別に権利処理を行う等しながらデジタルアーカイブ化を進めデジタル図書館を充実させてきたようであるが、31条に関する2009年改正により、より多くの著作物がより迅速にデジタル図書館のデータベースに加えられていくことが期待される。

(ii) **デジタルアーカイブ化された資料の利用**

デジタルアーカイブ化された資料の利用に関しては、文化審議会著作権分科会過去の著作物等の保護と利用に関する小委員会において議論がなされている[44]。同委員会の中間整理[45]においては、書籍等の原資料であれば行うことができる利用については、デジタル化された資料についても同程度の利用が可能となるような制度が望ましいものの、デジタル技術の発達により複製、加工等が容易であることもあり、利用の在り方次第では著作権者等の利益が脅かされる可能性があるため、著作権者等の利益が損なわれないようにする仕組みを様々な局面に応じて取り入れることが必要とされている。また、現状のコンテンツビジネス（たとえば、書籍や雑誌の出版や、ネットワークを利用した出版は特に関係が深い）を阻害することがないよう配慮することが必要ともされている。そのうえで、デジタル化された資料の具体的な利用に関して、概ね以下のような整理がなされている。

(a) **国立国会図書館内での閲覧**　そもそも権利が及ばないか権利が制限されている（CDやDVDの視聴について法38条1項）から、権利者の許諾なく行うことが可能である。なお、技術的には館内の複数の端末機器を用いて同時に複数の利

---

[44] 同小委員会において議論されているもののほか、日本書籍出版協会、日本文芸家協会および国立国会図書館が協議会（日本書籍検索制度提言協議会）を設立し、国立国会図書館の蔵書データを活用した民間による書籍配信サービスの実現に向けて、必要な権利処理の方法、国の措置等について議論が開始されたようである（日経産業新聞2009年11月5日7面）。

[45] 前掲注32) 文化審議会著作権分科会過去の著作物等の保護と利用に関する小委員会中間整理42頁以下。

用者に閲覧させることも可能であるが、デジタル化された資料は原資料の代替物であると考えて、同時に同一のデジタル化された資料にアクセスできる人数を、所蔵する原資料の部数に限定する等の措置が考えられるともされている。

(b) **国立国会図書館内でのコピーサービス**　原資料と同様に 2009 年改正前法 31 条 1 号により権利者の許諾なく行うことが可能である。ただし、デジタル化された資料からデジタル方式で複製物を作成して提供することについては、権利者等からたとえ一部分であっても多様な目的での利用も可能になるという懸念が示されているから、関係者間で具体的な解決策を協議するのが適当であるとされている。

(c) **国立国会図書館以外の図書館等において閲覧できるようにすること**　これについては、DVD 等の記録媒体を使うにしても、また電子メールやインターネットを用いて送信するにしても、権利者の複製権や公衆送信権が働くため、著作権法上は権利者の許諾なくして行えない。図書館間の相互貸借について法令で努力義務が課されているとしても（図書館法 3 条 4 号）、デジタル化された資料については利用方法が無限に広がる可能性があることに鑑み、関係者間で協議を行うこととされている。

(d) **国立国会図書館以外の図書館等の利用者に対するコピーサービス**　2009 年改正前法 31 条 1 号では図書館等の利用者に対するコピーサービスはあくまで当該図書館等の資料のコピーのみが認められているため、国立国会図書館でデジタル化された資料について他の図書館等を通じてコピーサービスの希望があった場合の効果的な提供手段としてどのようなものが考えられるかについて関係者間で協議を行うことが適当であるとされている。

(2) **図書館とメディア企業の対立関係および伝統的なメディアと新興メディアの対立関係のなかでの今回の改正の位置づけ**

まず、図書館とメディア企業の対立関係については、かつてはあまり競合関係になかった両者が競合する部分が大きくなってきたといえる。かつてはメディア企業（出版社等の伝統的なメディア企業）は主に共時的メディアとしての役割を担い、通時的メディアとしての役割はもっぱら図書館が担ってきた。ところが、メディア企業は、デジタル書籍の出現等デジタル化の進展によって在庫を抱える必要がなくなり、あるいは、インターネット経由の販売の増加によっ

て店舗数を減らし、それによって圧縮されたコストでより多くの在庫を管理することが可能となり、一つの書籍等を従来よりもはるかに長期にわたって扱うことができるようになってきた（いわゆるロングテール。たとえば、AmazonやAppleのiTunes Store等）。その結果、メディア企業が通時的メディアとしても機能し、収益を得られるようになり、通時的メディアの分野においても、図書館とメディア企業が競合するようになってきたのである。また、かつてはメディア企業の顧客はそのメディア企業の販売する媒体を購入できる比較的裕福な層に限られ、一般庶民は図書館を利用することが多かった。ところが、市民の収入の向上とメディア媒体の価格の相対的な低下により、メディア企業の顧客が特に裕福でもない一般庶民に拡大してきた。その結果、共時的にみても、メディア企業は本を買える人向け、図書館は本を買えない人向けという棲み分けが成り立たなくなってきたのである。しかしながら、図書館がその役割を放棄した場合、多くが私企業であるメディア企業がすべて対応してくれるという保障はないし、図書館には前述したような使命のもと、独自の存在意義と役割がある以上、競合する部分を認識しつつ、引き続きその役割を果たしていく必要がある[46]。もっとも、可能な範囲で役割分担をしたり、補償金システムを取り入れて協力することは考えられる。たとえば、公立病院には駐車場がないと困るし、その料金は安く設定しなければならないが、その運用を民間の駐車場管理会社に委託することはしばしばみられる。それと同様に、図書館も、一部のサービスを民間に委託して、それなりの対価が権利者やメディア企業側に還流する仕組みを取り入れることも考えていってよいはずである。今回の改正は、当面の均衡点に近づこうとしたにとどまるものであり、引き続き、動き続ける均衡点を追いかけるための法改正が継続的に行われるであろうし、行わないわけにもいかないであろう。

---

[46] Authors Guild v. Google Inc.の訴訟における和解案に関して、米国のUrban Libraries Councilが裁判所に提出した2009年8月25日付け陳述書（Statement）においては、公共図書館を通じた市民の著作物に対するアクセスにおいては（メディア企業と異なり）無償性および匿名性が確保される必要があることが主張されている。Nathan Pollard, *Urban Libraries Council Suggests Revisions to Google Book Search Settlement*, Patent, Trademark & Copyright Law Daily, August 27, 2009。一般のメディア企業との相違点として重要な点といえよう。

では、伝統的なメディアと新興メディアとの対立関係のなかでは今回の改正はどのようなものと位置づけられるのであろうか。デジタルアーカイブ化を認める 31 条に関する 2009 年改正も、ウェブアーカイビングを認める国立国会図書館法の改正も、デジタル化またはウェブアーカイビングをする側（その意味では国立国会図書館も新興メディアということができる）からは、デジタル化またはウェブアーカイビングを行いやすくしたものであり、前述した国立国会図書館の機能および存在意義からは必要なものといえるし、社会に対してより多くの著作物へのアクセスを確保し促進するという著作権法の機能にも合致するものである。他方、伝統的なメディアである出版社等（ウェブアーカイビングにおいてはウェブサイト上で著作物を提供する者も伝統的なメディア側に含まれる）からは、権利の制限の範囲が拡大したといえる。今回の改正は、すべての図書館等にデジタル化およびウェブアーカイビングを認めるのではなく、国立国会図書館にのみ認めた形となっており、その意味で、伝統的なメディアと新興メディアの利害のバランスをとったものといえる。しかしながら、通時的には、デジタルアーカイブ化やウェブアーカイビングは、新興メディアのみならず伝統的なメディアにとっても好ましく、また必要なものであるし、現に伝統的なメディア企業の多くもデジタル化を行っている。したがって、この文脈においても、伝統的なメディアに対して対価が還流する仕組みを考えつつ、伝統的なメディアと新興メディアとの協力により、社会からの著作物へのアクセスをより拡大していくこと（たとえば、民間も含め、デジタル化にあたって、より迅速かつ効率的に権利処理ができるようなシステムの構築をすること、デジタルアーカイブ化された資料をより広く利用できるようにすること等）が、著作権法の機能からも望ましいと思われる。そして、デジタル化されたデータベースへは、インターネットを通じて世界中からのアクセスを認めていくことになると思われるが、そうである以上、デジタルアーカイブ化等のプロジェクトは、一国内に収まることなく、他の国々と協力し連携して進めていく必要があると思われる[47]。また、インターネットを経由してのアクセスを認める以上、海外からのアクセスは避けられないため、日本以外の法域における権利侵害および権利処理を考える必要も出てくる。この点に関しては、条約等で議論をしていく必要があろう。すでに世界の様々な図書館と連携し、デジタルアーカイブ化を進めている

Googleブック検索等(48)の民間のデータベースを巧く活用することも期待されるであろう。

----

47) 他国と文献等を共有するためのシステムとしては、特許審査ハイウェイ（Patent Prosecution Highway）において使われているプログラム等が参考になろう〈http://www.jpo.go.jp/cgi/link.cgi?url=/torikumi/t_torikumi/patent_highway.htm〉。
48) これに関する動きを紹介する日本語のわかりやすい文献としては、たとえば、松田政行＝増田雅史「Google Book Search クラスアクション和解の実務的検討(上)(下)」NBL905号（2009年）7頁、906号（2009年）88頁。同「Google Books 問題の最新動向および新和解案に関する解説(上)(下)」NBL918号（2009年）38頁、921号（2010年）50頁を参照。

III. 情報へのアクセス障壁軽減に向けた動き

（視覚障害者等のための複製等）
第37条　公表された著作物は、点字により複製することができる。
2　公表された著作物については、電子計算機を用いて点字を処理する方式により、記録媒体に記録し、又は公衆送信（放送又は有線放送を除き、自動公衆送信の場合にあつては送信可能化を含む。）を行うことができる。
3　視覚障害者その他視覚による表現の認識に障害のある者（以下この項及び第102条第4項において「視覚障害者等」という。）の福祉に関する事業を行う者で政令で定めるものは、公表された著作物であつて、視覚によりその表現が認識される方式（視覚及び他の知覚により認識される方式を含む。）により公衆に提供され、又は提示されているもの（当該著作物以外の著作物で、当該著作物において複製されているものその他当該著作物と一体として公衆に提供され、又は提示されているものを含む。以下この項及び同条第4項において「視覚著作物」という。）について、専ら視覚障害者等で当該方式によつては当該視覚著作物を利用することが困難な者の用に供するために必要と認められる限度において、当該視覚著作物に係る文字を音声にすることその他当該視覚障害者等が利用するために必要な方式により、複製し、又は自動公衆送信（送信可能化を含む。）を行うことができる。ただし、当該視覚著作物について、著作権者又はその許諾を得た者若しくは第79条の出版権の設定を受けた者により、当該方式による公衆への提供又は提示が行われている場合は、この限りでない。

（聴覚障害者等のための複製等）
第37条の2　聴覚障害者その他聴覚による表現の認識に障害のある者（以下この条及び次条第5項において「聴覚障害者等」という。）の福祉に関する事業を行う者で次の各号に掲げる利用の区分に応じて政令で定めるものは、公表された著作物であつて、聴覚によりその表現が認識される方式（聴覚及び他の知覚により認識される方式を含む。）により公衆に提供され、又は提示されているもの（当該著作物以外の著作物で、当該著作物において複製さ

れているものその他当該著作物と一体として公衆に提供され、又は提示されているものを含む。以下この条において「聴覚著作物」という。）について、専ら聴覚障害者等で当該方式によっては当該聴覚著作物を利用することが困難な者の用に供するために必要と認められる限度において、それぞれ当該各号に掲げる利用を行うことができる。ただし、当該聴覚著作物について、著作権者又はその許諾を得た者若しくは第79条の出版権の設定を受けた者により、当該聴覚障害者等が利用するために必要な方式による公衆への提供又は提示が行われている場合は、この限りでない。

一　当該聴覚著作物に係る音声について、これを文字にすることその他当該聴覚障害者等が利用するために必要な方式により、複製し、又は自動公衆送信（送信可能化を含む。）を行うこと。

二　専ら当該聴覚障害者等向けの貸出しの用に供するため、複製すること（当該聴覚著作物に係る音声を文字にすることその他当該聴覚障害者等が利用するために必要な方式による当該音声の複製と併せて行うものに限る。）。

（営利を目的としない上演等）

第38条　（略）

2～4　（略）

5　映画フィルムその他の視聴覚資料を公衆の利用に供することを目的とする視聴覚教育施設その他の施設（営利を目的として設置されているものを除く。）で政令で定めるもの及び聴覚障害者等の福祉に関する事業を行う者で前条の政令で定めるもの（同条第2号に係るものに限り、営利を目的として当該事業を行うものを除く。）は、公表された映画の著作物を、その複製物の貸与を受ける者から料金を受けない場合には、その複製物の貸与により頒布することができる。この場合において、当該頒布を行う者は、当該映画の著作物又は当該映画の著作物において複製されている著作物につき第26条に規定する権利を有する者（第28条の規定により第26条に規定する権利と同一の権利を有する者を含む。）に相当な額の補償金を支払わなければならない。

（翻訳、翻案等による利用）
第43条　次の各号に掲げる規定により著作物を利用することができる場合には、当該各号に掲げる方法により、当該著作物を当該各号に掲げる規定に従つて利用することができる。
　一　第30条第1項、第33条第1項（同条第4項において準用する場合を含む。）、第34条第1項又は第35条　翻訳、編曲、変形又は翻案
　二　<u>第31条第1項第1号</u>、第32条、第36条、<u>第37条第1項若しくは第2項</u>、第39条第1項、第40条第2項、第41条又は第42条　翻訳
　三　<u>第33条の2第1項　変形又は翻案</u>
　四　<u>第37条第3項　翻訳、変形又は翻案</u>
　五　<u>第37条の2　翻訳又は翻案</u>

（著作隣接権の制限）
第102条　（略）
2〜3　（略）
<u>4　視覚障害者等の福祉に関する事業を行う者で第37条第3項の政令で定めるものは、同項の規定により視覚著作物を複製することができる場合には、同項の規定の適用を受けて作成された録音物において録音されている実演又は当該録音物に係るレコードについて、複製し、又は同項に定める目的のために、送信可能化を行い、若しくはその複製物の譲渡により公衆に提供することができる。</u>
5〜9　（略）

附則
（視覚障害者のための録音物の使用についての経過措置）
第2条　この法律の施行前にこの法律による改正前の著作権法（以下「旧法」という。）第37条第3項（旧法第102条第1項において準用する場合を含む。）の規定の適用を受けて作成された録音物（この法律による改正後の著作権法（以下「新法」という。）第37条第3項（新法第102条第1項において準用する場合を含む。）の規定により複製し、又は自動公衆送信（送信可能化を含む。）を行うことができる著作物、実演、レコード、放送又は有線放送に係るものを除く。）の使用については、新法第37条第3項及び第

47条の9（これらの規定を新法第102条第1項において準用する場合を含む。）の規定にかかわらず、なお従前の例による。

施行期日：2010年1月1日（著作権法の一部を改正する法律（平成21年法律第53号）附則1条）

(著作権法施行令)

(視覚障害者等のための複製等が認められる者)
第2条　法第37条第3項（法第86条第1項及び第102条第1項において準用する場合を含む。）の政令で定める者は、次に掲げる者とする。
一　次に掲げる施設を設置して視覚障害者等のために情報を提供する事業を行う者（イ、ニ又はチに掲げる施設を設置する者にあつては国、地方公共団体又は一般社団法人等、ホに掲げる施設を設置する者にあつては地方公共団体、公益社団法人又は公益財団法人に限る。）
　イ　児童福祉法（昭和22年法律第164号）第7条第1項の知的障害児施設及び盲ろうあ児施設
　ロ　大学等の図書館及びこれに類する施設
　ハ　国立国会図書館
　ニ　身体障害者福祉法（昭和24年法律第283号）第5条第1項の視聴覚障害者情報提供施設
　ホ　図書館法第2条第1項の図書館（司書等が置かれているものに限る。）
　ヘ　学校図書館法（昭和28年法律第185号）第2条の学校図書館
　ト　老人福祉法（昭和38年法律第133号）第5条の3の養護老人ホーム及び特別養護老人ホーム
　チ　障害者自立支援法（平成17年法律第123号）第5条第12項に規定する障害者支援施設及び同条第1項に規定する障害福祉サービス事業（同条第6項に規定する生活介護、同条第13項に規定する自立訓練、同条第14項に規定する就労移行支援又は同条第15項に規定する就労継続支援を行う事業に限る。）を行う施設

二　前号に掲げる者のほか、視覚障害者等のために情報を提供する事業を行う法人（法第2条第6項に規定する法人をいう。以下同じ。）のうち、視覚障害者等のための複製又は自動公衆送信（送信可能化を含む。）を的確かつ円滑に行うことができる技術的能力、経理的基礎その他の体制を有するものとして文化庁長官が指定するもの
2　文化庁長官は、前項第2号の指定をしたときは、その旨を官報で告示する。

（聴覚障害者等のための複製等が認められる者）
第2条の2　法第37条の2（法第86条第1項及び第102条第1項において準用する場合を含む。）の政令で定める者は、次の各号に掲げる利用の区分に応じて当該各号に定める者とする。
　一　法第37条の2第1号（法第86条第1項において準用する場合を含む。）に掲げる利用　次に掲げる者
　　イ　身体障害者福祉法第5条第1項の視聴覚障害者情報提供施設を設置して聴覚障害者等のために情報を提供する事業を行う者（国、地方公共団体又は一般社団法人等に限る。）
　　ロ　イに掲げる者のほか、聴覚障害者等のために情報を提供する事業を行う法人のうち、聴覚障害者等のための複製又は自動公衆送信（送信可能化を含む。）を的確かつ円滑に行うことができる技術的能力、経理的基礎その他の体制を有するものとして文化庁長官が指定するもの
　二　法第37条の2第2号（法第86条第1項及び第102条第1項において準用する場合を含む。）に掲げる利用　次に掲げる者（同号の規定の適用を受けて作成された複製物の貸出しを文部科学省令で定める基準に従つて行う者に限る。）
　　イ　次に掲げる施設を設置して聴覚障害者等のために情報を提供する事業を行う者（(2)に掲げる施設を設置する者にあつては国、地方公共団体又は一般社団法人等、(3)に掲げる施設を設置する者にあつては地方公共団体、公益社団法人又は公益財団法人に限る。）
　　　(1)　大学等の図書館及びこれに類する施設
　　　(2)　身体障害者福祉法第5条第1項の視聴覚障害者情報提供施設
　　　(3)　図書館法第2条第1項の図書館（司書等が置かれているものに限

(4) 学校図書館法第2条の学校図書館
ロ　イに掲げる者のほか、聴覚障害者等のために情報を提供する事業を行う法人のうち、聴覚障害者等のための複製を的確かつ円滑に行うことができる技術的能力、経理的基礎その他の体制を有するものとして文化庁長官が指定するもの

2　文化庁長官は、前項第1号ロ又は第2号ロの指定をしたときは、その旨を官報で告示する。

施行期日：2010年1月1日（著作権法施行令の一部を改正する政令（平成21年政令第299号）附則1項）

（著作権法施行規則）

第3章　聴覚障害者等用複製物の貸出しの基準

第2条の2　令第2条の2第1項第2号の文部科学省令で定める基準は、次のとおりとする。
一　専ら法第37条の2第2号の規定の適用を受けて作成された複製物（以下この条において「聴覚障害者等用複製物」という。）の貸出しを受けようとする聴覚障害者等を登録する制度を整備すること。
二　聴覚障害者等用複製物の貸出しに関し、次に掲げる事項を含む規則を定めること。
イ　聴覚障害者等用複製物の貸出しを受ける者が当該聴覚障害者等用複製物を法第37条の2第2号に定める目的以外の目的のために、頒布せず、かつ、当該聴覚障害者等用複製物によつて当該聴覚障害者等用複製物に係る著作物を公衆に提示しないこと。
ロ　複製防止手段（電磁的方法（法第2条第1項第20号に規定する電磁的方法をいう。）により著作物のデジタル方式の複製を防止する手段であつて、著作物の複製に際しこれに用いられる機器が特定の反応をする信号を著作物とともに記録媒体に記録する方式によるものをいう。次

号において同じ。）が用いられていない聴覚障害者等用複製物の貸出し
　　　を受ける場合に、当該貸出しを受ける者が当該聴覚障害者等用複製物を
　　　用いて当該聴覚障害者等用複製物に係る著作物を複製しないこと。
　　三　複製防止手段を用いていない聴覚障害者等用複製物の貸出しをする場合
　　　は、当該聴覚障害者等用複製物に係る著作物とともに、法第37条の2第
　　　2号の規定により複製を行つた者の名称及び当該聴覚障害者等用複製物を
　　　識別するための文字、番号、記号その他の符号の記録（当該聴覚障害者等
　　　用複製物に係る著作物が映画の著作物である場合にあつては、当該著作物
　　　に係る影像の再生の際に併せて常に表示されるようにする記録に限る。）
　　　又は記載をして、当該貸出しを行うこと。
　　四　聴覚障害者等用複製物の貸出しに係る業務を適正に行うための管理者を
　　　置くこと。
　2　前項の規定は、法第86条第1項及び第102条第1項において準用する法
　　第37条の2の政令で定める者に係る令第2条の2第1項第2号の文部科
　　学省令で定める基準について準用する。

施行期日：2010年1月1日（著作権法施行規則の一部を改正する省令（平成21
年省令第38号）附則）

1．社会的および技術的な背景と、現実的な要請

(1)　障害者等の情報へのアクセスの保障

(i)　情報へのアクセスの保障の重要性

　2006年7月1日現在、全国の身体障害者数（在宅）は348万3千人、うち、視覚障害が31万人、聴覚および言語障害が34万3千人、肢体不自由が176万人、内部障害が107万人と推計されている[1]。また、2009年11月1日現在にお

1）　厚生労働省社会・援護局障害保健福祉部企画課「平成18年身体障害児・者実態調査結果」（2008年3月24日）3頁〈http://www.mhlw.go.jp/toukei/saikin/hw/shintai/06/dl/01.pdf〉。なお、内部障害とは、「心臓機能障害、呼吸器機能障害、じん臓機能障害、ぼうこう・直腸機能障害、小腸機能障害及びヒト免疫不全ウイルスによる免疫機能障害を有しているものをいう」とされている。上記調査結果65頁。

けるわが国の 65 歳以上人口は 2,906 万人で、総人口 1 億 2,756 万人の約 22.8%を占めているが、高齢者の中には、視聴覚機能や運動機能の衰え等の理由により、活字による印刷物、放送、映画その他の旧来のメディアではそのコンテンツを認識することに困難がある人々（あるいは近い将来困難となる可能性が高い人々）が多く含まれていることは想像に難くない。さらに、学習障害（LD）の一種で、特に読み書きの困難を伴うディスレクシアの発現率は日本では 5%程度ともいわれている。

このような、旧来のメディアではコンテンツを認識することに困難がある人々は、情報へのアクセスが妨げられること、すなわち、知る権利を行使できないこと（あるいは不完全にしか行使できないこと）によって、自己実現に必要な情報が入手できず、また、社会への参加が制限されてしまうこととなる。知る権利は、表現の自由（憲法 21 条 1 項）を表現の受け手である一般国民の側から再構成したものであると解されており、その意義としては、様々な情報や自分以外の第三者の意見に接することによって、自らの人格を発展させることができること、そして、自ら政治についての判断を行うことができることが挙げられている。

2） 総務省統計局「人口推計月報」（2009 年 11 月 24 日）による 2009 年 11 月 1 日現在概算値 〈http://www.stat.go.jp/data/jinsui/tsuki/index.htm〉。

3） 前掲注 2)。

4） たとえば、2008 年 10 月 1 日の第 26 回文化審議会著作権分科会でも、常世田良委員（社団法人日本図書館協会（以下、「図書館協会」という）理事）から「高齢化によって、加齢による障害の発生が増えておりまして、特別な方たちの問題だけではないということであります」との意見が述べられている 〈http://www.bunka.go.jp/chosakuken/singikai/bunkakai/26/index.html〉。

5） 文部科学省は、「学習障害とは、基本的には全般的な知的発達に遅れはないが、聞く、話す、読む、書く、計算する又は推論する能力のうち特定のものの習得と使用に著しい困難を示す様々な状態を示すものである。学習障害は、その原因として、中枢神経系に何らかの機能障害があると推定されるが、視覚障害、聴覚障害、知的障害、情緒障害などの障害や、環境的な要因が直接的な原因となるものではない」と定義している。文部科学省「小・中学校における LD（学習障害）、ADHD（注意欠陥／多動性障害）、高機能自閉症の児童生徒への教育支援体制の整備のためのガイドライン（試案）」（2004 年 1 月 30 日）参照 〈http://www.mext.go.jp/b_menu/houdou/16/01/04013002.htm〉。なお、LD とは Learning Disorders または Learning Disabilities、ADHD とは Attention Deficit/Hyperactivity Disorder の略である。

6） ディスレクシアについては、特定非営利活動法人エッジのウェブサイトが詳しい 〈http://d1009983.win-sv.com/wordpress/?p = 46〉。

この点について、障害者基本法（昭和45年法律第84号）に基づいて2002年12月に策定された障害者基本計画[8]の「基本的な方針」は、「21世紀に我が国が目指すべき社会は、障害の有無にかかわらず、国民誰もが相互に人格と個性を尊重し支え合う共生社会とする必要があ」り、「共生社会においては、障害者は、社会の対等な構成員として人権を尊重され、自己選択と自己決定の下に社会のあらゆる活動に参加、参画するとともに、社会の一員としてその責任を分担する」とされている。そして、同計画は、「IT[9]（情報通信技術）の活用により障害者の個々の能力を引き出し、自立・社会参加を支援するとともに、障害によりデジタル・ディバイドが生じないようにするための施策を積極的に推進するほか、障害特性に対応した情報提供の充実を図る」という基本方針を立て、字幕付きビデオ作成に係る著作権の運用改善を図る等の施策の基本的方向を定めている。

　また、2006年12月に国際連合で採択された障害者の権利に関する条約[10]は、その前文において、条約の締約国が、「障害者が、（中略）社会の平等な構成員としての参加を妨げる障壁及び人権侵害に依然として直面していることを憂慮し」（前文(k)）、「障害者にとって、個人の自律（自ら選択する自由を含む。）及び自立が重要であることを認め」（前文(n)）、「障害者がすべての人権及び基本的自由を完全に享有することを可能とするに当たっては、物理的、社会的、経済的及び文化的な環境、健康及び教育並びに情報及び通信についての機会が提供されることが重要であることを認め」ること（前文(v)）を、本条約締結の理由と

7）　芦部信喜（高橋和之補訂）『憲法〔第4版〕』（岩波書店・2007年）165頁以下。また、国民の情報へのアクセスの保障と民主主義との関係については、本章Ⅱ節「公共のアーカイブにおけるデジタル技術利用の促進」参照。

8）　〈http://www8.cao.go.jp/shougai/suishin/kihonkeikaku.pdf〉

9）　従来ITという略語がしばしば使われていたが、最近はICT（Information and Communication Technology）という表現が一般化しつつある。

10）　日本は、2007年9月28日に署名したが、本節執筆日現在未批准。2009年12月13日現在署名143カ国、批准済み76カ国〈http://www.un.org/disabilities/countries.asp?id=166〉。なお、以下の外務省のウェブサイトに掲載されている和文テキストは署名のための閣議に提出した仮訳文である。本文中の条約の名称は同仮訳文のものを使用している〈http://www.mofa.go.jp/mofaj/Gaiko/treaty/pdfs/shomei_32.pdf〉。英文は〈http://www.un.org/disabilities/default.asp?id=259〉。

して挙げ、障害者の社会参加を進めるよう締約国が努力すべきことが定められている。そして同条約は、21条（表現及び意見の自由並びに情報の利用）において「障害者に対し、様々な種類の障害に相応した利用可能な様式及び技術により、適時に、かつ、追加の費用を伴わず、一般公衆向けの情報を提供すること」（同条(a)）や「マスメディア（インターネットを通じて情報を提供する者を含む。）がそのサービスを障害者にとって利用可能なものとするよう奨励すること」（同条(d)）を、また30条（文化的な生活、レクリエーション、余暇及びスポーツへの参加）1項において、障害者が「利用可能な様式を通じて」文化的な作品やテレビ番組、映画、演劇その他の文化的な活動を享受することを確保するための適当な措置をとることを、締約国の義務として定めている（同項(a)、(b)）（下線筆者）。また、同条3項は、「締約国は、国際法に従い、知的財産権を保護する法律が、障害者が文化的な作品を享受する機会を妨げる不当な又は差別的な障壁とならないことを確保するためのすべての適当な措置をとる」として、具体的に「知的財産権を保護する法律」に関する規定を設けているが、これには当然に著作権法が含まれる。

(ii) 旧来のメディアではコンテンツを認識することに困難がある人々の著作物へのアクセスの現状

上述した知る権利の重要性等に鑑みれば、旧来のメディアではコンテンツを認識することに困難がある人々においても、旧来のメディアでコンテンツを認識することにあまり困難を感じていない人々（以下、本節において「旧来メディア適合者」という）と同じタイミングで、追加費用の発生なしに、同じ内容の情報の利用が可能となることを追求すべきであるが、現状は以下のとおりである。

(a) **書籍**　社団法人日本書籍出版協会（以下、本節において「出版協会」という）の提供する「データベース日本書籍総目録」が網羅している、新刊市場で入手できる旧来メディア適合者向けの書籍は80万点にも及ぶ[11]。これに対して、社会福祉法人日本点字図書館（以下、本節において「日本点字図書館」という）と社会福祉法人日本ライトハウス盲人情報文化センターが2004年4月に共同

---

11) 〈http://www.jbpa.or.jp/database/index.html〉

で提供を開始した、点字および録音図書のネットワーク配信サービスである「びぶりおネット[12]」で利用可能な点字図書は 11,853 タイトル、録音図書は 13,345 タイトルとされており[13]、その数は、旧来メディア適合者向けの書籍の数はもちろん、特定非営利活動法人全国視覚障害者情報提供施設協会が運営する視覚障害者情報ネットワーク「ないーぶネット[14]」で 2009 年 4 月現在において蓄積されている点字データがおよそ 10 万タイトル、点字および録音図書目録がおよそ 45 万タイトルであることに比しても、非常に少ないといわざるをえない。

(b) **放送**　総務省が 2009 年 7 月 15 日に公表した「平成 20 年度の字幕放送等の実績[15]」によれば、総放送時間に占める字幕放送時間の割合は、最も高い NHK（総合）でも 49.4％（アナログ放送）と 49.5％（デジタル放送）、解説放送[16]時間の割合は、最も高い NHK（教育）でも 9.1％（アナログ放送）と 10.0％（デジタル放送）とされている。技術的理由等から、すべての放送番組に字幕を付したり、すべての放送番組を解説放送とすることは困難であるとしても[17]、このような現状が旧来のメディアではコンテンツを認識することに困難がある人々に対する情報提供として十分とはいいがたいことは明らかである。

(2) 2009 年改正前のその他の法整備、行政機関の取組み等

1970 年に旧著作権法が全面的に改正され現行著作権法（昭和 45 年法律第 48 号）

---

12)　〈http://daisy.nittento.jp/main.asp〉
13)　〈http://www.nittento.or.jp/soumu/gui-01.htm〉
14)　〈https://www.naiiv.gr.jp/〉
15)　〈http://www.soumu.go.jp/main_content/000030353.pdf〉
16)　放送法（昭和 25 年法律第 132 号）3 条の 2 第 4 項にいう「静止し、又は移動する事物の瞬間的影像を視覚障害者に対して説明するための音声その他の音響を聴くことができる放送番組」のことである。通常、副音声による解説を行い、たとえばドラマの場合には、ト書き的な情景描写等の説明が含まれる。
17)　2007 年 10 月 30 日に総務省が策定した「視聴覚障害者向け放送普及行政の指針」における「字幕付与可能な放送番組」とは、次に掲げる放送番組を除くすべての放送番組とされている。
　・技術的に字幕を付すことができない放送番組（例　現在のところ、複数人が同時に会話を行う生放送番組）
　・外国語の番組
　・大部分が器楽演奏の音楽番組
　・権利処理上の理由等により字幕を付すことができない放送番組〈http://www.soumu.go.jp/menu_news/s-news/2007/pdf/071030_2_bs1.pdf〉

III. 情報へのアクセス障壁軽減に向けた動き　*113*

が制定された際には、視覚障害者用の点訳のみが障害者福祉目的の権利制限規定として定められていたが、その後 2009 年改正に至るまでの間に、国際社会において上記(1)(i)記載の障害者の権利に関する条約が採択されたほか、日本国内においても、障害者をはじめとする旧来のメディアではコンテンツを認識することに困難がある人々による情報へのアクセスに関して、主に以下のような法律の制定や改正、行政の取組みがなされてきた。

(i)　1997 年の放送法の改正（放送法及び有線テレビジョン放送法の一部を改正する法律（平成 9 年法律第 58 号））において、視聴覚障害者向けの字幕番組および解説番組の放送努力義務が規定された（放送法 3 条の 2 第 4 項）。

(ii)　2000 年に成立した高度情報通信ネットワーク社会形成基本法（IT 基本法）（平成 12 年法律第 144 号）8 条は、年齢、身体的な条件その他の要因に基づく情報通信技術の利用の機会または活用のための能力における格差の積極的是正を図らなければならない旨規定している。

(iii)　2002 年に改正された身体障害者の利便の増進に資する通信・放送身体障害者利用円滑化事業の推進に関する法律（平成 5 年法律第 54 号）は、関連事業を推進するための措置を講ずることによって、通信や放送役務の利用に関する身体障害者の利便の増進を図り、もって情報化の均衡ある発展に資することを目的としている。

(iv)　2004 年に成立したコンテンツの創造、保護及び活用の促進に関する法律（平成 16 年法律第 81 号）14 条は、広く国民がコンテンツの恵沢を享受できるよう、年齢、身体的な条件その他の要因に基づくコンテンツの活用の機会または活用のための能力における格差の是正を図るために必要な施策を講ずべき国および地方公共団体の義務を定めている。

(v)　高度情報通信ネットワーク社会推進戦略本部（以下、本節において「IT 戦略本部」という）が 2004 年に策定した「e-Japan 重点計画-2004」は、横断的な課題としてデジタル・ディバイドの是正を明記しており、その内容の一つ

---

18)　これまでの該当規定の改正の推移については、下記 2.(1)掲載の表を参照。
19)　この点については、独立行政法人情報通信研究機構の「情報バリアフリーのための情報提供サイト」が詳しい〈http://www2.nict.go.jp/v/v413/103/relate/infobf/index.html〉。
20)　この努力義務の履行状況については上記(1)(ii)記載のとおり。

として「視聴覚障害者が健常者と同様に放送サービスを享受できる環境の整備」を挙げている。

(vi) 障害者基本法（昭和45年法律第84号）は、2004年に、障害者の自立と社会参加の一層の促進を図るために改正され、19条で、情報の利用におけるバリアフリー化に努めるべき国および地方公共団体ならびに事業者の義務を定めている。

(vii) IT戦略本部は、2006年1月に「利用者・生活者重視」をその理念の一つとする「IT新改革戦略[23]」を、同年7月にこれを具体化する施策をまとめた「重点計画2006[24]」をそれぞれ策定し、以後毎年重点計画を策定している。「重点計画2008[25]」では、デジタル・ディバイドのないIT社会の実現に向けての目標として、2010年度までに、高齢者、障害者、外国人を含む誰もが身体的な制約、知識、言語の壁を超えて、安心して生活できるように、平等な情報へのアクセス、自由自在な意思疎通（情報アクセス・コミュニケーションのユニバーサル化）等を実現することを目標として定めている。

(viii) 総務省は、2007年3月に、「デジタル放送時代の視聴覚障害者向け放送に関する研究会報告書[26]」（以下、本節において「総務省報告書」という）を公表し、放送法、障害者基本法、障害者の権利に関する条約等においても取り上げられている放送に関するバリアフリー化やアクセシビリティの確保についての提言等をまとめている。

(ix) 2007年12月に障害者施策推進本部が決定した「重点施策実施5か年計画[27]」は、上記(1)(i)記載の障害者基本計画の基本方針の下、障害者の情報へのアクセスに配慮した著作権制度の在り方について検討を進め、必要に応じて法

---

21) 情報通信技術の活用により世界的規模で生じている急激かつ大幅な社会経済構造の変化に適確に対応することの緊要性に鑑み、高度情報通信ネットワーク社会の形成に関する施策を迅速かつ重点的に推進するために、2001年1月、内閣に設置された〈http://www.kantei.go.jp/jp/singi/it2/index.html〉。
22) 〈http://www.kantei.go.jp/jp/singi/it2/kettei/040615honbun.pdf〉
23) 〈http://www.kantei.go.jp/jp/singi/it2/kettei/060119honbun.pdf〉
24) 〈http://www.kantei.go.jp/jp/singi/it2/kettei/060726honbun.pdf〉
25) 〈http://www.kantei.go.jp/jp/singi/it2/kettei/080820honbun.pdf〉
26) 〈http://www.soumu.go.jp/menu_news/s-news/2007/pdf/070330_19_ts2.pdf〉
27) 〈http://www8.cao.go.jp/shougai/suishin/5sinchoku/h19/5year_plan.pdf〉

整備を行うこととしている。

(x) バリアフリーに関する関係閣僚会議は、2008年に、バリアフリー化およびユニバーサルデザイン化の推進に関する政府の基本的な方針として「バリアフリー・ユニバーサルデザイン推進要綱[28]」を決定した。同要綱は、情報に関する基本方針として、「障害者や高齢者等にとって、必要な情報が十分に提供され、容易に取得できるような環境の整備に取り組む。その際、IT（情報通信技術）の利用機会や活用能力の格差の是正を図っていくことが必要である」と定めた上で、「情報を容易に取得できる環境の整備」として、字幕番組、解説番組および手話番組の制作の促進などをあげている。

(xi) 障害のある児童及び生徒のための教科用特定図書等の普及の促進等に関する法律（平成20年法律第81号）は、教育の機会均等の趣旨に則って、障害のある児童および生徒のための教科用特定図書等の普及を促進し、障害等の有無にかかわらず児童および生徒が十分な教育を受けることができる学校教育を推進することを目的として（同法1条）、制定された。同法の対象となる「教科用特定図書等」は、教科用拡大図書、教科用点字図書その他障害のある児童および生徒の学習の用に供するために作成した教材であって検定教科用図書等に代えて使用しうるものとされている（同法2条）。同法は、文部科学大臣が、教科用図書発行者から提供を受けた検定教科用図書等に係る電磁的記録を教科用特定図書等の作成者に提供することができる旨を規定しているが（同法5条1項・2項）、その提供を受けた電磁的記録を用いた障害のある児童および生徒による使用のために必要な方式による教科用図書の複製については、同法ではなく、2009年改正前法33条の2を改正することによって定めている（同法附則4条）。

この2009年改正前法33条の2の改正は、(a)受益者について、「弱視の児童又は生徒」に限られていたものを「視覚障害、発達障害その他の障害により教科用図書に掲載された著作物を使用することが困難な児童又は生徒」として、障害を持つ児童および生徒一般に広げていること、(b)複製の態様について、「拡大」に限られていたのを「拡大その他の当該児童又は生徒が当該著作物を使用するために必要な方式により」複製することができるとしていること、の

---

28) 〈http://www.kantei.go.jp/jp/singi/barrierfree/080328youkou.pdf〉

2点において、法37条および法37条の2に関する2009年改正に先行するものであったと考えられる。なお、2009年改正前法33条の2については、2003年の法改正で本条が新設された当初より、当時の法37条3項および法37条の2とは異なって、複製をすることのできる主体を政令で定められる視聴覚障害者情報提供施設等(29)（以下、本節において「視聴覚障害者情報提供施設等」という）に限るというような制限はなく、代わりに、複製の前に教科書発行者への通知をすること、営利目的の場合には補償金を支払うことが規定されている（2項）。このように、教科書については、著作物一般に先んじた形で、旧来のメディアではコンテンツを認識することに困難がある児童および生徒に、その児童または生徒の状況に適した方式での提供が可能となっていたが、学習に必要ではあるが教科書には該当しない辞書や資料集、学習参考書等の書籍については、この2009年改正前法33条の2の改正の対象とはなっていないことが問題として残っていた。

(xii) IT戦略本部は2009年7月6日に、2015年のわが国の将来ビジョンを、デジタル技術を活用して「社会の隅々に行き渡ったデジタル技術が『空気』や『水』のように抵抗なく普遍的に受け入れられて経済社会全体を包摂する存在となる（Digital Inclusion）ことを目指す。これにより、<u>公平に、簡単な使い方で、必要な情報を必要な時に</u>、安全・安心に利用できる環境を実現し、暮らしの豊かさや、人と人のつながりを実感することができる社会を実現する」（下線筆者）こととする「i-Japan戦略2015」(30)（以下、本節において「i-Japan戦略」という）を策定した。ここには、誰もが使いやすい機器等の普及等として、「テレビのリモコン操作と同様の感覚で、煩わしさを感じることなく、簡単に利用でき、ワイヤレスでもつながる機器及びアプリケーション基盤の普及を図る。また、あわせて高齢者・障害者対応として情報バリアフリー環境の整備も図る」ことが記載されている。

---

29) 2009年改正前法施行令2条および2条の2において、身体障害者福祉法（昭和24年法律第283号）5条1項の視聴覚障害者情報提供施設で国等が設置するものなどが定められていた。

30) ⟨http://www.kantei.go.jp/jp/singi/it2/kettei/090706honbun.pdf⟩

(3) 技術の進歩と法改正の要請

近年の技術の進歩、特に、コンピュータの普及と情報通信技術の進展は、マルチメディア化による音声、字幕、画像等の様々な情報の同時提供等を実現し、旧来のメディアではコンテンツを認識することに困難がある人々に対し、それぞれの状況に最も適した手段を用いて情報にアクセスすることを可能とした。たとえば、DAISYコンソーシアム[31]によって開発と維持が行われている、カセットテープに代わるデジタル録音図書の国際標準規格「DAISY」[32]は、コンピュータの機能と音声圧縮技術によって、これまでのカセットテープの録音図書では実現できなかった長時間録音や、ページごとのランダムアクセスを含む高度な検索機能を有することを特徴としている。また、マルチメディア化したDAISY規格のデジタル録音図書（以下、本節において「DAISY図書」という）は、音声にテキストや画像を同期させることができるため、利用者が、音声を聞きながらハイライトされたテキストを読み、同じ画面上で画像を見ることも可能にしている[33]。

しかし、著作権法上、著作権者には著作物を利用する権利の専有が認められている。このため、上記のような技術的進歩のすべてを、旧来のメディアではコンテンツを認識することに困難がある人々が享受するためには、対象となる著作物について著作権者の許諾を受けなければならない[34]。たとえば上記のびぶりおネットは、録音されたカセットテープ等を郵送するしか方法がないため即時に入手できない、録音されたカセットテープ等の数に限りがあるためすでに貸し出されている図書は返却まで待たなければならない等、視覚障害者が点

---

31) 〈http://www.daisy.org/〉

32) DAISYとは、Digital Accessible Information SYstem の略で、日本語では「アクセシブルな情報システム」と訳されている。詳細については、下記財団法人日本障害者リハビリテーション協会のウェブサイト参照 〈http://www.dinf.ne.jp/doc/daisy/〉。

33) 旧来のメディアではコンテンツを認識することに困難がある人々のためのその他の支援技術としては、点字ディスプレイおよび点字プリンタ、音声自動認識システム、音声合成技術、自動点訳ソフト、スクリーンリーダ、立体コピーシステムなどがあげられる。これらの技術や装置については 〈http://www.kokoroweb.org/〉 が詳しい情報を提供している。

34) このような問題意識を明らかにするものとして、特定非営利活動法人全国視覚障害者情報提供施設協会、図書館協会、公共図書館で働く視覚障害職員の会（なごや会）連名の2002年10月付「障害者の情報アクセス権と著作権問題の解決を求める声明」がある 〈http://homepage2.nifty.com/at-htri/statement.htm〉。

字図書館で録音図書を利用する際の大きな問題を解消し、自宅の端末から24時間いつでも利用することができるようにするための、DAISY図書を利用したシステムである。ところが、びぶりおネットがサービスの提供を開始した2004年当時の法37条3項は、視覚障害者用に作成した録音の自動公衆送信は認めていなかったため、びぶりおネットでDAISY図書を配信するためにはすべての著作権者に許諾を得る必要があり、社団法人日本文藝家協会（以下、本節において「文藝家協会」という）および特定非営利活動法人日本文藝著作権センターとの間で一括許諾契約を締結していた。また、2006年の法改正後も、公共図書館等は、当時の法37条3項に基づく利用行為を行うことができる主体である視聴覚障害者情報提供施設等には含まれなかったため、図書館協会は、文藝家協会との間で「公共図書館等における音訳資料作成の一括許諾に関する協定書」を締結し[35]、著作権処理について文藝家協会に委託した著作権者については、音訳資料作成に関して例外的に事前の許諾を必要としないこととする体制を確立した。しかし、著作権処理について文藝家協会に委託していない著作権者については、原則どおり音訳資料の作成前に一人一人許諾を得る必要があるため、配信できるタイトル数が増加しないという問題があった[36]。

このように、近年の技術の進歩は、旧来のメディアではコンテンツを認識することに困難がある人々の情報へのアクセスの保障に資するものである一方で、これらの人々にとっての新たなバリアを生み出しているという事実もある。たとえば、すべての情報がコンピュータ経由で提供されることは、自宅にいながらにして自由な時間に情報を受領することが容易になる反面、情報がコンピュータ経由でしか提供されない（あるいは情報の大部分がコンピュータ経由で提供される）ことになると、キーボードやマウスを使用することに困難がある人々

---

35) 2004年4月30日締結〈http://www.jla.or.jp/onyaku/index.html〉。
36) 聴覚障害者向けにテレビ番組や映画に字幕を付した映像ライブラリーの提供を行っている社会福祉法人聴力障害者情報文化センターにおいても、放送事業者や著作権管理団体等と包括契約を締結して、映像作品への字幕の付与を行っているとのことであるが、作品によって必ずしも許諾が得られない点において、同様の状況であると考えられる。なお、同センターにおいては年間およそ170番組の字幕付きビデオグラムを制作しており、同センターのウェブサイトによれば2009年1月14日現在のタイトル数は3,201とのことである〈http://www.jyoubun-center.or.jp/〉。

にとっては情報の受領が著しく困難になる。また、ウェブサイトの表現力が向上すればするほど、スクリーンリーダによるコンピュータの画面読み上げがうまく機能しないという問題も拡大するし、iPhoneに代表されるタッチパネル式のインターフェースは視覚障害者には使用が困難である。さらに、旧来メディア適合者にとって便利な機能が増えれば増えるほど情報へのアクセスのための仕組みが複雑化し、旧来のメディアではコンテンツを認識することに困難がある人々がその「便利な」機能を利用することへのハードルが高くなっていく面がある。[37]

このように、旧来メディア適合者と旧来のメディアではコンテンツを認識することに困難がある人々との間で情報格差が拡大しつつある現状に対処するために、著作権者の個別の許諾なしに、旧来のメディアではコンテンツを認識することに困難がある人々が著作物を利用できる範囲を拡大するための法改正がなされた。

2. 2009年改正および立法の経緯の紹介

(1) 2009年改正の概要[38]

現行著作権法（昭和45年法律第48号）が制定されて以降、2009年改正に至るまでの間に、旧来のメディアではコンテンツを認識することに困難がある人々の著作物の利用に関する権利制限規定は、概略次頁の表のとおり改正されてきている。

(ⅰ) 受益者の範囲

(a) 法37条3項　2009年改正前法では、録音図書の貸出しまたは自動公衆送信を利用できる者は視覚障害者に限られていたが、2009年改正によって視覚による表現の認識に障害のある者が「視覚障害者等」と定義された。これに

---

37) たとえば、地上デジタルテレビについては、リモコンが使えない、初期設定や番組表などの視覚障害者の利用が困難な機能が多いなど多くの問題点があり、そのメリットを十分に受けられそうもないことが視覚障害を持つ人々から指摘されている。田中徹二「情報アクセシビリティの実現に向けて―障害者権利条約の時代における著作権と放送バリアフリー」視覚障害―その研究と情報239号（2008年）7頁。

38) なお、文化庁としての見解の簡明な説明としては、ジュリ1392号「窓」およびコピライト1月号「H21年改正」を参照。

	立法時	2000年改正	2006年改正	2009年改正
法37条1項	公表された著作物は、盲人用の点字により複製できる。	「盲人用の」を削除。		
2項	(なし)	(本項追加)コンピュータを利用して点字処理する方式での記録媒体への記録、公衆送信も可能に。		
3項	点字図書館その他政令で定める施設は、専ら盲人向けの貸出し用に公表された著作物を録音できる。(立法時は2項)	「盲人」を「視覚障害者」と変更。	自動公衆送信も可能に。	受益者を「視覚障害者等」に拡大。対象となる著作物を「視覚著作物」と定義。著作権者等が視覚障害者等に配慮した方式による著作物の提供を行っている場合の例外を追加。
法37条の2	(なし)	(本条追加)政令で定めるものは、放送されまたは有線放送される著作物について、聴覚障害者のために、音声を文字にして自動公衆送信ができる。	対象に「放送される著作物が自動公衆送信される場合の当該著作物」も含まれることに。	受益者を「聴覚障害者等」に拡大。対象となる著作物を「聴覚著作物」と定義。著作権者等が聴覚障害者等に配慮した方式による著作物の提供を行っている場合の例外を追加。音声の文字化等と併せて行う貸出しのための複製が可能に(2号)。
法43条	37条の利用をする場合は翻訳が可能。	(3号追加)37条の2の利用をする場合は要約が可能。		37条3項の利用をする場合は、翻訳に加えて変形、翻案が可能に(4号)。37条の2で利用する場合は翻訳、翻案が可能に(5号)。

よって、弱視者のように視覚に障害があるにもかかわらず「視覚障害者」[39]の範囲に入らなかった者や、ディスレクシアのように、視力に問題はないが、文字での情報取得を困難とする症状を有する者等が含まれることになった。

(b) **法 37 条の 2**　2009 年改正前法では、本条に基づいて放送に付された字幕を利用することができる者は聴覚障害者に限られていたが、2009 年改正によって聴覚による表現の認識に障害のある者が「聴覚障害者等」[40]と定義された。これによって、たとえば、聴覚器に支障はないが、音声での情報取得を困難とする症状を有する者などが含まれることになった。

(ii) **対象となる著作物の範囲**

(a) **法 37 条 3 項**　2009 年改正前法では、録音図書を作成することができる対象は、本条 1 項および 2 項と同様、「公表された著作物」となっていたが、2009 年改正によって新たに「視覚著作物」という概念が導入された。法 37 条 3 項は、「視覚著作物」を「公表された著作物であつて、視覚によりその表現が認識される方式（視覚及び他の知覚により認識される方式を含む。）により公衆に提供され、又は提示されているもの（括弧内略）」と定義しており、視覚著作物を、公表された著作物の一部を構成するものと位置づけている。この点について、附則 2 条は、2009 年改正前法 37 条 3 項の適用を受けて作成された録音物のうち、2009 年改正によって複製または自動公衆送信可能とされないものがあった場合でも、かかる録音物を引き続き利用することができるとする経過措置を規定している。

(b) **法 37 条の 2**　2009 年改正前法では、字幕を付して自動公衆送信することができる対象は「放送され、又は有線放送される著作物」（下線筆者）とされており、著作権者の許諾なしに付することができるのは、現に放送または有線放送されているものの音声部分に対するいわゆるリアルタイム字幕のみに限ら

---

39)　2009 年改正前法には「視覚障害者」の定義はなかったが、2009 年改正前法 33 条の 2 で「弱視」という語が用いられているのに対して、本条では「視覚障害」という語が用いられていたこと、さらに、文化審議会著作権分科会における議論は 2009 年改正前法 37 条 3 項の「視覚障害者」に「弱視者」が含まれないことは当然の前提とされているように思われることから、2009 年改正前法 37 条 3 項の「視覚障害者」は、身体障害者福祉法（昭和 24 年法律第 283 号）にいう「身体障害者」に該当する者のみとされていたものと考えられる。

40)　視覚障害者と同様、2009 年改正前法には「聴覚障害者」の定義はなかった。

れていた。この点については、法37条3項と同様に「聴覚著作物」という概念が導入され、法37条の2はこれを「公表された著作物であつて、聴覚によりその表現が認識される方式（聴覚及び他の知覚により認識される方式を含む。）により公衆に提供され、又は提示されているもの（括弧内略）」と定義している。したがって、2009年改正によって、リアルタイム字幕以外の異時の字幕の自動公衆送信が可能となり、また、これまで対象となっていなかった映画等にも字幕を付することができることとなった[41]。なお、本条に従って字幕が付された映画については、法38条5項の改正によって、施行令2条および施行令2条の2第2項で指定される者のうち営利を目的としない者が無償で貸与することができることになった。

(iii) 利用の態様

(a) 法37条3項、法43条4号　2009年改正前法では、自動公衆送信の対象とすることができる複製の態様は録音のみであり、また、かかる利用に関連して認められる二次的利用は翻訳のみであった。この点について2009年改正は、「視覚著作物に係る文字を音声にすることその他当該視覚障害者等が利用するために必要な方式」（以下、本節において「視覚障害者等に必要な方式」という）で複製し、自動公衆送信することができる旨規定しており、録音に限らず、DAISY図書など、それぞれの視覚障害者等が必要とする方式で複製し、それを自動公衆送信することが可能になった。あわせて法43条が改正されたため、本項に定める視覚障害者等のための利用の場合について、翻訳のほか、変形や翻案した上で複製することができることとなった。

(b) 法37条の2、法43条5号　2009年改正前法では、音声を文字にして自動公衆送信することのみが認められ、これに関連して認められる二次的利用は要約のみであった[42]。この点について法37条の2第1号は、「聴覚著作物に係る音声」について、「これを文字にすることその他当該聴覚障害者等が利用するために必要な方式」（以下、本節において「聴覚障害者等に必要な方式」という）で複製し、または自動公衆送信することができるとしているため、映画の音声

---

41) なお、法37条の2第1号については、複製が認められるのは「聴覚著作物に係る音声」のみであって、自動公衆送信による配信を受けられるのは映画の字幕のみとなるため、聴覚障害者等において、配信を受けた映画の字幕と映像とを同期させるなどの作業が必要となる。

部分を手話にしたものを作成してこれを自動公衆送信することが可能となった。また、法37条の2第2号は、聴覚障害者等に必要な方式による音声の複製と併せて行う場合には貸出しのための複製もできる旨規定していることから、画像に手話を付すなどの方法によって複製し、それを貸し出すことが可能になった。あわせて法43条が改正されたため、本項に定める聴覚障害者等のための利用の場合について、これまでの要約のみから翻案一般に広がるとともに、翻訳したうえで複製することができることとなった。

(iv) 複製等を行う主体の範囲

2009年改正前法では、著作権者の許諾なしに著作物を利用することができる者は、それぞれ、37条3項については「視覚障害者の福祉の増進を目的とする施設で政令で定めるもの」、37条の2については「聴覚障害者の福祉の増進を目的とする事業を行う者で政令で定めるもの」と規定され、具体的には視聴覚障害者情報提供施設等が指定されていたが、2009年改正によって「視覚障害者等（法37条の2については「聴覚障害者等」）の福祉に関する事業を行う者で政令で定めるもの」（法37条3項）（以下、本節において「複製等が認められる者」という）となった。このように、2009年改正前法の「福祉の増進を目的とする」との条件が「福祉に関する」と改正されたため、公共図書館等、その目的が障害者等の福祉の増進ではないものを含めることが可能となり、また、視覚障害者等との関係では、2009年改正前法の「施設」が「事業を行う者」と改正されたため、法37条3項および法37条の2の規定上は、障害者等の福祉に関する事業を行う限りにおいて、社会福祉法人や特定非営利活動法人（いわゆるNPO法人）だけでなく、一般の法人も複製等が認められる者に含めることが可能となっている。

---

42) 字幕や手話については、音声等をすべて字幕や手話に置き換えることも、話された言葉を聞くのと同じ早さで文字で読み取ることも困難であるため、逐語的置き換えではなく、要約表現とすることを認める必要があるとされている。なお、特定非営利活動法人長野サマライズ・センターが、要約筆記に関して、2009年4月から2010年3月末を期間として、国立大学法人筑波技術大学、ソフトバンクモバイル株式会社等および国立大学法人群馬大学とともにiPhone 3Gを利用した「モバイル型遠隔情報保証システム」の導入実験を行っている〈http://www10.plala.or.jp/summarize/yhikkitoha.html〉。〈http://broadband.mb.softbank.jp/corporate/release/pdf/20090406j.pdf〉。

(v) 著作権者の利益との調整

法37条3項および法37条の2は、以下のように規定することで受益者と著作権者の利益の調整を図っている。

(a) 視覚障害者等に必要な方式（法37条3項。法37条の2については「聴覚障害者等に必要な方式」）での複製等が行えるのは、公衆に提供されている方式では視覚著作物（法37条3項。法37条の2については「聴覚著作物」）を利用することが困難な視覚障害者等（法37条3項。法37条の2については「聴覚障害者等」）の用に供するために「必要と認められる限度において」として、たとえ視覚障害者等や聴覚障害者等のためであっても、複製等が無制限に行えるものではないことを明確にしている。

(b) 法37条3項および法37条の2は、それぞれ但書において、著作権者等が、視覚障害者等に必要な方式（法37条3項。法37条の2については「聴覚障害者等に必要な方式」）で視覚著作物（法37条3項。法37条の2については「聴覚著作物」）を公衆に提供等している場合には、これらの条文に基づく複製等を行うことはできない旨規定している。

(vi) 関連する条文の改正

上記のほか、法47条の9（2009年改正前法47条の4）（複製権の制限により作成された複製物の譲渡）、法49条（複製物の目的外使用等）ならびに法102条1項、2項および9項（2009年改正前法102条7項）（著作隣接権の制限）の準用規定に法37条、法37条の2および法43条がそれぞれ追加される等している。

(2) 立法経緯

わが国社会のデジタル化およびネットワーク化の進展に伴う障害者等の著作物の利用形態の多様化に対応するための著作権法改正に関する議論は、すでに2000年の法改正前においてなされていたが[43]、文化審議会著作権分科会の「著作権法に関する今後の検討課題」（2005年1月24日[44]）においても検討されるべ

---

[43] 著作権審議会第1小委員会審議のまとめ（1999年12月）（以下、本節において「1999年第1小委員会まとめ」という）〈http://www.mext.go.jp/b_menu/shingi/12/chosaku/toushin/991201.htm〉.

[44] 「1. 基本問題 (2)権利制限の見直し」参照〈http://www.mext.go.jp/b_menu/shingi/bunka/toushin/05012501/002.htm〉.

き項目の一つとしてとりあげられ、その後、法制問題小委員会において議論が重ねられてきた。2009 年改正の方向性については、「文化審議会著作権分科会法制問題小委員会平成 19 年度・中間まとめ」(2007 年 10 月 12 日)(以下、本節において「2007 年度中間まとめ」という)[45]の時点でほぼまとまっており、文化審議会著作権分科会報告書(2009 年 1 月)(以下、本節において「2009 年報告書」という)[46]も 2007 年度中間まとめとほぼ同様の内容となっている。以下、前記(1)に記載した各項目ごとに立法経緯について説明する。[47]

(i) **受益者の範囲について**

視聴覚障害者以外の学習障害者についても、視聴覚障害者に準ずる権利制限規定を設けるべきとの要望があることについては、すでに 1999 年第 1 小委員会まとめにおいて記載されており、その後も、視聴覚障害者に加え、上肢障害者、高齢者、寝たきりの者、ディスレクシア、知的障害者等の印刷物の読み取りに困難を持つ者や、発達障害や知的障害、高次脳機能障害等が原因で難解な用語を含む文章や放送内容等の理解に困難を持つ者、高齢者を含む聴覚に障害がある者一般を含めるべきであるとの要望が出されていた。[48]これらの要望に対しては、1999 年第 1 小委員会まとめにおいては、学習障害者等の判断基準や範囲が確定しているとはいいがたいこと等の問題があるとして引き続き検討することとされ、文化審議会著作権分科会報告書(2006 年 1 月)(以下、本節において「2006 年報告書」という)では、前記 1.(3)に記載した図書館協会と文藝家協会との間の一括許諾協定書を引き合いに出して、あえて権利制限規定を見直す必要性は小さいという意見も出されていた。[49]また、コンテンツの提供者

---

45) 〈http://www.bunka.go.jp/chosakuken/singikai/pdf/housei_chuukan_1910.pdf〉
46) 2008 年 3 月 18 日に実施された、文化審議会著作権分科会法制問題小委員会(第 1 回)議事録によれば、2007 年度の法制問題小委員会の審議過程において、障害者福祉関係については比較的結論に近いので速やかに措置すべきだという意見もあった旨説明されている〈http://www.mext.go.jp/b_menu/shingi/bunka/gijiroku/013/08032122.htm〉。
47) 〈http://www.bunka.go.jp/chosakuken/pdf/21_houkaisei_houkokusho.pdf〉
48) 2007 年 7 月 19 日に実施された、文化審議会著作権分科会法制問題小委員会(第 6 回)(以下、本節において「第 6 回法制問題小委員会(2007)」という)など〈http://www.mext.go.jp/b_menu/shingi/bunka/gijiroku/013/07072002.htm〉。
49) 2006 年報告書 28 頁以下〈http://www.bunka.go.jp/chosakuken/singikai/pdf/singi_houkokusho_1801.pdf〉。

であり旧来メディアの担い手である企業の団体である出版協会からは、対象となる障害者の範囲は、公的機関等によって認定された者に限定するなどして明確化しておく必要があるとの意見も出されていた[50]。

　この点について、2009年報告書は、まず、視覚障害者について、録音物がなければ「健常者[51]」と同様に著作物を享受できない者への対応という観点から検討すれば、その必要性は理念的には視覚障害者に限られるものではないと考えられるため、障害等により著作物の利用が困難な者について可能な限り権利制限の対象に加えることが適切であるとしつつ、たとえば、障害者手帳や医師の診断書等の有無等の基準により限定する、施設の利用登録等により確認がなされた者等を対象とするなどにより、規定の適用範囲の明確性を担保しつつ可能な限り対象者の範囲を広げていくよう努めることが適当であるとし[52]、聴覚障害者についても、知的障害者や発達障害者等についても、同様に適用範囲の明確性を担保しつつ、可能な限り対象者の範囲を広げていくよう努めることが適当であるとしていた[53]。この点について、2009年6月11日開催の第171回国会参議院文教科学委員会（以下、本節において「参・文教科学委員会」という）等において、髙塩至文化庁次長は、視覚障害者等や聴覚障害者等の障害を有する者を確認する方法については、実際の障害者の必要性に応じて柔軟に対応したいという観点から法律上特段の要件は設けなかった旨、および、障害者手帳や医師の診断書も確認方法の一つであるが、実際に録音図書や字幕の作成を行おうとする事業者らが個別に確認をしていくものであると考えている旨の説明をしている[54][55]。この説明は、至極正当なものといえる。

---

50)　「『文化審議会著作権分科会法制問題小委員会中間まとめ』に対する団体からの意見」（2008年1月11日に実施された、文化審議会著作権分科会法制問題小委員会（第10回）議事録配付資料3）（以下、本節において「2007年度中間まとめによせられた意見」という）「第3節(2)障害者福祉関係」〈http://www.mext.go.jp/b_menu/shingi/bunka/gijiroku/013/08011801/003/006.htm〉。

51)　本節1.(1)(i)において「旧来メディア適合者」と定義した者とほぼ一致する概念であると考えられるが、立法過程においては「健常者」との語が使用されているため、文化審議会著作権分科会および国会審議を含む立法過程における議論を説明する場合には、「旧来メディア適合者」ではなく「健常者」との語を使用する。

52)　前掲注47)2009年報告書43頁以下。

53)　前掲注47)2009年報告書47頁、48頁。

(ii) 対象となる著作物の範囲

(a) 視覚著作物（法37条3項）　上述のとおり、2009年改正によって、法37条3項の対象となる著作物は、従来の「公表された著作物」から「視覚著作物」に縮小されているが、2009年報告書も含め、本条の対象を公表された著作物から視覚著作物に縮小することに関する文化審議会著作権分科会における議論は見当たらない。「視覚によりその表現が認識される方式」ではない著作物の場合には、そもそも視覚障害者等のための複製等を認める必要はないと考えられること、法37条の2の対象となる著作物の範囲を「聴覚著作物」としたこと、下記(v)記載の著作権者の利益との調整の観点等から縮小したものとも思われるが定かではない。

(b) 聴覚著作物（法37条の2）　上述のとおり、2009年改正前法37条の2において認められるのはいわゆるリアルタイム字幕のみであったことに対して、旧来のメディアではコンテンツを認識することに困難がある人々の側からは、市場でレンタルや販売されているDVD等についても字幕や手話を付してほしい、リアルタイム字幕ですべてを賄うことは不可能であり、オフラインで字幕や手話、解説を付け、再送信することができるようにしてほしいとの要望が出されていた。本条の対象となる著作物を「聴覚著作物」とすることに関する文化審議会著作権分科会における議論は見当たらないが、上記視覚著作物と同様、「聴覚によりその表現が認識される方式」ではない著作物の場合には、そもそも聴覚障害者等のための複製等を認める必要はないと考えられること等からこのような概念が導入されたものとも思われる。いずれにしても、2009年改正前法の「放送され、又は有線放送される著作物」から「聴覚著作物」になり、本条の対象となる著作物の範囲は広がっている。

---

54) さらに、この点に関連して、前掲注35) 図書館協会と文藝家協会との間の一括許諾協定書第4条に基づき「障害者用音訳資料利用ガイドライン」〈http://www.jla.or.jp/onyaku/index.html#gaideline〉が定められていること、同ガイドラインの3条では、登録できる者について、障害者手帳の交付を受けている者、要介護認定を受けている者に加え、「身体の障害、読みの学習障害、疾病等により読書に困難を持つ者で、前三項に準ずると当該図書館が判断し、所属図書館団体と(社)日本文藝家協会が該当と了解した者」を「その他の読書に困難を持つ者」として挙げ、広い範囲の者が対象となるように定められていることを紹介している。

55) 第171回国会参議院文教科学委員会会議録第14号（2009年6月11日）11頁。

56) 前掲注48) 第6回法制問題小委員会（2007）など。

(iii) 利用の態様

(a) 複製の態様　法37条3項との関係では、複製の方法を録音に限定しないこと、および自動公衆送信を可能とすることの要望は、遅くとも1999年頃から出されており[57]、この点について、たとえば第6回法制問題小委員会（2007）では、旧来のメディアではコンテンツを認識することに困難がある人々の側から、情報や著作物がすべての人にとってアクセシブルな形式で、はじめから提供されるのが理想であるのに対して、現状では情報や著作物の多くが障害者にとってアクセスできないか、アクセスしにくい形式でしか提供されていないとの意見が表明されている[58]。2007年度中間まとめは、複製の方式については、録音等の方式に限定せず、それぞれの障害に対応した複製の方法が可能となるよう配慮することが望ましいとしていたが[59]、これに対しては、コンテンツの提供者であり旧来メディアの担い手である企業の団体である出版協会から、著作物の伝達手段のユニバーサルデザイン化は望ましいものであると考えるものの、権利制限は専ら障害者が利用できるものに限定しておくことが必要であり、媒体変換については既存の技術の範囲に限定して認めるべきで、将来開発される可能性のある媒体や伝達手段までも含めて広範に権利制限することは適当ではないと考える旨の意見が出されていた[60]。

法37条の2との関係では、聴覚障害者向けの貸出用に、公表された著作物や放送等について手話や字幕を付した複製物を作成し、公衆送信を可能とすることの要望は、遅くとも1983年頃から一貫して出されており[61]、2009年報告書は、これらを権利制限の対象として新たに位置づけることが適当としつつ、[62]

---

57) 前掲注43）1999年第1小委員会まとめ。また、厚生労働省「障害者福祉関係の権利制限について」（2005年3月30日に実施された、文化審議会著作権分科会法制問題小委員会（第2回）議事録配付資料4）（以下、本節において「厚生労働省作成資料」という）によれば、びぶりおネットのサービス提供開始時と相前後する2004年4月22日付で、日本点字図書館と日本ライトハウスの連名で文化庁に要望したとされている〈http://www.mext.go.jp/b_menu/shingi/bunka/gijiroku/013/05040401/004.htm〉。

58) 障害者放送協議会等「障害者福祉関係の権利制限について」（前掲注48）第6回法制問題小委員会（2007）議事録配付資料4-1）〈http://www.mext.go.jp/b_menu/shingi/bunka/gijiroku/013/07072002/002.htm〉およびこれに基づく障害者放送協議会著作権委員会委員長井上芳郎氏発言。

59) 前掲注45）2007年度中間まとめ41頁。前掲注47）2009年報告書48頁も同じ。

60) 前掲注50）2007年度中間まとめによせられた意見。

公衆送信については広く権利者に影響を与える可能性があるため、権利制限を認める場合には、利用者を限定する手段等が確保されることを前提とすることが適当としている。[63]

(b) **翻案等との関係**　込み入った内容や難解な用語をそのまま理解することが困難な知的障害者や発達障害者等に関しても著作物をわかりやすい表現に要約する必要があるため、2009年改正前法43条3号の適用範囲を聴覚障害者からこれらの者に広げてほしいとの要望は、遅くとも1999年頃から出されている。[64] 2009年報告書においては法43条の取り扱いに関する特別の記載はなく、その他視覚著作物と聴覚著作物のそれぞれについていかなる態様での二次的利用が認められるかに関する文化審議会著作権分科会での具体的議論は見当たらない。

(iv) **複製等を行う主体の範囲**

(a) **私的使用のための複製（法30条1項）との関係**　視覚障害者、聴覚障害者または上肢機能障害者等は自らが所有する著作物を自らが享受するためであっても、自ら録音したり、手話や字幕を付すことは困難であって、これらの行為を第三者に依頼する必要があるところ、一定の第三者による複製が「私的使用のための複製」として許容されるようにすべきであるとの障害者からの要望は、遅くとも2005年頃には出されている。[65] そして、2006年報告書では、実態上はおおむね家庭外で行われる複製を「私的使用のための複製」の問題とすることは不適当ではないか、第三者の範囲をどう特定するのかなどの問題点が指摘されたとして、「私的使用のための複製」の解釈による対応をするのか、特別な権利制限を考えるのかという基本的な方向性に関してさらに議論を深めることとしていた。[66]

---

61) 前掲注57) 厚生労働省作成資料によれば、全日本聾唖連盟が、字幕および手話に関する著作権法の改正を1983年から一貫して文化庁に要望しているとされている。
62) 前掲注47) 2009年報告書44頁以下。
63) 前掲注47) 2009年報告書47頁。
64) 前掲注57) 厚生労働省作成資料によれば、障害者放送協議会として、1999年6月18日付、2002年10月15日付、2004年11月16日付で、文部科学大臣あてに要望しているとされている。前掲注48) 第6回法制問題小委員会（2007）における井上芳郎氏の発言および前掲注58) 同委員会配付資料4-1も同旨。
65) 前掲注57) 厚生労働省作成資料に障害者放送協議会からの要望として記載されている。

この点について、2009年報告書は、現在点字図書館で行われているプライベートサービスのように外部の機関が多数の視覚障害者からの個人的な複製の要望に応じて録音物を作成するという形態は、法30条1項の趣旨（すなわち、家庭内での行為について規制することが実際上困難である一方、零細な複製であって、著作権者等の経済的利益を不当に害するとは考えられないため権利制限の対象としたこと）から外れると考えられるとして法30条1項の適用範囲を拡大することは見送られ、2009年改正前法37条3項に基づいて録音図書の作成を行う目的を貸出用または自動公衆送信用に限定せず、視覚障害者等が所有等する著作物から録音図書を作成し、譲渡することを可能とする措置を講ずることが適当であるとしている。[67]

(b)　「政令で定めるもの」（複製等が認められる者）　2009年改正前法37条3項に基づく利用ができる主体が視聴覚障害者情報提供施設等に限られていることについては、旧来のメディアではコンテンツを認識することに困難がある人々の側から、視聴覚障害者情報提供施設等に該当しない国立国会図書館、公共図書館、大学図書館等に範囲を拡大し、公共図書館等の円滑な利用を可能にすべきであるとの要望が出されていた。[68]第6回法制問題小委員会（2007）では、録音資料を公共図書館が作ってしまうと一般の人に貸してしまうのではないかという著作権者等の懸念に対して、図書館協会から、公共図書館ではDAISY図書を利用する人たちには特別な障害者用の登録をしており、たとえば障害者手帳等、それに見合う障害であることを確認して登録していること、ほとんどが郵送貸出であること、また、たとえばDAISY図書は箱で書庫に別置されていることが普通であり、仮に書架にある場合でも障害者用資料と記載されているため、一般の利用者がこれを借りようとしても根本的に無理であるとの説明がなされている。[69]そして、2009年報告書は、利用者の確認体制が整えられ、視覚障害者の福祉等に携わる施設と同等の取組が可能と認められる公共施設については、複製主体として含めていくことが適当としている。[70]なお、旧来のメデ

---

　　66)　前掲注49) 2006年報告書32頁以下。
　　67)　前掲注47) 2009年報告書42頁以下。
　　68)　前掲注48) 第6回法制問題小委員会（2007）など。
　　69)　日本図書館協会障害者サービス委員会委員長佐藤聖一氏の発言。

ィアではコンテンツを認識することに困難がある人々の側からは、2009年改正前法37条3項に定める複製主体について、「施設」だけでなく、「法人」も主体に含めるべきであるとの意見が出されている一方で、コンテンツの提供者であり旧来メディアの担い手である企業の団体である出版協会および社団法人日本レコード協会からは、営利目的で行う施設は対象に含めるべきではないとの意見が出されている[71]。

2009年改正前法37条の2に基づく利用ができる主体が視聴覚障害者情報提供施設等に限られていることについても、旧来のメディアではコンテンツを認識することに困難がある人々の側から、聴覚障害者のために情報を提供する事業を行う公益法人および公共図書館を含む公的な教育機関等がこれらの主体としてふさわしいとの意見が出されていた[72]。この点について、2009年報告書では、基本的には視覚障害者に関する2009年改正前法37条3項と同様に一定の条件を満たす公共施設についても複製主体に含めていくことも考えられるが、点字図書と異なり、字幕等を付した映像資料については、「健常者」にとっても利用価値が損なわれない可能性があるため、利用登録制等のほか、複製物について技術的保護手段を施すこと等、利用者と複製主体との関係を踏まえて流出防止のための一定の取組みが可能となるよう体制の整備を求め、これらの体制が確保されるかを見極めた上で、適切な施設等を複製主体としていくことが適当であるとしている[73]。

(v) **権利者の利益との調整**

上記のほか、2009年報告書は、コンテンツの提供者等によって録音物等が提供されることが本来望ましいとの考え方[74]からは、コンテンツ提供者等自らが、障害者に利用しやすい形態で提供するインセンティブを阻害しないようにする必要があると考えられるため、録音物等の形態の著作物が市販されている

---

70) 前掲注47) 2009年報告書43頁。
71) 前掲注50) 2007年度中間まとめによせられた意見。
72) 前掲注48) 第6回法制問題小委員会 (2007) など。
73) 前掲注47) 2009年報告書46頁以下。
74) 前掲注10) 障害者の権利に関する条約21条(c)は、「一般公衆に対してサービス（インターネットによるものを含む。）を提供する民間の団体が情報及びサービスを障害者にとって利用可能又は使用可能な様式で提供するよう要請すること」を締約国の義務として定めている。

場合には、権利制限を適用しないことが適当であるとしている[75]。この点について、旧来のメディアではコンテンツを認識することに困難がある人々の側からは、「健常者」にとっての活字と同程度の読書が可能なものが、活字と同価格で同時期に出版される場合に限るべきなどの意見が出されていた[76]。

3. 解説とコメント[77]

上記 2. (2) に記載したとおり、わが国社会のデジタル化およびネットワーク化の進展に伴う障害者等の著作物の利用形態の多様化に対応するための著作権法改正については遅くとも 1999 年頃には議論されている。それからおよそ 10 年間の議論の中で常に持ち出され、2009 年改正においても影響を及ぼしているのは、「健常者の流用」に対するコンテンツの提供者であり旧来メディアの担い手である企業の懸念[78]のように思われる。

この「健常者の流用」に対する懸念は、あたかも「権利者対利用者」の構造

---

75) 前掲注 47) 2009 年報告書 44 頁、47 頁。
76) 前掲注 50) 障害者放送協議会から 2007 年度中間まとめによせられた意見。
77) 本節で扱っている点に関する諸外国の著作権の権利制限規定の比較等については、前掲注 47) 2009 年報告書に記載があるほか、以下のような文献がある。なお、諸外国においても障害者の権利に関する条約の批准との関係で、日本と同様、関連する国内法の改正を行っている可能性があること、本節において引用する各国の著作権法は、本書執筆の時点で各国政府機関のウェブサイト上で確認できるものであることに留意願いたい。

 (1) 世界知的所有権機関 (WIPO) 著作権及び著作隣接権に関する常設委員会 (SCCR)「Study on Copyright Limitations and Exceptions for the Visually Impaired」(2007 年 2 月 20 日) 〈http://www.wipo.int/edocs/mdocs/copyright/en/sccr_15/sccr_15_7.pdf〉。

 (2) 三井情報開発株式会社総合研究所「知的財産立国に向けた著作権制度の改善に関する調査研究」(2006 年 3 月) (文化庁の委嘱によるもの)〈http://www.bunka.go.jp/chosakuken/pdf/chitekizaisan_chousakenkyu.pdf〉。

 (3) Commission Green Paper on Copyright in the Knowledge Economy, COM (2008) 466 final (July 16, 2008) 〈http://eur-lex.europa.eu/LexUriServ/LexUriServ.do?uri=COM:2008:0466:FIN:EN:PDF〉

78) たとえば、前掲注 43) 1999 年第 1 小委員会まとめにおいても、「点訳の過程で生じる点字データは健常者が流用することが想定しにくいものであり、権利者の通常の利用を妨げず、その正当な利益を不当に害するものでもないと考えられることから、権利制限により自由に行えることとすることが適当と考えられる」とされている一方で、録音図書や字幕ビデオについては「健常者も利用することができる複製物が作成されることから、今後、流用を防ぐどのような措置を講じることが可能かという点について」も検討を行う必要があるとされている (下線筆者)。

に基づくものであるようにもみえるが、2007年度中間まとめによせられた出版協会からの、媒体変換については既存の技術の範囲に限定して認めるべきであり、将来開発される可能性のある媒体や伝達手段までも含めて広範に権利制限することは適当ではないという意見に如実に現れているように、結局、コンテンツの提供者であり旧来メディアの担い手である企業の、新興メディアまたは未知のメディアに対する懸念と再構成することが可能のように思われる。

(1) **受益者の範囲について**

上述のとおり、2009年改正によって、視覚障害者等および聴覚障害者等という概念が導入されたことにより、高齢者、上肢障害者、学習障害者等も、視覚または聴覚による表現の認識に障害のあると認められる限りにおいて、法37条3項または法37条の2に基づいて作成された資料を利用することができるようになった。また、視覚障害者等と聴覚障害者等の双方に該当する者については、法37条3項および法37条の2の双方の適用があると考えられる。これは、オーストラリア著作権法が、印刷物に対する障害を有する者[79]および知的障害者に関する規定を設けている（135ZN条から135ZT条）が、聴覚障害者についての規定がないことに比べて、より多くの範囲の旧来のメディアではコンテンツを認識することに困難がある人々を対象とすることのできる規定となっていると考えられる。

このようなポテンシャルのある規定をその理念どおりに適用することができるかどうかは、ひとえに、実際の運用において対象者をどのような方法で確認するかにかかっているといえる。この点については上述のとおり、立法者は意図的に確認手段を規定せず、実際に録音図書や字幕の作成等を行おうとする事業者らが個別に確認をしていくものであるとしているため[80]、実際に録音図書や字幕等の作成および配信を行おうとする新興メディアの担い手が、視覚障害者等および聴覚障害者等の範囲をできる限り明確にしたい（すなわち限定したい）と考える旧来メディアの担い手である企業からのプレッシャーに抗して、

---

79) person with a print disability（オーストラリア著作権法10条）。視覚障害のほか、書籍を保持することや頁をめくることに困難がある者、目の焦点を合わせたり、任意に動かすことができない者、知覚障害者を含むよう定義している〈http://www.comlaw.gov.au/comlaw/Legislation/ActCompilation1.nsf/0/2E3EEB3B6191AB60CA2574FF0081BA02?OpenDocument〉。

適正な運用を行うことができるかにかかっているように思われる。

(2) 対象となる著作物の範囲について

上述のとおりその経緯は詳らかではないが、法37条3項については、対象とできる著作物が、公表された著作物から視覚著作物に縮小されている。この点について経過措置で手当はされているが、2009年改正の施行後に創作された著作物で視覚著作物には該当しない公表された著作物については法37条3項による複製等はできないこととなる。実際にどのような著作物が2009年改正によって対象外となったのかは定かではないが、法37条1項および2項の対象が公表された著作物となっているのに、同条3項についてのみ対象を異ならせることに合理的な理由は見出せず[81]、結局、法37条1項および2項によって作成される点字は旧来メディア適合者が使用することはほとんど考えられないのに対して、同条3項によって作成される録音図書等については旧来メディア適合者が使用することも考えられるか、あるいは使用されるか否かが未知数であるために、旧来メディアにとって脅威となりうるという、旧来メディアの担い手である企業の新興メディアまたは未知のメディアに対する懸念に帰着するように思われる。

(3) 対象となる利用の態様―法43条4号および5号と「変形」の要否

上述のとおり、法37条3項による視覚障害者等のための利用に関して定める法43条4号には、翻訳および翻案のほか、変形が含まれている。これに対

---

80) なお、法37条の2第2号にかかる複製等が認められる者については、「複製物の貸出しを文部科学省令で定める基準に従つて行う者に限る」との限定が付されており（施行令2条の2第1項2号柱書）、これを受けて施行規則2条の2第1項1号が、貸出しの基準の一つとして、「聴覚障害者等を登録する制度を整備すること」を定めているが、具体的にどのような登録制度を整備する必要があるのかは規定されていない。登録の際に要求する情報の内容によっては、聴覚障害者等による字幕や手話付きの映画の貸出し利用の妨げになる可能性があるとともに、貸出しの主体（複製等が認められる者）にとっても登録制度の整備が負担となることが考えられることからすれば、聴覚障害者等および貸出しの主体の双方にとって負担とならないように配慮すべきである。

81) 上述のとおり、視覚著作物以外については、そもそも視覚障害者等用に複製等をする必要はないとの考え方に基づいているとも考えられるが、法37条1項と2項の対象となっている点字についても、視覚著作物以外は改めて点字化する必要がないといえ、法37条1項および2項と3項との間で対象となる著作物に差異を設ける理由としては不十分であるように思われる。

して、法37条の2による聴覚障害者等のための利用に関して定める法43条5号には、翻訳および翻案が掲げられているが、変形は含まれていない。上述のとおり、この点に関する議論は、2009年報告書を含め文化審議会著作権分科会の議事録等において見当たらない。「変形」とは、有体物の形状を変えることとか、既存の著作物をほかの表現形式をもって表すことなどと定義されており[82]、具体的には、絵画から彫刻のように二次元のものを三次元のものにすることや、写真を絵画にすること[83]がその例としてあげられている。この定義からすれば、視覚障害者等による利用のために、絵画や写真を布絵にしたり、立体コピーを作成することは、「変形」にあたると考えられる。「翻案」とは、脚色、映画化等によって、原著作物の内面的な表現を維持しつつ、外面的な表現形式を変更することなどと定義されている。具体的には、長い文章のダイジェスト版を作成すること[85]などがその例としてあげられ、聴覚障害者のための要約筆記は翻案にあたると考えられる[86]。

　法43条各号で列挙されている法2条1項11号に規定する個別の行為について、法43条各号に列挙されていない行為については当該各号の対象からは外すことが立法者の意思であると解する場合[87]、2号を除く法43条各号に挙げられている「翻案」は、翻訳、編曲、変形を包括または包摂する概念ではなく、これらと並列的なものとして位置づけられる概念であるとの理解[88]に基づくと考えるべきであるように思われ、かかる理解を前提とした場合、法43条5号に「変形」が列挙されていないことで聴覚障害者等に必要な方式で複製物を作成することについて不都合は生じないかが問題となる。

---

82)　半田正夫=松田政行編『著作権法コンメンタール 2』［椙山敬士］（勁草書房・2009年）65頁。
83)　斉藤（2007）101頁。
84)　加戸（2006）48頁。
85)　中山（2007）130頁。
86)　加戸（2006）48頁。
87)　翻訳のみが認められている2009年改正前法43条2号に掲げられる引用（法32条）について、加戸（2006）294頁は、「編曲・変形及び翻案しての利用は認められず、翻訳しての利用だけが許されます」としている。田村（2001）246頁、作花（2004）337頁、352頁も条文の文理解釈上の問題としては同旨。斉藤（2007）242頁（脚注3）、半田正夫『著作権法概説〔第14版〕』（法学書院・2009年）160頁も同旨。

聴覚障害者等に必要な方式としては、典型的には、字幕や手話、要約筆記が考えられるが、このほかにも、たとえば、高齢者に聞きやすいように聴覚著作物の音の周波数を低くすること[89]、音の周波数を色に割り当てて画像として表示することなども考えられる。これらの方式は典型的なものではないかもしれないが、特定の聴覚障害者等にとってはそれが最も適した方式であり、当該聴覚障害者等にとってそれが必要であれば、法37条の2および法43条5号によってかかる方式による複製が認められるはずである。典型的な翻案と考えられているよりも程度が小さい改変を原著作物に対して行うことによって、特定の聴覚障害者等に必要な方式が作成できる場合に、それが法37条の2で認められている複製にも、法43条5号で認められている翻案にも該当しないとして、著作権侵害を構成するとすれば、このような結論は妥当か、疑問なしとしない。また、そのような結論は、自己の行為が法37条の2および法43条5号で許されるものであると信じて行動した者の予測可能性を裏切ることになり、もって聴覚障害者等に必要な方式による聴覚著作物の複製物の作成を萎縮させることになり、2009年改正の趣旨にもとる事態が発生する可能性もある。

　また、法43条各号に列挙されている法2条1項11号に規定する個別の行為は、当該各号に定める利用について典型的に想定される行為を列挙するという点に意味があり、立法者としては、列挙されている個別の行為に該当しないものであっても、あえてそれを対象から外すことまでは意図していないと解した場合[90]、今般の法37条の2の改正の趣旨との関係において「典型的」という基準を持ち込んで法43条5号の改正を行うことが適切であったのかが問題となりうる。上述のとおり、今般の法37条の2の改正は、2009年報告書に「それぞれの障害に対応した複製の方法が可能となるよう配慮されることが望まし

---

88) 髙部眞規子「最高裁判所判例解説」法曹時報55巻3号（2003年）363頁は、「翻案は、翻訳、編曲、変形と並列的に規定され（狭義の翻案といわれる。）、また、翻訳、編曲、変形を含む意味でも用いられている（広義の翻案といわれる。）」としている。なお、渋谷達紀『知的財産法講義(2) 著作権法・意匠法〔第2版〕』（有斐閣・2007年）は、翻案について広義の翻案と解した上で、要約引用については否定しているように思われる（154頁、264頁）。また、中山（2007）129頁はこれらの行為類型による法的効果の差異はなく、厳密に区別する実益は少ないとしている。

89) なお、音の周波数を変えることは、新たな創作性を加えていないため、二次的著作物の創作行為には該当せず、単なる複製の範囲に入ることになると思われる。

い」（下線筆者）と記載されているように[91]、旧来のメディアではコンテンツを認識することに困難がある人々の個別の事情を考慮して、その者にとって最も適した方式によって複製を行うことを可能にするという趣旨でなされたものであり、旧来メディア適合者や旧来メディアの担い手である企業等によって一般化された「典型的障害者」にとって一定の方式が適しているかどうかは基準とはなり得ないはずだからである。

　法43条5号に変形が列挙されていないことによる萎縮効果発生の可能性に鑑みれば、変形による聴覚著作物の利用が、現時点において旧来のメディアの担い手である企業や旧来メディア適合者の観点から「典型的」であるか否かにかかわらず、同号に「変形」を加えた上で、法37条の2に規定する「必要と認められる限度において」との要件や目的外利用の禁止規定（法49条1項1号）によって、聴覚障害者等に必要な方式への改変には該当しない場合について個別具体的に対処することとすれば足りたのではないだろうか。結局、法43条5号に変形が列挙されなかったことについても、既存のコンテンツが利用される範囲をできる限り狭くしたいと考える、旧来メディアの担い手である企業の未知のメディアあるいは既存のメディアの未知なる利用方法に対する懸念が大きく影響した結果であるようにも思われる。なお、この点について、英国著作権法は、放送および有線テレビジョン放送について聴覚障害者、身体障害または精神障害者向けの字幕の付加その他の方法による改変をする際に翻案（adaptation）が行われたとしても、原著作物のいかなる著作権も侵害しない旨明確に規定している[92]。

90）翻訳のみが認められている2009年改正前法43条2号に掲げられる引用（法32条）について、東京地判平成10年10月30日判時1674号132頁〔149頁〕は、「法43条の趣旨に立ち戻って考えてみると、（中略）27条所定の方法のうち、各制限規定が定める場合において通常必要と考えられる行為を、翻訳、編曲、変形又は翻案の区分によって、それ以上細かく分けることなく挙げたものであると考えられる。そして、引用の場合には、（中略）典型的な翻案をした上で引用したりすることが必要な場合が通常考えられないことから、引用の場合許される他人の著作物の利用方法として、編曲、変形及び翻案をあえて挙げることをしなかったものと解され」ると判示している。中山（2007）273頁も、法43条2号によって翻訳しか認められていない法37条2項について、引用（法32条）や試験問題（法36条）と同様に翻案利用を認めるべきとしている。

91）前掲注47）2009年報告書48頁。

(4) 複製等を行う主体の範囲――ボランティアによる複製といわゆる DRM

上述のとおり、2009 年改正によって、2009 年改正前法よりも広範な者が法 37 条 3 項または法 37 条の 2 に基づいて複製等が認められる者として指定されることが可能となり、障害者の福祉に関する事業を行っている施設や法人は、2009 年報告書に記載された利用者確認の体制が整備されていると認められる限りにおいては、施行令において複製等が認められる者として指定される可能性が高いものと考えられた。しかし、施行令は、たとえば、立法経緯からして複製等が認められる者として指定されることがほぼ間違いないと思われた公共図書館が法 37 条の 2 第 1 号との関係では指定されておらず、法 37 条 3 項にかかる複製等が認められる者に比べて法 37 条の 2 にかかる複製等が認められる者の範囲が限定されていること（施行令 2 条および施行令 2 条の 2）などの点において、法 37 条 3 項および法 37 条の 2 の 2009 年改正の趣旨からは疑問を抱かざるを得ない点が多い。複製等が認められる者が広範な者となることによって生じる可能性のある不都合は、2009 年改正法 37 条 3 項および 37 条の 2 の「必要と認められる限度」等の要件の問題として対処することも可能だったのではないだろうか。

また、ボランティアによる複製等については、立法過程において、個人や少人数のグループによるボランティア活動については政令で指定することは困難との見解が示されていた。この点について施行令は、施行令 2 条 1 項 2 号な

---

92) 英国著作権法 74 条、76 条〈http://www.opsi.gov.uk/acts/acts1988/ukpga_19880048_en_4#pt1-ch3-pb11〉。

93) なお、公共図書館は、法 37 条 3 項および法 37 条の 2 第 2 号にかかる複製等が認められる者には含まれているものの（施行令 2 条 1 項 1 号ホおよび施行令 2 条の 2 第 1 項 2 号イ(3)）、司書等が置かれている図書館に限定され、かつ、その設置主体が地方公共団体または公益社団法人もしくは公益財団法人に限定されている。さらに、国立国会図書館については、法 37 条 3 項にかかる複製等が認められる者には含まれているものの（施行令 2 条 1 項 1 号ハ）、法 37 条の 2 にかかる複製等が認められる者としては、1 号についても 2 号についても、これに含まれていない（施行令 2 条の 2 参照）。

94) 第 171 回国会衆議院文部科学委員会（2009 年 5 月 8 日）での髙塩文化庁次長の発言等。ただし、ボランティアが、公共図書館等の活動に協力するという形態を取ることで、拡大図書等の作成を行うことはこれまで同様可能である旨の発言もあった（第 171 回国会衆議院文部科学委員会議録第 9 号（2009 年 5 月 8 日）（以下、本節において「衆・文部科学委員会議録」という）2 頁〈http://www.shugiin.go.jp/itdb_kaigiroku.nsf/html/kaigiroku/009617120090508009.htm〉）。

らびに施行令2条の2第1項1号ロおよび同項2号ロによって複製等が認められる「法人」を法2条6項に規定する法人としていることから、代表者または管理者を定めて組織的に活動するボランティア団体については複製等が認められる者として、法37条3項および法37条の2に基づく複製等の行為をすることができると考えられる一方、「法人」に該当しない個人や少人数のグループのボランティアによる複製行為は法37条3項および法37条の2による権利制限の対象とはならないことが明らかとなった。

　この点について、上記 **1.**(2)に記載した教科用図書の複製（法33条の2）や法37条1項および2項については、複製等が認められる者が限定されておらず、ボランティアであっても、個人であっても複製をすることができる。これらの条項に基づく利用を行いうる主体と法37条3項または法37条の2の複製等が認められる者との間で複製を行いうる主体について差異が設けられている理由として考えられるのは、旧来メディア適合者向けのコンテンツの市場に影響が及ぶおそれである。[95] すなわち、法33条の2はその対象となる著作物が教科用図書に限定されており、かつ、自動公衆送信が認められていない。法37条1項および2項については作成される物は点字または点字データである。これに対して、法37条3項および法37条の2の対象は旧来メディア適合者向けの著作物一般であり、作成された複製物を自動公衆送信することも認められている。法37条3項および法37条の2についても、法33条の2と同様に、著作者人格権との関係は事前の通知を行うことで手当し、利用行為が営利目的で行われる場合には補償金を支払うこととするような立法も可能であったと思われ、かかる立法の方がより旧来のメディアではコンテンツを認識することに困難がある人々による著作物の利用の確保に資するものであったと考えられる。それにもかかわらずそのような立法がなされていないのは、結局、旧来メディア適合者向けのコンテンツの市場への影響を最小限に抑えたいと考える旧来メディアの担い手である企業等の存在によって、法33条の2ほどのリベラルな立法が

---

[95] この点に関して斉藤（2007）254頁は、「点字複製物と違って、録音物は晴眼者に流出する旨の懸念が高いところから、複製の主体を厳しく限定しているわけであるが、ここは、何とか信頼関係を確立し、そのような懸念を払拭したうえ、複製の主体を広げることが、バリアフリーの時代に適合するのではなかろうか」としている。

できなかったものと考えざるを得ない。

　なお、立法過程で表明された旧来のメディアではコンテンツを認識することに困難がある人々の側からの意見にもあるように、旧来のメディアではコンテンツを認識することに困難がある人々が安定的に高品質のプロダクトを受領できるようにするためには、録音等は、本来、ボランティアではなく、一定のレベル以上の者（プロ）によってなされるべきであり、プロによってなされることがすなわち著作権者側（特に同一性保持権との関係で著作者）の納得にもつながると考えられる。しかし、ボランティアに頼らざるを得ないという現状も無視することはできないものと思われる。かかるボランティアによる著作物の複製行為については、旧来のメディアではコンテンツを認識することに困難がある人々の家庭に出向いて行う場合や旧来のメディアではコンテンツを認識することに困難がある人々と個人的関係がある者が行う場合には法30条1項の対象となる場合があることが2009年報告書でも事実上認められている（以下、本節において、2009年報告書でも事実上認められている個人や少人数のグループのボランティアによる複製行為を「ボランティア活動」という）、ここで、法30条1項に基づく複製は技術的保護手段を回避するものであってはならないとされていることが問題となる。

---

96)　前掲注58）第6回法制問題小委員会（2007）議事録配付資料4-1において、旧来のメディアではコンテンツを認識することに困難がある者側から字幕や手話、解説は、著作物から見て一定の水準を要求するものであるため、実施主体は誰でもよいとはいえないという意見が出されている。

97)　この点については、前掲注43）1999年第1小委員会まとめにおいては、リアルタイム字幕に関する議論の中で、著作者の権利保護の観点から字幕作成は一定の組織、設備、人材を確保できる施設等に限定して行うこととすることが適当と考えられるとされていた（下線筆者）。

98)　この点に関して参議院の付帯決議（参・文教科学委員会「著作権法の一部を改正する法律案に対する附帯決議」（2009年6月11日））は、衆議院の付帯決議と異なって、以下の点が追記されている。

　　「四、教科用拡大図書や副教材の拡大写本を始め、点字図書、録音図書等の作成を行うボランティアがこれまで果たしてきた役割にかんがみ、今後もボランティア活動が支障なく一層促進されるよう、その環境整備に努めること」

　　〈http://www.sangiin.go.jp/japanese/gianjoho/ketsugi/171/f068_061101.pdf〉

99)　この点について、田村（2001）214頁も、「解釈論としても、30条1項の使用者自身が複製するという要件の解釈上、ボランティアによる複製をなるべく広く許容すべきであろう」としている。

この点について、米国著作権法1201条(c)(1)[100]は、技術的保護手段回避行為禁止規定によっても、権利制限規定の効力は妨げられないと規定しており、障害者のための排他的権利の制限（米国著作権法121条）[101]やフェアユース（米国著作権法107条）[102]はかかる権利制限規定に該当する。また、フェアユース（米国著作権法107条）規定は、その利用行為の主体による取扱いに差異を設けていないため、米国においては、ボランティア活動に伴う技術的保護手段の回避行為はフェアユースに該当するとして例外的に行い得ると考えられる。これに対して、日本においては、法30条1項によって技術的保護手段の回避行為は禁止されているため、米国よりもボランティア活動が制限される結果、旧来のメディアではコンテンツを認識することに困難がある人々の情報へのアクセスの可能性が狭められているといえる。また、欧州連合においては、情報社会における著作権および関連権の一定の側面のハーモナイゼーションに関する欧州議会および理事会の指令（2001/29/EC）[103] 6条1が加盟国に対して技術的保護手段について国内法で定めることを義務づけているとともに、6条4で、権利者が契約を締結するなど自主的な措置を講じていない場合には、障害者のための非商業的性質の利用に関する権利制限規定（5条3(b)）の利益を障害者が享受できるようにするために適当な手段をとるものとしている。同指令を受けて制定された英国著作権法[104]やデンマーク著作権法[105]では、権利者が自主的な措置を講じていない場合には、障害者のための非商業的性質の利用を希望する者は一定の機関に対して申立をすることができ、かかる機関は権利者に対して適切な手段を講じ

---

100) Copyright Law of the United States 1201条（17 U.S.C. § 1201 (2007)）〈http://www.copyright.gov/title17/〉
101) 17 U.S.C. § 121 (2007)
102) 17 U.S.C. § 107 (2007)
103) DIRECTIVE 2001/29/EC OF THE EUROPEAN PARLIAMENT AND OF THE COUNCIL of 22 May 2001 on the harmonisation of certain aspects of copyright and related rights in the information society 〈http://eur-lex.europa.eu/smartapi/cgi/sga_doc?smartapi!celexapi!prod!CELEXnumdoc&lg=EN&numdoc=32001L0029&model=guichett〉
104) 英国においては Secretary of State が命令を発することのできる機関とされている（296ZE条）〈http://www.opsi.gov.uk/si/si2003/20032498.htm#24〉。
105) デンマークにおいては、Copyright License Tribunal が命令を発することのできる機関とされており、権利者が命令に4週間以内に従わなかった場合には、利用者は技術的保護手段回避行為を行うことができる旨定めている（75条d）〈http://www.kum.dk/sw4550.asp〉。

るよう命じることができると規定している。これに対して、日本においては法30条1項では複製行為の営利性は問われていないため、たとえそれが非営利目的であっても（そしてボランティア活動のほとんどは非営利目的の行為であると思われる）、法30条1項によって技術的保護手段回避行為は禁止されることとなり、欧州連合諸国と比較しても旧来のメディアではコンテンツを認識することに困難がある人々の情報へのアクセスの可能性が狭められていると考えられる[106]。

　法30条1項以外の権利制限規定について技術的保護手段回避行為を禁止していない理由について、「私的使用のための複製以外の権利制限は、公益性、社会慣行、他の権利との調整といった趣旨から設けられているものであり、技術的保護手段の回避により可能となった複製等が行われたとしても、著作権者等の利益を不当に害するおそれがあるとまでは現状ではいえないことを考慮したものである」と説明されている[107]。ボランティア活動は、法37条3項または法37条の2による複製と比してもさらに旧来メディア適合者向けのコンテンツの市場への影響は小さいとも考えられるため、法30条1項の改正によるかは別論として、これを適法とするための方策を検討すべきようにも思われる。

(5) 権利者ないし旧来メディアの利益との調整
　　―その1：「当該方式」の問題点

　法37条3項および法37条の2は、その但書で、著作権者等が視覚障害者等に必要な方式（法37条の2については「聴覚障害者等に必要な方式」）で当該視覚著作物（法37条の2については「聴覚著作物」）を公衆に提供等している場合には、「当該方式」での複製または自動公衆送信は、これらの条項に基づく権利制限の対象とはならない旨規定している。

---

106) 技術的保護手段と権利制限・例外規定のうち、教育関連と障害者関連に焦点を当てた報告書として、WIPO著作権および著作隣接権に関する常設委員会（SCCR）の研究報告書「Automated Rights Management Systems and Copyright Limitations and Exceptions」（2006年4月27日）（オーストラリア、韓国、スペイン、英国、米国が比較対象とされている）がある。視覚障害者とDRMの関係については31頁以下〈http://www.wipo.int/edocs/mdocs/copyright/en/sccr_14/sccr_14_5.pdf〉。
107) 文化庁長官官房著作権課内著作権法令研究会、通商産業省知的財産政策室編『著作権法・不正競争防止法改正解説―デジタル・コンテンツの法的保護』（有斐閣・1999年）95頁。

この点に関して、2009年5月8日開催の第171回国会衆議院文部科学委員会（以下、本節において「衆・文部科学委員会」という）において髙塩文化庁次長は、たとえば出版社がある著作物の音読カセットを販売している場合に、図書館が当該著作物をDAISY図書として複製できるかについては、単にカセットよりDAISY図書の方が容量が大きいなどという物理的な理由ではなく、対象となる障害者の障害上の理由から、出版社の音読カセットの音声のみではその著作物を認識することができず、文字と音声両方で見聞きするDAISY図書によってしか認識できないと認められる場合には複製が可能であると考えており、また、ドットブック形式で電子図書がインターネット配信されている場合に別のファイルに変換して複製することができるかについては、たとえばドットブック形式が音声読み上げソフトに対応していないために音声読み上げソフト対応のファイル形式に変換する必要がある場合など、障害上の理由でドットブック形式以外のものが必要である場合には複製可能であるが、いわば利便性の向上のようなものだけの観点のものについては対象にならないと考えていると説明している[108]。

　しかし、このような考えを前提とした場合、「当該方式によってしか認識できないか否か」で争いが生じることも考えられ、かかる争いを避けるために「当該方式によってしか認識できないか否か」を狭く考える傾向が生じれば、視覚障害者等に必要な方式または聴覚障害者等に必要な方式での複製を萎縮させる可能性があり、もって旧来のメディアではコンテンツを認識することに困難がある人々による情報へのアクセスが十分に確保できなくなることが考えられる。また、音読カセットよりもDAISY図書の方がより好ましいという者については、仮に、DAISY図書によってしか認識ができない者のためにDAISY図書が市販されていても、それを利用することはできないこととなってしまう。旧来メディア適合者が、より便利な方式、より好ましい方式を自由に追求することに何らの制限もないのに対して、旧来のメディアではコンテンツを認識することに困難がある人々については市販されているより好ましい方式の利用が制限されることは不合理ではないだろうか。この点についても、

---

108)　前掲注94) 衆・文部科学委員会議録2頁以下。

「当該方式によってしか認識できないか否か」というような基準を持ち込むことなしに、必要な場合には目的外利用の禁止規定（法49条1項1号）によって対処するとすれば足りたようにも思われる。

また、髙塩文化庁次長は必要な方式の複製物が形式的に存在するとしても、その著作物を実質的に障害者が入手できないような場合にまで但書の適用があるというようには考えていないとも発言しているが[109]、条文は、「提供又は提示が行われている」と規定するだけであり、高額であることや、障害があるために市販されている著作物を物理的に買いに行くことができない場合をここに含めて解釈することが可能であるか疑問である。この点については、カナダ著作権法は[110]、知覚障害者[111]のニーズを満たすための特別な方式による録音が「商業的に利用可能」である場合には、知覚障害者のための権利制限規定は適用されない（32条(3)）と規定し、カナダの市場において合理的な時間内に、合理的な価格で入手可能であって、合理的な努力でその所在を確認することができる場合等を「商業的に利用可能」であるとしている[112]。障害者の権利に関する条約21条の「適時に、かつ、追加の費用を伴わず、一般公衆向けの情報を提供する」という締約国の義務をより明確にするためには[113]、カナダ著作権法のように、いかなる場合が、当該方式による公衆への提供または提示が行われている場合に該当するかをより明確に規定すべきだったのではないだろうか。

(6) 権利者ないし旧来メディアの利益との調整
　　―その2：ユニバーサルデザイン化の提言

旧来メディア適合者であっても、誰もが旧来メディア適合者向けの方法では

---

109) 前掲注94) 衆・文部科学委員会議録3頁。
110) Copyright Act (R. S., 1985, c. C-42)〈http://laws.justice.gc.ca/en/C-42/index.html〉
111) persons with perceptual disability（前掲注110) カナダ著作権法2条）。文学的、音楽的、演劇的または芸術的著作物を原形で読むことまたは聞くことができない障害がある者と広く定義した上で、視聴覚障害のほか、本を保持等することに困難がある者や認知に障害がある者が例示列挙されている。
112) commercially available（前掲注110) カナダ著作権法2条）。視覚障害者の権利について定める英国著作権法31条Aおよび31条Bも同様に商業的利用可能性を権利制限規定適用の基準としている。Copyright (Visually Impaired Persons) Act 2002〈http://www.opsi.gov.uk/acts/acts2002/ukpga_20020033_en_1〉。
113) 前掲注10)。

情報の入手が困難となり得ることは上記 1. で述べたとおりである。それは、高齢になったことによる場合もあるであろうし、病気または怪我等による場合も考えられる。さらには、時間的制約その他の心身の障害以外の制約により旧来のメディアを利用することに支障があるか、旧来のメディア以外のメディアを利用することがより好ましい場合（家事をしながらテレビの解説放送を聞く、騒音等により音声を聞くことが困難な状況でテレビの字幕を読むなど）も考えられる。もし、旧来メディア適合者にとってより好ましいメディアが、旧来のメディアではコンテンツを認識することに困難がある者向けのメディアであった場合に、これを旧来メディア適合者に利用されること（これを否定的にとらえる人々は、「健常者の流用」と称する）による不都合とは何であろうか。新興メディアまたは未知のメディアが、旧来メディア適合者向けの市場において旧来メディアと競合し、旧来メディアの担い手である企業の経済的利益が害されること以外に何かあるだろうか。新興メディアが次々と登場する時代に適合して生き残っていくためには、「健常者の流用」を妨げるのではなく、旧来メディア自身が、旧来メディア適合者が「流用」したくなるほどに、すべての人にとって情報の入手がより容易になるような新興メディアまたは旧来メディアの新しい利用方法を開発していくべきではないだろうか[114]。たとえば、千葉県立中央図書館が、視覚障害者らを対象にデジタル録音図書を収録した iPod の貸出しを始めたとの報道がある[115]。報道によれば、千葉県立中央図書館は従来カセットテープや専用機器で再生できる CD で貸出しをしていたが、視覚障害のある透析患者からの、透析治療中のテープの出し入れが難しく、重さ 1 キロ程度の専用機器の持ち運びから解放されたいという希望が iPod の利用を開始したきっかけとのことであるが、このようなデジタル録音図書の iPod による貸出しであれば、従来は旧来メディア適合者として強引に区分されてきた入院中の患

---

114) 中山信弘「著作権法と規制緩和」西村利郎先生追悼論文集『グローバリゼーションの中の日本法』（商事法務・2008 年）398 頁は、Sony Corp. of America v. Universal City Studios, Inc., 464 U.S. 417（1984）（ソニー・ベータマックス事件）に関して、「このことは、新しい技術の出現による複製を恐れるあまり、新しい技術を抑えこむよりは、むしろ新しい産業からいかにして利益を得るか、というビジネスモデルを考えるべきである、ということを如実に物語っている」としている。

115) 日本経済新聞 2009 年 7 月 30 日夕刊 17 面。

者のニーズにも応えられる。

　また、2009年報告書においても、検討にあたっては「健常者」向けのマーケットや障害者向けのマーケットへの影響について考慮すべきであるとの意見があった旨の記載がされているように[116]、従来、旧来メディア適合者向けと旧来のメディアではコンテンツを認識することに困難がある者向けではマーケットが別であることが当然の前提とされており、これまでの法改正も、旧来のメディアではコンテンツを認識することに困難がある者向けマーケットを拡大すること、すなわち「バリアフリー化」することを目指していたと思われる。しかし、今後は、そのようなマーケットの区分けをすることなく、旧来メディア適合者向けと旧来のメディアではコンテンツを認識することに困難がある者向けを単一のマーケットと捉えたユニバーサルデザイン化[117]を視野に捉えた法改正をすべきではないだろうか[118]。バリアフリー化を指向した場合には、企業にとっては追加コスト（旧来メディア適合者向け＋旧来のメディアではコンテンツを認識することに困難がある人々向け）が発生し、コンテンツを合理的な価格で提供することに支障を来す結果となることも考えられるが、ユニバーサルデザイン化を指向するのであれば、すべての需要者の需要に沿うものであるから追加コストは発生しないはずである。これは、i-Japan戦略に記載された2015年のわが国の将来ビジョンにも合致するものである。また、最初からユニバーサルデザインで作成すれば、上記3.(4)で述べた私的使用目的の複製行為と技術的保護手段回避行為との問題も解消するようにも思われる[119]。

---

116) 前掲注47) 2009年報告書42頁。

117) ユニバーサルデザインとは、ノースカロライナ州立大学のロナルド・メイスが提唱したものであるとされている。詳細についてはノースカロライナ州立大学のウェブサイト〈http://www.design.ncsu.edu/cud/about_ud/about_ud.htm〉、またはユニバーサルデザイン・コンソーシアムのウェブサイト〈http://www.universal-design.co.jp/〉参照。

118) 前掲注10) 障害者の権利に関する条約は、2条で、ユニバーサルデザインを「調整又は特別な設計を必要とすることなく、最大限可能な範囲ですべての人が使用することのできる製品、環境、計画及びサービスの設計をいう」と定義し、4条1項(f)において、「障害者による利用可能性及び使用を促進し、並びに基準及び指針の整備に当たりユニバーサルデザインを促進するため、第二条に定めるすべての人が使用することのできる製品、サービス、設備及び施設であって、障害者に特有のニーズを満たすために可能な限り最低限の調整及び最小限の費用を要するものについての研究及び開発を約束し、又は促進すること」を締約国の義務として定めている。

著作権に関する利益調整の基準は、著作物の公正な利用と著作権等の保護にある（法1条）。そして、著作権は自然権ではなく、著作者人格権を除けば、経済的権利である。著作権法による著作権の制限は、文学的及び美術的著作物の保護に関するベルヌ条約のスリー・ステップ・テストと同一または類似の要件を満たさなければならないという点で、他の経済的権利とは異なっているとはいえ、経済的権利である以上、内在的制約に服する。そして、法37条および法37条の2が、視覚障害者等および聴覚障害者等の福祉の増進という政策的見地から設けられていることは明らかである。いわゆる「二重の基準」論によれば、経済的自由の制限が積極的な社会経済政策の実施を目的とする場合には、立法府がその裁量権を逸脱し、当該法的規制措置が著しく不合理であることが明白である場合に限って違憲となるとされているが、法37条および法37条の2による著作権の制限は積極的な社会経済政策の実施といえるはずである。[120] そうであれば、法37条および法37条の2の権利制限についてはさらに広範囲なものとし、一定の場合には、旧来のメディアではコンテンツを認識することに困難がある者向けのメディアの利用を希望する旧来メディア適合者に対して、新旧メディアと旧来のメディアではコンテンツを認識することに困難がある者の利益のための技術開発に使用するに十分な補償金の支払義務を課し、著作者人格権との関係については、教科用図書に関する法33条の2と同じように事前の通知をすることをもって手当てすることで足りるのではないだろうか。[121]

ユニバーサルデザイン化に関して米国における字幕放送についてみると、通

---

119) 2009年改正が不十分なものとはいえ、ジュリ1392号「窓」末尾に「本来は権利者等自らが障害者に対応した方式で著作物を提供することが望ましい」とあるように、ユニバーサルデザイン指向の第一歩を示していることは評価に値する。
120) 芦部・前掲注7) 212頁。
121) 長尾眞国立国会図書館長は、図書館が無料でデジタル情報を外部に設けた第三者のセンターに渡し、利用者からの要求があった場合には有料でダウンロードさせ、利用者から受領した利用料は出版社や著作者に還元するというようなビジネスモデルを作っていくことを提案しているが（前掲注94）衆・文部科学委員会議録4頁）、同様の発想である。前掲注25) IT戦略本部の「重点計画2008」でも、デジタル・ディバイドのないIT社会の実現に向けての目標として、2010年度までに、「高齢者・障害者・外国人を含む誰もが身体的制約、知識、言語の壁を超えて、安心して生活できる」ことを挙げており、ここに外国人も含まれている。

信法の下で制定された連邦通信委員会（FCC）規則[123]において、過度な負担になる場合は除き、2006年1月1日までに、同規則の施行後に新たに作成されるテレビ番組の100％にクローズドキャプション方式[124]の字幕を付けることが義務付けられた。また、テレビデコーダ回路法[125]によって、米国内で販売される13インチ以上のテレビには字幕デコーダを内蔵することが義務づけられている。米国においては、これらの2つの法律によって、コンテンツ（ソフト）と機器（ハード）の双方がユニバーサルデザインになったことにより、追加コストの発生なしに、すべての需要者の需要に沿う情報提供が可能になったものである。FCCは、そのウェブサイトにおいて、クローズドキャプション方式の字幕が、聴覚障害者や高齢者の視聴補助としてだけでなく、英語を母国語としない者[126]や読み書きができない者の英語の理解力の向上につながるとの見解を示している[127]。

　日本においては、総務省報告書によれば、これまで字幕を見るためには専用のチューナー等が必要であったが、「字幕受信機能は、地上デジタルテレビ受信機能の標準仕様」とされており、地上デジタルテレビジョン放送では「4重音声多重放送が可能であるため、ステレオ放送や2ヶ国語放送の場合にも、解

---

[122] Communications Act of 1934 713条（47 U.S.C. § 613）〈http://www.fcc.gov/Reports/1934new.pdf〉

[123] 47 C.F.R. § 79.1〈http://www.fcc.gov/cgb/dro/captioning_regs.html〉

[124] 受信側のデコーダで字幕の表示／非表示を選択するもの（『現代用語の基礎知識2009』（自由国民社・2009年）961頁）。

[125] Television Decoder Circuitry Act of 1990（47 U.S.C. § 303(u), 330）〈http://www.access-board.gov/Sec508/guide/1194.24-decoderact.htm〉

[126] 2007年8月22日に実施された、文化審議会著作権分科会法制問題小委員会（第7回）〈http://www.mext.go.jp/b_menu/shingi/bunka/gijiroku/013/07082903.htm〉において苗村憲司委員は「ここでは視覚、聴覚あるいは知的、発達障害などを対象にしていますが、これとは別に、実際にマーケットニーズがあるかもしれないのは、むしろ外国人、日本に滞在していて日本語が十分に使えない人たちは、こういったことに関してもかなりのニーズもあると思うので、むしろマーケットとしてはこういう分野がいろいろと進展していいのではないかと思うので、何らかの意味で将来、例えば、3つともそうなのですが、こういったことに関して、より多くのユーザーが使えるような技術、サービスが進展していくようなことを一応予想しておいたほうがよいのではないかという気がします。ただ、現時点でそれが分からないから権利制限を認めないというのは必ずしも良いことではないので、総論としては認めていいのではないかと思います」と発言している。

[127] 〈http://www.fcc.gov/cgb/consumerfacts/closedcaption.html〉

説放送を実施することが可能とな」り、ワンセグ受信が可能な携帯端末では、字幕受信機能が装備されているものが多いため、「外出先等で音量を消してテレビを見る際に、字幕を利用して地上デジタルテレビジョン放送を利用することが可能となり、ユニバーサル化及びユビキタス化が促進されることが期待される」とされている[128]。すなわち、日本においても地上デジタルテレビ放送については少なくとも機器（ハード）の面ではユニバーサルデザインの字幕付与が可能となっているのである。これを生かすためには、あとはソフト面のユニバーサルデザイン化への対応次第であり、コンテンツ（ソフト）を有している旧来メディアがその発想の転換を行えるかどうかにかかっているのではないだろうか。

---

128) 前掲注26) 総務省報告書13頁以下。

IV. インターネット抜きの取引が想定できなくなった社会への対応

（美術の著作物等の譲渡等の申出に伴う複製等）
第47条の2　美術の著作物又は写真の著作物の原作品又は複製物の所有者その他のこれらの譲渡又は貸与の権原を有する者が、第26条の2第1項又は第26条の3に規定する権利を害することなく、その原作品又は複製物を譲渡し、又は貸与しようとする場合には、当該権原を有する者又はその委託を受けた者は、その申出の用に供するため、これらの著作物について、複製又は公衆送信（自動公衆送信の場合にあつては、送信可能化を含む。）（当該複製により作成される複製物を用いて行うこれらの著作物の複製又は当該公衆送信を受信して行うこれらの著作物の複製を防止し、又は抑止するための措置その他の著作権者の利益を不当に害しないための措置として政令で定める措置を講じて行うものに限る。）を行うことができる。

施行期日：2010年1月1日（著作権法の一部を改正する法律（平成21年法律第53号）附則1条）

（著作権法施行令）

第3章　美術の著作物等の譲渡等の申出に伴う複製等について講ずべき措置

第7条の2　法第47条の2の政令で定める措置は、次の各号に掲げる区分に応じ、当該各号に定める措置とする。
　一　法第47条の2に規定する複製　当該複製により作成される複製物に係る著作物の表示の大きさ又は精度が文部科学省令で定める基準に適合するものとなるようにすること。
　二　法第47条の2に規定する公衆送信　次のいずれかの措置
　　イ　当該公衆送信を受信して行われる著作物の表示の精度が文部科学省令で定める基準に適合するものとなるようにすること。

ロ　当該公衆送信を受信して行う著作物の複製（法第 47 条の 8 の規定により行うことができるものを除く。）を電磁的方法（法第 2 条第 1 項第 20 号に規定する電磁的方法をいう。）により防止する手段であつて、著作物の複製に際しこれに用いられる機器が特定の反応をする信号を著作物とともに送信する方式によるものを用い、かつ、当該公衆送信を受信して行われる著作物の表示の精度が文部科学省令で定めるイに規定する基準より緩やかな基準に適合するものとなるようにすること。

2　法第 86 条第 1 項において準用する法第 47 条の 2 の政令で定める措置は、同条に規定する複製により作成される複製物に係る著作物の表示の大きさが文部科学省令で定める基準に適合するものとなるようにすることとする。

施行期日：2010 年 1 月 1 日（著作権法施行令の一部を改正する政令（平成 21 年政令第 299 号）附則 1 項）

（著作権法施行規則）

第 5 章　著作物の表示の大きさ又は精度に係る基準

第 4 条の 2　令第 7 条の 2 第 1 項第 1 号の文部科学省令で定める基準は、次に掲げるもののいずれかとする。

一　図画として法第 47 条の 2 に規定する複製を行う場合において、当該複製により作成される複製物に係る著作物の表示の大きさが 50 平方センチメートル以下であること。

二　デジタル方式により法第 47 条の 2 に規定する複製を行う場合において、当該複製により複製される著作物に係る影像を構成する画素数が 3 万 2 千 4 百以下であること。

三　前二号に掲げる基準のほか、法第 47 条の 2 に規定する複製により作成される複製物に係る著作物の表示の大きさ又は精度が、同条に規定する譲渡若しくは貸与に係る著作物の原作品若しくは複製物の大きさ又はこれらに係る取引の態様その他の事情に照らし、これらの譲渡又は貸与の申出のために必要な最小限度のものであり、かつ、公正な慣行に合致するもので

あると認められること。
2　令第7条の2第1項第2号イの文部科学省令で定める基準は、次に掲げるもののいずれかとする。
　一　デジタル方式により法第47条の2に規定する公衆送信を行う場合において、当該公衆送信により送信される著作物に係る影像を構成する画素数が3万2千4百以下であること。
　二　前号に掲げる基準のほか、法第47条の2に規定する公衆送信を受信して行われる著作物の表示の精度が、同条に規定する譲渡若しくは貸与に係る著作物の原作品若しくは複製物の大きさ又はこれらに係る取引の態様その他の事情に照らし、これらの譲渡又は貸与の申出のために必要な最小限度のものであり、かつ、公正な慣行に合致するものであると認められること。
3　令第7条の2第1項第2号ロの文部科学省令で定める基準は、次に掲げるもののいずれかとする。
　一　デジタル方式により法第47条の2に規定する公衆送信を行う場合において、当該公衆送信により送信される著作物に係る影像を構成する画素数が9万以下であること。
　二　前号に掲げる基準のほか、法第47条の2に規定する公衆送信を受信して行われる著作物の表示の精度が、同条に規定する譲渡若しくは貸与に係る著作物の原作品若しくは複製物の大きさ又はこれらに係る取引の態様その他の事情に照らし、これらの譲渡又は貸与の申出のために必要と認められる限度のものであり、かつ、公正な慣行に合致すると認められるものであること。
4　第1項（第2号を除く。）の規定は、令第7条の2第2項の文部科学省令で定める基準について準用する。

施行期日：2010年1月1日（著作権法施行規則の一部を改正する省令（平成21年省令第38号）附則）

1．社会的および技術的な背景と、現実的な要請

(1) いわゆるウェブショッピングサイトの利用拡大

インターネットの普及により、いわゆるウェブショッピングサイトの利用が

急激に拡大し[1]、今や、インターネットに接続する環境さえ整えば、誰でも、ウェブショッピングサイトを利用できる時代となった。

とりわけ、ネットオークションサイト[2]は、私人間における取引に広く利用されているのみならず、税の滞納処分にかかる公売[3]においても利用が広がっている。具体的には、東京都が、2004年に、ヤフー株式会社と共同して、自治体で初めてインターネットでの公売を始めた[4]のを皮切りに、ヤフー株式会社が運営する官公庁オークションサイト[5]の利用は全国の自治体に広がり、2007年には、国税庁も当該サイトでの公売に参入し、2009年1月時点において、1,492もの自治体が当該サイトに参加している[6]。

このように、ウェブショッピングサイトの中でも、特にネットオークションサイトは、官公庁の公的手続にも利用されているという点で、個人が私的に利用するツールとしての役割を越えて、インフラストラクチュア化しつつあるということができる。

ところが、近年、このネットオークションのサイト上にオークションにかけられた絵画の画像を掲載する行為が、絵画に関する著作権を侵害するのではないかが問題となっていた。そして実際に訴訟に発展するケースも出てきていた[7]。

---

1) いわゆるインターネットユーザを対象とした調査において、インターネット経由で物品を購入したことがあると回答したのは全体の97.7%にのぼり、オンラインショッピング経験者が購入によく利用するサイトは、楽天、メーカー直販サイト、Yahoo!ショッピングおよびAmazon等である、という調査結果がある（なお、同調査は、インターネットコム株式会社と株式会社マーシュが、2009年9月に「オンラインショッピングに関する調査」を行ったもので、10代〜60歳以上のインターネットユーザ300人を調査対象としたとのことである。もっとも、調査対象者がどのように選ばれたのかは明らかでないから、標本の偏りにより、オンラインショッピング経験者の割合が現実よりも高めに出ている可能性があるし、また低めに出ている可能性もありうる点に留意すべきである）（2009年9月10日付記事〈http://japan.internet.com/research/20090910/1.html〉参照）。
2) 代表的なネットオークションサイトとしては、Yahoo!オークション、ビッダーズ、楽天オークション等が挙げられる（2009年11月時点での出品数は、順に、約2,273万点、約425万点、約211万点である（出品数は、オークション・ショッピング比較・検索サイト「オークファン」〈http://aucfan.com/〉より））。
3) 国税徴収法第5章第3節第2款参照。
4) 日本経済新聞2004年9月7日朝刊35面。
5) ヤフー官公庁オークション〈http://koubai.auctions.yahoo.co.jp/〉参照。
6) 日本経済新聞2009年3月14日夕刊9面。

(2) 画像掲載の必要性

　ネットオークションにおいては、商品の出品者と落札者の間で売買契約が締結されることが予定されているが、売買契約が成立するためには、目的物が特定されなければならない。ネットオークションサイトには多種多様な商品が出品されるが、その中でも、美術の著作物または写真の著作物の原作品または複製物（以下「美術の著作物等」という）を出品しようとする場合には、売買契約の目的物を特定するために、ネットオークションサイト上に当該美術の著作物等の画像を掲載することが、一般的に必要である。また、オークションの参加者からすれば、商品の画像情報が掲載されていなければ、特定の商品についてオークションに参加するか否か、参加するとしてもどのくらいの値段を付けるかという決定をすることができない。以上からすれば、ネットオークションサイトにおいては、売買契約の目的物の特定および取引上の要請という観点から、美術の著作物等の画像を掲載する必要性がある[8]。

　そしてかかる画像掲載の必要性は、ネットオークションサイトに限らず、ウェブショッピングサイト全般に同様に該当するといえる。

(3) 画像掲載についての著作権法上の問題

　そこで、美術の著作物等の画像をウェブショッピングサイト（ネットオークションサイトを含む。以下同じ）上に掲載する行為に、著作権法上どのような問題があるのかについて、検討する。

---

7) たとえば、2005年10月に、横浜市が、税金滞納者から差し押さえた絵画をインターネットを通じて公売にかける際にその画像を掲載したところ、美術品の著作権を管理すると主張する団体が著作権侵害訴訟を提起したという事件（なお、当該訴訟は訴えの取下げにより終了したとのことである。当該事件につき、東京読売新聞2005年10月13日朝刊38面および田村善之「絵画のオークション・サイトへの画像の掲載と著作権法」知財管理56巻9号（2006年）1307頁参照）や、2007年5月に、国税庁が、美術品や宝飾品をインターネットを通じて公売にかける際に、それらの画像を掲載する行為について、文化庁が「著作権法違反の疑いがある」と指摘した例（日本経済新聞2007年5月31日朝刊38面参照）等がある。また、オークションに出品される美術品の画像をカタログ等に掲載し、またそのカタログ等の一部をインターネットで公開した行為について、当該美術品の著作権者が、かかる行為は複製権および公衆送信権を侵害するものだとして不法行為に基づく損害賠償等の支払を求めて訴訟を提起した事案で、著作権者の請求が一部認容された事例もある（東京地判平成21年11月26日平成20年（ワ）31480号。なお同事件で、被告は、原告による著作権の行使は権利濫用であると主張したが、当該主張は認められなかった）。

美術の著作物等の画像をインターネットに接続されたサーバに掲載する場合には、まず、当該美術の著作物等を写真に撮影したり、スキャナを用いて画像の情報をコンピュータに取り込むことになるが、これらの行為は、著作権法上、「複製」（法2条1項15号）にあたり、権利者の複製権（法21条）を侵害するのではないかが問題となる[9]。さらに、当該画像をインターネットに接続されたサーバにアップロードする行為は、「送信可能化」（法2条1項9号の5）に該当し、実際にインターネットを経由して当該画像を送信する行為は、「公衆送信」（法2条1項7号の2）に該当し、これらの行為が公衆送信権等（法23条1項）を侵害するのではないかも問題となる[10]。以下、順に検討する。

(i) 「複製」にあたるか否かについて

著作権法上、「複製」とは、「印刷、写真、複写、録音、録画その他の方法により有形的に再製することをい」う、と定義されている（法2条1項15号）。ここでいう再製とは、実質的に同一のものを作ることと解されている[11]。この点、最判昭和53年9月7日民集32巻6号1145頁（ワン・レイニー・ナイト・イン・トーキョー事件）が、「著作物の複製とは、既存の著作物に依拠し、その内容及び形式を覚知させるに足りるものを再製すること」と判示しており、「複製」に該当するためには、この(i)依拠と(ii)既存の著作物の内容および形式の覚

---

8) 売買契約の目的物について買い主に錯誤があった場合、買い主は売買契約の無効を主張しうる（民法95条本文）が、買い主に重大な過失があった場合には錯誤無効を主張することはできない（同但書）。なお、電子消費者契約及び電子承諾通知に関する民法の特例に関する法律（以下「電子契約法」という）3条は、民法95条但書の適用除外を定めているが、当該規定は、消費者（電子契約法2条2項前段）と事業者（同後段）の間で締結される契約にのみ適用される（同3条）から、契約の当事者がいずれも消費者であるようなインターネットオークションには適用されない（以上につき、経済産業省「電子商取引及び情報財取引等に関する準則」（2008年8月）68頁〈http://www.meti.go.jp/press/20080829004/03_t.pdf〉参照）。また、消費者契約法は、売り主に不実告知等があった場合に、買い主が契約を取り消すことができるとする規定を置いている（消費者契約法4条）が、当該規定も、消費者と事業者とで締結された契約にのみ適用されるから、ネットオークションについては適用されない場合も多いと思われる。なぜなら、ネットオークションサイトにおける売り主の多くは、しばしば、一般の個人であり、「事業者（法人その他の団体及び事業として又は事業のために契約の当事者となる場合における個人）」に該当しないからである（消費者契約法2条2項）。

9) 田村・前掲注7) 1309頁。

10) 田村・前掲注9)。

11) 中山（2007）211頁。

知という二つの要件が必要であるというのが、判例および通説であるといってよい。[12]

そこで、美術の著作物等の画像をウェブショッピングサイト上に掲載する行為について検討すると、サイト上に画像を掲載するには、原作品の画像データをコンピュータに取り込み、当該画像データに依拠して、インターネットに接続されたサーバにアップロードするという過程を踏むから、上記の要件(i)を満たすといえる。そして、ウェブショッピングサイト上に掲載される画像は、上述のとおり、売買契約の対象となる商品を特定し、取引上の要請に応えるために掲載されるものであるから、既存の美術の著作物等の内容および形式を覚知させ得るものであるといえ、(ii)も満たす場合も多いと考えられる。

もっとも、美術の著作物等の画像をウェブショッピングサイト上に掲載する場合には、再製される画像の解像度が一般的に低いから、美術の著作物等の「複製」に該当せず、著作権侵害には該当しないのではないかという議論がある。しかし、裁判例を見ると、複製には、表現が完全に一致する場合に限らず、多少の修正、増減、変更等を加えて再製する場合であっても「表現形式の同一性が実質的に維持されている場合も含まれる」とするものがあり、[13]学説も当該裁判例を概ね支持していると考えられる。[14]この裁判例からすれば、解像度が低いことをもって、ただちに複製への該当可能性が低くなるとは言い切れない。[15]

---

[12] 中山（2007）212頁。
[13] 東京地判平成10年10月29日判時1658号166頁。
[14] 作花（2004）260頁、斉藤（2007）166頁以下等。
[15] 画像の解像度を低下させたり、画像サイズを変更したりする行為については、著作権法上「翻案」（法27条参照）にあたるのではないかという問題がある。翻案について、東京高判平成14年2月18日判時1786号136頁（雪月花事件）は、「言語の著作物の翻案とは、既存の著作物に依拠し、かつ、その表現上の本質的な特徴の同一性を維持しつつ、具体的表現に修正、増減、変更等を加えて、新たに思想又は感情を創作的に表現することにより、これに接する者が既存の著作物の表現上の本質的な特徴を直接感得することができる別の著作物を創作する行為をいう（最一小判平成13年6月28日民集55巻4号837頁）ところ、美術の著作物においても、この理を異にするものではないというべきであ」る、としている。この点、ウェブショッピングサイトに掲載される商品の画像については、画像の解像度を下げたりサイズを縮小したりするとしても、当該画像から「既存の著作物の表現上の本質的な特徴を直接感得することができる」場合があることが否定できないともいい得る。もっとも、新たな創作性が認められるかどうかについては疑問が残る。

また、東京高判平成14年2月18日判時1786号136頁（雪月花事件）は、照明器具の宣伝広告用カタログに掲載された写真中に書の著作物が含まれていた事案で、「書を写真により再製した場合に、その行為が美術の著作物としての書の複製に当たるといえるためには、一般人の通常の注意力を基準とした上、当該書の写真において、……単に字体や書体が再現されているにとどまらず、……美的要素を直接感得することができる程度に再現がされていることを要する」という基準を提示した上で、カタログの写真中に含まれていた作品については、かかる基準を満たさないから、カタログに作品が写された写真を掲載した行為は、著作権法上の「複製」に該当しないと判示している。これに照らせば、美術の著作物等の画像をウェブショッピングサイト上に掲載する行為は、「複製」に該当しないのではないか、という議論がある。しかし、ウェブショッピングサイト上に掲載される美術の著作物等の画像については、上述した画像掲載の必要性からすれば、掲載される画像の中には、原作品の「美的要素を直接感得することができる程度に」再現するものも存在すると思われ、したがって、雪月花事件が示した基準を適用した場合でも、なお「複製」にあたるといえる場合があると考えられる。よって、この裁判例は、美術の著作物等の画像をウェブショッピングサイト上に掲載する行為が「複製」に該当することがしばしばあるだろうという懸念を払拭するものではない。

以上からすれば、ウェブショッピングサイト上に美術の著作物等の画像を掲載する行為は、「複製」に該当することもあるといえる。

(ii) 「送信可能化」および「公衆送信」にあたるか否かについて

次に、美術の著作物等の画像をインターネットに接続されたサーバにアップロードする行為が著作権法上の「送信可能化」に該当するか、およびインターネットを経由して当該画像を送信する行為が著作権法上の「公衆送信」に該当するかを検討する。

著作権法上、送信可能化とは、「次のいずれかに掲げる行為により自動公衆送信し得るようにすることをいう。イ　公衆の用に供されている電気通信回線に接続している自動公衆送信装置（公衆の用に供する電気通信回線に接続することにより、その記録媒体のうち自動公衆送信の用に供する部分（以下この号及び第47条の5第1項第1号において「公衆送信用記録媒体」という。）に記録され、又は

当該装置に入力される情報を自動公衆送信する機能を有する装置をいう。以下同じ。）の公衆送信用記録媒体に情報を記録し、情報が記録された記録媒体を当該自動公衆送信装置の公衆送信用記録媒体として加え、若しくは情報が記録された記録媒体を当該自動公衆送信装置の公衆送信用記録媒体に変換し、又は当該自動公衆送信装置に情報を入力すること。ロ　その公衆送信用記録媒体に情報が記録され、又は当該自動公衆送信装置に情報が入力されている自動公衆送信装置について、公衆の用に供されている電気通信回線への接続（配線、自動公衆送信装置の始動、送受信用プログラムの起動その他の一連の行為により行われる場合には、当該一連の行為のうち最後のものをいう。）を行うこと」と定義されている（法2条1項9号の5）。

また、著作権法上、公衆送信とは、「公衆によって直接受信されることを目的として無線通信又は有線電気通信の送信（電気通信設備で、その一の部分の設置の場所が他の部分の設置の場所と同一の構内（その構内が二以上の者の占有に属している場合には、同一の者の占有に属する区域内）にあるものによる送信（プログラムの著作物の送信を除く。）を除く。）を行うことをいう」と定義されている（法2条1項7号の2）。

画像をインターネットに接続されたサーバにアップロードする行為およびインターネットを経由して当該画像を送信する行為が上記の各定義にそれぞれ該当すると考えられることは、争いがないと思われる。そして、アップロードされる画像の解像度が低い点や、雪月花事件の基準に該当するかどうかという点については、ウェブショッピングサイト上に美術の著作物等の画像を掲載する行為が「複製」に該当するかという問題と同様の議論が当てはまる。

以上からすれば、美術の著作物等の画像をインターネットに接続されたサーバにアップロードする行為は、著作権法上の「送信可能化」に該当し、また、インターネットを経由して当該画像を送信する行為は著作権法上の「公衆送信」に該当する場合が確実に存在するといえる[16]。

(iii)　「引用」にあたるか否かについて

仮に上述した行為が「複製」、「送信可能化」および「公衆送信」にあたるとしても、ウェブショッピングサイトへの画像掲載については、「引用」（法32条1項）に該当するのではないかという議論についても検討しておく。

最判昭和 55 年 3 月 28 日民集 34 巻 3 号 244 頁(モンタージュ写真事件)は、「引用」の基準として、(i)明瞭区別性と、(ii)主従関係または附従性という二つの要件を挙げており[17]、適法な引用にはこの 2 要件を満たす必要があるというのが、判例通説であるといってよい[18]。そこで上記のような画像掲載についてみると、引用して利用する美術の著作物等には、売買契約の目的物を特定するために画像を引用している旨が説明されていれば、第 1 の要件には該当すると思われる。しかし、当該画像に付されたかかる説明文の存在をもって、ただちに第 2 の要件を満たすということはできないと思われる。

よって、ウェブショッピングサイトへの画像掲載について、「引用」(法 32 条 1 項)に該当するとはいいがたいと考えられる。

(iv) まとめ

以上からすれば、ウェブショッピングサイト上に美術の著作物等の画像を掲載する行為は、少なくとも形式的に考えるならば、「複製」、「送信可能化」および「公衆送信」に該当する場合があり、かつ、権利制限規定の要件も満た[19]さないと考えられるから、結局、著作権侵害に該当するがごとき様相を呈するものと考えられる。

(4) 立法による解決の現実的な要請

このように、ウェブショッピングサイト上において美術の著作物等を取引す

---

16) インターネットに接続されたサーバに画像をアップロードする行為には、通常、サーバの記憶装置における画像情報の複製を伴うことからすれば、当該行為は、著作権法上の送信可能化に該当すると同時に、著作権法上の複製にも該当するといえる。そして、送信可能化が、公衆送信の前段階であることからすれば、実際にインターネットを経由して画像を送信する行為は、複製(および送信可能化)がすでに行われていることを前提とした行為である、ということができる。このように、公衆送信については、インターネットによる生中継等を除き、複製権で対応できる場合が大半であるといえるが、現行法は、著作権に関する世界知的所有権機関条約(WIPO 著作権条約)8 条に即して公衆送信を規定している、という指摘がある(以上につき、三山裕三『著作権法詳説—判例で読む 16 章〔第 7 版〕』(レクシスネクシス・ジャパン・2007 年)472 頁および中山(2007)221 頁)。

17) 当該判例は、「引用」に該当するというためには、「引用を含む著作物の表現形式上、引用して利用する側の著作物と、引用されて利用される側の著作物とを明瞭に区別して認識することができ」、かつ、「右両著作物の間に前者が主、後者が従という関係があると認められる場合でなければならない」としている。

18) 中山(2007)258 頁。

る際の画像掲載に際しては、著作権法上の権利者の権利を侵害するがごとき様相を呈すると考えられる状況があった。かかる状況は、インターネット抜きの取引が想定できなくなっている現状からすれば、相当ではない。また、かかる画像掲載が適法であることを確認したとしても、権利者が不利益を被る場合はほとんどないか極めて限定されると思われるから、かかる行為の適法性を示すような立法がなされることが相当であった[20]。

そこで2009年改正で、美術の著作物等の譲渡等の申出に伴う複製等について、権利制限規定を新設することとなった。

2. 2009年改正および立法の経緯の紹介[21]

2009年改正は、ウェブショッピングサイトにおいて美術の著作物等を出品する場合に画像を掲載する行為が著作権侵害に該当しないものとした。

かかる権利制限規定を新設するにあたっては、美術の著作物等の権利者団体側の根強い反対があった[22]。しかし、ウェブショッピングサイトへの画像掲載

---

19) 著作権法上、著作物を譲渡する場合について、著作権と所有権とを調整する規定がないわけではない。一般的に、著作物の原作品または複製物の譲渡により公衆に提供する権利は、著作権法上「譲渡権」として規定されている（法26条の2）が、権利者自身によりまたはその許諾に基づいて譲渡された著作物については、譲渡権が消尽することとされており（法26条の2第2項1号および同項4号）、著作権法上の権利者の利益と著作物の所有者の利益との調整が図られている。しかしながら、美術の著作物をウェブショッピングサイトを介して譲渡しようとする場合には、当該著作物等の画像を掲載する行為が著作権侵害に該当するおそれがある。このような懸念が、事実上、譲渡を妨げ、ひいては、上記消尽法理が意味を失いかねない状況が生ずる、という問題があった。さらに、美術の著作物等についての「展示」については、権利制限規定が設けられている（法45条1項）にもかかわらず、「公衆送信（送信可能化を含む）」については、権利制限規定が存在しないという問題もあった。このように、美術の著作物等のインターネットを介した譲渡について調整規定が存在しないのは、立法の欠缺であるという指摘があった（田村・前掲注7）1308頁）。

20) 中山（2007）260頁。

21) なお、文化庁としての見解の簡明な説明としては、ジュリ1392号「窓」およびコピライト1月号「H21年改正」を参照。

22) 権利者団体は、インターネットに接続されたサーバに画像を掲載する場合には、「原則として、（画像）利用の都度、個々の権利者から許諾を取るべき」と主張していた（社団法人日本美術家連盟「ネットオークションにおける画像の掲載についての意見書」（2007年7月19日に実施された、文化審議会著作権分科会法制問題小委員会（第6回）の議事録配付資料7〈http://www.mext.go.jp/b_menu/shingi/bunka/gijiroku/013/07072002/007.htm〉）参照）。

の必要性があることは上述のとおりであり、他方、ショッピングサイト（特に、オークションサイト）に出品された美術の著作物等の中には作者不詳のものも多く、それらについて逐一権利者の許諾を得ることとするのは困難であるのが実情である[23]。また、そもそも実質的に権利者の利益を損なうとはいえない行為について、それらが形式的には著作権を侵害するがごときの規定を放置することは、かえって法的安定性を損なうものである。

もっとも、美術品や写真の場合、ウェブショッピングサイト上に掲載された画像そのものが一般に十分楽しむことができるものであるときには、販売目的以外で複製その他の利用（たとえば、携帯電話の待受画面への利用等）が行われることが想定され、権利者の利益に及ぼす影響が大きくなると考えられる。よって、この弊害を抑える必要性は考慮すべきであるといえる。

そこで 2009 年改正は、権利制限規定に、「当該複製により作成される複製物を用いて行うこれらの著作物の複製又は当該公衆送信を受信して行うこれらの著作物の複製を防止し、又は抑止するための措置その他の著作権者の利益を不当に害しないための措置として政令で定める措置を講じて行うものに限る」（法 47 条の 2 括弧書き）という制限を設けることにより、著作権者の利益を不当に害することとなる場合を権利制限の対象から除外することとした[24]。

そして、施行令は、法 47 条の 2 かっこ書のいう「政令で定める措置」を、以下のとおり、(1)画像を複製する場合と(2)画像を公衆送信する場合とに分けて定めている。

(1) 画像を複製する場合（施行令 7 条の 2 第 1 項 1 号、施行規則 4 条の 2 第 1 項）
画像の「大きさ又は精度」を、下記(i)ないし(iii)のいずれかの基準に適合するようにすること。
  (i) 表示の大きさが 50 平方センチメートル以下であること。
  (ii) 影像を構成する画素数が 3 万 2,400 以下であること。
  (iii) 著作物の原作品または複製物の譲渡または貸与の申出のために必要な最小限度のものであり、かつ、公正な慣行に合致するものであると認められること。
(2) 画像を公衆送信する場合

(i) いわゆるコピープロテクションをかけずに画像を公衆送信する場合
画像の「精度」を、下記(a)または(b)のいずれかの基準に適合するようにすること（施行令7条の2第1項2号イ、施行規則4条の2第2項）。
  (a) 影像を構成する画素数が3万2,400以下であること。
  (b) 著作物の原作品または複製物の譲渡または貸与の申出のために必要な最小限度のものであり、かつ、公正な慣行に合致するものであると認められること。
(ii) いわゆるコピープロテクションをかけて画像を公衆送信する場合
画像の「精度」を、下記(a)または(b)のいずれかの基準に適合するようにすること（施行令7条の2第1項2号ロ、施行規則4条の2第3項）。
  (a) 影像を構成する画素数が9万以下であること。
  (b) 著作物の原作品または複製物の譲渡または貸与の申出のために必要と認められる限度のものであり、かつ、公正な慣行に合致するものであると認められること。

3. 解説とコメント

　インターネットを経由する取引において画像を掲載する行為について、一定の制限を設けた上で適法であることを明らかにする規定を新設したことは、インターネットを経由して取引をする者の現実的な要請を満たし、他方で、インターネットを経由する取引に必要な範囲に限って画像掲載の適法性を示したという点で、権利制限規定の新設に反対していた権利者の著作権法上の権利にも配慮しているといえ、両者のバランスを図ったものと考えられる。また、2009年改正では、対象となる取引をオークションに限定せず、「(美術の著作物等の)原作品又は複製物を譲渡し、又は貸与しようとする場合」と規定している。これは、上述のとおり、インターネットを経由する取引において、売買契約の目

---

23) 「インターネットオークションを巡る状況について」（2007年7月19日に実施された、文化審議会著作権分科会法制問題小委員会（第6回）の議事録配付資料5〈http://www.mext.go.jp/b_menu/shingi/bunka/gijiroku/013/07072002/005.htm〉）参照。
24) 文化審議会著作権分科会報告書（2009年1月）52頁〈http://www.bunka.go.jp/chosakuken/singikai/pdf/shingi_hokokusho_2101.pdf〉。

的物の画像を掲載する必要性は、インターネットオークションだけでなく、一般のショッピングサイトにおいても当てはまるため、妥当であると考えられる。このように、2009年改正で新設された法47条の2は、近年のインターネットショッピングサイトがインフラストラクチュア化している状況に対応し、情報へのアクセスを確保しようとしたという点で評価できる。

しかしながら、同規定は、インターネットの普及が、絵画という創作物へのアクセスを他人に与えるというメディアの役割を、画廊、美術館、出版社、放送局といった伝統的な主体が独占できなくなり、インターネットを利用する者すべてが情報発信者と考えなければ取引が逼塞してしまう現状を真正面から受け入れた立法がなされているわけではない。どちらかといえば、一般人を中心とする新興の情報発信者のメディアとしての役割を何とかして抑制しつつ、その範囲に限って権利者の権利行使をおしとどめようという、消極的な対応がなされているようにも見受けられる。このような規定のもとでは、具体的な同規定の適用のあり方如何によっては、新興の情報発信者の機能が限定的にしか実現されないといった危惧も考えられる。

この点、同規定を具体化している政省令についてみれば、情報発信者が講じなければならない「政令で定める措置」について、上述のとおり、著作権法施行規則により、画像の大きさまたは精度の具体的数値が規定され、それがセーフハーバーとして[25]定められており、情報発信者に対して基準を明確に示しつつ、措置を講じる際の当該発信者の負担にも配慮した内容になっていると解される。

もっとも、法47条の2が実現しようとしていた情報へのアクセスの確保が十分実現されるよう、同規定およびそれに係る政省令の運用のあり方については、今後とも注視していく必要があると思われる。

---

25) 画像の大きさまたは精度が施行規則で定められた具体的数値の範囲内にある限り、当該画像を掲載する行為は著作権に抵触しないものと扱い、他方、施行規則で定められた具体的数値の範囲を超えていることのみをもって当該画像を掲載する行為が著作権を侵害すると断ずるわけではない、ということ。

V. 著作物の二次利用に対する障害の緩和に向けた動き

(著作権者不明等の場合における著作物の利用)
第67条　公表された著作物又は相当期間にわたり公衆に提供され、若しくは提示されている事実が明らかである著作物は、著作権者の不明その他の理由により相当な努力を払つてもその著作権者と連絡することができない場合として政令で定める場合は、文化庁長官の裁定を受け、かつ、通常の使用料の額に相当するものとして文化庁長官が定める額の補償金を著作権者のために供託して、その裁定に係る利用方法により利用することができる。
2　前項の裁定を受けようとする者は、著作物の利用方法その他政令で定める事項を記載した申請書に、著作権者と連絡することができないことを疎明する資料その他政令で定める資料を添えて、これを文化庁長官に提出しなければならない。
3　第1項の規定により作成した著作物の複製物には、同項の裁定に係る複製物である旨及びその裁定のあつた年月日を表示しなければならない。

(裁定申請中の著作物の利用)
第67条の2　前条第1項の裁定(以下この条において単に「裁定」という。)の申請をした者は、当該申請に係る著作物の利用方法を勘案して文化庁長官が定める額の担保金を供託した場合には、裁定又は裁定をしない処分を受けるまでの間(裁定又は裁定をしない処分を受けるまでの間に著作権者と連絡をすることができるに至つたときは、当該連絡をすることができるに至つた時までの間)、当該申請に係る利用方法と同一の方法により、当該申請に係る著作物を利用することができる。ただし、当該著作物の著作者が当該著作物の出版その他の利用を廃絶しようとしていることが明らかであるときは、この限りでない。
2　前項の規定により作成した著作物の複製物には、同項の規定の適用を受けて作成された複製物である旨及び裁定の申請をした年月日を表示しなければならない。
3　第1項の規定により著作物を利用する者(以下「申請中利用者」という。)

が裁定を受けたときは、前条第1項の規定にかかわらず、同項の補償金のうち第1項の規定により供託された担保金の額に相当する額（当該担保金の額が当該補償金の額を超えるときは、当該額）については、同条第1項の規定による供託を要しない。
4 　申請中利用者は、裁定をしない処分を受けたとき（当該処分を受けるまでの間に著作権者と連絡をすることができるに至つた場合を除く。）は、当該処分を受けた時までの間における第1項の規定による著作物の利用に係る使用料の額に相当するものとして文化庁長官が定める額の補償金を著作権者のために供託しなければならない。この場合において、同項の規定により供託された担保金の額のうち当該補償金の額に相当する額（当該補償金の額が当該担保金の額を超えるときは、当該額）については、当該補償金を供託したものとみなす。
5 　申請中利用者は、裁定又は裁定をしない処分を受けるまでの間に著作権者と連絡をすることができるに至つたときは、当該連絡をすることができるに至つた時までの間における第1項の規定による著作物の利用に係る使用料の額に相当する額の補償金を著作権者に支払わなければならない。
6 　前三項の場合において、著作権者は、前条第1項又は前二項の補償金を受ける権利に関し、第1項の規定により供託された担保金から弁済を受けることができる。
7 　第1項の規定により担保金を供託した者は、当該担保金の額が前項の規定により著作権者が弁済を受けることができる額を超えることとなつたときは、政令で定めるところにより、その全部又は一部を取り戻すことができる。

（裁定に関する手続及び基準）
第70条（略）
2 　前項の規定は、同項の規定により手数料を納付すべき者が国又は独立行政法人のうち業務の内容その他の事情を勘案して政令で定めるもの（第78条第6項及び第107条第2項において「国等」という。）であるときは、適用しない。
3 　（略）
4 　文化庁長官は、第67条第1項、第68条第1項又は前条の裁定の申請があつた場合において、次の各号のいずれかに該当すると認めるときは、これ

らの裁定をしてはならない。
　一　著作者がその著作物の出版その他の利用を廃絶しようとしていることが明らかであるとき。
　二　第68条第1項の裁定の申請に係る著作権者がその著作物の放送の許諾を与えないことについてやむを得ない事情があるとき。
5　文化庁長官は、前項の裁定をしない処分をしようとするとき（第7項の規定により裁定をしない処分をする場合を除く。）は、あらかじめ申請者にその理由を通知し、弁明及び有利な証拠の提出の機会を与えなければならないものとし、当該裁定をしない処分をしたときは、理由を付した書面をもつて申請者にその旨を通知しなければならない。
6　文化庁長官は、第67条第1項の裁定をしたときは、その旨を官報で告示するとともに申請者に通知し、第68条第1項又は前条の裁定をしたときは、その旨を当事者に通知しなければならない。
7　文化庁長官は、申請中利用者から第67条第1項の裁定の申請を取り下げる旨の申出があつたときは、当該裁定をしない処分をするものとする。
8　前各項に規定するもののほか、この節に定める裁定に関し必要な事項は、政令で定める。

（文化審議会への諮問）
第71条　文化庁長官は、第33条第2項（同条第4項において準用する場合を含む。）、第33条の2第2項、第67条第1項、第67条の2第4項、第68条第1項又は第69条の補償金の額を定める場合には、文化審議会に諮問しなければならない。

（補償金の額についての訴え）
第72条　第67条第1項、第67条の2第4項、第68条第1項又は第69条の規定に基づき定められた補償金の額について不服がある当事者は、これらの規定による裁定（第67条の2第4項に係る場合にあつては、第67条第1項の裁定をしない処分）があつたことを知つた日から6月以内に、訴えを提起してその額の増減を求めることができる。
2　前項の訴えにおいては、訴えを提起する者が著作物を利用する者であるときは著作権者を、著作権者であるときは著作物を利用する者を、それぞれ被

告としなければならない。

(補償金の額についての異議申立ての制限)
第73条　第67条第1項、第68条第1項又は第69条の裁定又は裁定をしない処分についての行政不服審査法（昭和37年法律第160号）による異議申立てにおいては、その裁定又は裁定をしない処分に係る補償金の額についての不服をその裁定又は裁定をしない処分についての不服の理由とすることができない。ただし、第67条第1項の裁定又は裁定をしない処分を受けた者が著作権者の不明その他これに準ずる理由により前条第1項の訴えを提起することができない場合は、この限りでない。

(補償金等の供託)
第74条　(略)
2　(略)
3　第67条第1項、第67条の2第4項若しくは前二項の規定による補償金の供託又は同条第1項の規定による担保金の供託は、著作権者が国内に住所又は居所で知れているものを有する場合にあつては当該住所又は居所の最寄りの供託所に、その他の場合にあつては供託をする者の住所又は居所の最寄りの供託所に、それぞれするものとする。
4　(略)

(著作権の登録)
第77条　次に掲げる事項は、登録しなければ、第三者に対抗することができない。
　一　著作権の移転（相続その他の一般承継によるものを除く。次号において同じ。）若しくは信託による変更又は処分の制限
　二　著作権を目的とする質権の設定、移転、変更若しくは消滅（混同又は著作権若しくは担保する債権の消滅によるものを除く。）又は処分の制限

(登録手続等)
第78条　第75条第1項、第76条第1項、第76条の2第1項又は前条の登録は、文化庁長官が著作権登録原簿に記載し、又は記録して行う。

2 著作権登録原簿は、政令で定めるところにより、その全部又は一部を磁気ディスク（これに準ずる方法により一定の事項を確実に記録しておくことができる物を含む。第4項において同じ。）をもつて調製することができる。
3 文化庁長官は、第75条第1項の登録を行つたときは、その旨を官報で告示する。
4 何人も、文化庁長官に対し、著作権登録原簿の謄本若しくは抄本若しくはその附属書類の写しの交付、著作権登録原簿若しくはその附属書類の閲覧又は著作権登録原簿のうち磁気ディスクをもつて調製した部分に記録されている事項を記載した書類の交付を請求することができる。
5～10 （略）

（譲渡権）
第95条の2　実演家は、その実演をその録音物又は録画物の譲渡により公衆に提供する権利を専有する。
2　前項の規定は、次に掲げる実演については、適用しない。
　一　第91条第1項に規定する権利を有する者の許諾を得て録画されている実演
　二　第91条第2項の実演で同項の録音物以外の物に録音され、又は録画されているもの
3　第1項の規定は、実演（前項各号に掲げるものを除く。以下この条において同じ。）の録音物又は録画物で次の各号のいずれかに該当するものの譲渡による場合には、適用しない。
　一　第1項に規定する権利を有する者又はその許諾を得た者により公衆に譲渡された実演の録音物又は録画物
　二　103条において準用する第67条第1項の規定による裁定を受けて公衆に譲渡された実演の録音物又は録画物
　三　第103条において準用する第67条の2第1項の規定の適用を受けて公衆に譲渡された実演の録音物又は録画物
　四　第1項に規定する権利を有する者又はその承諾を得た者により特定かつ少数の者に譲渡された実演の録音物又は録画物
　五　国外において、第1項に規定する権利に相当する権利を害することなく、又は同項に規定する権利に相当する権利を有する者若しくはその承諾

を得た者により譲渡された実演の録音物又は録画物

(譲渡権)
第97条の2　レコード製作者は、そのレコードをその複製物の譲渡により公衆に提供する権利を専有する。
2　前項の規定は、レコードの複製物で次の各号のいずれかに該当するものの譲渡による場合には、適用しない。
　一　前項に規定する権利を有する者又はその許諾を得た者により公衆に譲渡されたレコードの複製物
　<u>二　第103条において準用する第67条第1項の規定による裁定を受けて公衆に譲渡されたレコードの複製物</u>
　<u>三　第103条において準用する第67条の2第1項の規定の適用を受けて公衆に譲渡されたレコードの複製物</u>
　四　前項に規定する権利を有する者又はその承諾を得た者により特定かつ少数の者に譲渡されたレコードの複製物
　五　国外において、前項に規定する権利に相当する権利を害することなく、又は同項に規定する権利に相当する権利を有する者若しくはその承諾を得た者により譲渡されたレコードの複製物

(著作隣接権の譲渡、行使等)
第103条　第61条第1項の規定は著作隣接権の譲渡について、第62条第1項の規定は著作隣接権の消滅について、第63条の規定は実演、レコード、放送又は有線放送の利用の許諾について、第65条の規定は著作隣接権が共有に係る場合について、第66条の規定は著作隣接権を目的として質権が設定されている場合について、<u>第67条、第67条の2(第1項ただし書を除く。)、第70条(第3項及び第4項を除く。)、第71条から第73条まで並びに第74条第3項及び第4項の規定は著作隣接権者と連絡することができない場合における実演、レコード、放送又は有線放送の利用について</u>、それぞれ準用する。この場合において、第63条第5項中「第23条第1項」とあるのは「第92条の2第1項、第96条の2、第99条の2又は第100条の4」と、<u>第70条第5項中「前項」とあるのは「第103条において準用する第67条第1項」</u>と読み替えるものとする。

附則
(裁定による著作物の利用等についての経過措置)
第3条　新法第67条及び第67条の2（これらの規定を新法第103条において準用する場合を含む。）の規定は、この法律の施行の日以後に新法第67条第1項（新法第103条において準用する場合を含む。）の裁定の申請をした者について適用し、この法律の施行の日前に旧法第67条第1項の裁定の申請をした者については、なお従前の例による。

施行期日：法70条2項および法78条以外は2010年1月1日。法70条2項および法78条については、公布の日（2009年6月19日）から起算して2年を超えない範囲内において政令で定める日から施行。（著作権法の一部を改正する法律（平成21年法律第53号）附則1条）

(著作権法施行令)

第7章　著作物等の利用の裁定に関する手続

(著作権者と連絡することができない場合)
第7条の7　法第67条第1項の政令で定める場合は、著作権者の氏名又は名称及び住所又は居所その他著作権者と連絡するために必要な情報（以下この条において「権利者情報」という。）を取得するために次に掲げるすべての措置をとり、かつ、当該措置により取得した権利者情報その他その保有するすべての権利者情報に基づき著作権者と連絡するための措置をとつたにもかかわらず、著作権者と連絡することができなかつた場合とする。
　一　広く権利者情報を掲載していると認められるものとして文化庁長官が定める刊行物その他の資料を閲覧すること。
　二　著作権等管理事業者（著作権等管理事業法（平成12年法律第131号）第2条第3項に規定する著作権等管理事業者をいう。）その他の広く権利者情報を保有していると認められる者として文化庁長官が定める者に対し照会すること。
　三　時事に関する事項を掲載する日刊新聞紙への掲載その他これに準ずるも

のとして文化庁長官が定める方法により、公衆に対し広く権利者情報の提供を求めること。
2 文化庁長官は、前項各号の定めをしたときは、その旨を官報で告示する。

施行期日：2010年1月1日（著作権法施行令の一部を改正する政令（平成21年政令第299号）附則1項）

(文化庁告示第26号)

(広く権利者情報を掲載していると認められる刊行物その他の資料)
第1条 著作権法施行令（昭和45年政令第335号。以下「令」という。）第7条の7第1項第1号（令第12条の2において準用する場合を含む。）の文化庁長官が定める刊行物その他の資料は、次に掲げるもののすべてとする。
 一 著作物、実演、レコード、放送又は有線放送の種類に応じて作成された名簿その他これに準ずるもの
 二 広くウェブサイトの情報を検索する機能を有するウェブサイト

(広く権利者情報を保有していると認められる者)
第2条 令第7条の7第1項第2号（令第12条の2において準用する場合を含む。）の文化庁長官が定める者は、次に掲げるもののすべてとする。
 一 著作権等管理事業者その他の著作権又は著作隣接権の管理を業として行う者であって、著作権法（昭和45年法律第48号）第67条第1項（同法第103条において準用する場合を含む。）の裁定の申請に係る著作物、実演、レコード、放送又は有線放送と同じ種類のもの（以下「同種著作物等」という。）を取り扱うもの
 二 同種著作物等を業として公衆に提供し、又は提示する者
 三 同種著作物等について識見を有する者を主たる構成員とする法人その他の団体

(日刊新聞紙への掲載に準ずる方法)
第3条 令第7条の7第1項第3号（令第12条の2において準用する場合

> を含む。)の文化庁長官が定める方法は、社団法人著作権情報センターのウェブサイトに30日以上の期間継続して掲載することとする。
>
> 施行期日：2010年1月1日（文化庁告示（平成21年告示第26号）附則）

1. 社会的および技術的な背景と、現実的な要請

(1) 裁定制度

わが国は、整備された通信インフラを有し、また、数多くの音楽、映画、放送番組等のコンテンツを有している。それゆえ、これら二つの強みを活かしたビジネスモデルの創出が期待されている。

しかし、コンテンツの著作権および著作隣接権の権利処理が二次利用の障害の一つとなっているとの見方がある[1]。すなわち、著作権および著作隣接権の権利処理を行わずに二次利用をすることは差止請求、損害賠償請求等を受ける法的リスクを伴うことが懸念されるから[2]、通常は権利者から二次利用の許諾を得ることになる[3]。しかし、権利者から二次利用の許諾を得ようとしても、次のような問題が起こりうる。

(i) 権利者と連絡をとることができない（権利者がわからない、あるいは連絡先がわからない[4]）。

(ii) （権利者と連絡がとれたとしても）許諾してもらえるとは限らない（特に一部の権利者のみが許諾しないときに問題となる）。

(iii) 権利者の探索や許諾の交渉にコストがかかる。

---

1) そのほかに、コンテンツに映り込んだ人物の肖像権等の問題がある。
2) たとえば、ウェブサイトにコンテンツをアップロードする場合、著作権者の公衆送信権および／または著作隣接権者の送信可能化権を侵害する。
3) 一方、多くの音楽、放送番組等が権利者の許諾を得ずに流通している。デジタル技術の進歩、インターネットの普及および通信インフラの整備等により、コンテンツを複製（さらに編集）して送信することが極めて容易になっている。既存のメディアが、かかる違法な複製に対抗してコンテンツを二次利用するうえでも、著作権等の障害を緩和することが要請されている。
4) 権利者が誰かまったくわからないという場合のほか、相続に争いがある場合のように、どちらが権利者かわからないという場合もある。

これらの問題のうち、(i)に対応する法律上の制度として2009年改正の前から裁定制度が設けられていたが、2009年改正の前の裁定制度は、ほとんど活用されていなかったとされている[5]。2009年改正は、裁定制度の守備範囲を拡大するとともに、手続をより明確にするなど、制度をより利用しやすいものとし、裁定制度を改善する試みである。

(2) 登録の電子化

現在、著作権の登録原簿は帳簿によって調製されている。

しかし、帳簿によって調製する方法では、誰でも容易に検索できるデータベースの作成等が困難である。

そこで、著作権登録原簿を磁気ディスクをもって調製することができるとする2009年改正がなされた。

2. 2009年改正および立法の経緯の紹介[6]

(1) 裁定の要件の明確化（法67条）

「著作権者の不明その他の理由により相当な努力を払つてもその著作権者と連絡することができない場合」という要件については、改正前から、文化庁が「著作物利用の裁定申請の手引き」を策定してウェブサイトで公表してきたが[7]、今回の改正で「相当な努力」の要件を政令で具体的に定める改正がなされた

---

5) 2009年5月8日の衆議院文部科学委員会における政府参考人（文化庁次長）の答弁によると、1971年に現行著作権法が施行されて以降、裁定の申請件数は42件で、1年あたりの平均件数は1件に満たない。もっとも、2009年7月30日には、夏の甲子園に出場する高校の校歌の着信メロディ配信、大学入試の問題で利用された著作物の受験参考書における複製および譲渡など、4件の裁定が行われ（文化庁告示第16号ないし第19号）、同年9月2日にも大学入試の問題で利用された著作物の受験参考書における複製および当該参考書の譲渡など2件の裁定が行われている（文化庁告示第22号および第23号）。入試問題の利用に関する裁定が多くみられるのは、教材出版社や進学塾に対する訴訟提起が近年相次いだ影響と思われる（たとえば、いわゆる「赤本」の出版社に対する提訴について日本経済新聞2005年4月28日朝刊42面「『赤本は著作権侵害』入試過去問集で賠償請求」参照）。これらに鑑みると、2009年改正前の裁定制度が使いにくい制度と思われていたといわれがちであるが、2009年の裁定の利用実態を見る限り、実は都市伝説にすぎなかったのではないかとの疑いも生まれる。少々使いづらい制度といえども、差し迫った必要があれば使われるのである。

6) なお、文化庁としての見解の簡明な説明としては、ジュリ1392号「窓」およびコピライト1月号「H21年改正」を参照。

7) 〈http://www.bunka.go.jp/1tyosaku/pdf/chosakubutsu_riyo.pdf〉

（法67条1項）。この改正を受けて著作権法施行令7条の7が追加され、(i)刊行物その他の資料の閲覧、(ii)著作権等管理事業者などへの照会、および(iii)公衆に対する情報提供の呼びかけを行い、これらにより得られた権利者と連絡するために必要な情報に基づいても権利者と連絡ができなかった場合、「相当の努力」の要件を満たすこととされた。閲覧すべき資料、照会すべき者、および情報提供呼びかけの方法の詳細については平成21年文化庁告示第26号に規定された[8]。

なお、裁定の申請書に記載すべき事項および申請書に添付すべき資料が政令により定められるべき旨が規定された（法67条2項）。2009年改正前法においても著作権法施行令8条がこれらを規定していたが、2009年改正は、政令委任に関する著作権法上の根拠を明確にする趣旨と思われる。

(2) **裁定前の利用（法67条の2）**

2009年改正前法では、裁定がなされるまでは、対象の著作物について申請に係る利用権はなかった。2009年改正で、裁定がなされる前であっても、対象の著作物について申請に係る利用を可能にする規定が設けられた（法67条の2）。

裁定前の利用の要件として、(i)担保金の供託、および(ii)著作者が当該著作物の出版その他の利用を廃絶しようとしていることが明らかでないこと、の二つが定められている（法67条の2第1項）。担保金は、裁定された場合は裁定の処分に係る補償金（法67条1項）の支払いに充てられ（法67条の2第3項・6項）、裁定しない処分を受けた場合およびこれらの処分の前に著作権者と連絡をすることができるに至った場合は、著作権者に対する裁定前の利用に係る補償金の支払いに充てられる（法67条の2第4項・5項・6項）。

期間は、裁定または裁定しない旨の処分がなされるまでである（著作権者と連絡をすることができるに至った場合は、当該連絡をすることができるに至った時

---

8) その内容は、前述の「著作物利用の裁定申請の手引き」に記載されていた「相当の努力」の内容をほぼ踏襲するものである。しかし、照会すべき者として規定された「同種著作物等を業として公衆に提供し、又は提示する者」とは、具体的にどの範囲の者に照会を行えば足りるかなど、裁定実務の運用に委ねられている部分も多く残っている。裁定制度の利用を促進するという改正の趣旨を踏まえた適正な運用が望まれる。

まで)。裁定の処分がなされたときは、裁定の効力により利用可能となる。

裁定前の利用を行う場合、著作物の複製物に、(i)法67条の2第1項の規定の適用を受けて作成された複製物である旨および(ii)裁定の申請をした年月日を表示しなければならない（法67条の2第2項）。これは、法67条3項（2009年改正前法67条2項）と同様の規定である。

裁定前の利用を行ったものの、その後裁定しない処分を受けた場合、申請者は補償金を著作権者のために供託しなければならない（法67条の2第4項）。本項の補償金については、裁定がなされた場合の補償金と同様に、金額決定の文化審議会への諮問（法71条）、金額に不服があるときの訴え（法72条1項）、金額についての異議申立ての制限（法73条）、補償金の供託場所（法74条3項）の規定が適用される。

「申請中利用者」は、裁定または裁定をしない処分を受けるまでの間に著作権者と連絡をすることができるに至ったときは、それまでの間における使用料の額に相当する額の補償金を著作権者に支払わなければならない（法67条の2第5項）。

(3) 著作隣接権への裁定制度導入（法103条）

2009年改正前の裁定制度は、著作権者が連絡不明の場合についてのみ規定していた。しかし、著作隣接権者もコンテンツの二次利用をコントロールする権限を有するため、2009年改正前の裁定制度は著作隣接権者が連絡不明の場合を対象としていなかった点で、不十分であった。

2009年改正において、著作隣接権についても裁定制度が導入された。裁定に係る規定が、実演、レコード、放送または有線放送についても準用される。

本条は、法67条の2第1項但書ならびに法70条3項および4項の規定を準用しておらず、著作権者が利用を廃絶しようとしているか否か、著作隣接権者が利用を廃絶しようとしているか否かは関係ない。

なお、実演の録音物もしくは録画物またはレコードの複製物が裁定を受けて公衆に譲渡された場合、実演家またはレコード製作者の譲渡権はその後の譲渡に及ばない（法95条の2第3項2号・3号、法97条の2第2項2号・3号）。いわゆるワンチャンス主義により実演家およびレコード製作者の権利が制限される場合と同じ帰結になっている。

(4) 自己信託への対応

2006年の信託法の改正により、委託者自らが受託者となる自己信託（同法3条3号）等が認められることとなった。委託者および受託者が同一人である自己信託等の場合には、権利は移転していないものの、権利が信託財産に属することによる権利の実体的な変更が生じるため、それを登録により公示するにあたり、著作権法における位置づけを明確化する必要がある[10]。

そこで、2009年改正により「信託による変更」の文言が加えられた（法77条1号）。

なお、特許法、実用新案法、意匠法および商標法においても2008年に同様の改正がなされている（特許法27条1項1号、実用新案法49条1項1号、意匠法61条1項1号、商標法68条の27第1項）。

(5) 登録の電子化

登録原簿を磁気ディスク等をもって調製することができることとする改正がなされた（法78条2項）。

わが国では、高度情報通信ネットワーク社会推進戦略本部（IT戦略本部）による「e-Japan戦略」に基づく電子政府構想が進められ、その目標として、「文書の電子化、ペーパーレス化及び情報ネットワークを通じた情報共有・活用に向けた業務改革を重点的に推進することにより、2003年度には、電子情報を紙情報と同等に扱う行政を実現し、ひいては幅広い国民・事業者のIT化を促す」ことを掲げていた[11]。この電子政府構想の流れ等から、2004年1月の文化審議会著作権分科会報告書に2009年改正の内容が盛り込まれた[12]。そして、実務上の準備が整ったため、2009年改正で追加されることとなった。

なお、法78条の改正部分については、公布の日から起算して2年を超えな

---

9) ワンチャンス主義とは、権利者が一度排他的権利を行使すれば、その後の利用には排他的権利の行使ができないという考え方である。

10) 寺本昌広『逐条解説 新しい信託法〔補訂版〕』（商事法務・2008年）37頁以下、寺本振透ほか『解説 新信託法』（弘文堂・2007年）9頁以下参照。

11) 高度情報通信ネットワーク社会推進戦略本部（IT戦略本部）「e-Japan戦略」（2001年1月）〈http://www.kantei.go.jp/jp/it/network/dai1/pdfs/s5_2.pdf〉。

12) 文化審議会著作権分科会報告書（2004年1月）〈http://www.mext.go.jp/b_menu/shingi/bunka/toushin/04011402/001.pdf〉。

い範囲内において政令で定める日から施行される（附則1条但書）。

登録原簿が電子化された場合、将来、登録された情報へ容易にアクセスできるようになる可能性がある。実際、特許、実用新案、意匠および商標については、特許電子図書館[13]において無料のデータベースが提供されており、特許庁が発行する公報のほか、各出願の審査状況、審判の審決等の検索が可能となっている。[14]

著作権の登録制度は、登録できる事項が、(i)実名の登録（法75条）、(ii)第一発行年月日等の登録（法76条）、(iii)創作年月日の登録（法76条の2）、(iv)著作権および著作隣接権の移転等の登録（法77条、104条）、および(v)出版権の設定等の登録（法88条）に限定されており、産業財産権のように権利の発生要件としての登録が予定されていないこともあり、産業財産権の場合と比較してあまり利用されていない状況にある。[15]

しかし、著作権の登録制度は、著作権に不動産に関する保存登記のような制度がないため、これに実質的に代わる制度として、著作物や著作権を公示するために利用される場合が多いとされる。[16] それ故、著作権についても、今後文

---

13) 〈http://www.ipdl.inpit.go.jp/homepg.ipdl〉
14) なお、特許権者の許諾に基づく通常実施権については、登録が第三者対抗要件となっているが（特許法99条1項）、あまり利用されていなかった。その理由について、登録することによってライセンス契約の内容が明らかになってしまうことが企業によって嫌われるからだとの主張をする向きもあった。そのわりには、ライセンス契約の締結は、しばしば、有価証券取引市場に向けての開示がなされ、また、プレス・リリースも行われるのである。ある種のクロス・ライセンス契約の機密保持に神経をすり減らしすぎた企業人が過去の幻影に怯えてこのような主張をしているだけだという見方も可能である。実態は、差止請求権が確保できない権利のためにそこまで費用をかける必要がないとか、ライセンサーが登録を拒むとかといったところにあるという見方もできる。ともかくも、2007年の産業活力再生特別措置法改正により、包括的ライセンス契約について、実施権者名、契約内容等を明示することなく簡易な手続で対抗要件を備えることができる特定通常実施権登録制度が新設された。しかし、この制度は登録された情報へのアクセスを過度に限定している結果、ライセンシーと特許権の譲受人との間のバランスを失しているという問題がある。Shinto Teramoto「Protection of Patent License Against Subsequent Patent Holder in Japan」東京大学法科大学院ローレビュー3巻（2008年）191頁以下参照。
15) 文化審議会著作権分科会報告書（2003年12月）〈http://www.mext.go.jp/b_menu/public/2003/03120901/002/013.htm〉参照。なお、2003年以降の登録件数については公表されていない。
16) 加戸（2006）425頁以下参照。

化庁が原簿に登録された情報のオンライン検索サービスを提供することとなれば、このオンライン検索サービスを通じて多くの人が容易にアクセスできるようになるため、この公示機能は、さらに有効性を増すといえる。また、著作権の登録制度の利用がより活発になることが予想される。さらには、このようなサービスが提供されることにより、著作権に関する取引の活発化につながることが期待される。

3. 解説とコメント

(1) 裁定制度の改正について

2009年改正により、裁定がなされるまでの間著作物を利用する権限が規定されたり、著作隣接権についても裁定制度が導入されたりするなど、裁定制度の役割を拡大する改正がなされた。裁定制度がより一層利用されることで、コンテンツの二次利用が一段と進展することが期待される。

しかし、2009年改正は、放送と通信の融合の影響に対応しようというものではなく、既存の裁定制度の枠組みは基本的に維持されている。著作権者等と連絡がとれない場合に対象が限られ、権利者の探索に相当の努力を尽くすことが要件となっている。また、著作権者が利用廃絶意思を明らかにしているときは裁定を受けることができず、権利者の意思を必ず優先するようになっている[17]。そのため、2009年改正後も、一部の権利者の反対により、二次利用ができない等、権利者の探索にかかるコストが大きいという問題が残るともいわれる[18]。もっとも、権利者からの法的請求の可能性を「コスト」と割りきってビジネスを行うのも一つの方法なのであるし、そもそも、他人の権利を侵害する可能性がゼロであるビジネスなどない。とはいえ、日本の法律である以上、日

---

17) 文化審議会著作権分科会過去の著作物等の保護と利用に関する小委員会中間整理（2008年10月1日）〈http://www.bunka.go.jp/chosakuken/singikai/bunkakai/26/pdf/shiryo_04_1.pdf〉は、かかる利用廃絶意思の優先に言及しつつ、権利者不明の裁定制度は、利用について協議が成立しない場合の裁定制度とは性格が異なるとも考えられること、ベルヌ条約との関係でも、前者については権利制限に関する一般規定であるいわゆる「スリーステップテスト」の範囲内で定められていると考えられているのに対し、後者については権利制限の特別の根拠規定が条約上定められていることを指摘しており（27頁）、利用廃絶意思を優先する現行の枠組みを変更するとすれば条約との抵触が問題となることが示唆されている。

本の企業者の決してアグレッシブとはいいがたい姿勢を前提として、議論せざるを得ないだろう。

　もちろん、かかる問題に対しては、すでに様々な取組が行われている[19]。主な取組を挙げれば、(i)ネット配信も含めた契約締結、および契約締結に向けた支援[20]、(ii)権利者にアクセスするためのデータベースの整備[21]、(iii)権利の集中管理の拡大化[22]がなされている[23]。これらの取組[24]により、今後は権利者探索のコストが低下するとともに、権利者と連絡がとれないという事態も少なくなるこ

---

[18] インターネットを利用した NHK の有料の番組提供サービス「NHK オンデマンド」では、「使用した映像や出演者の許諾が得られずに提供を断念したり、その映像部分だけ見えなくする『フタかぶせ』をして提供せざるを得ない番組があ(る)」とのことである。石井亮平「NHK オンデマンド―著作権等の契約ルールと今後の課題」コピライト 2009 年 5 月号 24 頁参照。

[19] 知的財産戦略本部デジタル・ネット時代における知財制度専門調査会「デジタル・ネット時代における知財制度の在り方について」(2008 年 11 月 27 日) ⟨http://www.kantei.go.jp/jp/singi/titeki2/houkoku/081127digital.pdf⟩、一山直子「映像コンテンツの二次利用促進のための契約ルールの形成について」コピライト 2008 年 9 月号 18 頁以下参照。

[20] たとえば、NHK の大河ドラマ「天地人」は動画配信を前提として出演交渉がなされたと報じられている。日本経済新聞 2009 年 3 月 23 日朝刊 40 面「せめぎあう著作権(1) NHK が出演者『捜索』―ドラマ配信に許諾の壁」参照。

[21] たとえば、社団法人日本経済団体連合会（日本経団連）の映像コンテンツ大国を実現するための検討委員会は、関係省庁の支援を受けて取りまとめた「映像コンテンツ大国の実現に向けて」(2007 年 2 月 22 日) ⟨http://www.keidanren.or.jp/japanese/policy/2007/016/honbun.pdf⟩ の中で、「放送番組における出演契約ガイドライン」(16 頁) を定めている。

[22] 日本経団連の呼びかけによって運用が開始されたジャパン・コンテンツ・ショーケース ⟨http://www.japancontent.jp/⟩ は、登録会員に対して、コンテンツごとに問い合わせ先等の情報を提供している。また権利者団体で構成する創作者団体協議会のポータルサイト ⟨http://www.sousakusya.jp/⟩ では「著作者検索」として、著作者の氏名から当該著作者の所属する団体を検索できる。

[23] 今後制作される放送番組においては、権利者不明の実演家出現を防止するため、放送事業者および権利者団体の双方が、実演家に対し、いずれかの権利者団体に所属するよう働きかけることを合意したとのことである。一山・前掲注 19) 19 頁参照。また、権利者団体が、許諾交渉の窓口を一元化するための団体を設立し、権利処理の効率化を図る動きもある（社団法人日本音楽事業者協会、社団法人日本芸能実演家団体協議会、社団法人音楽制作者連盟の 3 団体は、映像コンテンツ権利処理機構（仮称。2010 年 4 月より活動開始予定）を設立した）。

[24] このほかにも、社団法人日本芸能実演家団体協議会・実演家著作隣接権センター（CPRA）と放送事業者等の合意により、実演家が不明の場合に、暫定的な措置として、CPRA が不明者の調査を行い、使用料を預かるとともに、放送事業者は不明者が判明しない場合でも二次利用を進めるという自主的な取組が実施されている。前掲注 19)「デジタル・ネット時代における知財制度の在り方について」2 頁参照。

とが期待される[25]が、上記の取組と今回の裁定制度の改正によっても解決できない課題も残る（一部の権利者が二次利用に反対する場合等）。コンテンツの二次利用を促進するためには、さらなる法改正が必要である[26]。かかる法改正に際しては、放送と通信の融合が加速する時代における放送について、与えられるべき特権および課せられるべき義務その他放送のあり方に関する議論も不可欠である。

(2) 登録の電子化について

著作権登録原簿を磁気ディスク等をもって調製することができることとする改正がなされた。

2009年改正を受け、文化庁が著作権登録原簿のオンライン検索サービスを提供することとなれば、前述したように、著作権の登録制度の利用がより活発になり、さらには、著作権に関する取引の活発化につながることが期待される。

---

[25] 実務的には、権利者そのものの探索よりも、権利者の窓口となる者の探索が重要である。特許権の場合、権利化の過程で申立代理人が介在することが多く、当該代理人の氏名は特許公報において公開されるため、かかる代理人を事実上の窓口として権利者にアクセスできる蓋然性が高い。これに対し、著作権の場合、権利の発生に登録等の手続を要しないため、特許権のような申立代理人を介したアクセスは期待できない。

[26] 第4章に述べるように、わが国の著作権法にもフェアユース規定を導入することが検討されている。また、インターネットを経由して放送番組、映画および音楽を流通させる権利について、収益の公正な配分を行う能力を有すると考えられる者のみに権利を集中させるという『ネット法』構想がデジタルコンテンツ法有識者フォーラムから提言されている〈http://www.digitalcontent-forum.com/〉。付言するならば、完全に公正な収益の配分というものは成り立ちうるものではないのだから、配分を受ける者にとって十分に受入れ可能な仕組みとなっていることや、配分に不満のある者に対しこれを公正に処理する手続が保障された仕組みが整えられていることが重要であるし、また、それで十分であろう。

VI. 消費者と事業者の境界の曖昧化への対応

(侵害とみなす行為)
第113条　次に掲げる行為は、当該著作者人格権、著作権、出版権、実演家人格権又は著作隣接権を侵害する行為とみなす。
　一　国内において頒布する目的をもつて、輸入の時において国内で作成したとしたならば著作者人格権、著作権、出版権、実演家人格権又は著作隣接権の侵害となるべき行為によつて作成された物を輸入する行為
　二　著作者人格権、著作権、出版権、実演家人格権又は著作隣接権を侵害する行為によつて作成された物（前号の輸入に係る物を含む。）を、情を知つて、頒布し、<u>頒布の目的をもつて所持し、若しくは頒布する旨の申出をし</u>、又は業として輸出し、若しくは業としての輸出の目的をもつて所持する行為
2　プログラムの著作物の著作権を侵害する行為によつて作成された複製物（当該複製物の所有者によつて<u>第47条の3第1項の規定により作成された複製物</u>並びに前項第1号の輸入に係るプログラムの著作物の複製物及び当該複製物の所有者によつて同条第1項の規定により作成された複製物を含む。）を業務上電子計算機において使用する行為は、これらの複製物を使用する権原を取得した時に情を知つていた場合に限り、当該著作権を侵害する行為とみなす。
3〜6　（略）

(罰則)
第121条の2　次の各号に掲げる商業用レコード（当該商業用レコードの複製物（二以上の段階にわたる複製に係る複製物を含む。）を含む。）を商業用レコードとして複製し、その複製物を頒布し、その複製物を頒布の目的をもつて<u>所持し、又はその複製物を頒布する旨の申出をした者</u>（当該各号の原盤に音を最初に固定した日の属する年の翌年から起算して50年を経過した後において当該複製、頒布、<u>所持又は申出</u>を行つた者を除く。）は、1年以下の懲役若しくは100万円以下の罰金に処し、又はこれを併科する。

一　国内において商業用レコードの製作を業とする者が、レコード製作者からそのレコード（第8条各号のいずれかに該当するものを除く。）の原盤の提供を受けて製作した商業用レコード

二　国外において商業用レコードの製作を業とする者が、実演家等保護条約の締約国の国民、世界貿易機関の加盟国の国民又はレコード保護条約の締約国の国民（当該締約国の法令に基づいて設立された法人及び当該締約国に主たる事務所を有する法人を含む。）であるレコード製作者からそのレコード（第八条各号のいずれかに該当するものを除く。）の原盤の提供を受けて製作した商業用レコード

附則
（商業用レコードの複製物の頒布の申出についての経過措置）
第4条　新法第121条の2の規定は、著作権法の一部を改正する法律（平成3年法律第63号）附則第5項又は著作権法及び万国著作権条約の実施に伴う著作権法の特例に関する法律の一部を改正する法律（平成6年法律第112号）附則第6項の規定によりその頒布又は頒布の目的をもってする所持について同条の規定を適用しないこととされる商業用レコードを頒布する旨の申出をする行為であって、この法律の施行後に行われるものについては、適用しない。

（罰則についての経過措置）
第5条　この法律の施行前にした行為に対する罰則の適用については、なお従前の例による。

施行期日：2010年1月1日（著作権法の一部を改正する法律（平成21年法律第53号）附則1条）

1. 社会的および技術的な背景と、現実的な要請

　インターネットの普及により、近年、いわゆるウェブショッピングサイトを利用して、著作者人格権、著作権、出版権、実演家人格権または著作隣接権を侵害する行為によって作成された物（以下、便宜的に「海賊版」という）の流通が目につくようになっている。かかる海賊版の取引に対して、著作権法上いかに対処すべきかが大きな問題となっていた。

　インターネットを経由して売買の申込みおよびそれに対する承諾がなされる場合に想定される行為としては、目的物を販売目的で所持する行為、目的物の譲渡等を申し入れる行為（以下「譲渡告知行為」という）、それに対して承諾し目的物を発注する行為およびその発注行為を受けて目的物を引き渡す行為がある。2009年改正前の著作権法では、これらの行為のうち、海賊版を情を知って「頒布」する行為および情を知って「頒布の目的をもって所持」する行為を、権利侵害とみなしている（2009年改正前法113条1項2号）ものの、譲渡告知行為自体は侵害行為とはみなされていなかった。

　しかし、かかる規制の下では、海賊版の譲渡告知行為者、所持者および販売者を別人格とすることによって、譲渡告知行為者が規制を容易に回避できてし

---

1) みなし侵害行為の規定において、侵害物品については、法文上「物」と規定されている（法113条参照）が、民法上「物」とは有体物をいうと解されているところ、著作権法における「物」にも民法の原則があてはまると解される。そこで、違法に複製された有体物以外の著作物の複製をも対象にすべきか否かという問題は、今後検討すべき事項であるといえよう。

2) いわゆるインターネットユーザを対象とした調査において、海賊版を購入したことがあると回答したのは全体の7.8%であり、2回以上海賊版を購入したことがあると回答したのは、海賊版購入経験者の58.2%にのぼる、という調査結果がある（なお、同調査は、インターネットコム株式会社と株式会社リアルワールドが、2009年5月12日から同月13日の2日間にわたって「海賊版に関する調査」を行ったもので、10〜60代以上のインターネットユーザ1,015人を調査対象としたとのことである。もっとも、調査対象者がどのように選ばれたのかが筆者らには明らかでないから、標本の偏りにより、海賊版購入経験者の割合が現実よりも高めに出ている可能性があるし、また低めに出ている可能性もあるというほかない。また、当該調査における「海賊版」の定義が不明であるから、本文中で用いた「海賊版」と同義とは限らない点に留意すべきである）（2009年5月20日付記事〈http://japan.internet.com/research/20090520/1.html〉参照）。

3) 文化審議会著作権分科会報告書（2009年1月）20頁〈http://www.bunka.go.jp/chosakuken/singikai/pdf/shingi_hokokusho_2101.pdf〉。

まうという問題があった[4]。

また、海賊版の取引形態として従来想定されていたのは、事業者が多量の海賊版を販売するという形態であったところ、当該事業者による海賊版の引渡行為を規制することは、それほど困難とはいえない。しかし、インターネットがインフラストラクチュア化した今日では、消費者が、インターネットオークションを利用して少量の海賊版を売却することも十分想定されるようになってきている。かかる場合に、消費者による個々の引渡行為を捉えて規制することは

---

[4] 譲渡告知行為者、所持者および販売者を別人格にする事例として考えうるのは、(i)譲渡告知行為をしている者が海賊版を所持し、販売している場合、(ii)譲渡告知行為をしている者が海賊版を受注し発注するが、所持および販売は行っていない場合、(iii)譲渡告知行為をしている者と海賊版所持者が別人格であるが、両者が特別な関係にあり、かつ海賊版所持者が販売している場合、(iv)譲渡告知行為をしている者と海賊版所持者が別人格で、かつ海賊版所持者が販売している場合ならびに(v)譲渡告知行為をしている者が発注を受けてから自ら海賊版を製造販売している場合がある。まず(i)の場合は、譲渡告知行為者を規制でき、また(ii)および(iii)の場合は、譲渡告知行為者と海賊版所持者とを共同正犯として規制できるといえる。しかしながら、(iv)の場合は、譲渡告知行為者を海賊版所持者の幇助として規制できるにとどまり、また(v)の場合は、譲渡告知行為者は、譲渡告知をした時点では所持しておらず、販売目的も有していないから、規制できないといえる。

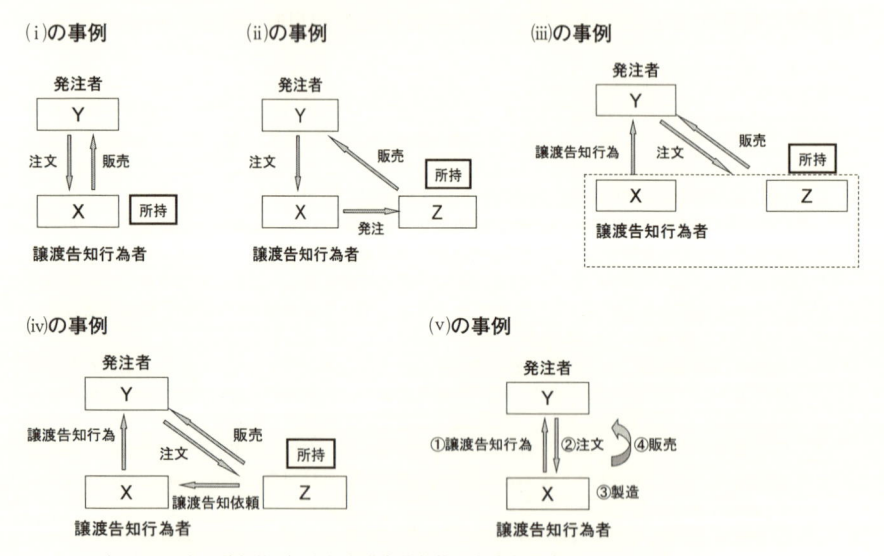

(i)の事例　　(ii)の事例　　(iii)の事例

(iv)の事例　　(v)の事例

（以上につき、前掲注3）文化審議会著作権分科会報告書21頁以下参照）

容易ではない。このように消費者と事業者の境界が曖昧化した状況に対応するには、インターネットオークションへの出品行為自体を規制することが有効であるといえる。しかしながら、2009年改正前の著作権法では、頒布行為よりも前の段階にある譲渡告知行為までは規制できない、という問題があった。

そこで、譲渡告知行為自体を侵害とみなし、対応する罰則規定を設けるべきだとする要請が強くなった[5]。

2. 2009年改正および立法の経緯の紹介[6]

2009年改正は、みなし侵害規定である法113条に、海賊版について情を知って譲渡告知をする行為を加えた。そして、従前よりみなし侵害の対象となっていた行為と同様、法121条の2を対応する罰則規定とした。

立法過程では、譲渡告知行為すべてについて権利侵害と構成すると規制の対象が広くなりすぎるため、一定の要件を課すべきだという意見があった。そこで2009年改正では、「情を知って」という主観的要件を設けている[7][8]。

また、海賊版の流通防止を強化するためには、譲渡告知行為の場を提供するISPにも規制を及ぼすべきではないかという議論があった。しかしながら、権利者は、譲渡告知行為自体が権利侵害とみなされることによりISPに対して発信者情報の開示請求ができる[9]から、それだけでも譲渡告知行為を行っている者と接触や交渉ができるなどの一定の効果があると考えられており、ただちにISPの法的責任を追及できるようにしなければならない特段の要請もないといえる。さらに、ISPに対して法的責任を追及する場合であっても、たとえばISPに対してある情報の削除を請求した場合に、当該情報が著作権法上の

---

5) 前掲注3) 文化審議会著作権分科会報告書。
6) なお、文化庁としての見解の簡明な説明としては、ジュリ1392号「窓」およびコピライト1月号「H21年改正」を参照。
7) 「情を知って……頒布する旨の申出を」するというのは、著作権等を「侵害する行為によって作成された物」(法113条1項2号)であることを知りながら頒布する旨の申出をする、ということである (2009年改正前法113条1項2号の解釈につき、加戸 (2006) 654頁参照)。
8) 前掲注3) 文化審議会著作権分科会報告書25頁。
9) 特定電気通信役務提供者の損害賠償責任の制限及び発信者情報の開示に関する法律4条1項参照。

権利を侵害する情報であることを十分認識しながら何らの是正措置をとらなかったような場合については、ISP 自身が著作権侵害に加担したと評価できる場合もあると考えられる[10]、また、ISP の関与形態によっては、譲渡告知行為の場を提供する行為は、権利侵害の幇助を構成する場合もあると考えられる。以上から、譲渡告知行為の場を提供する行為をみなし侵害規定に加えることはしないこととなった[11]。

3. 解説とコメント

　2009 年改正前の著作権法では規制の対象外となっていた譲渡告知行為を新たに規制対象とすることにより、現実の問題点、すなわち海賊版の譲渡告知、所持および販売の形態によって規制を免れることができていたという問題点に対応し、創作者保護に資するいう点は評価できる。

　もっとも、著作物の取引の規制を強化することにより、情報へのアクセスの確保が阻害されるようなことにならないか、慎重に見守っていく必要がある[12]。

　なお、果たして海賊版の取引を厳格に規制すべきであると一概にいえるのか否かについては、議論の余地がある。たしかに、海賊版の取引は、正規品が市場に流通している場合には、正規品の売上を減少させる原因となるかもしれない。しかし、たとえば正規品の入手が困難である場合や、正規品が絶版になったような場合には、権利者の明確な同意を得ずに作られた著作物の複製の流通は、それが海賊版である場合を含めて、当該商品に対する需要が存在していることをシグナリングする機能をもっているともいえる。このような場合には、それが正規品の流通を逆に促進するという効果があるという見方もありうる[13]。このように、インターネットを経由する情報流通には、たとえそれが権利者の明確な同意を得ずになされたものであっても、様々な側面があるということを認識すべきである。

---

10) 東京高判平成 17 年 3 月 3 日判時 1893 号 126 頁（2 ちゃんねる小学館事件）等。
11) 以上につき、前掲注 3) 文化審議会著作権分科会報告書 25 頁以下。
12) Chris Anderson, *Free: The Future of a Radical Price* (2009)。
13) もっとも、著作物の送信可能化によっても、かかる効果が期待できるから、権利者の明確な同意を得ずに作られた著作物の複製という有体物の流通に、かかる効果を依存する必要はないといえる。

VII. ワイヤード（wired[1]）な消費者への対応

> **（私的使用のための複製）**
> **法 30 条** 著作権の目的となつている著作物（以下この款において単に「著作物」という。）は、個人的に又は家庭内その他これに準ずる限られた範囲内において使用すること（以下「私的使用」という。）を目的とするときは、次に掲げる場合を除き、その使用する者が複製することができる。
> 　一　公衆の使用に供することを目的として設置されている自動複製機器（複製の機能を有し、これに関する装置の全部又は主要な部分が自動化されている機器をいう。）を用いて複製する場合
> 　二　技術的保護手段の回避（技術的保護手段に用いられている信号の除去又は改変（記録又は送信の方式の変換に伴う技術的な制約による除去又は改変を除く。）を行うことにより、当該技術的保護手段によつて防止される行為を可能とし、又は当該技術的保護手段によつて抑止される行為の結果に障害を生じないようにすることをいう。第 120 条の 2 第 1 号及び第 2 号において同じ。）により可能となり、又はその結果に障害が生じないようになつた複製を、その事実を知りながら行う場合
> 　三　著作権を侵害する自動公衆送信（国外で行われる自動公衆送信であつて、国内で行われたとしたならば著作権の侵害となるべきものを含む。）を受信して行うデジタル方式の録音又は録画を、その事実を知りながら行う場合
> 2　（略）
>
> 施行期日：2010 年 1 月 1 日（著作権法の一部を改正する法律（平成 21 年法律第 53 号）附則 1 条）

---

1) ここでは、「インターネットにつながった」という意味で使用している。

1. 社会的および技術的な背景と、現実的な要請

　デジタル技術の発展によって、著作物を、高品質かつ大量に複製することが可能となった。近年、家庭におけるPCの普及率は7割を超えており、デジタル方式の録音録画機器も急速に浸透しつつある[2]。特に、米国Apple社のiPodに代表される携帯型オーディオプレーヤや、ハードディスク装置（HDD）内蔵型DVDレコーダの普及率の上昇は顕著である[3]。今や、誰でも、PCその他のデジタル方式の録音録画機器によって、簡単に著作物の複製をすることができる。さらに、複製された著作物は、インターネットを経由して、同時多発的に世界中に流通させることができる。権利者の承諾なく複製された著作物は、いったんインターネットに接続されたサーバにアップロードされると、誰でも簡単にダウンロードすることができ、ダウンロードされた著作物のデータはさらに容易に複製される。このように、誰もが著作物を容易に大量複製でき、誰もが著作物に容易にアクセスできるという状況が生まれている[4]。

---

[2]　2006年に社団法人私的録音補償金管理協会が行った調査結果「デジタル録音機器の利用実態に関する調査」（2006年10月17日に実施された、著作権分科会私的録音録画小委員会（第6回）議事録資料2）〈http://www.mext.go.jp/b_menu/shingi/bunka/gijiroku/020/06101802/001.pdf〉による。

[3]　携帯型オーディオプレーヤについては、WEB調査に回答した3,000人のうち55.3％、郵送調査に回答した1,004人のうち38.7％が保有しているという調査結果がある（前掲注2）私的録音補償金管理協会調査結果による）。また、デジタル録画機器については、郵送調査に回答した33,182人のうち、27％が、デジタル録画機器全般を保有していると回答し、そのうちの70％が、ハードディスク装置（HDD）内蔵型DVDレコーダを保有しているという統計結果がある（2006年に社団法人私的録画補償金管理協会が行った調査結果「デジタル録画機器の利用実態に関する調査」（2006年10月17日に実施された、著作権分科会私的録音録画小委員会（第6回）議事録資料3）〈http://www.mext.go.jp/b_menu/shingi/bunka/gijiroku/020/06101802/002.htm〉による）。

[4]　いわゆるファイル交換ソフトの利用者が1年間でダウンロードした映像ファイルの総数は、約5,800万ファイルであるという推定結果がある（文化審議会著作権分科会私的録音録画小委員会中間整理（2007年10月12日）68頁〈http://www.bunka.go.jp/chosakuken/singikai/pdf/rokuon_chuukan_1910.pdf〉）。もっとも現在では、ファイル交換ソフトを利用しなくても、YouTube等の動画投稿サイトから容易に画像ファイルをダウンロードすることが可能な状況となっている）。また、音楽を無料でダウンロードできる携帯電話向けサイト（プロモーション目的で一定の期間無料でダウンロードできるものを除く）からの年間ダウンロード総数は、2億8,700万ファイル（曲）であるという推計もある（同75頁）。

法30条1項は、私的使用のための複製は侵害とならないと規定しているが、そもそもこの規定は1970年に明文化されたものである。当該規定創設後、アナログ方式の複製機器が家庭内で広く利用されるようになり、さらにデジタル技術の発展により、著作物の高品質かつ大量の複製が可能となった。このことによって、消費者が著作物を享受することによって得られる利益は格段に大きくなった。消費者にかかる利益を与えている権利者が、何らかの利益の分け前を得るべき理由が全くないとはいいがたい。この点、1992年に、政令が定める一定のデジタル方式の録音録画機器を用いて、政令で定める一定の記録媒体へ録音録画する場合には補償金を支払わなければならないという私的録音録画補償金制度が設けられた（法30条2項）ことは、権利者に利益を配分する仕組みとしてはそれなりに意義があると思われる。

しかしその後、多種多様なデジタル方式の録音録画機器とインターネットの利用とが、ともに家庭内に普及したことによって、インターネットに接続されたサーバにアップロードされている著作物を、様々なデジタル方式の録音録画機器を通じて、私的使用目的で容易に複製することが可能になった。この点、2009年改正前の著作権法では、違法に複製された著作物（以下「違法著作物」という）の私的使用目的での複製は規制対象とされていなかったから、政令で定める録音録画機器および記録媒体を用いている場合でない限り、補償金制度の対象でもない。そこで、かかる違法著作物の私的使用目的の複製を新たに規制せよとの主張が生じたのである[5]。

2. 2009年改正および立法の経緯の紹介[6]

2009年改正は、違法著作物の私的使用目的の複製を法30条1項の例外として位置付けている（法30条1項3号）。

私的使用目的の録音録画については、違法著作物の複製への対応の他、補償金制度をめぐって様々な議論が起こった。「コピーワンス」による過剰なコピ

---

5) 文化審議会著作権分科会報告書（2009年1月）114頁〈http://www.bunka.go.jp/chosa-kuken/singikai/pdf/shingi_hokokusho_2101.pdf〉。

6) なお、文化庁としての見解の簡明な説明としては、ジュリ1392号「窓」およびコピライト1月号「H21年改正」を参照。

一制限を見直した「ダビング10」の実施をめぐる問題と、補償金の課金対象拡大をめぐる議論とが絡み合い[7]、ダビング10の実施やブルーレイへの補償金課金がそれぞれ決着に長い時間を要したこと[8]は、記憶に新しい。

　この点、2009年改正では、違法著作物の私的使用目的の録音録画を権利侵害とする点の改正のみを行い、補償金制度についての改正はされないままとなった[9]。

3. 解説とコメント

　法30条1項3号を新設したことにより、違法著作物の私的使用目的の録音および録画は規制されることとなった。もっとも、ここで着目すべきは、法30条1項3号違反についての罰則規定がないことである。このことに鑑みれば、法30条1項3号を新設したことの目的は、違法著作物の個々の録音録画行為自体を規制するというよりは、違法著作物の配信側を規制するための証拠を確保するということにあるといえると思われる[10]。2009年改正は、近年、イ

---

7) コピーワンスの見直しに関しては、2006年9月に発足した総務省のデジタル・コンテンツの流通の促進等に関する検討委員会（以下、本節において「デジコン委」という）で、私的録音録画の補償金制度に関しては、2006年4月に発足した文化審議会著作権分科会の私的録音録画小委員会（以下、本節において「録録小委」という）で、それぞれ議論されていた。しかし、総務省が、コピーワンスを見直してダビング10を導入するにあたって、「クリエーターが適正な対価を得られる環境を実現する」ことを「基本的な考え方」の一つとして挙げた（情報通信審議会「デジタル・コンテンツの流通の促進に向けて」（2007年8月2日）（情報通信審議会総会（第17回）資料17-2-2）43頁〈http://www.soumu.go.jp/main_sosiki/joho_tsusin/policyreports/joho_tsusin/sokai/pdf/070802_3_si17-2-2.pdf〉）ために、デジコン委の検討課題（コピーワンスの見直し）と録録小委の検討課題（補償金制度のあり方）が結び付けられ、これによって、補償金をめぐる議論が複雑化した、という指摘がある。そして、ブルーレイへの課金開始の背景には、「適正な対価」を求める権利者側と、補償金に強い抵抗を示すメーカー側の対立を収束させ、録音録画回数制限措置と補償金制度の議論を分断するという意図があったという指摘がある（以上につき、山田剛良「検証：ダビング10騒動」日経エレクトロニクス2008年7月14日号97頁）。

8) ダビング10は、総務省情報通信審議会情報通信政策部会の「デジタル・コンテンツの流通の促進等に関する検討委員会」で発表されていた当初の予定より1カ月以上後の、2008年7月4日に実施された（ダビング10実施の経緯につき、東京読売新聞2008年6月11日朝刊11面、同2008年6月20日朝刊11面および同2008年6月24日朝刊2面参照）。また、ブルーレイを補償金課金対象とする著作権法施行令の一部を改正する政令（平成21年政令第137号）は、文化庁による当初の予定より2カ月近く後の2009年5月22日に施行された（ブルーレイへの課金の経緯につき、日本経済新聞2009年4月25日朝刊38面参照）。

ンターネットを経由した音楽や動画の配信ビジネスが急速に普及する中で、違法著作物を扱う違法な配信ビジネスを取り締まる要請が高まっていることに応えると同時に、消費者の著作物へのアクセスにも配慮しているものということができ、最も適切な均衡点を設定したとまではいえないものの、なんとか均衡点を見出そうという努力がみられる点で、評価することができる。しかしながら、常に適切な均衡点は移っていくのだから、引き続き法律の見直しを続けていかなければならないことは明らかである。

　2009年改正に向けて、補償金制度の是非をめぐって大いに議論がなされた。たしかに、著作物のデジタル情報の利用を制限する技術の発展や、個別の複製行為に課金する技術の開発により、複製回数に関係なく一律に負担額が決ま

9）デジタル録画機器メーカーは、地上デジタル専用録画機器について、ダビング10という制限に加えて、補償金を上乗せして機器を販売しなければならないという現在の制度設計に強い抵抗を示しており、実際、東芝とパナソニックが、地上デジタル専用機器の新機種について補償金の徴収を拒否している（日本経済新聞2009年5月11日朝刊16面および毎日新聞2009年5月9日朝刊24面参照）。かかる状況を受けて、文化庁は、2009年5月22日に（ブルーレイへの課金開始に伴って）関係団体に送付した施行通知の中で、経済産業省と文部科学省が「政令（著作権法施行令）の見直しを含む必要な措置を適切に講ずる」、と表明した（山田剛良「『DVD』で補償金制度が崩壊へ―デジタル専用機でメーカー協力拒否」日経エレクトロニクス2009年6月1日号17頁）。その後、録画についての補償金の指定管理団体である社団法人私的録画補償金管理協会（SARVH）は、補償金の徴収を拒否する株式会社東芝に対し、2009年11月10日に、補償金の支払いを求めて損害賠償請求訴訟を提起するに至った（当該損害賠償請求訴訟については、第1章12頁参照）。

10）権利者の承諾なく著作物のデータを他人がインターネットなどを経由してアクセスできるようにする行為は、公衆送信権（法23条）の侵害となることが多い。もっとも、そのような行為を行った者（配信者）の特定は、しばしば、困難である。ところが、このようなデータをダウンロードした者を規制すれば、ダウンロードした者のコンピュータから当該違法著作物をアップロードした者の情報を得るための手段が得られることになる。結果として、配信者を特定し、この者に対する権利行使を行ったり、刑事手続を開始したりすることが可能となりやすい（以下はP2Pの例）。

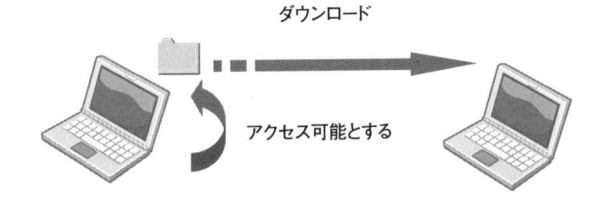

ってしまう補償金制度自体を見直すべきであるという考え方もある。しかし、補償金制度をめぐっては、機器メーカーと権利者による意見対立が主となっており、消費者不在の議論となっている。デジタル技術やインターネットが普及している中で、消費者にとって重要なのは大量の情報に自由にアクセスできるということである。著作物を違法に複製したり、違法著作物を複製したりする行為を規制するために、本来自由とされるべき行為まで規制することは避けるべきである。情報に自由にアクセスすることによって得られる利益と、著作権法上の権利者の権利とのバランスを図るためには、一定の金銭的補償を課すことが妥当であるという見方もあり得る。[12]

なお、2009年改正の規制対象は、「録音」および「録画」、すなわち音楽および映像に限定されており、ゲームソフト等の他の著作物についても私的なダウンロードを規制することは見送られた。[13]

---

11) 著作権保護技術（DRM技術）とよく言われるが、この用語が想定している技術は、著作物のデジタル情報の利用を制限するためのものであるから、厳密には、DCM（Digital Contents Management）技術というべきである。

12) 補償金の負担が小さければ、表現の自由を侵害することにはならないと思われる。もっとも、補償金制度は補償金の徴収も分配も極めてラフな制度であり、特にデジタル技術の発展により情報の管理可能性が強まれば強まるほど不公平感が強まり、文化審議会著作権分科会での議論でも、この補償金制度を過渡的な制度と位置づけて、将来的には廃止もありうる、という指摘もある（中山信弘「著作権法と規制緩和」西村利郎先生追悼論文集『グローバリゼーションの中の日本法』（商事法務・2008年）391頁。なお、文化審議会著作権分科会での議論については、前掲注5）文化審議会著作権分科会報告書129頁以下）。補償金制度については、iPod等の携帯型オーディオプレーヤを補償金対象とするかという問題に代表されるように、新興メディアのビジネスにどのように対処していくかという問題を含めて、なお議論を要する。

　一方では、徴収や分配がラフであるということは補償金制度に限ったことではなく、税金、年金、商業的なロイヤルティその他広く金銭の負担を求める制度はそもそもラフにならざるを得ないのだから、不公平感の存在そのものが補償金制度を廃止する理由にはならないのではないか、もしそうであるならば、税制や年金制度等についても同様の議論が成り立ちうるのではないかという反論もありうる。もちろん、長期的には、いわゆるフリーの情報提供が一般化していくとすれば、補償金制度をめぐる議論もいずれは過去の歴史と化することになるだろう。Chris Anderson, *Free: The Future of a Radical Price* (2009) 参照。

13) 鈴木友紀「著作権法の一部を改正する法律案―『デジタル・ネット時代』への対応と今後の課題」立法と調査291号（2009年）28頁。

第4章

一般的フェアユース規定実現への
課題と展望

I. いわゆる「著作権の制限」規定の構造

1. いわゆる「著作権の制限」規定の二つの型

(1) 立証責任分配型個別規定と利益衡量型個別規定

　著作権法には、著作物に対する我々のアクセスを促進することによって、情報を社会に流布させる機能がある（前記第1章I節3頁参照）。ところで、情報の流布は、それがきわめて親密なコミュニティまたは家族の枠を超えて行われるときには、専ら、いわゆるメディア企業等の媒介者によって担われる。著作物を通じた情報の流布のために投資を行ったメディア企業等が競合者を排斥することで投資の回収をしやすくする効果を著作権が直接（メディア企業等が著作者でもあったり、または著作者から著作権を譲り受けている場合）または間接に（メディア企業等と契約している著作権者が競合者に対して権利行使することが期待できる場合、または、競合者が同じ著作物を用いて事業を行うことを自主的に回避する場合）もたらすことによって、メディア企業等がインセンティブを得ているということができる。このような著作権法の仕組みは、情報の流布を制限する権利を用いて、情報の流布を促進するという自己矛盾を抱えることになる。してみれば、著作権の持つ情報の流布を制限する機能が過剰な効果を生んでしまい、そのことによって、かえって情報の流布が期待できなくなってしまう場合、または、より重要な他の利益と衝突する場合には、著作権の働きを抑止しなければならないというのも当然の理である。つまり、著作者または著作権者による権利行使の主張を制約しなければならないのである。

　ある著作物の著作者または著作権者による権利行使の主張を制約する方法としては、現行法上、権利濫用（民法1条3項）等の一般法理による場合を除けば、ある種の作品を著作物の定義から外してそもそも著作権法による保護対象でないとする方法（法2条1項1号、法13条）、ある種の行為に対する排他的な力を著作権の範囲に含めない方法（法17条、法18条1項、法19条1項、法20条1項、法21条ないし法28条）、著作権の保護期間を制限する方法（法51条ないし法58条）、および著作権侵害とはならない行為を個別具体的に列挙するいわゆる「著作権

の制限」規定（法30条ないし法47条の9）がある。これらのうち、いわゆる「著作権の制限」規定は、法改正が柔軟に行われる限りは、しばしば行われがちな行為のカテゴリーに応じて、著作者または著作権者による権利主張を明瞭かつ柔軟に制限することが可能な方法といえる。

ところで、いわゆる「著作権の制限」規定を、先に述べた情報の流布を促進する力と、情報の流布を制約する力とのぶつかり合いという視点から眺めてみると、これらの規定の中には、いかにもこうしたぶつかり合いの中で均衡点を見出そうとする「本来、そこに権利はあってしかるべきなのだが、他の利益との衡量により、権利行使が制限される」型の規定（以下「利益衡量型個別規定」という）だけでなく、そもそも情報へのアクセスの媒介活動とはおよそいえないような行為が著作権侵害にあたらないことを確認する「本来、著作権はそこまで及ぶいわれがないのだが、立証責任の分配の効率上、利用者側に自らの利用行為に著作権が及ばないことの立証責任を負わせる」型の規定（以下「立証責任分配型個別規定」という）が併存しているとみることができる。[1]

(2) 立証責任分配型個別規定の例

立証責任分配型個別規定にあたると考えられる例として、法30条1項（私的使用のための複製）が挙げられる。私的使用のための著作物の複製は、個人のテリトリー内で完結する行為である。かりに、その複製が家族やきわめて親密なパートナー等に提供されることによって、情報へのアクセスの媒介の意味を持つとしても、それは、もとよりメディア企業等の働きを期待するまでもなく、当然にきわめて親密なコミュニティまたは家族の内部で行われる情報の伝

---

1) なお、一般的には、立証責任の分配の効率に着目した見方は、必ずしも意識されてこなかったようである。たとえば、田村（2001）195頁以下では、著作権の制限規定は、その趣旨に鑑み、1.人間の行動の自由を過度に害しないための制限、2.利用の性質上の制限、3.所有権等との調整のための制限、4.公益的理由に基づく制限の四つに大別することができるとしている。また、加戸（2006）222頁では、著作権の制限規定の立法趣旨について、(i)著作物利用の性質からして著作権が及ぶものとすることが妥当でないもの、(ii)公益上の理由から著作権を制限することが必要と認められるもの、(iii)他の権利との調整のため著作権を制限する必要のあるもの、(iv)社会慣行として行われており著作権を制限しても著作権者の経済的利益を不当に害しないと認められるものなどがあるとし、これらは文化的所産の公正な利用という点を配慮したものだとしている。筆者らは、このような分類が相当であり、かつ実用的な意味があることを肯定しつつ、このような分類と並立しうる視点として、立証責任の分配に着目した分類を示すものである。

196　第4章　一般的フェアユース規定実現への課題と展望

達である。よって、これらの行為は、メディア企業等の働きを要する「情報へのアクセスの媒介」とは何ら関係がない。著作権法が、メディア企業等の働きによらなければ情報の伝達を期待しがたい、「きわめて親密なコミュニティを超える」範囲での情報へのアクセスを促進するものであるとすれば、このような個人的なテリトリー内で完結する行為は、そもそも、著作権によって排除されるべき行為だとは考えられない。しかしながら、他人からすれば、ある複製がこのような親密なコミュニティ内部で使用する目的でなされたのか否かを覚知することは困難である。著作権者が、裁判において著作権侵害を主張する際に、問題の複製がこのような領域内で行われたもので「ない」ことをその都度主張立証しなければならないとすると、著作権者に過度の負担をかけることとなり、ひいては、著作権侵害の主張が著しく困難になる。そうだとすれば、私的使用のための複製については、複製を行った者に、自らの行為が著作権の侵害に該当しないことの立証責任を負わせることとするのが合理的であるといえる。[2][3][4]

(3)　利益衡量型個別規定の例

一方、利益衡量型個別規定の例としては、法36条（試験問題としての複製

---

2) 立証責任分配型個別規定の例として、法30条1項以外の規定は、立証責任分配型個別規定であるか、利益衡量型個別規定であるか、その両者の性格を併せ持つかについて、考え方によって見解の相違が生じ得ると思われる。

3) もっとも、私的使用のための複製行為の中でも、たとえば、所有する音楽CDを自らが聞く目的でPC内のハードディスクにコピーするような私的録音録画については、録音録画時の自分と将来の自分との間で通時的に（diachronically）情報を媒介するという機能を持つ。これはいわば、自分に対する情報伝達といえる。また、前記のような複製は、PC内のハードディスクに保存できるように楽曲データをダウンロード販売するサービスと競合しうるともいえる。しかしながら、将来の自分に対する媒介活動によっても、情報は自己のテリトリー内にとどまるのだから、社会の情報に対するアクセスを促進することにはならない。したがって、私的録音録画については、ある種のメディア企業のサービスと競合する面があるとしても、やはり、著作権によって排除されるべき行為とはいえない。

4) デジタル方式の私的録音録画に関しては、法30条2項に補償金制度が規定されている。私的使用のための複製行為がそもそも著作権の対象外であるならば、著作権者の利益が害されていないのであるから、このような補償金制度は不要であるという考え方もありうる。もっとも、技術の進歩によって著作物の享受者が得る恩恵の一部を権利者（著作者であることも、著作者から権利を譲り受けたメディア企業等であることもあり得る）に給付すること自体が理論的にみて、あってはならないことというわけではない。その手段として、当面、補償金制度を用いることも、現実的な解としては認め得るのではないか。

等）が挙げられる。試験問題が他人に対する情報伝達の手段として機能していることは明らかであるから、本来著作権の及ぶべき行為であると考えるのが自然である。しかしながら、一方では、試験の実施にあたっては、試験内容の秘密を守る必要性がある。ところが、試験の実施に先立って著作権者の許諾を得ようとすれば、試験内容が漏洩して、試験の公正を損なうおそれがある[5]。著作権法は、試験問題としての複製等について、著作権者の利益と試験内容の秘密を守る必要性を比較衡量して、著作権者の権利行使を制限していると理解できる。

(4) 立証責任分配型個別規定の性格と利益衡量型個別規定の性格が併存する例

法31条1項（図書館等における複製）は、立証責任分配型個別規定の性格と利益衡量型個別規定の性格とが併存する例とみることができる。同項は、図書館等が、利用者に対して、その調査研究の目的に供するために公表された著作物の複製を提供する場合に著作物を複製すること、図書館資料の保存のために著作物を複製すること、および、他の図書館等に対して絶版その他これに準ずる理由により一般に入手困難な図書館資料の複製物を提供する場合に著作物を複製することを認めている。図書館の役割には、元来、二つの側面があったと考えられる。すなわち、図書館が著作物を収集して公開することによって、同時代の人々に当該著作物へのアクセスを媒介する役割と図書館が著作物を収集して保存することによって、未来の人々に当該著作物へのアクセスを媒介する役割である[6]。

図書館のこれら二つの役割のうち、前者のいわば共時的（synchronical）な情報の媒介機能に注目した場合、法31条1項は、利益衡量型個別規定であるとみることができる。これは、図書館が著作物を収集して同時代の人々に利用させる行為は、出版業者が出版物をやはり同時代の人々に販売するという情報へのアクセスを媒介する活動と競合しているからである。もっとも、一般の市民の所得が低く出版物が高価であるがために、出版物に一般の市民の手が届かなかった時代においては、そもそも、そのような競合すらなかったといえたか

---

5) 中山（2007）269頁、田村（2001）212頁。
6) 第3章II節81頁。

もしれない。

　一方で、後者のいわば通時的（diachronical）な情報の媒介機能に注目した場合、もともと法31条1項を立証責任分配型個別規定であるとみることが可能であった。なぜなら、かつては、一部の奇特な事業者を除けば、需要の山を越えた著作物の版を重ねることも、販売することも期待できなかったから、彼らには、通時的（diachronical）な情報媒介機能を果たすことを、そもそも期待できなかったからである。それゆえ、彼らと「図書館の通時的な情報媒介機能」の競合は存在しなかったのである。ところが、現代では、Googleのような商業的メディア企業による、絶版本を含む書籍のデジタル化およびデータベース化が進行しており、絶版した書籍に対するアクセスを提供するようになりつつある。また、Amazonのようにいわゆるロングテールに着目して事業を行い、需要の山を越えた著作物を引き続き需用者に供給し続ける事業モデルが確立されつつある。そのため、現在では、図書館の通時的な情報媒介機能に関しても、商業的メディア企業との競合が生じつつある。以上のことを踏まえると、現在においては、法31条1項は、図書館の共時的、通時的いずれの情報媒介機能に関しても、利益衡量型個別規定の性格を有するともみうる状況にあるといえる。

(5) 一般的フェアユース規定と現行法の「著作権の制限」規定の構造の比較

　著作権法のいわゆる「著作権の制限」規定の中には、利益衡量型個別規定と立証責任分配型個別規定の二つの型が含まれているとみることができる。また、それぞれの個別規定については、利益衡量型個別規定であるのか、立証責任分配型個別規定であるのか、そしてどのような行為が著作権の範囲内もしくは範囲外にあるのか、または、いかなる利益と著作権の利益衡量がなされているの

---

7) Googleは、Googleブック検索として、検索用語と一致する内容の書籍を検索するサービスを提供している。Googleは、このGoogleブック検索に書籍の情報を提供する手段の一つとしてGoogleブック図書館プロジェクト（Google Books Library Project）を実施しており、各国の図書館（日本の慶應義塾図書館、米国のハーバード大学付属図書館等）と提携して、そこに所蔵されている書籍の電子化を進めている。さらに、そのようにして電子化した書籍のうち、著作権が失効しているものについては、Googleブック検索において、全文の閲覧機能を提供している〈http://books.google.com/googlebooks/library.html〉。

8) クリス・アンダーソン（篠森ゆりこ訳）『ロングテール―「売れない商品」を宝の山に変える新戦略〔アップデート版〕』（早川書房・2009年）31頁。

かについて、見分けること（もちろん、それらが併存していることを発見することも含まれる）は比較的容易である。これは、個別規定が類型的なカテゴリーに属する行為ごとに、その要件と効果を規定しているからである。

ところが、著作権者による著作権の行使を制限する規定として、一般的フェアユース規定のみを定め、個別に「著作権の制限」規定を置かない場合には、著作権者の著作権行使の主張を制限する根拠が利益衡量である場合も立証責任の分配である場合も区別されることなく、一つの条文に包含されることとなる。そのために、著作権の行使を制限する根拠が判然とせず、ひいては、好ましい結論を効率的に導くことが困難となるおそれがあるし、とりわけ、著作物の利用が正当なものであると主張する側にとっては立証の負担が相当に重くなるおそれがある。また、一般的フェアユース規定を主として、個別の制限規定を従とする場合にも同様の傾向が生じる懸念がある。

してみると、一般的フェアユース規定を著作権法に新たに規定する場合でも、引き続き個別の制限規定を主とし、一般的フェアユース規定は、そこからこぼれ落ちるものを拾い上げる規定として置くことが穏当であると思われる[9]。

2. いわゆる「著作権の制限」規定と著作者人格権の関係

著作権法には、「この款の規定は、著作者人格権に影響を及ぼすものと解釈してはならない」（法50条）と規定されており、いわゆる「著作権の制限」規定によって、「著作者人格権までが制限を受けたり影響を受けたりするものではないことを念のために規定して、誤解を避けたもの」であるとされている[10]。そのため、いわゆる「著作権の制限」規定によって、著作権侵害とはならない行為であっても、著作者人格権を侵害する場合がありうるとされている。以下に、各著作者人格権といわゆる「著作権の制限」規定の抵触の可能性を議論す

---

9) 椙山敬士『著作権論』（日本評論社・2009年）81-83頁は、フェアユースが「言わば例外ではな」いとしつつ、その提案する条文「第21条から第28条までの規定にかかわらず、以下の諸点を考慮して、著作物の公正な利用に該当するときは著作権侵害とはならないものとする。（以下略）」（傍点筆者）は、明らかにフェアユースを著作権侵害の「例外」であるという表現の域にとどまっているばかりか、著作権法30条以下の「……複製することができる」といった著作権が及ばない範囲を明確に宣言する表現からかえって後退している。

10) 加戸（2006）330頁、中山（2007）307頁、作花（2004）384頁。

る。

(1) 公表権との関係

法18条1項は、著作者人格権の一つとして公表権を定めている。公表権の具体的な内容には、未公表の著作物を発表するか否かを決定する権利、公表の方法を決定する権利、および公表の時期を決定する権利の三つの内容があるとされている。[11]

いわゆる「著作権の制限」規定の多くは、著作物が「公表されたもの」（法4条）であることを前提としている。[12]したがって、これらの規定との関係で公表権が問題になることは通常ありえない。[13]

また、法30条1項（私的使用のための複製）、法31条1項2号（図書館等における図書館資料の保存のための複製）、法42条（裁判手続等における複製）、法44条（放送事業者等による一時的固定）、法47条の3（プログラムの著作物の複製物の所有者による複製等）、法47条の4（保守、修理等のための一時的複製）については、著作物が「公表されたもの」（法4条）を前提とはしていないが、想定される行為の態様に照らして考えれば、著作者の公表権を侵害することは、通常、考えられない。[14]

一方で、法41条（時事の事件の報道のための利用）については、その事件の主題となっている著作物が、未公表のものであれば、著作者の公表権に抵触しうる。たとえば、有名人が遺書を残して自殺した場合に、未公表の遺書の内容を報道することは、法41条により著作権侵害を構成しないことになる。しか

---

11) 加戸（2006）160頁、中山（2007）375頁、田村（2001）413頁。

12) たとえば、法31条1項1号（図書館等における調査研究のための複製）、法32条（引用）、法33条（教科用図書等への掲載）等。

13) もっとも、法18条1項は、「公表されていないもの」には、「その同意を得ないで公表された著作物を含む」としており、理論的には、著作者の同意を得ないで、著作権法上「公表されたもの」（法4条）として、公表権との関係では、「まだ公表されていないもの」と扱われることもありうる（作花（2004）234頁も同旨）。したがって、前記のような著作物が「公表されたもの」（法4条）であることを前提とする各個別規定との関係でも、公表権が問題になることがありうる。

14) もっとも、加戸（2006）330頁は、法42条に関して、「裁判手続のために未公表の著作物を複製することには著作権が及びませんけれども、その使い方によってそれが公衆への提供になるような場合であれば、公表権は当然働くということであります」と指摘して、法42条と公表権が抵触する場合に言及する。

し、本人が当該遺書の公表に同意していない場合には、遺書の内容を報道する行為と公表権との抵触が問題になるとされている[15]。

(2) **氏名表示権との関係**

法19条1項は、氏名表示権を定めている。氏名表示権は、「著作者がその著作物の原作品にまたは著作物の利用に当たって、著作者名を表示するか否か、表示するとすればいかなる著作者名を表示するかを決定する権利」とされている[16]。

いわゆる「著作権の制限」規定の多くについて、著作物の出所を明示すべきものとされており（法48条）、「通常は著作者名や著作物の題号は出所の基本的要素と考えられ、基本的には、既に表示されている著作者名を表記してこの出所明示を行えば、氏名表示権の関係も処理できる」ということになる[17]。

(3) **同一性保持権との関係**

法20条1項は、同一性保持権を定めている。同一性保持権は、「著作物又はその題号に不本意な改変が加えられることのない権利」とされている[18]。

いわゆる「著作権の制限」規定により著作物を利用できる場合には、多くの規定について、当該著作物を翻訳、編曲、変形または翻案することが認められている（法43条）。すなわち、法31条1項1号（図書館等における調査研究のための複製）、法32条（引用）、法36条（試験問題としての複製等）、法37条1項もしくは2項（視覚障害者等のための複製等）、法39条1項（時事問題に関する論説の転載等）、法40条2項（報道の目的のための政治上の演説等の利用）、法41条（時事の事件の報道のための利用）、および法42条（裁判手続等における複製）の規定に基づく利用ができる場合には翻訳が、法33条の2第1項（教科用拡大図書等の作成のための複製）の規定に基づく利用ができる場合には変形または翻案が、法37条3項（視覚障害者等のための複製等）の規定に基づく利用ができる場合には翻訳、変形または翻案が、また、法37条の2（聴覚障害者等のための複製等）の規定に基づく利用ができる場合には翻訳または翻案ができる

---

15) 加戸（2006）287頁。
16) 加戸（2006）165頁、中山（2007）379頁、田村（2001）426頁。
17) 作花（2004）385頁。
18) 加戸（2006）169頁。中山（2007）384頁。

とされている（法43条2号ないし5号）。しかしながら、これらの行為は、著作者の同意がなければ、著作者の同一性保持権に抵触しうる。

(4) **一般的フェアユース規定と著作者人格権の関係**

いわゆる「著作権の制限」規定の場合と同様に、一般的フェアユース規定により著作権侵害とされない行為であっても、著作者人格権、特に同一性保持権との抵触が問題となる。

たとえば、そのような例としてパロディが挙げられる。パロディは、もとになる原著作物の内容を借用して、これに改変を加えるものである。そのため、原著作物の著作権者（以下「原著作権者」という）の許諾なくパロディを作成したり複製したりすることは、著作権法上、原著作権者の翻案権（法27条）、複製権（法21条）等の侵害にあたりうる。著作権法に一般的フェアユース規定を有する米国では、連邦最高裁判所の判例において、パロディがフェアユースに該当しうること、また、その場合は著作権侵害とならないことが認められている[19]。しかし、パロディは原著作物の内容を改変するものなので、原著作物の著作者の同一性保持権と抵触することとなる。

著作者人格権と形式的に抵触する行為がすべて著作権法上許されないとするならば、フェアユースに該当する行為の多くも、著作者人格権侵害、とりわけ同一性保持権侵害となり、著作権法上、許されないこととなる。しかし、このような結論は、著作権の排他的行使を制約する根拠が、そもそも著作権の及ぶべきでない範囲の行為である場合には、そのような行為についても著作者人格権を及ぼす点で不合理と思われる。また、著作権の排他的行使を制約する根拠が、著作権の行使を制約する利益と著作権者の利益の比較衡量の結果である場合にも、そのような利益衡量の結果を無視して常に著作者人格権を優先することは適当とはいえない。

わが国の著作権法に一般的フェアユース規定を導入する場合にも、そのような規定と著作者人格権の関係を調整する仕組みを忘れるわけにはいかない。

---

19) Campbell v. Acuff-Rose Music, Inc., 510 U. S. 569（1994）（プリティ・ウーマン事件）。

II. 個別列挙型の規定と一般的フェアユース規定との比較

1. 個別列挙型規定の特徴

　日本の著作権法は、個別列挙型の規定を設けて、個別的に著作権侵害とはならない行為（その中には、前述のとおり、そもそも著作権の及ぶ範囲の外にあるはずの行為も含まれる）を明示している。

　このような個別列挙型で規定する方法によれば、少なくとも、個別列挙型の規定に挙げられている行為については、著作権侵害にあたらないとの判断が明確に行える。それゆえ、このような方法は、予測可能性および法的安定性に優れている。[20] くわえて、社会の状況と状況の変化に対応して、適時に、立法により個別規定を追加または修正していくならば、この方法は、社会の変化に応じて、当事者の主張および立証の負担が過重とならないように著作権法の保護範囲を調整していくことができる柔軟性に優れた方法と評価できる。

　しかしながら、現在では、著作物の新たな利用方法が登場してからそれが社会に普及するまでの時間がきわめて早くなっている。そのために、著作物の新たな利用方法が出現して、著作権の行使を制限する範囲について変更を加える必要性が生じてからこれに対応する立法の議論を始めても、すでにそのような利用方法が社会に普及してしまっているということになりがちである。

　また、著作権法を改正して個別列挙型の規定を追加することは、もとより許される行為を確認する事が多いにしても、著作権者に対しては、その権利の行使を新たに制限しているかのようなイメージを与えかねないことは否定できない。そのために、著作権者、団体、メディア企業がそのような立法に反対することが容易に予想され、新しい立法の合意の形成に時間を要することになるものと思われる。

　したがって、社会の状況の変化に応じて、適時に、著作権法を改正して個別列挙型の規定を追加または修正していくことは、現実には、相当の労力を必要

---

20) 中山（2007）309頁、田村（2001）198頁。

とする。

2. 一般的フェアユース規定の特徴

　一般的フェアユース規定は、個別列挙型の規定から漏れており、形式的には著作権侵害にあたりそうに見えるが、実質的には著作権侵害とされるべきでない行為について、実体に即した妥当な解決を可能とし、立法の遅れを補う効果がある[21]。

　一方で、一般的フェアユース規定は、個別列挙型の規定ほど、予測可能性や法的安定性を期待できるわけではない[22]。これは、フェアユースに該当するか否かが明確でない行為については、訴訟によって裁判所の判決を得なければ、著作権侵害にあたるか否かの結論が出ないからである。

　また、著作権法に一般的フェアユース規定を導入する利点として、形式的に著作権侵害にあたる新しい著作物の利用方法について事業化を促進するという点を挙げる意見もあると仄聞する。しかしながら、このような意見は、自らの行為がフェアユースに該当すると主張する者は、その行為によって不利益をうける（と考える）権利者からの請求に対して防御しなければならない[23]ということを十分に自覚する必要がある。一般的フェアユース規定が導入されたとしても、自らの行為がフェアユースに該当することを訴訟において主張し、立証していく意欲と能力を持つ者でなければ、フェアユース規定をよりどころとして、新しい著作物利用方法を事業化することはできない[24]。

---

21) 中山（2007）308頁。
22) 中山（2007）309頁。
23) Sony Corp. of America（以下「Sony」という）がビデオレコーダを販売したとき、大手映画会社である Universal City Studios, Inc.は、米国において、ビデオレコーダによるテレビ番組の録画は著作権侵害であると主張して、Sony に対して、訴訟を提起した。Sony は、連邦最高裁判所までこの訴訟を戦い抜き、連邦最高裁判所において、ビデオレコーダによるテレビ番組の録画はフェアユースにあたり、著作権を侵害せず、ビデオレコーダの製造販売も著作権侵害ではないという判決を得た（Sony Corp. of America v. Universal City Studios, Inc., 464 U. S. 417（1984）（ソニー・ベータマックス事件））。
24) 中山信弘「著作権法と規制緩和」西村利郎先生追悼論文集『グローバリゼーションの中の日本法』（商事法務・2008年）398頁は、「フェアユースの規定を設けた場合に、うまく機能するか否かということは、わが国企業が自己のリスクにおいて訴訟を勝ち抜き、自己のビジネスを守り抜く覚悟があるか、という点に掛かっている」と指摘する。

3. 一般的フェアユース規定による判断が適する行為と個別列挙型規定による判断が適する行為

　著作物の利用行為の中には、そもそも個別列挙型の規定によって著作権侵害とならない基準を定めることが困難なものがある。

　たとえば、パロディである。パロディは、もとになる原著作物を借用して、これに改変を加えるものであるから、著作権法上、原著作権者の翻案権（法27条）、複製権（法21条）等の侵害にあたりうる。

　米国では、前述したように、判例上、パロディがフェアユースに該当しうること、また、その場合には著作権を侵害しないことが認められている。米国連邦最高裁判所は、映画「プリティ・ウーマン」の主題歌にも使用された楽曲"Oh！ Pretty Woman"について、ラップグループである2 Live Crew が同曲のラップ調の風刺版を発表したことがフェアユースに該当するかが争われた裁判において、パロディに対してフェアユースが成立しうることを肯定し、米国著作権法107条に列挙されているフェアユース該当性の四つの判断要素―(1)使用の目的と性質（その使用が商業的なものであるか非営利の教育目的のものであるかを含む）、(2)著作物の性質、(3)著作物全体との関連における使用された部分の分量と実質性、(4)著作物の潜在的市場または価値における使用の影響―を衡量して、フェアユースの成否を判断した。この米国連邦最高裁判所判例が判示するように、パロディのような他人の著作物を借用する行為が著作権を侵害するか否かを判断するためには、個別具体的な事情を考慮して総合判断する

---

25) 米国著作権法107条は、フェアユースの成否につき以下のような判断要素を列挙している。
In determining whether the use made of a work in any particular case is a fair use the factors to be considered shall include—
　(1) the purpose and character of the use, including whether such use is of a commercial nature or is for nonprofit educational purposes ;
　(2) the nature of the copyrighted work ;
　(3) the amount and substantiality of the portion used in relation to the copyrighted work as a whole ; and
　(4) the effect of the use upon the potential market for or value of the copyrighted work. The fact that a work is unpublished shall not itself bar a finding of fair use if such finding is made upon consideration of all the above factors.
26) 前掲注19)・プリティ・ウーマン事件。

ことが必要となる。このような判断基準は、抽象的なものとならざるを得ず、個別列挙型の規定にはなじまない。

一方で、私的使用のための複製に対する補償規定（法30条2項）のような個別的かつ技術的な事項を定める場合には、これを一般的フェアユース規定で定めることは困難であり、個別列挙型の規定によらざるを得ない。結局のところ、著作物の媒介を促して、情報を広く流布させるためには、常に社会の変化に対応して、著作権保護のあるべき姿を追求し続ける必要がある。一般的フェアユース規定を著作権法に定めるか否かにかかわらず、不断に、個別列挙型の規定の追加修正を検討し、実行していく必要がある。

III. 一般的フェアユース規定の実現を期待する動きと、その背景

日本でも、技術の進歩や新しいビジネスモデルの出現に対応するため、米国著作権法のような一般的フェアユース規定を著作権法に導入することを期待する声がある[28]。その理由として、現行の著作権法のような個別列挙型の規定のみでは、急速な現代社会の状況の変化に立法のスピードが間に合わず、遅れが生じること、個別列挙型の規定で想定されていない新規分野への技術開発や事

---

27) マッド・アマノ氏が、写真家の白川義員氏撮影の雪山をシュプールを描いて滑空する6名のスキーヤーの写真とスノータイヤを組み合わせたモンタージュ写真を作成して発表したことについて、著作権侵害の成否が争われた事件において、最高裁判所は、（旧著作法30条1項2号に規定された）「右引用にあたるというためには、引用を含む著作物の表現形式上、引用して利用する側の著作物と、引用されて利用される側の著作物とを明瞭に区別して認識することができ、かつ、右両著作物の間に前者が主、後者が従の関係があると認められる場合でなければならないというべき」との判断基準を示して、上記モンタージュ写真の発行は、上記引用にはあたらないとし、くわえて白川氏が著作者人格権として有する同一性保持権を侵害すると判示した（最判昭和55年3月28日民集34巻3号244頁〔モンタージュ写真事件第一次上告審判決〕）。

このように最高裁判所は、上記モンタージュ写真の著作権侵害の有無を判断するにあたり、個別規定である旧著作権法30条1項2号が定める「引用」に該当するか否かを判断している。上記モンタージュ写真は、受け手が、その元となった白川氏の写真を知っていることを前提としていないと思われることからしても、また、特に強烈な批判精神がモンタージュ写真から感得できるわけでもないことからすると、そもそも典型的なパロディの事例とはいえない。上記最高裁判決も、上記モンタージュ写真がパロディに該当するか、あるいはパロディが著作権侵害となるか否かについては判断していない。

業活動に対して萎縮効果を及ぼしていること[29]等が挙げられている。

　このような主張がなされる背景には、インターネットの普及等によって、新しい著作物の利用方法に基づくビジネスが社会に広まる速度が飛躍的に高まった結果、個別列挙型の規定を追加または修正して対応していくという方法では、社会の状況の変化に対応していけなくなったことが挙げられる。それにくわえて、GoogleやYouTube等の著作権侵害のおそれがあるビジネスについて、米国での起業とその世界的成功が相次いだのに対して、わが国では同様のビジネスで世界的に成功している企業が見当たらないという事実について、その原因を、米国の著作権法には一般的フェアユース規定があるのに対して、わが国の著作権法には個別列挙型の規定しかない点に求める考えがあるためと思われる。

　筆者らは、わが国の著作権法に一般的フェアユース規定が導入されたとしても、そのことが新規ビジネスの起業を促進するとは安易に思うことができないものの、個別列挙型規定から漏れた行為について、実体に即した柔軟な処理が可能になるという点で、著作権法に一般的フェアユース規定を導入することが適当であると考える。その場合にも、先に述べたとおり、個別列挙型の規定を主として、一般的フェアユース規定を個別列挙型の規定が想定していない事項に対応する従たる規定として扱うことが適当と思われる。

---

28)　知的財産戦略本部デジタル・ネット時代における知財制度専門調査会「デジタル・ネット時代における知財制度の在り方について」(2008年11月27日)〈http://www.kantei.go.jp/jp/singi/titeki2/houkoku/081127digital.pdf〉11頁では、権利制限の一般規定（日本版フェアユース規定）を著作権法に導入することが適当であると報告されている。

29)　前掲注28)「デジタル・ネット時代における知財制度の在り方について」11頁。

第5章

世界の動向

I. はじめに―本章の目的とテーマについて

　本章では、2009年改正に関連する国際的な動向について概観し、2009年改正の位置付けおよび今後の課題について、比較法的な観点から考察をなすための材料を提供することを目的とする。なお、2009年改正を、その規定ぶりにより大きく分類すると、(a)権利制限規定の改正（新たな権利制限規定の創設ならびに私的領域における権利制限の例外の明確化[1]）、(b)著作権者不明の場合における裁定制度の改正[3]、(c)新たなみなし侵害規定の創設[4]、および(d)その他（登録の電子化等）[5]に分けられるが、紙幅の関係上、本章では(a)および(b)に関連する叙述にとどめる。具体的には、(a)に関連して、条約を含む各国毎の権利制限の在り方について概説する（第Ⅱ節）とともに、(b)に関連して、放送番組のネット配信に関する著作物の二次的利用促進のための各国別の裁定制度や団体間協約の現状等について、その一部を紹介する（第Ⅲ節）。

---

1) 国立国会図書館資料の電子化、ネットオークションでの画像掲載、検索エンジンサービス、送信の効率化、電子機器利用等に関する円滑化を目的とする法31条および法47条の5以下の改正、ならびに障害者の情報利用機会確保のための法37条等の改正。
2) インターネットを経由する情報の配信（以下、「ネット配信」と略する）による違法に複製された著作物のデータの流通を抑止することを目的とする法30条1項の改正。
3) 放送番組のネット配信等における二次利用を促進することを目的とする法67条等の改正。
4) インターネットを経由する違法に複製された著作物のデータの流通を抑止することを目的とする法113条等の改正。
5) 法78条等の改正。

II. 権利制限の在り方に関する国際的な状況について

　本節では、2009年改正の主要テーマの一つである著作権の権利制限の在り方について、国際的な状況および動向を概観する。

　まず第1款では、各国毎の権利制限の在り方を参照する前提として押さえておくべき基本的な視点について、確認する。その上で、第2款では、権利制限に関する国際条約の定め、とりわけスリー・ステップ・テストについて、その内容と、近時これが注目されている状況について説明し、その後、米国、欧州、アジア各国毎の権利制限規定の在り方について見ていく。その最後に挙げる台湾法については、日本法同様に大陸法の継受国であり、かつては権利制限について限定列挙主義を採っていたところ、近年米国流の一般的権利制限規定（「合理的使用」規定)[6]を導入した経緯を持つ。このことに鑑み、今後のわが国におけるさらなる法改正の参考にもなり得るものと考え、やや詳しく紹介する。

　なお、本節では、原則として各国の立法府による成文法上の権利制限規定およびその改正の動向を叙述の対象とし、権利制限に関する裁判所による法創造については、各国制度を理解する上で必要な範囲での言及にとどめる。

1. 各国の著作権法および権利制限規定を考察する上での前提となる基本的な視点

　デジタル技術をはじめとする急速な技術革新とインターネット環境の出現は、著作物の利用行為および流通形態の多様化と複雑化を加速させ、著作物の利用をめぐる関係当事者間の新たな利益調整の必要性を、全世界規模での共通の喫緊の課題となすに至っている。このような状況は、権利制限規定に関する判断基準を定めた国際的なスタンダードといえるスリー・ステップ・テストが初めてベルヌ条約に導入された約40年[7]前には、想像すらできなかったものといえ

6）　台湾著作権法65条。
7）　スリー・ステップ・テストは、1967年ストックホルム改正会議において初めてベルヌ条約に規定された。なお、ここでは権利制限一般に関する規定としてではなく、複製権の制限に関する規定として導入された。詳しくは後述第2款(1)(i)参照。

よう。かかる状況は、世界規模での迅速な対応とハーモナイゼーションを同時に要求する性質を伴うものであるため[8]、各国毎の著作権保護に関するアプローチの相違を相対化する契機を孕むとともに、互いの規定の在り方について参照する機会や意義を益々高めつつある[9]。

もっとも、いかに相違が相対化しているとはいえ、権利制限の在り方について各国毎の比較および考察を行う際には、前提として、対象各国における著作権法の基本理念(特に権利保護に関するアプローチ)の相違について確実に認識しておくことが、肝要である。この点を怠ると、各国における議論状況の意義を正しく理解できないことにも繋がりかねないからである。

そこで、本款では、以下(1)において、英米法の系譜をひく Copyright アプローチと大陸法の系譜をひく Author's Right アプローチの相違について、まず確認しておく。さらに、(2)においては、多岐にわたる各国別の権利制限規定の比較および考察を行う上で、最も着目されるポイントの一つである一般条項主義と限定列挙主義の別につき、簡単に説明を行う。

(1) 著作権制度における Copyright アプローチと Author's Right アプローチの相違について

各国毎の著作権制度を貫く理念を理解する上で、今なお考慮されるべき権利保護に関するアプローチの相違として、伝統的な Copyright アプローチと Author's Right アプローチとの相違が挙げられる。これらについて、あえて単純化して捉えると、次のように説明することができる。

---

8) 特にインターネット環境下では、著作物の利用も流通もボーダーレスであるから、ハーモナイゼーションが強く求められる。

9) 近年、著作物をめぐる新たな利益調整の必要性を意識した権利制限の在り方についての比較法的議論に注目が集まっていることの顕れは、2006年 ALAI(国際著作権法学会)バルセロナ研究大会のテーマ「著作権と表現の自由」や、日本の著作権法学会 2008 年度研究大会のシンポジウムのテーマ「権利制限」からも看取できる。また、権利制限に関する国内外における論文および研究成果については枚挙に暇がない。さしあたり、直近の日本語でのまとまった研究資料として、前述の著作権法学会 2008 年度研究大会のシンポジウムにおける研究報告をとりまとめた「著作権研究」35 号(2008 年)、および著作権制度における権利制限規定に関する調査研究会・三菱 UFJ リサーチ&コンサルティング編『著作物の流通・契約システムの調査研究「著作権制度における権利制限規定に関する調査研究」報告書』(2009 年 3 月)〈http://www.bunka.go.jp/chosakuken/pdf/houkokusho_090601.pdf〉(以下「調査研究報告書」という)等を参照。

まず、Copyright アプローチとは、主としてコモンローの系譜を受け継ぐ英米法系の国々の著作権制度において採用されてきたものであり、著作者の権利（author's right）としてよりも、財産権としての著作権の側面を強調する点に、特徴がある。たとえば、そのルーツともいえる英国著作権法は、歴史的には印刷業者の保護という産業政策に端を発しており、保護される著作物を創作的著作物に限定してはおらず[10]、また著作物に求められるオリジナル性のレベルも低い。その反面として、著作者人格権（moral rights）については、大陸法系の国々と比べると限定的な承認にとどまるといわれる。また、理念的には、著作物は本来パブリックドメインに帰し何人もこれを自由に使用できるはずであるが、重要な公益目的を達成するための政策手段として[11]、権利者に一定期間に限り市場における独占的地位を付与するのが著作権制度であるとの発想（功利主義的法理）に、結びつきやすい。

これに対して、大陸法系の国々（日本もこの系譜に属する）の著作権制度においては、少なくとも法文上は、Author's Right アプローチが原則として採用されており、そこでは、著作物として保護されるための要件として創作性が求められ、創作行為の主体である著作者の優位性というものが一般的に承認されている。その結果、著作物が持つ財としての性格のみならず、創作行為を行った者の人格の表出の保護にも等しく重点が置かれることになる（著作者人格権の尊重）。また、理念的には、自己の人格を外部に表現することによって著作物を生み出した者は、その著作物から生じるあらゆる利益を当然に享受することができるというのが原則であり、これを保障するための制度が著作権制度であるとの発想（自然権的法理）に、結びつきやすい。

以上のような両アプローチの相違は、各種の国際条約が締結されている現代においては、各国の著作権制度にリニアに現れるものではなく、いわば濃淡の形で反映されるものである。また、その相違は、各国が共通に直面している著作物の利用行為と流通形態の多様化および複雑化に伴う現代的課題への対処が次第に図られていく中で、徐々に相対化しつつあり、今では、もはや著作物を

---

10) たとえば、鳥の声や蒸気機関車の音等の記録物（録音物）も保護の対象とされる。
11) ここでいう「公益目的」としては、創作活動を促進し産業または文化を振興する目的のみならず、民主主義の基盤を支える目的も重視される。

めぐる関係当事者間の利益調整の帰結に絶対的な差異をもたらすものではなくなっているというのも、一面の真実ではある。しかしながら、他方で、各国の著作権制度が原則としてこれら両アプローチのいずれを採用してきたかによる相違は、各国毎に条約の範囲内で著作者人格権の保護やその例外をどの程度認めるかという点に最も端的な差異として現れると同時に、財産権である著作権の制限規定の在り方やその解釈の姿勢に対しても、依然として影響を与えている。具体的には、権利制限に関する規定をどこまで抽象化するか（さらには一般条項化も認めるか）、権利制限規定をどこまで例外視して厳格解釈の姿勢を採るのか、権利制限の根拠を担う価値としていかなる価値を重視するのか（権利制限を正当化する公益目的の中身）、または各国毎に設けられている権利制限規定の個数等にも、微妙な影響を与えている。

したがって、次款（第2款）において、各国毎の権利制限の在り方および動向について参照する前提として、対象各国の著作権制度が、両アプローチのうち、いずれをベースとして採用するものであるかについて確認しておくことが、正確な比較法的示唆を得る上で、大変重要となる（217頁【各国毎の著作権制度の分類表】参照）。

(2)　権利制限における一般条項主義と限定列挙主義

以上に述べた点を踏まえつつ、実際に各国毎の権利制限規定を比較または参照する際には、各国法における権利制限の規定方式として、一般条項主義と限定列挙主義のいずれが採用されているかが、まず第1に着目されるべきである。

この点、Author's Rightアプローチを原則として採用する国々においては、伝統的に、権利制限を例外的なものとして捉える傾向にあったから、権利制限の規定方式としては個別具体的な条項の限定列挙主義が採られるのが、これまでは一般的であった。ただし、これらの国々の間でも、前述した著作物をめぐる利用行為および流通形態の多様化および複雑化の問題に対処していく上で、個別的権利制限規定による限定列挙主義では限界があり、急速な技術発展に伴い今後とも生じ得る予想外の状況に対して、権利者と利用者との間での適切な利益調整を適宜迅速に図ることができるよう、権利制限に関する一般条項を何らかの形で設けるべきであるとの議論が盛んになってきている。[12] また、この際に、権利制限に関する国際条約上の規定として定められたスリー・ステッ

プ・テスト[13]を新たな利益衡量の受け皿として再構成して利用すべきであるとの主張[14]も、著作権制度の調和等を図るためのEC情報社会指令[15](以下、「EC情報社会指令」と略する)5条5項[16]の規定を受けた欧州を中心になされている(第2款(1)を参照)。これらの動向は、2009年改正に引き続くテーマとして、権利制限に関する一般条項の導入議論が高まっているわが国においても、大いに参照されるべき対象である。また、この点に関連して、従来、日本法とほぼ同様の著作権制度および限定列挙主義の個別的権利制限規定を擁していたものの、一

---

12) こうした議論の状況については、第2款において後述する。なお、一般論として、個別的権利制限規定しか持たない国々において一般的権利制限規定を新設するに際しては、いかにして裁判所に対して機能する判断基準を与えるかという側面と、いかにして行為者に対して参照し得る行為規範を与えるかという側面の、両面での検討が求められる。また、Author's Rightアプローチを原則として採用する国々においては、別途著作者人格権(特に同一性保持権)についての手当てが検討テーマとなり得る。

13) 権利制限が認められるためには、(a)特別の場合であって、(b)著作物の通常の利用を妨げず、(c)著作者の正当な利益を不当に害しないこと、という3要件をすべて充足する場合に限られるとする定め。
　ベルヌ条約9条2項、TRIPS協定13条、WIPO著作権条約(WCT)10条、WIPO実演・レコード条約(WPPT)16条等参照。

14) もう少し正確に述べると、「スリー・ステップ・テストを新たな利益衡量の受け皿として再構成して利用すべきであるとの主張」には、(a)スリー・ステップ・テストの解釈論の再構成を行うことによって既存の個別的権利制限規定の解釈に柔軟性を持たせ、新たな事態に対応すべき(条約上のスリー・ステップ・テストの定めには、本来各国毎の権利制限規定の外延を画する機能が存するから)だとするものと、(b)条約上のスリー・ステップ・テストの規定を、理論的再構成を伴った上で国内法として引き写し、一般的権利制限条項として利用すべきだとするものとの、双方が含まれる。

15) Directive 2001/29/EC of the European Parliament and of the Council of 22 May 2001 on the Harmonisation of Certain Aspects of Copyright and Related Rights in the Information Society, OJ L 167, 22. 6. 2001, pp. 10-19, available at 〈http://eur-lex.europa.eu/pri/en/oj/dat/2001/l_167/l_16720010622en00100019.pdf〉.
　なお、和訳としては、原田文夫訳『情報社会における著作権および関連権の一定の側面のハーモナイゼーションに関する欧州議会およびEU理事会のディレクティブ2001/29/EC』(著作権情報センター・2001年)参照。

16) EC情報社会指令5条5項:"The exceptions and limitations provided for in paragraphs 1, 2, 3 and 4 shall only be applied in certain special cases which do not conflict with a normal exploitation of the work or other subject-matter and do not unreasonably prejudice the legitimate interests of the rightholder."(和訳:「1項から4項に定められた例外および制限は、著作物の通常の利用を妨げず、かつ、権利者の正当な利益を不当に害しない一定の特別な場合にのみ適用されるものとする。」)

足早く権利制限に関する一般条項の導入を実現した台湾法における包括的一般条項の立法経緯およびその後の法運用を検討し、参考とすることは、今後のわが国における法改正論議に示唆を与えるであろう（詳しくは、第2款(3)を参照）。

　他方、Copyright アプローチを原則として採用する国々については、功利主義的発想に基づき、公正な（fair）目的による権利制限を比較的認めやすい基盤を有するが、その中でも、権利制限に関する包括的な一般条項を成文法上の規定（たとえば、永年にわたる判例法理を成文化した米国著作権法 107 条のいわゆるフェアユース規定）として設ける国と、あくまでも個別的権利制限規定を列挙する方式を採用しつつ、その中でやや抽象度の高い条項（たとえば英国のフェアディーリング規定）を設ける国とに分かれる。ただし、これら主としてコモンローの系譜をひく国々では、仮に成文法上は限定列挙主義を採用している場合でも、裁判所の判断により、いわば著作権法の制度の枠外で、公益目的により権利行使の否定がなされ得る点には、留意が必要である[17]。

---

17)　たとえば、表現の自由の保障の観点からの公益の抗弁による権利行使の否定の可能性を認めた英国における Ashdown 事件控訴審判決参照（*Ashdown v Telegraph Group Ltd* [2002] Ch 149（CA））。
　　同事件の事案は、民主党の前党首である Paddy Ashdown 氏が、1997 年 10 月に当時の首相その他の有力政治家との会合に出席した際の様子を自ら記した日誌（労働党と民主党の連立に係る計画を内容として含んでいた。以下、「原告文書」という）を、1999 年 11 月に、厳格な守秘義務を付した上で、新聞社や出版社の代表者に公表したり、配布したりしたところ、その一部が被告の政治部編集者の手に届き、被告が原告文書を利用した記事を出版したが、その被告記事には、原告文書全体の 5 分の 1 ほどの文章がほぼ逐語的に複製されていたため、原告が被告の行為は原告文書の著作権侵害にあたるとして訴えたものである。
　　被告は批評または論評を目的としたフェアディーリング（英国著作権法 30 条 1 項）、時事の報道を目的としたフェアディーリング（同条 2 項）、および公益の抗弁（同法 171 条 3 項）を主張して反論したが、第一審判決はこれら被告の抗弁をいずれも排斥し（特に「公益の抗弁」については、先例によれば限られた場合にしか認められない点を強調）、被告の著作権侵害を肯定していた。これに対し、本件控訴審判決は、結論においては原審判決を維持し、フェアディーリングの成立を否定したものの、表現の自由の保障の観点からの公益の抗弁が認められる余地について、従来より積極的な説示を展開した（最終的な判断としては、本件事案においては公益の抗弁を認めなかった）。

【各国毎の著作権制度の分類表】

権利保護に関するアプローチの相違

<table>
<tr><td rowspan="4">権利制限の規定方式</td><td></td><td>Copyrightアプローチを原則とする</td><td>Author's Rightアプローチを原則とする</td></tr>
<tr><td>一般条項主義</td><td>米国</td><td></td></tr>
<tr><td>限定列挙に加えて一般条項を導入</td><td></td><td>台湾</td></tr>
<tr><td>限定列挙主義</td><td>英国</td><td>フランス、ドイツ、日本、韓国[18]、中国[19]</td></tr>
</table>

2. 条約および各国毎の権利制限の在り方および動向について

(1) 条約等について

(i) 権利制限に関する国際条約上の定め（スリー・ステップ・テスト）

多くの国々が加盟する国際条約上、著作権の権利制限の適用範囲および要件に関する一般的な定めとして初めて規定され、かつ、現在においても広く採用されている国際的スタンダードともいうべき法理が、いわゆるスリー・ステップ・テストである。その内容は、「権利制限が認められるためには、(a)特別の場合であって、(b)著作物の通常の利用を妨げず、(c)著作者の正当な利益を不当に害しないこと、という3要件をすべて充足する場合に限られる」というものである。

このスリー・ステップ・テストが明文の規定の形で最初に登場したのは、ベルヌ条約9条2項[20]においてであるが、そこではまだ「複製権」を制約する法理としての位置付けにとどまっていた。ベルヌ条約9条2項においてスリー・

---

18) ただし、韓国では現在、一般的権利制限規定としての公正利用条項の導入が、法案の形で具体的に検討されている。後述第2款(2)(v)参照。

19) 中国著作権法は、形式的には「著作権」の中に人身権（著作者人格権）と財産権とが包含されるという構成を採っており（中国著作権法10条）、権利主体については原則として創作者主義を採用している（同法11条）から、ひとまず、Author's Rightアプローチをベースとして採用するものと分類した。ただし、中国著作権法（1991年に施行され、2001年に第1回改正が行われた）が、制度の成り立ちにおいて、理念的に大陸法系の自然権的法理に根ざしたものなのか、英米法系の功利主義的法理に根ざしたものなのかについては、判然としない。

ステップ・テストの導入が図られたのは、1967年のストックホルム改正会議においてであるが、当時、著作権の中心的な権利であるにもかかわらずベルヌ条約上に明文規定が置かれていなかった「複製権」に関する一般的な承認規定を設けることが議論される中で、同権利の例外の適用範囲および要件を定める一般的規定も同時に必要であるとの認識が共有され、かかる権利制限に関するスリー・ステップ・テストが採用されるに至ったものである[21)][22)]。

その後、1994年に成立したTRIPS協定の13条において[23)]、スリー・ステップ・テストの適用範囲は、「複製権」を超えて著作権一般に拡張されることとなった。

また、さらに、スリー・ステップ・テストは、1996年に採択されたWIPO著作権条約（WCT）10条[24)]およびWIPO実演・レコード条約（WPPT）16条[25)]においても明文規定の形で定められ、2001年に採択されたEC情報社会指令[26)]5条5項[27)]にも採用される（後述(ii)参照）など、現在では著作権の権利制限規定に関する国際的な一般原則としての地位を確立したといっても過言ではない。

---

20) ベルヌ条約9条2項：
「特別の場合について前項の著作物の複製を認める権能は、同盟国の立法に留保される。ただし、そのような複製が当該著作物の通常の利用を妨げず、かつ、その著作者の正当な利益を不当に害しないことを条件とする。」

21) ミハイリ・フィチョール（大山幸房ほか訳）『WIPOが管理する著作権及び隣接権諸条約の解説並びに著作権及び隣接権用語解説』（著作権情報センター・2007年）63頁および65頁参照。なお、同書の原文であるMihály Ficsor, Guide to the Copyright and Related Rights Treaties Administered by WIPO and Glossary of Copyright and Related Rights Terms (WIPO 2003) も併せて参照。また、さらに詳しいスリー・ステップ・テストのベルヌ条約への導入経緯の説明としては、Martin Senftleben, Copyright, Limitations and the Three-Step Test: An Analysis of the Three-Step Test in International and EC Copyright Law 43-52 (Kluwer Law International 2004) 参照。

22) ストックホルム改正会議におけるスリー・ステップ・テストの採用については、当時すでに各国に存在していた複製権の制限規定をそのまま存続させることができるよう、また大陸法諸国とコモンローの系譜に属する諸国の双方に受け入れられやすいよう、なるべく広く解釈可能な曖昧な文言を用いた結果としての、妥協の産物であったとの指摘も存在する。
井上由里子「欧州における著作権の権利制限―EC情報社会指令のもとでの現状と課題」斉藤博先生御退職記念論集『現代社会と著作権法』（弘文堂・2008年）15頁参照。

23) TRIPS協定13条：
「加盟国は、排他的権利の制限又は例外を著作物の通常の利用を妨げず、かつ、権利者の正当な利益を不当に害しない特別な場合に限定する。」

このことを特に印象付けたのが、TRIPS協定13条に関するWTOパネル報告により米国の権利制限規定の一つがスリー・ステップ・テストに反し条約上許されないとの判断が下された、いわゆる米国著作権法110条5項事件であった。

米国著作権法には、一般的権利制限規定として同法107条のフェアユース規定が置かれているが、同時に同法108条以下には詳細な局面設定に応じた個別的権利制限規定も列挙されている。このうち、同法110条5項においては、まず(A)号で「家庭用免除」についての規定が置かれており、この規定が、続く(B)号の「業務用免除」についての規定にも拡張される条文構造となっている。そして、この(B)号によれば、たとえ業務用施設であっても、一定の総床面積数未満であるか、もしくは一定程度以下の視聴覚等設備を備えるにとどまる施設における非演劇的音楽著作物の公衆への伝達については、著作権侵害を構成しないこととなる規定ぶりとなっていた。かかる米国著作権法の規定について、アイルランドの著作権管理団体がECに異議を申し立て、ECがWTOに提訴

---

24) WIPO著作権条約（WCT）10条：
「(1) 締約国は、著作物の通常の利用を妨げず、かつ、著作者の正当な利益を不当に害しない特別な場合には、この条約に基づいて文学的及び美術的著作物の著作者に与えられる権利の制限又は例外を国内法令において定めることができる。
(2) ベルヌ条約を適用するに当たり、締約国は、同条約に定める権利の制限又は例外を、著作物の通常の利用を妨げず、かつ、著作者の正当な利益を不当に害しない特別な場合に限定する。」

25) WIPO実演・レコード条約（WPPT）16条：
「(1) 締約国は、実演家及びレコード製作者の保護に関して、文学的及び美術的著作物の著作権の保護について国内法令に定めるものと同一の種類の制限又は例外を国内法令において定めることができる。
(2) 締約国は、この条約に定める権利の制限又は例外を、実演又はレコードの通常の利用を妨げず、かつ、実演家又はレコード製作者の正当な利益を不当に害しない特別な場合に限定する。」

26) 前掲注15) 参照。
27) 前掲注16) 参照。
28) Panel Report, *United States-Section 110 (5) of the US Copyright Act*, WT/DS160/R (June. 15, 2000), available at 〈http://www.wto.org/english/tratop_e/dispu_e/1234da.pdf〉.
29) 同事件については、道垣内正人＝内記香子「米国の著作権法に関するWTOパネル報告—TRIPs協定3ステップ・テストの下における各国の制限・例外規定の許容性(上)(下)」国際商事法務465号（2001年）277頁、466号（2001年）414頁等参照。
30) なお、現在も同条項の規定ぶり自体に変更はない。後掲注34) も参照。

したのが、ここにいう米国著作権法110条5項事件である。

そして、この事件に対してWTOパネル報告書は、米国著作権法110条5項(B)号は、TRIPS協定13条の定めるスリー・ステップ・テストの要件を満たしておらず、また、同協定9条1項[31]を通じて適用されるベルヌ条約11条1項(ii)号[32]および11条の2第1項(iii)号[33]に反し、条約違反であるとの判断を示した[34][35]。

このことからも分かるように、スリー・ステップ・テストは今や、ベルヌ条約やWTOに加盟する各国の国内立法における権利制限規定創設に対する制約原理として機能する[36]側面が強まっており、後述する各国毎の権利制限の在り方にも少なからず影響を及ぼしている[37]。すなわち、スリー・ステップ・テストは、ベルヌ条約やWTOに加盟する各国に対して、国内法の権利制限規[38]

---

31) TRIPS協定9条1項：
「加盟国は、1971年のベルヌ条約の第1条から第21条まで及び附属書の規定を遵守する。ただし、加盟国は、同条約第6条の2の規定に基づいて与えられる権利又はこれから派生する権利については、この協定に基づく権利又は義務を有しない。」

32) 「著作物の上演及び演奏を何らかの手段により公に伝達すること」に関する排他的権利を定めた規定。

33) 「放送された著作物を拡声機又は記号、音若しくは影像を伝えるその他の類似の器具を用いて公に伝達すること」に関する排他的権利を定めた規定。

34) このWTOパネル報告書は、DSB（WTO紛争解決機関）により採択され、後にDSB勧告として確定している（米国は上級委員会に上訴しなかった）。ただし、今日においてもなお、米国著作権法110条5項(B)号の規定は修正も廃止もされておらず、DSB勧告未履行の状態が継続している。

35) なお、米国著作権法については、本款(2)(i)において説明する米国著作権法107条のフェアユース規定が、そもそもスリー・ステップ・テストを定めたTRIPS協定13条等に反し、条約違反なのではないかという点が問題となり得る。というのも、米国著作権法107条の規定については、批評、論評、報道、教育等の、フェアユースが認められる場合の利用目的を条文上掲げてはいるものの、これらがあくまでも例示としての扱いであることからすると、スリー・ステップ・テストの第1要件である「特別な場合」を満たしていないのではないかという疑問が生じ得るからである（たとえば、横山久芳「英米法における権利制限」著作権研究35号（2008年）45頁以下の注54）は、米国の裁判例によるフェアユース規定の解釈運用の在り方にも鋭く言及した上で、「アメリカのフェアユース規定の理念及びその運用に鑑みると、フェアユースによる権利制限は『特別な場合』に当たらないと理解される可能性も強い」と述べている）。

ただし、本書では紙幅の関係上この点についての議論は措き、問題の指摘にとどめる。

36) 日本もベルヌ条約およびWTOの加盟国であるから、2009年改正を含め、新たな権利制限規定の創設にあたっては、当然にスリー・ステップ・テストの掲げる3要件を充足させる必要がある。

定の条約適合性の問題を提起する形で制約原理として働くと同時に、近時はスリー・ステップ・テストの各国における国内法化の流れを受け、各国毎の権利制限の在り方により直接的な影響を与えるようにもなってきているのである。

そこで、以下ではスリー・ステップ・テストの3要件について、近時の議論にも触れつつ、もう少し詳しく説明する。

まず、第1要件の「特別の場合」の意味については、(a)著作物を利用し得る範囲が「特定の目的」に限られること、および(b)「公共政策上の明らかな理由」または「その他の例外的な状況」により正当化され得ること、の双方を満たさなければならないとするのが代表的な見解である[39]。

次いで第2要件の「著作物の通常の利用を妨げず」については、ベルヌ条約のストックホルム改正会議に先立ち設けられた研究会グループの1964年の報告書が、同条約9条の草案作成にも踏襲されている。その中の議論を参照すると、「相当の経済的または実用的重要性を有し、または取得するであろう著作物のあらゆる利用形式は、原則として著作者に留保されなければならない」ことは明らかであり、「これらの点において著作者に開かれた可能性を制限する例外は受け入れることはできない」とされている[40]。すなわち、第2要件の「通常の利用」とは、単に経験的な意味での「通常の」利用を指す言葉ではなく、「相当の経済的または実用的重要性を有し、または取得するであろうあら

---

37) このことは、米国のようにすでに権利制限についての包括的一般条項を擁する国においても、当該国が条約加盟国である限り当てはまり、スリー・ステップ・テストに抵触する内実を伴った個別的権利制限規定の創設は許されないことになる（なお、権利制限に関する一般条項自体がスリー・ステップ・テストに抵触する可能性については、前掲注35）参照）。

また、新たな権利制限規定の創設に対してだけではなく、既存の権利制限規定に対しても、スリー・ステップ・テストは条約を通じて制約原理として働き、影響を及ぼす点には留意を要する（前述した米国著作権法110条5項事件参照。また、裁判所における法解釈への影響については後述224頁以下および248頁以下を参照）。

38) この点は、EC情報社会指令5条5項の存在を通じて、欧州において特に顕著である。

39) Sam Ricketson & Jane C. Ginsburg, International Copyright and Neighbouring Rights : The Berne Convention and Beyond 764 (2nd ed., vol. 1, Oxford University Press 2006); Sam Ricketson, Berne Convention for the Protection of Literary and Artistic Works : 1886-1986 482 (Kluwer Law International 1986).

40) Records of the Intellectual Property Conference of Stockholm, June 11 to July 14, 1967 112 (Vol. 1, WIPO 1971).

ゆる形態の著作物利用行為」を意味する規範的な性質を持つ文言であると捉えられているのである。

　ここでより重要であると思われる点は、上記の規範的解釈に基づき、第2要件によって妨げてはならないとされる「通常の利用」には、権利者の現在および将来における経済的利用可能性が含まれると考えられていることである。このことは次の二つの意味での現代的な問題を提起する可能性を孕んでいる。

　その一つ目は、「通常の利用」が将来にまでわたるあらゆる利用形態を含むものであるとすると、権利者に予め独占性が留保される利用形態や市場が過度に広く捉えられることに繋がり、その結果として技術革新に伴う公衆の新たな表現方法やビジネスの拡大可能性等を不当に制限することにもなりかねないという問題である。本節（第Ⅱ節）第1款の冒頭でも述べたとおり、現代においてはデジタル技術をはじめとする急速な技術革新とインターネット環境の出現により、著作物の利用行為および流通形態の多様化と複雑化が加速しており、今後著作物の利用をめぐる関係当事者間の新たな利益調整の必要性は益々高まる一方であると思われる。それにもかかわらずスリー・ステップ・テストの第2要件について従来からの伝統的な「通常の利用」の解釈をそのまま当てはめると、常に権利者側に偏った結果を招くことになりかねないという点が問題視され始めている。そこで、最近では、純経済的には権利者が利用可能な市場であっても、たとえば表現の自由やプライバシーといった他の重要な諸価値を侵すことになる場合には、そのような市場は規範的にみて権利者に「通常の利用」として留保されている市場にはあたらないとする見解や、権利者に「通常の利用」として留保されている市場は、「権利者の収益源として重要な市場」に限定されるといった見解も、有力に主張されるに至っている[43]。

　また、二つ目の問題としては、従来からの伝統的な考え方によれば、スリー・ステップ・テストの第2要件は後述する第3要件よりも先行して検討されるべきものとされてきた[44]ところ、このような構造的特徴を認めることが、現

---

41) フィチョール・前掲注21) 68頁参照。
42) 前掲注28) のWTOパネル報告書でも同様に解釈されているようである。
43) これらの見解のまとめについては、井上・前掲注22) 16頁の簡潔な叙述によったものである。

代の状況の下では、やはり権利者側に不当に偏った結果を招きがちとなる一因となっているのではないかという点が挙げられる。すなわち、権利者側の利益と利用者側の利益のバランスを比較的図りやすいと考えられる「著作者の正当な利益を不当に害しない」という第3要件を検討する前に、権利者の利益に焦点を合わせた第2要件を常に先行させる形で検討してしまうと、どうしても結果として、権利者に留保された市場を過度に広く判断してしまうことに繋がりかねないのではないか、という問題提起である。この点、ドイツのマックス・プランク知的財産研究所が、2008年9月に公表した声明[45)](同声明の内容については、本款(2)(iv)において後述する)の中で、「スリー・ステップ・テストの解釈および適用においては、包括的かつ一般的な評価が必要とされるのであり、3要件のうちのいずれかが優先されるものではない」旨を述べている点は、大変注目される。

次にスリー・ステップ・テストの3要件の説明の最後として、第3要件の「著作者の正当な利益を不当に害しない」について説明する。実は、ベルヌ条約のストックホルム改正会議の記録においては、同要件についての明確な指針は示されていない。もっとも、一般的には「正当な利益」とは、権利者の法的利益のうち、社会規範や公共政策によってサポートされ得る利益を指すものと考えられており、逆に、権利の制限や例外を設けることは、権利者のそうした利益を不可避的に損なうものであるので、公共政策的配慮により正当化され得るような制限や例外でなければ「不当に害」するものであるとみなされる[46)]。結局、第3要件においては、権利者の法的利益と、公共政策的配慮に基づく利用者の利益との比較衡量が、「正当」性に関する文言を受け皿として図られていくことになるものと考えられる。

---

44) たとえば、WIPO著作権条約の起草者の一人とされるミハイリ・フィチョール博士(同条約策定時のWIPO事務局次長でもある)も、フィチョール・前掲注21) 245頁において、「第三ステップは、その例外又は制限が、第一ステップ及び第二ステップの検証によって可とされた場合(すなわち、その例外又は制限が、特別の場合であり、当該著作物の通常の利用を妨げないとされた場合)に限り、検証対象となる」と明言している。

45) Declaration : A Balanced Interpretation of the "Three-Step Test" in Copyright Law, available at 〈http://www.ip.mpg.de/shared/data/pdf/declaration_three_steps.pdf〉.

46) Ricketson & Ginsburg, supra note 39, at 774.
また、フィチョール・前掲注21) 68頁以下および245頁も参照。

条約上のスリー・ステップ・テストの定めが、国内法の条約適合性の問題を提起する形で、国内立法における権利制限規定の創設に対する制約原理として機能している実態が存することについては、すでに前述したとおりであるが、スリー・ステップ・テストの定めについては同時に、(たとえそれが国内法化されていない場合であっても) 国内の裁判所における解釈基準として直接的にまたは間接的に機能するものであるか否かが、別途問題となり得る。

この点、ひとまず国際法における通説的見解に従い、仮にスリー・ステップ・テストを定めた国際条約の国内的効力が認められることを前提としても、スリー・ステップ・テストに関する規定が、いわゆる自動執行 (self-executing) 力を持ち、国内法化を待たずに国内の裁判所において直接適用され得るのか否かについては、さらに検討を要する。そこで、既存の条約上のスリー・ステップ・テストの規定を改めて見てみると、その内容となる3要件の規定ぶりはかなり抽象的であり、客観性や明確性に欠ける面がある。また一般的にはスリー・ステップ・テストを定めた規定の名宛人は条約加盟国の立法府であると考えられているから、加盟各国国内の権力分立原則および法的安定性の観点に照らせば、結局、それらの規定の自動執行力および直接適用の可能性については、認められにくいものと思われる。[47]この点に関連して、たとえば、東京地判平成12年5月16日判時1751号128頁 (スターデジオ事件) は、次のように判示し、スリー・ステップ・テストを定めた条約の規定 (ここでは、ベルヌ条約9条2項) を直接適用することを否定している。

「ベルヌ条約9条(2)の規定と著作権法30条1項との関係をみると、同法30条1項は、同条約9条(2)本文が特別の場合に著作者等の複製権を制限することを同盟国の立法に留保していることを受け、右複製権の制限が認められる一態様を規定したものということができるから、同条約9条(2)との関係においては、同法30条1項が同条約9条(2)ただし書の条件を満たすものであることが必要[48]

---

47) ただし、228頁に後述するとおり、EC情報社会指令5条5項のスリー・ステップ・テストに関する規定については、その規定の文言から、名宛人として欧州各国の裁判所が直接含まれていると解釈する余地が存するため、各国の裁判所における直接適用の可能性を肯定する見解も主張されている。

48) スリー・ステップ・テストの第2要件および第3要件に相当する。

である。しかしながら、具体的にどのような態様が右条件を満たすものといえるかについては、同条約がこれを明示するものではないから、結局のところ、各同盟国の立法に委ねられた問題であるといわざるを得ない。そして、右のような同条約9条(2)を具体化するものとして規定されている同法30条1項は、それが同条約9条（2）ただし書の条件に沿うものであるとの前提の下で、……複製権に対する制限……を規定しているというべきである。したがって、著作権法によって認められる私的使用のための複製であるか否かを論じるに当たっては、同法30条1項の規定に当たるか否かを問題とすれば足りるものであって、同条項の背景となるベルヌ条約の規定を持ち出して、その規定に当たるか否かを直接問題とするまでもないというべきである」(傍点は筆者による)。

もっとも、スリー・ステップ・テストを定めた条約上の規定が直接適用されないとしても、間接適用される（その限りで国内の裁判所において解釈基準として機能する）ことは充分に考えられる。そして、この点が特に問題となったのが、マルホランド・ドライブ事件についての2006年2月28日のフランス破毀院判決であった。同判決をめぐる議論状況やそのインパクトについては、本款(2)(iii)で後述するため、ここではとりあえず同判決が、当時のフランスではまだスリー・ステップ・テストが明文の形で国内法化されていなかったにもかかわらず、「私的複製に係る国内権利制限規定はスリー・ステップ・テストを定めるベルヌ条約9条2項およびEC情報社会指令5条5項に基づいて解釈される必要がある」旨を明示した点を指摘するにとどめる。

なお、条約上のスリー・ステップ・テストの定めを加盟各国の国内における裁判規範として適用することに対しては、たとえそれが間接的な適用であったとしても、(a)法的安定性および予測可能性の点で問題が残り、または、(b)個別的権利制限規定の不当な縮小解釈（権利者側の利益に偏った結論）を招きやすいとして、慎重または批判的に捉える見解が、世界的にみて根強い印象を受ける。

もっとも、その一方で、国際条約上のスタンダードとして広く認識されてい

---

49) 岩沢雄司『条約の国内適用可能性―いわゆる"SELF-EXECUTING"な条約に関する一考察』（有斐閣・1985年）333頁等参照。

るスリー・ステップ・テストを、従来からの伝統的な解釈方法を見直しつつあえて積極的に国内においても適用し、現代的な状況の下で権利者と利用者との利益の新たなバランスを図るツールとして活用してはどうかという議論も、近時欧州を中心になされるに至っている。そこで、以下ではこのような議論を、それが盛り上がるきっかけともなったと思われる EC 情報社会指令 5 条 5 項の規定とともに、簡単に紹介していく。

(ii) 権利制限に関する EC 情報社会指令の定め

欧州では、2001 年に、EC 情報社会指令[53]が採択されたが、権利制限に関する定めについては、同指令 5 条に規定が設けられている。

---

50) Cass. civ. 1er, 28 février 2006, Bul. 2006 I N° 126 p. 115.
　　同判決は、映画『マルホランド・ドライブ（Mulholland Drive）』が収録された DVD を購入した一消費者が、両親のために当該 DVD に収録された映画をビデオカセットに録画しようとしたところ、同 DVD に技術的保護手段（コピーガード）が施されていたことから、思い通りに録画することができなかったため、かかる事実を消費者団体に通報し、当該消費者団体とともに原告となり、本件 DVD 製作会社等を訴えた（原告等の私的複製権に反する技術的保護手段を被告等が施したことにより、私的複製ができなくなってしまったことに対する損害賠償等の訴えを提起した）という事案についてのものである。
　　当時フランスはまだスリー・ステップ・テストを明文の形で国内法化していなかったにもかかわらず、破毀院判決は、私的複製に係る国内権利制限規定はスリー・ステップ・テストを定めるベルヌ条約 9 条 2 項および EC 情報社会指令 5 条 5 項に基づいて解釈される必要があると明示した。その上で、破毀院判決は、私的複製に係る権利制限規定をスリー・ステップ・テストに沿って縮小解釈し、複製が著作物の通常の利用を妨げる（スリー・ステップ・テストの第 2 ステップに抵触する）場合には、当該著作物をコピーされないよう技術的保護手段を施すことは妨げられないと判示し、上記 DVD の私的複製は本件著作物の通常の利用を妨げる可能性があるとして、原判決を破棄し、事件を原審に差し戻した。
　　なお、差戻審判決は、原告の請求に対して、家族的な集まりのための使用を目的とした複製も私的複製に該当するという点を確認した上で、私的複製の法的性質は「権利」を構成するものではなく、権利者（著作権者）の許諾なく行う著作物の複製が禁じられている原則に対する法律上の例外にすぎないという点を改めて述べている。そして、それゆえに私的複製は侵害訴訟において抗弁となすことはできても、権利としてこれを援用することはできない旨を判示した上で、差戻審判決は、スリー・ステップ・テストには特段言及することなく、原告の請求を斥けている。
51) 小島立「条約における権利制限」著作権研究 35 号（2008 年）79 頁参照。特に小島准教授は、著作権侵害が刑事罰を伴う点を挙げ、罪刑法定主義の観点からの問題も指摘されている。
52) この点の指摘については、前述したスリー・ステップ・テストの第 2 要件に関する従来からの解釈方法に伴う現代的問題についての説示（222 頁以下参照）の中で、すでに触れたとおりである。
53) 前掲注 15) 参照。

同指令5条中、1項から4項には著作権の個別的権利制限規定が数多く列挙されているが、このうち、加盟各国に国内法化が義務付けられているのは、いわゆる「過渡的な一時的蓄積」に係る権利の制限を定めた1項の規定のみであり、その他2項から4項に列挙された各権利制限規定を加盟各国が国内法として導入するか否かについては、任意（加盟国の裁量）とされている。ただし、加盟各国が同条1項から4項に列挙された各権利制限規定を導入するにあたっては、同条5項[54]により、スリー・ステップ・テストを充足する範囲内で導入するものでなければならないと定められている[55]。すなわち、加盟各国は、5条1項から4項までに掲げられた各権利制限規定を国内法化するにあたっては、(a)一定の特別の場合（in certain special cases）であって、(b)著作物の通常の利用を妨げず（do not conflict with a normal exploitation of the work or other subject-matter）、(c)権利者の正当な利益を不当に害しない（do not unreasonably prejudice the legitimate interests of the rightholder）こと、という3要件をすべて充足するものとする義務を負うことになる。

かかるEC情報社会指令5条5項のスリー・ステップ・テストを義務付ける明文規定の設置は、スリー・ステップ・テストが今や（そして今後もなお）権利制限規定に関する国際的な一般原則としての位置付けにあることを明らかにするだけでなく、スリー・ステップ・テストをめぐるいくつかの重要な議論を捲き起こすきっかけにも繋がった。

その重要な議論の一つは、スリー・ステップ・テストの定め（ここではEC情報社会指令5条5項）が、たとえそれが加盟各国において国内法化されていない場合であっても、加盟各国内の裁判所における解釈基準として直接または間接に機能するものであるのか否かという、既述の論点に関するものである。この論点については、(i)においてすでに概説済みであるので詳細を繰り返すことは避けるが、ここではEC情報社会指令5条5項の規定ぶりに固有の争点についてだけ、特に指摘しておく。

実は、EC情報社会指令5条5項については、その文言上、スリー・ステッ

---

54) 前掲注16) 参照。
55) このことは、加盟各国の国内法としてすでに存在する権利制限規定についても当てはまり、スリー・ステップ・テストに整合した規律の実施が求められる。

プ・テストの3要件が充たされる場合にのみ権利制限規定が「適用されるものとする（shall...be applied)」（傍点は筆者による）との表現が用いられている点で、ベルヌ条約、TRIPS協定、WIPO著作権条約、およびWIPO実演・レコード条約といった各種条約上のスリー・ステップ・テストの定めとは異なる特徴が認められる。そこで、かかる「適用」の語が用いられていることをことさら重視し、同条項の名宛人は、加盟各国の立法府のみならず裁判所も含まれると捉えた上で、（欧州司法裁判所だけではなく）国内裁判所においても、スリー・ステップ・テストの規定の国内法化を待たずにEC情報社会指令5条5項を直接適用し、スリー・ステップ・テストに基づいて解釈を行うことが義務付けられると解する見解も、現在では有力に主張されるに至っている[56]。この点、前述したマルホランド・ドライブ事件破毀院判決についても[57]、スリー・ステップ・テストの「間接適用」ではなく「直接適用」が問題となった事例として整理した上で、これを批判的に扱う見解が存在するほどである[58]。ただし、このように国内裁判所に対してスリー・ステップ・テストの適用を直接義務付ける見解に対しては、異論が根強いのも事実である[59]。

そして、かかるスリー・ステップ・テストの直接（ないしは間接）適用の肯

---

56) 前掲注47) 参照。
57) 前掲注50) 参照。
58) なお、仮にEC情報社会指令5条5項が国内裁判所を直接拘束する性質のものであるとしても、国民の予測可能性の観点からは、加盟各国はスリー・ステップ・テストを明文の形で国内法化することが望ましいといえる。

この点、マルホランド・ドライブ事件が争われた当時のフランスはまだスリー・ステップ・テストを国内法化できていなかったが、2006年の法改正により、現在ではこれを果たしている。また、以下の資料によると、フランス以外でもチェコ、ギリシャ、ハンガリー、イタリア、ルクセンブルク、マルタ、ポーランド、ポルトガル、スロバキア、スペインが、EC情報社会指令5条5項を明文規定の形で国内法化しているようである。

Guido Westkamp, Study on the implementation and effect in Member States' laws of Directive 2001/29/EC on the harmonisation of certain aspects of copyright and related rights in the information society: Part II: The Implementation of Directive 2001/29/EC in the Member States, Report to the European Commission (2007), at 92-94 (Table IV), available at 〈http://www.ivir.nl/publications/guibault/InfoSoc_Study_2007.pdf〉.

59) 以上の争点をめぐる欧州における学説の状況の簡潔なまとめとしては、駒田泰土「大陸法における権利制限」著作権研究35号（2008年）62頁以下参照。また、井上・前掲注22) 14頁も併せて参照。

否や影響が論じられる中で、EC情報社会指令5条5項の規定の設置に起因する、より重要なもう一つの議論として盛り上がってきたのが、スリー・ステップ・テストに求められる機能自体の見直し論である。

そもそもスリー・ステップ・テストは、本来は「権利制限規定の制限」（権利制限規定の外延を画するもの）としての位置付けからスタートしており、特に、Author's Rightアプローチを原則として採用する大陸法系の国々を中心に、著作者の利益を死守するための拠り所として機能してきた側面が強い[60]。しかし、昨今の問題状況の下、スリー・ステップ・テストの意義を大幅に見直し、権利者または著作物利用者のいずれかを優位に置く予断から離れて、「著作権の保護」と「公正な利用」のバランスを図るためのツール（利益衡量を行う受け皿および判断指針）として再構成し、限定列挙主義の補完として役立てようとする議論[61]が、欧州を中心に生じてきたのである[62][63]。

このようにスリー・ステップ・テストを再構成し、新たなバランス・ツールとして利用しようという欧州における考え方は、様々な権利制限規定を憲法や

---

60) 前掲注50)のマルホランド・ドライブ事件破毀院判決におけるスリー・ステップ・テストの間接適用についても、既存の権利制限規定の縮小解釈を通じてまさにこのようなスリー・ステップ・テストの「著作者の利益を死守するための拠り所としての機能」が発揮された例としてみることができ、それゆえ同判決に対しては、多くの批判が寄せられているところでもある。かかる批判については、本款(2)(iii)も参照。
61) 「再構成」の方法としては、スリー・ステップ・テストの各要件論の見直しとともに、各要件の優先順位や検討順位の見直しも非常に重要となる（すでに第2要件についての説明として前述した222頁以下も参照）。
62) このような議論の中には、スリー・ステップ・テストの再構成により既存の個別的権利制限規定の解釈に柔軟性を持たせ、限定列挙主義の補完とする考え方と、さらに進んで、理論的に再構成されたスリー・ステップ・テストの規定自体を国内法として引き写し、これに一般条項としての受け皿機能を持たせようとする考え方とが、ともに含まれている。
63) 井上教授は、欧州におけるこのような議論動向の背景として、「(権利者の利益に偏った形での3ステップ・テストの適用を認める結果として、)欧州人権条約等に示された諸価値の保護に配慮した権利制限の仕組みを構築できなければ、著作権制度の正統性が失われ、社会に受け入れられなくなってしまうという危機感」（括弧書きは筆者による）があることを指摘し（井上・前掲注22）15頁以下)、「3ステップ・テストが著作権の保護と公正な利用のバランスを図るためのツールとして再構成され、これが加盟国の国内裁判所で直接または間接に適用されることになると、情報社会指令5条に列挙された権利制限規定の外延が3ステップ・テストによって柔軟かつ実質的に画されていくことになる。そして、加盟国で3ステップ・テストの解釈が異なる場合には、欧州司法裁判所の判断を仰ぐという形で、制度調和が実現されていくことが期待されている」と述べられている（井上・前掲注22）17頁)。

人権条約の枠組みの中で再構成し、その拡張解釈や類推解釈をためらわずに行う考え方と相通じる。このような、いわば権利制限規定の再解釈にも繋がるスリー・ステップ・テストの新たな活用議論は、米国式のフェアユース規定の導入議論とは一線を画しつつも、ともに現在の問題状況の下、権利者と利用者との妥当なバランスを図ることを志向する点で、共通する。そして、これらはともに権利制限規定の在り方を通じて、現在各国が直面している著作権をめぐる新たな利益調整の必要性に応える手段となり得る点で、注目される。

そこで、スリー・ステップ・テストを中心とする条約上の権利制限規定の在り方についての議論はひとまず終え、以下では、米国著作権法におけるフェアユース規定の考察を手始めに、日本を除く各国毎の権利制限規定の在り方や、それをめぐる議論について、さらに見ていくこととする。

(2) 各国毎の考察

(i) 米国

米国著作権法の最大の特徴は、権利制限に関する包括的な一般条項（米国著作権法107条、いわゆるフェアユース規定）を有する点にある[64]。そして、著作物の「公正な利用」（フェアユース）は著作権を侵害しないとするフェアユース型の一般条項主義の採用を検討する国々にとっては、米国著作権法の在り方は、様々な示唆と問題点とを提示してくれる重要なモデルとして、その裁判例も含め常に注目される対象となっている[65]。

そこで、本節では各国毎の考察の最初として米国をとりあげ、特にフェアユース規定（米国著作権法107条）について、裁判例にも触れつつ見ていくこととする。

まず最初に、フェアユース規定として有名な米国著作権法107条の規定ぶりについて確認しておく。

---

64) さらにいえば、この一般的権利制限規定（フェアユース規定）が実際の侵害訴訟の場において個別的権利制限規定と比べて中心的な役割を果たしていること、および著作者人格権（moral rights）に対しても同様に適用され得ることも、米国著作権法の特筆すべき特徴として指摘できる（詳細は後述233頁参照）。

65) そもそも、米国におけるフェアユースは、150年以上の長きにわたり判例法上形成され発展してきた法理であり、それを現行米国著作権法（1976年法）によって同法107条の規定の形に成文化したという背景と経緯を有する。

米国著作権法107条:[66]

「106条および106A条の規定にかかわらず、批評、論評、ニュース報道、教育(教室における使用のための複数の複製を含む)、学問、研究を目的とする著作権のある著作物の公正な利用(fair use)は、複写物、録音物またはこの節に定めるその他の媒体へ複製することによる利用を含めて、著作権を侵害しないものとする。特定の事案における著作物の利用が公正な利用であるか否かを判断する場合に考慮されるべき要素には、以下のものが含まれる。

(1) 利用の目的および性質。そのような利用が商業的性質を有するか、または非営利の教育目的によるものかといった点を含む。
(2) 利用された著作権のある著作物の性質。
(3) 利用された著作権のある著作物全体との関係における利用された部分の量および質。
(4) 著作権のある著作物の潜在的市場または価値に与える利用行為の影響。

著作物が未発表であるという事実は、上記のすべての要素を考慮して公正な利用が認定された場合には、それ自体としてかかる認定を妨げてはならない。」

すでに指摘したとおり、この米国著作権法107条の規定は、もともと判例法上形成され発展してきたフェアユース法理を明文化したものであり[67]、著作権侵害事件においてフェアユースが主張された場合の判断基準を連邦議会として

---

66) 米国著作権法の条文規定(原文)については、以下を参照〈http://www.copyright.gov/title17/circ92.pdf〉。

67) 米国著作権法107条に掲げられたフェアユースの判断基準としての四つの考慮要素は、1841年のFolsom v. Marsh事件判決においてStory判事が過去の判例から抽出した「(公正な引用か否かの判断については)利用の性質、目的、利用された素材の量と価値、その利用が原著作物の販売を害し、利益を減少させ、その目的にとって代わる程度を考慮すべきである」(Folsom v. Marsh, 9F. Cas. 342, 348 (C. C. D. Mass. 1841))との判断枠組みに由来するものであるといわれている。

同事件では、原告書籍中に掲載された原告が著作権を有する初代大統領ワシントンの書簡を、被告が被告書籍中に多数採録した行為が著作権侵害にあたるか否かが問題とされた。判決は、被告が伝記目的に限定した正当な利用であると考えて採録した点は認めつつも、採録部分が被告書籍全体に占める量(3分の1を超えていた)等に鑑み、結論として「公正な引用」の成立を否定し、被告による著作権侵害を認めた。なお、同判決中では、"fair quotation"等の語は用いられているものの、権利侵害にあたらない利用行為一般を指す(侵害訴訟においては抗弁として機能する)、より上位概念としての"fair use"という用語自体は用いられていない。"fair use"という用語が米国の判例上初めて登場したのは、Lawrence v. Dana, 15 F. Cas. 26, 58 (C. C. D. Mass. 1869)においてであるといわれている。

示したものであるとされる。しかし同時に連邦議会は、「フェアユース法理は条理に関するエクイティ上のルール（equitable rule of reason）であるので、一般的に適用できる定義を置くことは不可能であり、フェアユースが論点となる個々の事件毎の事案に基づき判断されなければならない」ことも認めており、同法107条の規定を設けた後もなお、同法理に関する解釈の発展と運用を、実質的には裁判所の権限に委ねることを予定している[68]。

　その結果、米国著作権法107条の規定はもとより、その後の裁判例においてもフェアユースについての画一的な定義がなされたことはなく[69]、著作物を利用しようとする当事者にとっては、米国著作権法の下でのフェアユースの成否（裁判所における結論）を予測することは、常に困難なテーマとなっている。そのため、フェアユース法理は「米国著作権法全体の中で最も厄介な問題（the most troublesome problem）である[70]」とすらいわれているのである。ただし、この点については、それゆえに著作物の利用をめぐる新たな問題状況の下であっても、個別事案毎に裁判所において柔軟かつ妥当な結論を導きやすいという「利点」にも繋がっている側面があり、権利制限規定に関する比較法的考察を行う際に、米国のフェアユース規定に自ずと注目が集まる所以でもある。

　もちろん、米国著作権法における権利制限規定は、同法107条のフェアユー

---

68) 以上につき、以下参照。H. R. Rep. No.94-1476, at 65-66（1976）, *reprinted in* 1976 U. S. C. C. A. N. 5659.

69) 米国の連邦最高裁判所自身が、有名な Campbell v. Acuff-Rose 事件（プリティ・ウーマン事件）に対する1994年の判決（Campbell v. Acuff-Rose Music, Inc., 510 U. S. 569（1994））において、フェアユースの認定作業は明確な線引き基準（bright-line rules）により単純化されるものではなく、むしろ個別の事案毎の分析（case-by-case analysis）において米国著作権法107条の規定が掲げる四つの考慮要素が探求されるべきであり、著作権の目的に照らして、結果についても同時に重きが置かれるべきであることを言明している。
　　なお、同事件では、映画の主題曲としても名高い古典的ロック・バラードである「プリティ・ウーマン（Oh, Pretty Woman）」の使用許諾の申入れを著作権者が拒絶した後に、ラップ・グループである2 Live Crew が同曲のパロディを作成し同グループのCDアルバム（侵害訴訟が提起された時点で約25万枚の販売実績に達していた）の収録曲の一つとしてこれをリリースした行為が、原作品の著作権侵害に問われ、これに対してフェアユースの抗弁が認められるか否かが、訴訟における中心的な争点とされた。結論として、同事件に対する上掲最高裁判決は、フェアユースの抗弁を認めなかった控訴審判決を覆し、2 Live Crew による商業的なパロディについてフェアユースの成立を認めた（破棄差戻し）。

70) Dellar v. Samuel Goldwyn, Inc., 104 F. 2d 661, 662（2d Cir. 1939）.

ス規定に限られているわけではなく、それに続く同法108条以下には、連邦議会が明確に定めた個別的権利制限規定も列挙されている[71]。ただし、これらの個別的権利制限規定については、その規定ぶりが極めて具体的かつ詳細な局面設定を伴うアドホックなものとなっているため、実際のケースにおけるその適用はどうしても限られてくる。そのため、米国著作権法の権利制限規定全体の中で中心をなすのは、やはり一般条項である同法107条のフェアユース規定であるといえ、この点が同法の大きな特徴ともなっている。

なお、かかるフェアユース規定が、財産権である著作権に限らず著作者人格権（moral rights）との関係でも、一般的な権利制限規定としての位置付けにある点[72]も、米国著作権法の大きな特徴の一つとして挙げられる[73]。

以上を前提として、以下では米国著作権法107条に掲げられたフェアユース

---

71) 米国著作権法の権利制限規定については、どうしても同法107条のフェアユース規定に耳目が集まりがちではあるが、同法108条〜122条において個別的権利制限規定が相当詳細なカタログとして列挙されている点も、決して軽視されるべきではない。なお、米国著作権法上の個別的権利制限規定の一つ（同法110条5項）が、WTOパネル報告（およびこれを採択したDSB（WTO紛争解決機関））により、「スリー・ステップ・テストに反し、条約上許されない」と判断された、米国著作権法110条5項事件については、本款(1)(i)における前述219頁以下を参照。

72) 視覚芸術著作物についての著作者人格権について定めた米国著作権法106A条(a)は、「107条に従うことを条件として（Subject to section 107）」と規定しており、他方、フェアユース規定である同法107条では、「106A条の規定にかかわらず（Notwithstanding the provisions of ...106A）」と規定されている。以上のことから、米国著作権法においては、同法107条のフェアユース規定が、著作者人格権との関係でも一般的権利制限規定として機能するものと考えられている。

73) 後述するように、現在の米国の裁判例をみると、一般的には「変形的利用（transformative use）」であるほどフェアユースの成立が認められやすい傾向にあるため、仮にフェアユース規定が著作財産権の権利制限条項としてしか機能せず著作者人格権の制限とは無関係であるとすると（たとえばわが国著作権法50条のような規定が存することを仮定的に想起すると）、フェアユースの成立が認められる多くの場合に、別途変形（ただし、「変形的利用（transformative use）」は、必ずしも外形的、物理的な変形を伴うことを前提とする概念ではなく、機能的な変容についてもこれに含まれ得る、拡張的な概念である点には注意を要する）に伴う同一性保持権侵害の点が、重大な問題として問われなければならないことになるだろう（たとえば、日本におけるモンタージュ写真事件の第1次上告審判決（最判昭和55年3月28日民集34巻3号244頁）等も参照）。しかし、実際には米国のフェアユース規定は著作者人格権との関係でも権利制限条項として機能することが法文上認められている（前掲注72）参照）から、著作財産権侵害と著作者人格権侵害のどちらの主張に対しても、フェアユースの抗弁が同時に認められることになる。

の判断基準としての四つの考慮要素について、順に概説する。

　まず、第1要素の「利用の目的および性質」についてであるが、米国の判例はこの要素を考慮する際に、被告の利用が「生産的利用（productive use）」または「変形的利用（transformative use）」にあたるかどうかという点を重視している。

　ここでいう「生産的利用（productive use）」とは、原著作物をその本来の目的、方法とは異なる態様で利用し、原著作物とは異なる新たな付加価値を社会にもたらす行為を指し、現行米国著作権法が制定された当初の裁判例においてよく用いられてきた用語である。フェアユースの判断はつまるところ、被告の利用行為が権利者の被る不利益を考慮してもなおそれを上回り保護されるべき正当な利益を有するものであるか否かを判断するものであるといえるので、かかる観点からフェアユースの成立が認められるためには、被告の利用行為が前述したような意味での「生産的利用（productive use）」にあたり、何らかの追加的な利益を社会にもたらすものでなければならないはずだと考えられたわけである[74][75]。

　しかし、かかる「生産的利用（productive use）」該当性を重視する判断枠組みに対しては、当初より、「米国著作権法107条の規定が掲げるフェアユースの例の多くが『生産的利用（productive use）』に該当するとしても、それらはあくまでも例示に過ぎず、かつかかる例示中においても、『教室における使用のための複数の複製』のように、原著作物の本来の目的および方法に従って利用するものが含まれている」ことを主な理由として強い批判が寄せられていた。その結果、やがては連邦最高裁も、判例において、フェアユースの適用は「生産的利用（productive use）」には限られないことを明らかにするに至ったので[76]

---

74) 批評、論評、報道等といった米国著作権法107条がフェアユースの例として実際に掲げるものの多くが、この「生産的利用（productive use）」に該当し得ることも、このような見解の論拠とされた。

75) たとえば、ソニー・ベータマックス事件（事案等の説明については後掲注76）参照）の控訴審判決（Sony Corp. of America v. Universal City Studios, Inc., 659 F. 2d 963（9th Cir. 1981））は、家庭用VTRを利用した放送番組のタイム・シフティング目的の私的複製が「生産的利用（productive use）」にはあたらないことを認定し、これを主な理由としてフェアユースの成立を否定していた。

ある。そのため、この「生産的利用（productive use）」該当性を重視する判断枠組みは、後述する「商業的性質」の有無を重視する判断枠組みに、一時的にとって代わられたような様相をみせた時期もあった。

しかしながら、前述した Campbell v. Acuff-Rose 事件連邦最高裁判決[77]が、「生産的利用（productive use）」とほぼ同義の意味を表す「変形的利用（transformative use）」の語を用いて再びこれを重視する姿勢を明らかにしたため[78]、現在の裁判例の趨勢は、被告の利用が「生産的利用（productive use）」または「変形的利用（transformative use）」にあたるかどうかという点を重視する判断枠組みに再び回帰したように見受けられる。ただし、最近の裁判例においては、

---

76) 有名なソニー・ベータマックス事件の連邦最高裁判決（Sony Corp. of America v. Universal City Studios, Inc., 464 U. S. 417（1984）；同判決は、寄与侵害の論点に関する判決としても重要な位置付けにある）は、「生産的利用（productive use）」にあたるか否かはフェアユースの考慮要素の一つではあるが、利用行為が非生産的であることがフェアユースを否定する理由に直結するわけではなく、むしろフェアユースの判断においては、「商業的性質」の有無の方が重要であり、利用行為の性質が「商業的」であれば不公正、「非商業的」であれば公正であると推定されると判示した。そのうえで同判決は、家庭用ビデオ録画装置（なお、当時の機器はまだアナログ記録しかできないテープ・レコーダであり、デジタル録画に対応していなかった点には、判例の射程を考える上でも注意が必要である）を利用した放送番組のタイム・シフティング目的の私的複製につき、フェアユースの成立を否定した控訴審判決（前掲注75））の判断を覆し、フェアユースの成立を認めた。

ちなみに同事件の事案を簡単に説明すると、被告（Sony 社）が、テレビ番組の家庭内録画が可能なベータマックス式ビデオテープ・レコーダ（VTR）を製造し、一般ユーザ向けに販売していたところ、テレビ番組に関する権利者である原告が、当該 VTR を使用して録画をしている一般ユーザの行為は著作権侵害にあたり、また当該 VTR を一般ユーザ向けに販売している点で被告もまた著作権侵害の責めを負うものであるとして訴えを提起し、差止めおよび損害賠償を求めたというものである。本件では、被告による VTR の販売行為について、寄与侵害責任（米国特許法271条(c)の類推）が生じるか否かが争点となったが、連邦最高裁は著作権侵害に関しても米国特許法を類推して寄与侵害責任を認定し得ることは認めたうえで、「非侵害的利用が相当程度可能な製品の頒布行為については、頒布行為者が直接的侵害行為についての認識を有していない場合等に限り、寄与侵害責任を生じない」との判断枠組みを示した（ただし、非侵害的な態様での利用がどの程度可能であれば「非侵害的利用が相当程度可能」と認定されるのかについては不明である）。そこで、一般ユーザによる当該 VTR の利用方法として非侵害的な態様がないかがさらに検討されることとなり、その中で、当該 VTR を使用したタイム・シフティング目的の私的複製にフェアユースが成立するか否かが問題とされたわけである。

77) 前掲注 69) 510 U. S. 569。

78) 前掲注 69) 510 U. S. 569 at 579。

この「変形的利用（transformative use）」の概念自体が拡張される傾向にある点には、別途留意すべきである。たとえば、パロディのように原著作物に外形的に新たな創作性を付加して二次的著作物（派生的著作物）を生み出す典型的な生産的・変形的利用行為のみならず、検索サイトにおけるキャッシュ表示やサムネイル表示など、原著作物の外形的な変形や新たな創作性の付加を伴わずに（またはほとんど伴わずに）、しかし機能的な面では原著作物と異なる新たな追加的利益を社会にもたらすような利用行為もまた、「変形的利用（transformative use）」行為の一類型として捉えられるに至っている。[79]この点は、わが国における 2009 年改正との関係でも注目されるところであろう。なお、「変形的利用（transformative use）」の概念がどこまで拡張されるにせよ、[80] 被告の利用が「変形的利用（transformative use）」に該当すると認められ、また「変形」の程度（本来的利用からの乖離）がより大きいと認められるほど、被告による利用行為の正当性も、一般的には認定されやすくなるものといえる。

　米国の裁判所において、米国著作権法 107 条の規定が掲げる第 1 要素の「利用の目的および性質」が考慮される際に重視され得るもう一つのポイントとしては、規定上の文言にも現れている、利用行為の「商業的性質（commercial

---

79) 検索サイトにおけるキャッシュ表示やサムネイル表示について、機能的にみれば「変形的利用（transformative use）」にあたるとして、フェアユースの成立を肯定した裁判例につき、以下参照。

　Kelly v. Arriba Soft Corp., 336 F. 3d 811（9th Cir. 2003）（検索エンジンのサムネイル表示が複製権、展示権、および頒布権の侵害にあたるとしてプロの写真家である原告が検索エンジンを提供している被告に対して提訴した事案につき、フェアユースの成立が肯定された）、Field v. Google, Inc., 412 F. Supp. 2d 1106（D. Nev. 2006）（検索エンジンによるキャッシュ表示が複製権および頒布権の侵害にあたるとして争われた事案につき、フェアユースの成立が肯定された。）、Perfect 10, Inc. v. Amazon. com, Inc., ／ Google, Inc., 487 F. 3d 701（9th Cir. 2007）（検索エンジンのサムネイル表示が展示権侵害等に問われた事案（以下「Perfect 10 事件」という）につき、フェアユースの成立が肯定された。Perfect 10 事件では二次的侵害についても別途大きな争点となっているが、ここでは説明を省く）。

　なお、検索エンジンのサムネイル表示等については、フェアユースの成立を否定した裁判例（たとえば、前掲 Perfect 10 事件控訴審判決の原審である Perfect 10, Inc. v. Google, Inc., 416 F. Supp. 2d 828（C. D. Cal. 2006）参照）も存するが、裁判例の結論だけで分析すると、フェアユース肯定例の方が優勢のように見受けられる。

　これらの判決を詳細に検討するものとして、田村善之「検索サイトをめぐる著作権法上の諸問題(1)―寄与侵害、間接侵害、フェア・ユース、引用等」知的財産法政策学研究 16 号（2007 年）73 頁も参照。

nature)」の有無が挙げられる。この点、被告の利用行為が利用された著作物の権利者に及ぼす経済的影響については第4要素において別途具体的な考慮が予定されている。そこで、第1要素における考慮場面では、あくまでも被告の利用行為が定型的に著作権者に不利益をもたらすものといえるか否かという観点に立脚して、利用行為の「商業的性質」の有無が問題とされることになる。そして、被告の利用行為が「商業的性質」を有する場合には、著作権者の利用と競合し著作権者に不利益を与える可能性が定型的に高いといえるので、フェアユースの成立に対して不利な要素となり、被告の利用行為が非商業的利用にとどまる場合には、逆にフェアユースの成立に有利な要素として扱われることになる。ただし、被告の利用行為が前述した「変形的利用（transformative use)」に該当する場合には、仮にかかる利用行為が「商業的性質」を有するとしても、この点はあまり重視されず、フェアユースの成立に対して必ずしも不利な要素としては取り扱われないという点は重要であり、注意を要する。

続いて、第2要素の「利用された著作物の性質」についてであるが、第1要素が利用者側の利用行為に着目した判断要素であったのに対し、第2要素は権利者側の被利用著作物に着目した判断要素であると分類できる。そして、ここでまず考慮されるべき被利用著作物の性質の判断基準として挙げられるのが、たとえばそれがニュース報道のような「事実的」著作物であるのか、それとも小説や絵画のような「芸術的」著作物（創作性の高い著作物）であるのかとい

---

80) たとえば、日本では個別的権利制限規定としてのわが国著作権法47条の6（送信可能化された情報の送信元識別符号の検索等のための複製等）の新設によりようやく（しかし慎重に）立法的対応がなされた問題状況に対し、米国では裁判所によるフェアユース規定（一般的権利制限規定）の運用と判断により、柔軟に対処が図られてきたと評することも可能である。
81) 前掲注76) 464 U. S. 417 at 451。
82) 前掲注69) 510 U. S. 569 at 579。
同判決によれば、変形の程度がより大きいほど、第1要素の判断においては商業的性質等を考慮する必要はなくなるとされる。
83) その理由としては、「変形的利用（transformative use)」はそもそも原著作物（被利用著作物のことを指す。特にことわりがなければ以下同様）をその本来的な利用目的および利用方法とは離れた態様で利用する行為を指すものであり、このような利用については、著作権者による原著作物の本来的利用と競合する度合いは低く、また著作権者に与える影響も相対的には軽微なものになるはずであるという点が挙げられる。

う点である。すなわち、被利用著作物が「事実的」なものであればあるほどフェアユースの成立は認められやすく、逆に被利用著作物が「芸術的」なものであればあるほど(換言すると創作性が高ければ高いほど)フェアユースの成立は相対的に認められにくくなるとされているのである。その理由としては、事実的著作物に含まれる情報(たとえば、ニュース報道における社会的事実、科学雑誌における科学的事実、または歴史書における歴史的事実等)については、広く世の中に行き渡らせることが通常望ましく、またその方が「学問および技芸」の発展にも資するため、一般公衆からのアクセスの機会をできるだけ確保すべき要請が強く働く[86]という点が挙げられる。もっとも、以上はあくまでも一般的な傾向としての判断基準を指すに過ぎず、これが必ずしも決定的ではないとされている点には注意を要する[87]。

第2要素として考慮されるべき被利用著作物の性質の判断基準としてもう一つ挙げられるのが、被利用著作物の公表の有無の点である。この点、一般的には、被利用著作物が未公表であるという事実(未公表の著作物であるという被利用著作物の性質)は、フェアユースの成立に不利に働くものとされている[88]。その理由としては、著作物を公表するかしないか、公表するとしていかなる時期

- 84) ここでいう「芸術的」とは、芸術作品としての質の高さを表す意味ではなく、創作性(または独創性)の高さを表す意味で用いられており、裁判所が著作物の芸術性に関する質的評価を行うことが予定されているわけではないという点には、留意が必要である。
- 85) そもそも合衆国憲法の著作権条項(合衆国憲法1条8節8項)によれば、著作権保護の目的は、「学問および技芸」の進歩を促す点にあるとされる。
- 86) たとえば、日本での2009年改正における検討事項としても、わが国著作権法47条の7の新設をめぐる議論のなかでとりあげられた(第3章第1節における脚注35)参照)リバースエンジニアリング(プログラム等の情報解析)が問題とされる場面では、プログラムの「アイディア」レベルへの公衆の自由なアクセスと利用を確保することが社会的に望ましいと考えられることから、米国においては、プログラムの著作物であるという性質自体が、フェアユースの成立に有利な事情として考慮されている(Sega Enterprises Ltd. v. Accolade Inc., 977 F. 2d 1510, 1526 (9th Cir. 1993); Atari Games Corp. v. Nintendo of America Inc., 975 F. 2d 832, 842-843 (Fed. Cir. 1992))。
- 87) たとえば、パロディにおいては風刺や批判の対象(素材)として「芸術的」著作物が選ばれることが一般的であるところ、この点を第2要素の考慮において常にフェアユースの成立に不利に勘案してしまうと、結局パロディが問題となるほとんどのケースでフェアユースが認められないという結果に繋がりかねない。そこで、パロディが問題となるケースでは、フェアユースの判断において第2要素の考慮にはウェイトを置くべきではないと指摘されている(前掲注69) 510 U. S. 569, at 586)。

にどのような形で公表するかは、著作権者の経済的利益にとって重要な意味を持つから、かかる著作物の公表に関する決定権は、通常の環境では、被告による利用の利益を凌駕すると考えられることが挙げられる[89]。もっとも、被利用著作物が未公表である場合に直ちにフェアユースの成立を否定すべきであるということになると、たとえば伝記や歴史書を執筆、出版する場合のように、類型的に未公表の資料（第三者が著作権を有している場合も多いものと推察される）を多く利用する表現活動については、常にそれらすべての未公表の資料について利用許諾を得なければならないという大きな制約を伴うことにもなりかねない。そこで、被利用著作物が未公表であるということは、フェアユースの成立を否定する上で、重要ながらも一つの考慮要素にすぎないということを明らかにするため、1992 年の法改正において、米国著作権法 107 条には、「著作物が未発表であるという事実は、上記のすべての要素を考慮して公正な利用（fair use）が認定された場合には、それ自体としてかかる認定を妨げてはならない」とする一文が書き加えられている[90]。

次に、第 3 要素の「被利用部分の量および質」についてであるが、かかる考慮要素に関しては、被利用部分が原著作物の全体量と比べて多ければ多いほど、

---

88) Harper & Row Publishers, Inc., v. Nation Enterprises, 471 U. S. 539（1985）.
本件（Harper & Row v. Nation Enterprises 事件）では、原告出版社が出版の準備を進めていたフォード元大統領の自伝（国民的関心が高いウォーターゲート事件およびニクソン元大統領への恩赦に関して、従来は知られていなかった内容を記述として含むものであった）の原稿中の文章や情報の一部が出版直前期に無許諾で流用され、被告出版社の発行する雑誌記事として先行出版された（その結果、原告は、別の第三者が発行する雑誌面に出版直前の同自伝の内容を独占掲載させることを約した既締結済みライセンス契約を解除されてしまった）事案に関し、かかる被告による記事の掲載出版が原告の有する本件自伝についての第一発行権（first publication right）の侵害にあたるかが争われ、フェアユースの抗弁の成否が問題とされた（結論として、連邦最高裁判決はフェアユースの成立を否定した）。

89) 前掲注 88) 471 U. S. 539, at 553。なお、著作物の公表をめぐる決定を独占的に行う法的利益については、日本法では著作者人格権である公表権（わが国著作権法 18 条 1 項）として保護される著作者の有する人格的利益として捉えられるのが一般的であるところ、米国では第一発行権（first publication right）として保護される経済的利益であると捉えられている点が興味深い。そのため、米国では、被告による利用が権利者が予定する著作物の公表または出版の直前時期であればあるほど、権利者側の経済的損失が大きくなると考えられることから、フェアユースの成立には不利に働くといわれている。

90) H. R. Rep. No.102-836（1992）, *reprinted in* 1992 U. S. C. C. A. N. 2553.

また質的に見て原著作物の重要な部分を含んでいればいるほど、フェアユースの成立には不利に働く。ここで留意すべき点は、「質的に見て重要な部分」であるか否かがどのような観点から判断されるのかという点である。Author's Rightアプローチの観点に立てば、原著作物の創作的表現の特徴的部分を強く感得できればできるほど「質的に見て重要」と考えられそうであるが、Copyrightアプローチを採る米国では、それのみならず、著作権者にとっての経済的観点も合わせて「質的に見て重要な部分」であるか否かが判断されている（経済的観点から見た「質」をより重視している）ケースが多い。さらにいえば、第3要素における「量」についての考慮についてもまた同様に、著作権者に与える経済的影響を測る観点からなされるものであり、それゆえ、利用者側の二次的著作物（派生的著作物）ではなく、権利者側の原著作物全体との関係における被利用部分の量（割合）を明示的に考慮要素として掲げているのだとも考えられるだろう。

結局、現在の米国の裁判所におけるフェアユースに関する判断枠組みの運用の下では、第3要素は次に述べる第4要素（利用行為が原著作物の市場価値に与える影響）を検討する上での一判断指針を示すものとも位置付けられ、第3要素の考慮結果はそれ自体独立してフェアユースの成否の決め手となるわけではなく、第4要素における判断資料の一つとして作用している側面が強い。

最後に、第4要素の「著作物の潜在的市場または価値に与える利用行為の影響」についてであるが、この第4要素こそが、フェアユースの判断において最も決定的な考慮要素であるということが、裁判例等でしばしば言及されている。これは、そもそも著作権制度が著作者（第一次的な著作権者）に著作物の

---

91) たとえば、前掲注88) 471 U. S. 539（フェアユース否定例）、前掲注76) 464 U. S. 417（フェアユース肯定例）。

92) この点は「質」についても共通である。ただし、パロディなどのケースについては、第3要素の検討においても、利用者側の利用行為の目的および性質まで考慮して判断を行うべきとする判例（前掲注69) 510 U. S. 569）もある。

93) 同様の指摘として、横山・前掲注35) 19頁は、「被告の利用が著作権者に及ぼす影響は第四要素において具体的に検討されるが、第三要素は、その判断の材料を提供するものといえる」と述べている。

94) 連邦最高裁判決の中にも、「この最後の要素（第4要素）は、疑いなく、唯一の最も重要なフェアユースの要素である」旨を明言するものがある（前掲注88) 471 U. S. 539, at 566）。

利用から生じる利益（著作物に関する市場価値）を独占させ、それをもって創作のインセンティブとなそうとするものであるとの理解が広く受けいれられているところ、第4要素がまさにこの著作権者のインセンティブに対して被告の利用行為がどのような影響を与えるものであるのかを直接的に問題とするものである点に、起因するものと考えられる。

　もっとも、フェアユースの法理の趣旨は、著作権者ないしメディア企業の独占の利益と著作物をめぐる利用者の利用の利益とのバランスを図る点にあり、フェアユースが成立するか否かの判断は、究極的には被告の利用行為が権利者の被る不利益を考慮してもなおそれを上回り保護されるべき正当な利益を有するものであるか否かの判断に行き着くものであると考えられる。したがって、被告の利用行為がいかに著作権者の利益にダメージを与えるものであったとしても、それを上回る利益が被告の利用行為に認められるならば、フェアユースの成立は肯定されるべきであり、よって、第4要素の考慮結果がフェアユースの成立の肯否判断にとって重要ではあっても、唯一の決定的要素であるとまではいえないはずである。実際、Campbell v. Acuff-Rose事件連邦最高裁判決は、「条文上の四つの要素はそれぞれ別個に取り扱われてはならない。すべての要素が充分検討されるべきであり、その上で結果については、著作権の目的に照らし、総合的に考慮されるべきである」[95]（傍点は筆者による）と述べ、また、第4要素の重要性が他の要素の考慮結果の相対的な強さ次第で変化し得ることについても、明示的に認めている。[96][97]

　米国著作権法107条が掲げるフェアユースの判断基準としての四つの考慮要素について、順にみてきたが、最後にこれら四つの考慮要素の関係についても簡単に確認しておく。

　まず米国著作権法107条の規定自体は、四つの要素を並列的に列挙するのみ

---

95)　前掲注69) 510 U. S. 569, at 578。
96)　前掲注69) 510 U. S. 569, at 590 Fn 21。
97)　その後の裁判例の中には、Campbell v. Acuff-Rose事件連邦最高裁判決におけるこれら判示内容（前掲注95) および96)）は、Harper & Row v. Nation Enterprises事件連邦最高裁判決の「第4要素は、唯一の最も重要なフェアユースの要素である」との考え方（前掲注94)）を修正するものであると述べるものもある（Leibovitz v. Paramount Pictures Corp., 137 F. 3d 109（2d Cir. 1998))。

であり、これら相互の関係や優劣については特段規定していない。これに対して、判例は、すでに見たとおりこれらの要素を相互に関連付けながら考慮したり[98]、または各要素間での優劣関係についてしばしば言及したり[99]してきた。しかし、このような各判例による四つの考慮要素の関係に関する言明にもかかわらず、これらは今後必ずしも固定的な考え方としては取り扱われないことを覚悟すべきである。なぜなら、これも一部前述したことと重なるが、そもそも米国の立法府（連邦議会）は米国著作権法107条の制定時に、フェアユースについては、度重なる判例法上の試みにもかかわらず一般的に適用できる定義を設けることは不可能であったことを認め、フェアユースが論点とされる個々の具体的事案に基づきケースバイケースの判断がなされなければならないことを前提として、米国著作権法107条の規定を設けた後のフェアユース法理に関する柔軟な解釈と運用を、裁判所の主導に委ねたものと解される[100]からである。そこでは、米国著作権法107条の掲げる四つの考慮要素相互の関係について何らアプリオリな決定づけは、（少なくとも立法府の意思としては）予定されていない。以上からは、前掲したCampbell v. Acuff-Rose事件連邦最高裁判決の、「条文上の四つの要素はそれぞれ別個に取り扱われてはならない。すべての要素が充分検討されるべきであり、その上で結果については、著作権の目的に照らし、総合的に考慮されるべきである[101]」という判示内容が、侵害判断の明確性には欠けるものの、4要素の優劣をアプリオリに決定せず、ケースバイケースの判断の柔軟性を担保する点で、比較的普遍性があるようにも思われる。

　一般的権利制限規定の代表的なモデルの一つである米国著作権法107条の規定ぶりおよびフェアユース条項の在り方についてみてきたが、主に浮かび上がってきたその特徴は、(a)法的安定性（予測可能性）を多少は犠牲にしつつも、新しい問題状況にも即座に対応可能な柔軟性を備えていること、(b)フェアユースに関する法創造が、米国著作権法107条のフェアユース規定の存在を前提と

---

98) たとえば、第1要素における利用行為の「商業的性質」の考慮と第4要素における具体的判断との関連や、第4要素の判断の前提としての第3要素の検討についてなど。
99) 前掲注94) 参照。
100) 前掲注68) H. R. Rep. No.94-1476, at 65-66（1976）, *reprinted in* 1976 U. S. C. C. A. N. 5659。
101) 前掲注95) 510 U. S. 569, at 578。

しつつも、立法府よりは裁判所の主導により行われていること、および(c)具体的に列挙された個別的権利制限規定よりも一般的権利制限規定であるフェアユース規定（米国著作権法107条）の方が中心的に適用されていることの3点である。

このうち、(a)および(b)の点については、セットでしばしば指摘され目に触れることも多いが、意外に見落としがちな(c)の点も、権利制限の在り方を検討する上では極めて重要な視点である。というのも、(a)および(b)の点は、実際の規定ぶりにかかわらず、ある程度抽象的な一般的権利制限規定を設ける以上は、そのような規定に固有の結果として導かれることが比較的容易に理解できるが、(c)の点は、特に抽象的な規定ぶりから導かれる必然の結果とまではいえず、米国における法運用に最も特徴的な点であるとも指摘できるからである。すなわち、一般的権利制限規定を設けた際に、個々の個別的権利制限規定との関係で、これを補充的かつ暫定的に適用する運用を採るのか、それとも最初からこれを原則的に適用する運用を採るのかという考え方の違いは、個別的権利制限規定に加えて一般的権利制限規定を設けるか否かの差以上に、各当事者の行動に与える影響や、具体的な訴訟における結果に大きな違いをもたらし得るものとも考えられるところ、あえて米国著作権法はフェアユース条項を補充的でも暫定的でもなく、原則的に適用する考え方を採用している点で、極めて特徴的である[103]。

以下では、適宜以上に述べた米国著作権法との異同も意識しながら、その他各国における権利制限の在り方について概説する。

---

[102] 念のため繰り返すが、立法府により米国著作権法108条以下に詳細な（ある意味では詳細過ぎる）個別的権利制限規定が設けられていることは別論である（前掲注71）も参照）。

[103] 「米国著作権法におけるフェアユース条項の適用は補充性に欠ける」との本章における評価については、米国著作権法のフェアユース規定が既存の個別的権利制限規定を常にオーバーライドし適用されることまでを含意するものではない。ただし、米国著作権法における「権利制限」の体系は、判例法として積み上げられてきたフェアユース法理の体系そのものであり、その意味ではすべての個別的権利制限規定はフェアユース法理の下にある。

また、同じく「暫定性に欠ける」との評価については、米国著作権法の下では、新たな問題状況が顕在化した際に必ずしも速やかに個別的立法対応をなすべきであるとのコンセンサスが存しない点に注目すべきである。

(ii) 英国

　Copyright アプローチのルーツともいうべき英国著作権法は、保護対象となる「著作物（work）」を創作的著作物に限らず、他国では著作隣接権による保護対象とされるものも直接「著作物（work）」として保護する[104]など、権利保護制度の基本的な考え方としては、人格的側面より財産的側面を重視する点に特徴があり、理念的には功利主義的判断に従った柔軟な権利制限の結論を導きやすいといえる。また英国は、米国と同様に代表的な判例法主義の国でもある。

　しかしながら、一般条項を中心として裁判所による法創造の余地を大きく認める米国著作権法とは対照的に、現在の英国著作権法における著作権の権利制限については、あくまでも個別的な権利制限規定の限定列挙主義が採用されている。また、限定列挙された個別的権利制限規定の解釈についても、英国の裁判所は類推解釈には謙抑的であり、比較的厳格な解釈態度を保っている。

　もっとも、この英国著作権法の権利制限規定の限定列挙については、大陸法諸国にみられるそれと比べると、より抽象度の高いフェアディーリングと呼ばれる特別な条項をその冒頭に擁している点に特徴がある。すなわち、英国著作権法は、非商業的な研究および私的学習（同法29条）[105]、批評、論評、および時事の報道（同法30条）、授業（同法32条）といった限られた目的での利用行為については、裁判所が公正な利用行為（fair dealing）であると認定すれば、権利制限すなわち非侵害の結論を、比較的柔軟に導きやすい条文立てを用意している。その意味では、英国著作権法における権利制限規定は、米国著作権法における一般条項主義と、大陸著作権法における伝統的特徴である厳格な限定列挙

---

104) なお、保護要件として必ずしもオリジナル性が要求されるわけではない録音物、映画、放送、有線番組および発行された版の印刷配列（typographical arrangement）の「著作物」を指す英語表記については、1956年英国著作権法までは、文芸、演劇、音楽または美術の著作物（オリジナル性が保護要件とされている）を指す"work"とは区別して"subject matter"の語が用いられていたが、1988年英国著作権法以降は、"work"という語が統一的に用いられている。

　　英国著作権法の原文については、〈http://www.opsi.gov.uk/acts/acts1988/ukpga_198800 48_en_1#Legislation-Preamble〉参照。

105) EC情報社会指令5条5項を受けた近時の英国著作権法改正がなされる以前は、研究および私的学習目的の利用行為一般がフェアディーリングの対象とされていたが、改正後は、非商業的な研究および私的学習目的の利用行為のみがフェアディーリングの対象とされている。

主義との、いわば中間的位置付けにある。

　歴史的には、英国においても判例法上の一般的権利制限としてのフェアユース法理がかつては認められていた[106]。しかしながら、1911年英国著作権法がそれまでの判例法理をまとめ、「私的学習、研究、批評、論評、または新聞要約を目的として著作物を公正利用すること」を非侵害とするフェアディーリングの規定を設けたことを受け、やがてその後の判例がこれらの成文法上明定された限定的な目的以外の利用行為についてはフェアユースを認めない態度を採るようになった[107]。そのことが、現在のような、権利制限についての限定列挙主義に軸足を置きつつ特定目的の利用行為に限り中間的な一般条項（フェアディーリング条項）も併せ持つといった法制につながったものと思われる。

　実は、英国においても、米国型の一般的権利制限規定としてのフェアユース規定の導入が一時議論されたこともあったが、結局は導入にまでは至らなかったという経緯がある[108]。

　その一方で、前述したフェアディーリング条項に掲げられた限定的な目的以外の目的による利用行為であっても公益に資する場合があり、そのような場合に公益を根拠として、個別的権利制限規定の適用が認められない場合であってもなお著作権者の権利行使を否定し得ることを、英国の裁判所は、法定の権利制限規定とは別の公益の抗弁（public interest defence）という形で認めてきた[109]。現行英国著作権法も、公益の抗弁を直接明定こそしていないものの、裁判所が

---

106) むしろ、米国における初期のフェアユース法理は、英国の判例理論に影響を受けて形成された面も大きい。たとえば、米国判例法上のフェアユース法理の先駆けとなったFolsom v. Marsh事件判決（前掲注67）9F. Cas. 342）には、関連する英国の裁判例が多数引用されている。

107) *University of London Press Ltd v University Tutorial Press Ltd* [1916] 2 Ch 601; *British oxygen v Liquid Air* [1925] 1 Ch 383; *Hawkes and Sons v Paramount Films Services* [1934] 1 Ch 593.

108) 1977年のWhitford Committeeにおいて、一般的権利制限規定としてのフェアユース規定を設けるべきであるとの意見が出されたが（Report of the Committee to Consider the Law on Copyright and Designs (Cmnd 6732, 1977)）、政府は、「著作権者の権利保護の困難さに鑑みると、著作権に対するさらなる侵食を生ずるような法改正を行うことは適当ではない」としてこれに同意せず、立法化には至らなかった（Reform of the Law Relating to Copyright, Designs, and Performers' Protection - A Consultative Document (Cmnd 8302, 1981)）。

公益等を根拠として著作権の行使を否定し得る可能性は認めている[110]。

そのような英国においても、かかる公益の抗弁が認められるのはあくまでも例外的なケースに限られるとこれまでは考えられてきたのであるが、ヨーロッパ人権条約（Convention for the Protection of Human Rights and Fundamental Freedoms、通称 European Convention on Human Rights[111][112]）を受けた英国人権法（Human Rights Act 1998[113][114]）の施行後は、裁判所における法解釈においても表現の自由の保障への配慮が従来以上に重視される傾向がみられるようになり[115]、その結果として、現在では裁判所が公益の抗弁の主張をより積極的に認める方向に転じる可能性が示唆されるに至っている[116]。公益の抗弁は、いわば著作権法の制度の枠外で、公益目的により権利行使の否定がなされ得ることを裁判所が認めるものであるが、権利制限についての限定列挙主義を採る英国において、既存の権利制限規定が不十分な場合に裁判所が適切な解決を導くための一応の（そして最後の）受け皿となり得るものとして注目される[117]。その意味で、公益の抗弁は一般条項的な機能を有するものともいえよう。もっとも、あくまでも米国のフェアユースとは位置付けが異なり、公益の抗弁による権利行使の否定は、制度外在的かつ最終的な受け皿としての例外的なものにとどまる点には留意が

---

109) たとえば、*Lion Laboratories Ltd v Evans* [1985] QB 526（CA）536。
110) 英国著作権法171条3項：「この部のいずれの規定も、公益その他を根拠として、著作権の行使を阻止し、または制限する法律のいずれの規定にも影響を及ぼさない。」
111) ヨーロッパ人権条約の条文規定については、以下参照。
〈http://www1.umn.edu/humanrts/japanese/Jz17euroco.html〉（和訳）、
〈http://conventions.coe.int/treaty/EN/Treaties/html/005.htm〉（原文）。
112) ヨーロッパ人権条約10条において、表現の自由に関する基本権の保障が明記されている。また、かかる基本権には「公的機関の干渉を受けず、国境に関わらず、情報やアイディアを受け取り、伝達する権利」も含まれることが明示されている（同条1項）。
113) 英国人権法の条文規定（原文）については、以下参照。
〈http://www.opsi.gov.uk/ACTS/acts1998/ukpga_19980042_en_1#pb5-l1g12〉
114) 国内法である英国人権法がヨーロッパ人権条約に適合的に解釈されるべきことを規定する（同法3条1項）とともに、裁判所が表現の自由の重要性への配慮をなすべきことについても明文で言及している（同法12条4項）。
115) 著作権制度は、表現の自由の制度的保障に資する面も有する一方、一般的には権利者以外の者の表現の自由に対する制約原理として働く面が強いと考えられている。
116) Ashdown事件控訴審判決（前掲注17））参照。
117) 横山・前掲注35）36頁以下参照。

必要である。

　以上のことを整理すると、英国著作権法は米国著作権法とは対照的に著作権の権利制限については個別的権利制限規定の限定列挙主義を採り、裁判所による法創造には総じて謙抑的ではあるが、特定の目的を有する利用行為については裁判所による柔軟な解釈を導き得る抽象度の高いフェアディーリング条項が設けられており、またこれでカヴァーされない利用行為についても、表現の自由保障の観点からの公益の抗弁の活用により、裁判所によって妥当な解決を図り得る枠組みが近時模索されているといえる。このように英国著作権法においては、著作権の権利制限について、米国型の一般条項主義を採らずに限定列挙主義を採用することによって法的安定性を確保しつつ、一部で裁判所による解釈の自由度を高めたいわば中間的な一般条項ともいえるフェアディーリング条項や、例外的な受け皿である公益の抗弁も活用しながら、新たな問題状況に対応し、個々の事案における妥当な帰結を導く努力を続けているものと評価することができる。このうち、少なくとも限定列挙主義を前提としたフェアディーリング条項の在り方については、今後のわが国著作権法における権利制限の在り方を検討する上でも参考になる。

(ⅲ)　フランス

　Author's Right アプローチを採用する代表格ともいえるフランス著作権法は、「創作性」(l'originalité) を有する「精神の著作物」(une oeuvre de l'esprit) を保護対象とする一方、著作者人格権に高い地位を与えてきた。かかる著作者中心の著作権法観に基礎を置くフランス著作権法の下では、著作権の保護こそが「原則」であり、その制限は「例外」であるとの考え方が根強い。そのためか、

---

118)　英国著作権法における権利制限の在り方は、たしかに米国著作権法と比べると立法府による判断を中心とするものではあるが、やはり判例法主義の国であるため、たとえばわが国著作権法と比べると、裁判所による法創造への抵抗が相対的に小さいことが前提となっている。

119)　大渕哲也「著作権の権利制限の一般条項（いわゆる日本版フェアユース）」法学教室347号（2009年）3頁は、わが国著作権法における権利制限の在り方の見直しに関して、一般条項（いわゆる日本版フェアユース規定）の導入議論のみならず、「個別列挙型の要件の一部を一般条項的なものとするといった可能性（フェアユース型というよりは、フェアディーリング型の一種といえよう）を含めて、前広に種々の可能性を考えていくことも1つの選択肢といえよう」（傍点は筆者による）と述べる。また、同旨を述べるものとして、横山・前掲注35) 38頁以下も参照。

権利制限規定については、限定列挙主義が採られ、一般的かつ抽象的な制限規定が存在しないのみならず、制限規定の要件の定め方が相対的に精緻であり、その適用範囲が特に限定的である点が指摘されている[122]。また、制限規定に対する解釈態度についても、拡張解釈の忌避や類推解釈の禁止を唱えるいわゆる「厳格解釈」の態度が、従来より同国における主流を占めてきた。もっとも、フランスの判例は、かかる「厳格解釈」の態度を堅持しつつも、たとえば付随的利用（utilisation accessoire）の法理[123]により侵害行為（複製行為）自体を否定し、非侵害の結論を導くなどして、個別の案件における妥当性の確保には腐心しているようである。また、フランスにおいても、前述したヨーロッパ人権条約10条による「表現の自由」を保障する規定[124]を援用して、著作権の制限規定の拡張解釈をなすべきとの主張が近年なされるに至っている[125]。

それにもかかわらず、やはりフランスの判例は権利者保護の立場を重視し、著作権の制限規定の適用に関しては限定的または謙抑的なスタンスに立っているのではないかとの印象を強くしたのが、前出のマルホランド・ドライブ事件についての2006年2月28日の破毀院判決[126]であった。同判決は、本款(1)(i)および(ii)においてすでに述べたとおり、当時まだフランスがスリー・ステップ・

---

120) Code de la propriété intellectuelle（フランス知的財産権法典。以下「CPI」という）111-1条1項。
　　なお、フランス著作権法の条文規定については、以下参照。
　　〈http://www.cric.or.jp/gaikoku/france/france_c1.html〉（和訳）、
　　〈http://www.legifrance.gouv.fr/affichCode.do?cidTexte=LEGITEXT000006069414&dateTexte=20090902〉（原文）。
121) CPI111-1条2項および121-1条以下の著作者人格権に関する規定参照。
122) 駒田・前掲注59）53頁参照。
123) いわゆる「写り込み」事例等において、たしかに係争著作物が公衆に提示されてはいるが、それが不完全であったり、二次的でしかない方法で伝達されているに過ぎない場合に、そのような形での著作物の提示は、扱われた主題にとっては付随的でしかなく、当該著作物を公衆に感得せしめるものではないとして、侵害を否定する法理を指す。
　　日本における東京高判平成14年2月18日判時1786号136頁（雪月花事件）を想起させるが、駒田・前掲注59）68頁の注25）の分析に従えば、フランスにおける付随的利用の法理は、係争著作物の創作的特徴が再現され感得され得る場合であっても、扱われた主題との関係で付随的なものであるといえるときには、「当該著作物を感得できない」とされ得る点で、日本の裁判例の射程を越えるもののようである。
124) 前掲注111）および112）を参照。

II. 権利制限の在り方に関する国際的な状況について　　249

テストについて定めた EC 情報社会指令 5 条 5 項を明文で国内法化するに至っていなかった段階で、ベルヌ条約および EC 情報社会指令上のスリー・ステップ・テストを間接適用した点において、まず特徴的であったといえる。しかしそれ以上に同判決が与えるインパクトが大きかったのは、既存の個別的権利制限規定[127]に関して、一見すると文言上の要件が充足される場合であっても、ベルヌ条約および EC 情報社会指令の間接適用の結果として、スリー・ステップ・テストに基づき当該権利制限規定が縮小解釈され、その適用が排除され得る（したがって、権利制限が認められず、侵害の結論が導かれ得る）ことを、明らかにした点においてである。しかも、現在では EC 情報社会指令 5 条 5 項のスリー・ステップ・テストに関する定めは、フランスにおいても明文で国内法化された[128]ので、国内裁判所による EC 情報社会指令の間接適用の是非を問うまでもなく、スリー・ステップ・テストが既存の権利制限規定の縮小解釈の根拠としてフランスの裁判所により参酌される可能性が極めて高くなった状況にあるといえよう[129]。

ただし、このように権利制限規定に関して、厳格解釈を通り越して縮小解釈まで導く裁判所のスタンスに対しては、スリー・ステップ・テストの要件が抽象的であるだけに[130]、法的安定性の観点から問題があるとしてこれを批判する

---

125) たとえばユトリロ（Utrillo）事件に対する 2003 年 11 月 13 日破毀院判決（Cass. civ. 1er, 13 novembre 2003, Bul. 2003 I N° 229 p. 181）参照。
　　同事件においては、有名画家の作品展覧会に関する報道において絵画 12 枚を 2 分間以上にわたり放映した被告テレビ局（France 2）が、「表現の自由」を保障するヨーロッパ人権条約 10 条を援用して、CPI122-5 条 1 項 3 号(a)の「短い引用」（courtes citations）による権利制限規定の拡張解釈をなすべきである旨主張した。
　　もっとも、これに対してフランスの破毀院は、かかる引用規定の拡張的適用の抗弁は成立しないと判示し、同事案における結論としては、権利制限規定の厳格解釈の立場を維持した形となっている。
126) 前掲注 50) 参照。
127) 同事件においては、私的複製に係る権利制限規定の解釈が、具体的に問題となった。
128) 2006 年 8 月の法改正により、スリー・ステップ・テストはフランス著作権法の中に明文の規定として組み込まれ（CPI122-5 条 2 項、211-3 条 2 項、および 342-3 条 3 項）、権利制限の要件として機能することが明確にされた。ただし、厳密にいうと、改正前からのフランス著作権法が掲げる権利制限がすでにスリー・ステップ・テストの第 1 ステップである「一定の特別な場合に該当する」という判断に基づき、第 2 ステップ以下のツー・ステップ・テストの形を採っている。

見解も、フランス国内の学説においては近時強く主張されているようである[131]。

以上に見たように、フランスにおいては著作権の権利制限については、個別的権利制限規定の限定列挙主義が採られ、かつ、それらの個別的権利制限規定の解釈についても伝統的に厳格解釈の態度が尊重されており、さらにはスリー・ステップ・テストの適用結果として、既存の個別的権利制限規定が縮小解釈される可能性についてまで、判例が認める状況にある。付随的利用の法理や権利制限規定の拡張解釈等により、個別の事案における妥当な結論を導こうとする判例の動向も存在するが、総じて権利制限に対しては謙抑的な印象が強く、一般的権利制限規定の導入に向けた具体的な議論についても、現段階では特に活発にはなされていないようである。

129) この点、井奈波朋子「マルホランド・ドライブ事件 DVD のコピーガードと著作権」コピライト 2007 年 6 月号 33 頁は、そもそもマルホランド・ドライブ事件に関する破毀院判決までの諸判決について、「スリーステップテストの適用範囲を間違えていると思われる。スリーステップテストは、その要件を満たしていなければ私的複製として適法でないというものである。スリーステップテストを技術的保護手段導入の適法性判断の要件として用いるのはおかしい。スリーステップテストをそのように運用するのは、法が予定する範囲を逸脱するものであると考えられる。技術的保護手段の導入が適法かどうかは、別のアプローチによる判断が必要である」と批判している。

なお、同事件に関連して、その後 2006 年のフランス著作権法改正により、技術的保護手段の保護とともに、技術的保護手段の回避に対する罰則規定（CPI335-3-1 条）も新設された。処罰の対象となる行為は、故意に著作物の保護を改悪することを目的として、研究以外の目的で、技術的保護手段を害する行為とされている。
130) 特に、スリー・ステップのうちの第 2 ステップにあたる「著作物の通常の利用を妨げず」の概念が明確でない点が問題とされやすいものと思われる。また関連して、権利者と利用者との利益衡量を図る可能性のある第 3 ステップ（「著作者の正当な利益を不当に害しない」）の前に常に第 2 ステップの判断を優先させ、かつ「通常の利用」の意義を広く捉えると、権利者の利益に偏った判断がなされがちとなり、利用者の利益が不当に損なわれるおそれがあることへの懸念も指摘される（本款(1)(i)における前述 222 頁以下参照）。
131) フランスにおいても著作権侵害には刑事罰が適用され得るから、特に罪刑法定主義の観点からの懸念が指摘される。この点、スリー・ステップ・テストを国内法化したフランスにおける 2006 年改正法については、罪刑法定主義に抵触する可能性が存するとして違憲審査請求にも付されたが、フランス憲法院は、「EC 情報社会指令 5 条 5 項の文言に条件を付さず正確にこれを再現する立法上の措置については、憲法規定に明白に違反する場合を除いて、審査する権限を有しない」ことを理由として、この請求を斥けている。駒田泰土「3 step test はどこまで有用な原則か—フランスにおける議論を参考に」上智法学論集 51 巻 3=4 号（2008 年）70 頁参照。

(iv) ドイツ

　大陸法系の Author's Right アプローチを採用する代表格として、前述したフランス著作権法とともに双璧をなす現行ドイツ著作権法は、わが国著作権法が制定されるにあたっても大いに参考にされた経緯を有する。そのため、著作権制度に関して一元的構成を採るか、二元的構成を採るかの別はさておき、わが国著作権法について新たな検討をなす際の比較対象としては、これを参照する意義は小さくないものと思われる。

　かかるドイツ著作権法は、著作者中心の著作権法観に基礎を置き、人格的要素を重視するとともに、著作権の保護こそが「原則」であり、その制限は「例外」であるとの考え方が永年主流を占めてきた点で、フランス著作権法と共通する。また、その権利制限条項については、やはりフランス著作権法と同様に限定列挙主義が採られ、一般的権利制限規定は有しておらず、権利制限規定に対する解釈態度についても「厳格解釈」の態度が尊重されているといわれる。

　もっとも、フランス著作権法においては「付随的利用（utilisation accesspire）の法理」により結論の妥当性を導かざるを得なかったようなケースにおいて[132]、ドイツ著作権法では明文上の「自由利用」（Freie Benutzung）の規定[133]により非侵害の結論が導かれ得る点は、特徴的な差異の一つとして指摘できるだろう[134]。

　また、ドイツの判例の権利制限規定に関する解釈態度を見ると、たしかに「厳格解釈」を原則として尊重し強調してはいるものの、妥当な結論を導くために、ある程度柔軟に拡張解釈や類推解釈を行うことに対して、フランスの例と比べても、相対的にためらいが少ないのではないかとの印象を受ける。さら

---

132)　前掲注 123) 参照。

133)　Gesetzüber Urheberrecht und verwandte Schutzrechte（ドイツ著作権法（著作権および著作隣接権に関する法律）。以下「UrhG」という）24 条 1 項では、「他人の著作物の自由利用によって創作された独立の著作物は、利用された著作物の著作者の同意を得ることなく、公表し、利用することができる」と規定されている。

134)　ドイツ著作権法における「自由利用」の概念やこれをめぐる議論については、上野達弘「ドイツ法における翻案—『本質的特徴の直接感得』論の再構成」著作権研究 34 号（2008 年）28 頁以下参照。
　　なお、UrhG24 条 1 項の「自由利用」の規定は、あくまでも著作権の範囲それ自体を定めた規定であり、権利制限規定（なかんずくフェアユース規定）とは、異なる位置づけにある点には留意が必要である。

にこの点に関連して、ドイツにおける近時の判例においては、より利益衡量を志向した柔軟な解釈が肯定される傾向にある点が、特に注目される。

たとえば、2002年7月11日連邦通常裁判所判決（ヴェローナ・フェルトブッシュ（Verona Feldbusch）事件[135]）は、UrhG50条[136]の「時事の事件（Tagesereignis）に関する報道」に係る権利制限規定の解釈において、厳格解釈によれば「時事の事件」性は政治的または文化的に重要な出来事に限定して認められるべきところ、「著作権法50条の権利制限規定は、意見表明および報道の自由ならびに情報に関する公衆の利益を考慮したものであり、立法者が、憲法上保護される二つの地位の比較衡量（Abwägung）を行い原則的に結論づけた結果である」という点を指摘した上で、政治的または文化的に重要な出来事であるとはいえない事件（公衆の好奇心や欲求の対象となる有名人の運命やある種の噂話に関する事件）についても、「時事の事件」性が認められることを明らかにしている。かかる本判決の解釈は、権利者と利用者の基本権の比較衡量を意識した拡張解釈（または類推解釈）であると評することができる。

また、同じく2002年7月11日連邦通常裁判所判決（電子ニュース（Elektronischer Pressespiegel）事件[137]）は、電子ニュースが、UrhG49条1項が新聞や情報誌等に掲載された少量の記事の転載先として許容している、「（他の）新聞又はこの種の情報誌（Zeitungen und Informationsblättern dieser Art）」に該当するといえるか否かの解釈にあたって、「憲法上の財産権保護という著作権

---

135) BGH, Urt. v. 11. 7. 2002, ZUM 2002, S. 818.
　　本判決は、日刊紙「Bild」が掲載した、有名女優が夫である俳優から殴られた跡を示す写真を、別の出版社が雑誌「Focus」に転載し記事としたことが、当該写真に係る著作権を侵害するものであるとして問題になったケースに関するものである。
136) UrhG50条：「時事の事件に関して、放送又は類似の技術的手段を通じ、新聞、雑誌その他印刷物又はその他のデータ収録物で主として時事の関心事を扱うものにおいて、及び映画において報道することを目的とする場合には、この事件の過程において現れる著作物を、複製し、頒布し、又は公衆に再生することは、その目的上必要な範囲において、許される」。
　　なお、ドイツ著作権法の条文規定については以下参照。
　　〈http://www.cric.or.jp/gaikoku/germany/germany.html〉（和訳）、
　　〈http://bundesrecht.juris.de/urhg/index.html〉（原文）。
137) BGH, Urt. v. 11. 7. 2002, GRUR 2002, S. 963 ; ZUM 2002, S. 740.
　　本判決は、会社内部において新聞の論説等をスキャニングし、従業員宛に電子メールにて一斉送信する行為が、著作権侵害にあたるか否かが問題とされたケースに関するものである。

の根拠からすると、新しい技術的な可能性や進展は、著作権法上の例外規定を拡張解釈する理由とはなり得ない」旨を述べ、UrhG49条1項の権利制限規定についての厳格解釈の原則を明言しつつも、その一方で、「UrhG45条以下の権利制限規定の枠組みにおいて用いられている概念は、技術の進展によって時代遅れとなり得る」ことを指摘し、「個別の事案において（拡張解釈が）当該規定の目的に合致する」場合には、「権利制限規定も、新しい技術的可能性に配慮し、例外的に拡張解釈 (extensive Auslegung) され得る」ことに言及している。その上で、同判決は、「著作者の利益と並んで、権利制限規定によって保護される諸利益についても注意が向けられるべきであり、当該規定の解釈に際しては、それら諸利益の重要性に応じた考慮がなされるべきである」旨を述べ、結論として、電子ニュースへの記事の転載にもUrhG49条1項が適用され得ることを認めている。かかる本判決における「拡張解釈」（一部には類推解釈との評価も存する）に対しては、「電子ニュース」のような新しい技術的状況への対応については追加立法の形が望ましいとの観点から、批判的に捉える見解も存するところではあるが、そのような指摘はさておき、ドイツの判例が、近時、権利者と利用者との利益衡量を志向した柔軟な解釈を肯定する傾向にあることを示す一例として、本判決も捉えることができる。

　さらに、ドイツにおける権利制限をめぐる近時の議論として無視できないのが、スリー・ステップ・テストに基づく権利制限規定の縮小解釈の当否についての一連の議論である。ドイツにおいてはフランスと異なり、現段階においては、スリー・ステップ・テスト（EC情報社会指令5条5項）の国内法化は図られていない[139]。しかしながら、近年、前述したフランスの例をはじめとして、欧州各国の裁判所がスリー・ステップ・テストを、既存の権利制限規定を縮小解

---

138) UrhG49条1項：「少量の放送解説、並びに新聞及びその他専ら時事の関心事を取扱う情報誌に掲載された少量の記事を、他の新聞又はこの種の情報誌において複製し若しくは頒布すること、又はそうした解説及び記事を公衆に再生することは、当該解説及び記事が、政治的、経済的又は宗教的な時事問題に関係し、かつ、権利の留保がなされていない場合には、許される。この複製、頒布及び公衆への再生については、著作者に相当なる報酬を支払うものとする。ただし、若干の解説又は記事からの短い抄録を梗概の形式で複製し、頒布し、又は公衆に再生する場合は、このかぎりでない。この請求権は、集中管理団体によってのみ行使することができる」。

釈する方向で半ば濫用する可能性が高まってきたことを懸念し、マックス・プランク知的財産研究所が、2008年9月に、スリー・ステップ・テストを謙抑的に用いるべきことを強くアピールする声明[140]を公表したことは大いに注目される。同声明には欧州における多くの主要な研究者等が署名しており、ドイツ国内においてもかかる議論への関心の高まりが見てとれる。そこでの主な主張は次のとおりである。

(a) スリー・ステップ・テストは、個々のステップごとの適用解釈がなされるべきではなく、各ステップの包括的・一般的な評価が必要とされており、3要件のいずれかが解釈において優先されるものではない。

(b) スリー・ステップ・テストの解釈はその目的に応じてなされるべきであり、権利の制限や例外は狭く解釈されるべきではない。

(c) スリー・ステップ・テストは、権利制限の範囲が合理的に予見可能である限りにおいて、立法者が上限の定まっていない（open-ended）制限規定を設けることを禁止してはおらず、さらに、裁判所も、権利制限規定を類推適用したり、場合によっては新たな権利の制限や例外を解釈により創設することを妨げられない。

以上に見たように、ドイツにおける権利制限規定をめぐる解釈態度については、従来の厳格解釈に偏った態度から、権利者と利用者の基本権の衡量をも意識した形で柔軟な拡張解釈や類推解釈を認める方向に、少しずつ変化しているようにも見てとれる[141]点は注目されるところである。また、この点は、スリー・ステップ・テストをめぐる同国における議論にも表れているといえるが、一般的権利制限規定の導入議論については、未だ活発化しているとまではいえない状況にある[142]。

(v) 韓国

韓国著作権法は、基本的には大陸法系に分類され、全般的にわが国著作権法

---

139) ただし、プログラムの逆コンパイルに関しては、スリー・ステップ・テストをドイツ著作権法でも定めている（UrhG69e条3項）。また、データベース製作者の保護に関しても、スリー・ステップ・テストが採用されている（UrhG87b条1項）。

140) 前掲注45) 参照。

と類似した規定ぶりとなっている。このことは、権利制限規定についても従来よりほぼあてはまってきた。ところが、韓国では今般、「知的財産権」をもその対象に含む米国との間での包括的な自由貿易協定(Free Trade Agreement)[143](以下、「韓米FTA」という)が成立したことを機に、著作権制限に関する一般条項としての公正利用条項(韓国版フェアユース規定)の導入が具体的に法案化され、話題となっている。結局、同国における2009年4月の著作権法改正においては、かかる公正利用条項の導入は見送られ、同条項の新設を含む法案の通過については、依然として不透明な状況にあるのが現状のようである(2010年1月現在)。

しかしながら、未だ実現にまでは至っていないとはいえ、かかる韓国著作権法改正における、一般的権利制限規定としての公正利用条項の導入をめぐる議論は、元々韓国著作権法と法体系が近似するわが国著作権法の検討においても参考になるものと思われるから、以下この点に関する議論を中心に紹介する。[144]

まず、韓国において今般、公正利用条項導入に向けての議論が法案の形にま

---

141) 前掲注9)調査研究報告書86頁は、「近時のドイツにおいては、このようなやや硬直的な著作者中心主義から脱し、もう少し柔軟な解釈論を展開しようという議論も台頭してきている。この台頭しつつある立場においては、そもそも制限規定とは著作権の外延を画する法技術にすぎず、著作権と隣接するとしてもそれ自体独立した法システム(eigenständige Regelungen)たりうるので、前提として制限規定を「例外」とみることは間違っているとされる。そして、著作者と同様に、著作物の利用者もまた基本権ないし憲法的な価値(表現の自由、情報に対する権利等)によって保護されていることを正面から認め、私的生活関係において生じるそれらの衝突を調整し、両者の利益の調和のとれた妥協を実現するのが著作権法の目的であると把握している。このような利益衡量を主軸にすえた論者がドイツにおいて増えつつある」との分析を述べている。

142) もっとも、活発とまではいえないものの、ドイツにおいても一般的権利制限規定(ドイツ版フェアユース(Redliche Verwertung)規定)の導入に関する考察の機運が次第に高まりつつある点を指摘し、これを紹介するものとして、前掲注9)調査研究報告書95頁以下も参照。

143) 韓国および米国の両国政府は、2006年2月から交渉が始まった両国間の自由貿易協定案に、2007年4月2日に最終同意し、ここに「韓米FTA」が遂に成立した。この韓米FTAは、「知的財産権」を含む貿易関連諸分野を広く網羅する包括的な自由貿易協定であり、北米自由貿易協定(NAFTA)以降、世界最大の自由貿易協定となる見込みである。韓米両国の経済規模を合わせるとEU、NAFTAに続く、自由貿易協定としては世界3位の規模に相当する。最終協定文については韓国外交通商省のウェブサイトで入手できる。
〈http://www.mofat.go.kr/mofat/fta/kor_0707/kor_list.htm〉(原文)、
〈http://www.mofat.go.kr/mofat/fta/eng_0707/eng_list.htm〉(英語)。

で具体化した背景について簡単に触れる。実は、韓国著作権法に公正利用条項を導入するという議論は以前よりなされていたが[145]、かかる議論が具体的法案化に至るまでに本格化したのは、韓米FTAの成立を受けてのことである。というのも、韓米FTAの内容に基づき、著作者の権利の保護がより強化される方向での法改正が図られることとなったため、著作権制度のもうひとつの軸を担う公衆[146]（ここでいう「公衆」は個人に限定されず、広く利用者一般を指す語として用いる）による著作物の公正利用についても、より保障が図られるべきであるというバランス感覚が働いたものと思われる。その結果、米国著作権法が著作権制限に関する一般条項としてのフェアユース規定を掲げていることをも考慮し、公正利用条項導入に向けた議論が韓国内において一気に盛り上がり、法案化にまで至ったということである[147][148]。ただし、韓米FTAの直接的な内容として公正利用条項の導入が積極的に求められているわけではない[149]という点には、注意すべきである。

144) 韓国における近時の公正利用条項導入をめぐる議論の背景および内容について日本語にて紹介する文献および資料としては、著作権制度における権利制限規定に関する調査研究会・三菱UFJリサーチ＆コンサルティング編「その他の諸外国地域における権利制限規定に関する調査研究レポート」（「著作物の流通・契約システムの調査研究『著作権制度における権利制限規定に関する調査研究』報告書」別冊）（2009年3月）〈http://www.bunka.go.jp/chosakuken/pdf/houkokusho_090626.pdf〉（以下「調査研究レポート」という）20頁以下、および調査研究レポート参考資料編33頁以下等参照。

145) 韓国では、すでに2005年12月6日に、チョンヨンセ議員から、一般的権利制限規定としての公正利用条項の導入を伴う改正法案が提出されていた。同改正法案の内容（韓国語）については、以下のURLから参照できる〈http://likms.assembly.go.kr/bill/jsp/BillDetail.jsp?bill_id=032955〉。

146) 韓米FTAに基づき、著作権に関する国際条約で要求される最低基準を超えて著作者の権利が強化されることになる内容としては、一時的蓄積の複製認定（韓米FTA協定文18.4条1項）、保護期間の50年から70年への延長（同条4項）、技術的保護手段の迂回規制の強化（同条7項）、権利管理情報の保護（同条8項）等が挙げられる。

147) 韓国文化観光部（現在の文化体育観光部）「著作権法一部改正（案）公聴会資料」（2007年9月13日）7頁では、政府による提案説明として、「韓米FTAで著作権保護がより強化されることを考慮し、利用者側で著作物の利用の活性化を図るため、公正利用条項を新設する」旨が述べられている。

　なお、同公聴会資料の内容（韓国語）については、以下のURLから参照できる〈http://inglaw.moleg.go.kr/PS/lmPpListR.do?lsClsCd=all&orgCd=all&searchCategory=lsNm&searchKeyword=%EC%A0%80%EC%9E%91%EA%B6%8C%EB%B2%95&sdt=&edt=&x=19&y=12〉。

韓国における一般的権利制限規定としての公正利用条項の導入に向けた具体的な改正法案提出の経緯と内容を、以下に示す。

まず法案提出の経緯についてであるが、著作権制限についての一般条項の導入を含む著作権法改正案が、最初に政府から国会に提出されたのは、韓米FTA が最終合意に至った年である 2007 年の 12 月 28 日[150]であった。しかしな

---

148) 以上にくわえて、前掲注144) 調査研究レポート参考資料編33頁以下等によると、韓国に特殊な議論背景として、次の点も指摘されている。すなわち、韓国ではインターネットが特に発達しており、青少年がブログ、UCC（User Created Content；本来は、CGM（Consumer Generated Media）におけるユーザが作成したコンテンツ自体を指す語であるが、ここでは、ユーザがコンテンツの制作主体となっているユーザ参加型 Web サービスを指す語として用いられている）、webhard などに著作物をアップロードするケースが日常的に確認される実態が存するが、他方でこれに対する権利者による告訴も逆に社会問題化する程度にまで増加しているため、何らかの対策が必要な時期に至っているとの認識が高まっていたところ、デジタル環境における多様な問題発生状況を事前に予測して類型化することは極めて困難であることから、結局、オンライン上での著作物の利用態様に柔軟に対応するためには公正利用条項（フェアユース規定）の導入が必要であると考えられるに至ったという背景も、指摘されている。

149) 具体的には、韓米 FTA 協定文における、たとえば複製権の制限に関する規定は、以下のとおり述べるにとどまっている。

韓米 FTA 協定文§ 18. 4. 1 Fn 11：「Each Party shall confine limitations or exceptions to the rights described in paragraph 1 to certain special cases that do not conflict with a normal exploitation of the work, performance, or phonogram, and do not unreasonably prejudice the legitimate interests of the right holder.（和訳：各当事国は、この項で記述された権利に対する制限または例外を、その著作物、実演またはレコードの通常の利用を妨げず、その権利者の正当な利益を不当に害しない一定の特別の場合に限定する）」

これは、実質的にはスリー・ステップ・テストの内容を述べ、確認しているに過ぎないともいえる（同様の規定としては、同協定文§ 18. 4. 10(a)も挙げられる）。

また同協定文 § 18. 4. 1 Fn 11 は上述に続けて、「each Party may adopt or maintain limitations or exceptions to the rights described in paragraph 1 for fair use（和訳：各当事国は公正利用のためにこの項で記述された権利に対する制限と例外を採択または維持できる）」（下線と傍点は筆者）とも述べているが、これはあくまでも「できる」ことを確認するのみであり、フェアユース規定の導入を各当事国に積極的に義務付けるものとは解されない。

150) 2007 年 12 月 28 日改正法案における公正利用条項の規定（同改正法案 35 条の 3）の和訳については、次の URL（文化審議会著作権分科会過去の著作物等の保護と利用に関する小委員会（第 4 回）参考資料 1）において参照できる（ただし、「仮訳」である旨の注記あり）。なお、同 URL 中の脚注 10 における「2007 年 12 月 26 日」との表記は、正しくは「2007 年 12 月 28 日」の誤りではないかと思われる〈http://www.bunka.go.jp/chosakuken/singikai/hogo/04/pdf/sanko_01.pdf〉。

また、同改正法案の内容（韓国語）は以下の URL から参照できる〈http://likms.assembly.go.kr/bill/jsp/BillDetail.jsp?bill_id=PRC_Y0Z7G1J2K2C8U1B1O1A0H4Z3T9Z5M4〉。

がら、同改正法案については、提出された国会会期中に成立には至らず廃案となった。そこで、2008年10月10日に、一般的権利制限規定としての公正利用条項の新設をその内容の一部として含む著作権法改正案が、再び政府から国会に対して提出された（以下「政府改正案」という）。また、これとは別に、2008年12月5日にビョンゼイル議員から、前述した政府改正案による公正利用条項の導入とほぼ同内容の規定を含む著作権法改正案が、国会に提出された（以下「ビョンゼイル議員改正案」という）。同年12月31日にはビョンゼイル議員改正案が文化体育観光放送通信委員会に回付され、2009年3月3日には第281回国会（臨時国会）第8次法案審査小委員会に上程されるに至った。こうした一連の動き[152]を受け、公正利用条項の新設を含む改正案については、2009年4月にも国会を通過するのではないかとの観測が一時伝えられたりもしたが、同条項の導入をめぐる議論においては、反対論または折衷論を採る立場からの反発も根強く、結局現在に至るまで、一般的権利制限規定としての公正利用条項の導入に関する改正法案の国会通過は実現していない（かかる議論状況については後述する）。

そこで、現在までに議論の対象となった改正法案（政府改正案およびビョンゼイル議員改正案）における公正利用条項の内容について見ると、以下のとおりとなっている。[153]

政府改正案 (2008年10月10日提出)	ビョンゼイル議員改正案 (2008年12月5日提出)
第35条の3（著作物の公正な利用） ① 第23条ないし第35条の2の場合以外に、著作物の通常の利用を妨げず、著作者の正当な利益を不当に害しない例外的な場合には著作物を利用できる。 ② 著作物の利用行為が第1項に該当するかを判断する際には、次の各号の事情を考慮しなければならない。 　1. 営利性または非営利性など利用の目的および性格。 　2. 著作物の種類および用途。 　3. 利用された部分が著作物の全体で占	第35条の2（著作物の公正な利用） ① 第23条ないし第35条に規定された場合以外にも、著作物の通常の利用を妨げず、著作者の合法的な利益を不合理に害しない特別の場合には著作物を利用できる。 ② 著作物の利用行為が第1項にいう利用行為に該当するかを判断する際には、次の各号の事情を考慮しなければならない。 　1. 営利または非営利など利用の目的および方法。 　2. 著作物の種類および性格。

める<u>比重とその重要性</u>。 4. 著作物の利用がその著作物の<u>現在市場または価値あるいは潜在的な市場または価値</u>に及ぼす影響。	3. 著作物の中、利用された部分が著作物の全体で占める<u>分量と比重</u>。 4. 著作物の利用が著作物の<u>現在または将来の市場または価値</u>に及ぼす影響。

（下線部分は両法案の差異点を明らかにするため、筆者が加えたものである。）

　以上のとおり、両改正案とも、新たに導入を図ろうとする公正利用条項については、1項のスリー・ステップ・テスト型規定と2項の米国型フェアユース規定とを組み合わせた内容となっている。こうした両改正案の内容については、著作権制限の一般条項として公正利用条項を規定しつつも、公正利用が認められる場合を「特定の場合」に限定することによって、ベルヌ条約等の関連国際条約における権利制限規定に関する制約（スリー・ステップ・テスト）や、韓米FTA協定文における著作権の制限に関する条項への抵触を形式的に回避しようとするものであると考えられる。しかし、こうした改正案の内容に対しては、そもそもかかる「特定の場合」がいかなる場合を指すのかが不明確であるし、その上、公正利用が認められる範囲が「特定の場合」に限定されることにより、融通性のある一般条項としての長所が失われてしまうのではないか、との一般的な批判も成り立つところである。このような一般的な批判が成り立つことをも踏まえた上で、これらの両改正案にほぼ共通する公正利用条項の導入案に関し、現地韓国において、いかなる議論が展開されてきたのかにつき、賛成論、反対論および折衷論の各立場ごとにまとめて紹介する。

(a) **賛成論**[155]

・公正利用の原理は、著作権制限に関する一般的な原理として大変融通のきく原理

---

151) 同改正法案の内容（韓国語）は以下のURLから参照できる〈http://likms.assembly.go.kr/bill/jsp/BillDetail.jsp?bill_id=PRC_W0I8V1S2Q0T5A1M7I1C0C1B9B4U6Q6〉。

152) なお、こうした改正法案をめぐる動向については、前掲注151) にも挙げた韓国国家議会 (The National Assembly of the Republic of Korea) のウェブサイト〈http://likms.assembly.go.kr/bill/jsp/BillDetail.jsp?bill_id=PRC_W0I8V1S2Q0T5A1M7I1C0C1B9B4U6Q6〉等において確認できる。

153) 和訳および両改正案の整理については、前掲注144) 調査研究レポート参考資料編35頁以下に拠る。

154) 前掲注149) 参照。

155) 前掲注144) 調査研究レポート参考資料編42頁以下参照。

であり、韓国著作権法が新しい技術や環境に容易に適用できるようにし、著作物利用に関する取引費用を正当に減少させ、著作物利用に関する混乱を解決し、成文法の欠缺を裁判所により補完できる途を提供できるというメリットがある。
・公正利用の原理を適用する際に混乱が惹起される可能性があることは認めるが、この原理が韓国著作権法体系に導入されうまく機能するか否かのキーポイントは、結局は韓国の裁判所がこの原理をどのくらい活用し適用できるスキルがあるかという点にかかってくるものと思われる。この点、韓国の裁判所は、すでに米国の公正利用（フェアユース）の判断基準と同一の要件を個別の判例（たとえば、パロディの許容可否について）において提示しており、かつ判例法としての規範も形成してきた実績があるから、韓国の裁判所には、上述したスキルが備わっているものと考えられる。

(b) 反対論
・今般の改正案は、公正利用の有無に対する最終的な判断を司法判断に任せ、公正利用に関する基準だけを提示した宣言的な意味を有するにすぎない。これによれば、名実ともに著作物の公正利用の最終的判断については司法判断に委ねるしかなくなり、法的安定性が著しく損なわれ、実務上、公正利用であるか否かの認定をめぐり、著作物利用者と権利者との間で紛争が現在以上に先鋭化する状況を招くことになろう。したがって、著作物利用の活性化という立法趣旨からは離れて、著作物利用に関する紛争がかえって拡大し、著作権侵害に対する解釈と判断を、利用者と権利者との間での「力くらべ」に発展させ、著作物利用と権利処理のコストおよび時間を今よりも増加させることに繋がってしまうと予想される。[156]
・韓国の実務および判例上、現行韓国著作権法の下での著作財産権の制限条項を解釈するにあたっては、実質的には改正案で提示されている要件をすでに判断基準として採用しているといえるので、公正利用条項を新設することは、宣言的意味以外に問題解決のための実質的な意味は見出せず、結局は無駄な立法行為となってしまうものと思われる。[157]
・韓国著作権法は基本的に大陸法系に分類されるが、そもそも大陸法系の著作権法は、保護される著作物の保護要件（著作物性）を相対的に厳格に判断する反面、著作財産権の制限についても個別具体的、かつ限定的な制限のみを許容することに

---

156) 前掲注144) 調査研究レポート参考資料編40頁参照。
157) 前掲注144) 調査研究レポート参考資料編47頁以下参照。

よって、権利者と利用者との間の利害関係のバランスをとるものである。これに対し、英米法系、特に米国著作権法は、著作物性を相対的に幅広く認定する一方、著作財産権の制限も幅広く認めることによって、バランスをとっている。つまり、大陸法系も英米法系も著作権の保護と著作物の利用において、それぞれの体系の中でそれなりのバランスをとっていると考えられるが、大陸法系である韓国の著作財産権の制限の側面についてだけ英米法系の一般条項規定を真似て導入すると、著作権者にだけ不利となる方向で、既存の著作権法の均衡が崩れてしまうおそれが生じる。[158]

(c) 折衷論

・韓米 FTA により、著作権者の権利が一方的に強化されるので、公正利用条項を導入することにより著作物利用者との均衡を図ろうとする側面については、積極的に評価できる。また、一般条項は柔軟性を特徴とするので、個別案件における紛争解決の具体的妥当性の確保には資する面が認められる。

・しかしそうだとしても、一般的権利制限規定としての公正利用条項の導入に伴い、法的安定性が損なわれることは否定できない。また同時に、著作権者からも強い反発を受けるおそれが予想される。さらに、一般条項というものに親しまない韓国の法文化を考慮すると、制限的公正利用条項の導入[159]こそが、望ましい法改正のあり方であると考える。[160]

以上のような各立場からの議論が引き続き活発になされるなか、2009 年 3 月頃までの法案審議の動静から判断すると、公正利用条項の導入を図る改正法案は、早晩韓国国会を通過する公算が高いとも伝えられていた。[161] しかしなが

---

158) 前掲注 144) 調査研究レポート参考資料編 49 頁参照。
159) たとえば非商業目的の研究等といった特定目的による限定を付したうえで、抽象的な公正利用を認める形の条項を導入することを指しているようである。英国型のフェアディーリング条項に近い形を想定するものともいえる。
160) 前掲注 144) 調査研究レポート参考資料編 48 頁参照。
161) たとえば、張睿暎「韓国におけるフェアユース導入の議論」(2009 年 3 月)〈http://www.21coe-win-cls.org/rclip/activity/index57.html〉は、公正利用条項の導入を図る改正法案の動きを捉えて、「もはや『導入の議論』というより、『導入への準備』の段階に入ったともいえるほど速い動きである」とのコメントを述べている。
　また、やはり 2009 年 3 月に公表された前掲注 144) 調査研究レポート参考資料編 37 頁も、(韓国における)「フェア・ユース規定に関する法案は近いうちに通過する可能性が高いものと考えられる」と述べている。

ら、2009年4月22日に同国会を通過した韓国著作権法改正案（同年7月23日施行）においては、前述した公正利用条項を掲げた両改正案とも採決の対象には含まれなかった。さらに、現在の韓国における議論状況は、一般的権利制限規定の導入に対しやや慎重な方向に推移しつつあるようにも見受けられ、一般的権利制限規定としての公正利用条項の導入を図る改正法案が次期以降の国会を通過することができるのか否かについては、今もって不透明な状況にある[162]。

このような慎重論を導く要因にもなっていると思われる最近の意見としては、次のようなものが挙げられる。

まず一つ目の意見として、前述した反対論ともやや重複するが、現行の韓国著作権法の運用においてはすでに公正利用の法理が反映されているとの指摘がある。すなわち、韓国著作権法は1条で、著作物の公正な利用を図ることを著作権法の目的とすることを明示しているが[163]、かかる規定は、個別の権利制限規定を解釈する際に、一般的な指導原理としての役割を十分に果たしうるし、現にそのような解釈が裁判実務においてもなされているというわけである。かつ、現行韓国著作権法23条（裁判手続等における複製）の「…著作財産権者の利益を不当に侵害する…[164]」、26条（時事の報道のための利用）の「…正当な範囲内において…[165]」、または28条（公表された著作物の引用）の「…正当な範囲内において…[166]」といった不確定概念を定める規定の解釈にあたっては、結局は

---

162) 直接的に一般的権利制限規定の導入の肯否について言及するものではないが、かかる規定の導入を見送る形で国会を通過した2009年7月23日施行韓国著作権法改正法の趣旨を肯定的に捉え、インターネット利用者の著作権侵害行為への自制を促す内容の見解として、以下URLの文化体育観光部キムヨンサン著作権政策官によるコメント等参照〈http://www.dt.co.kr/contents.html?article_no=2009071502012269699002〉。
163) 韓国著作権法1条は、「この法律は、著作者の権利およびこれに隣接する権利を保護し、著作物の公正な利用を図り、もって文化および関連産業の向上発展に寄与することを目的とする」と規定している。
164) 韓国著作権法23条は、「裁判手続のために必要な場合、又は立法、行政上の目的のための内部資料として必要な場合は、その限度内において著作物を複製することができる。但し、その著作物の種類、複製の部数及び形態等に照らし、著作財産権者の利益を不当に侵害する場合は、この限りでない」と規定している。
165) 韓国著作権法26条は、「放送、新聞その他の方法により時事の報道をする場合において、その過程で見られ、若しくは聞かれる著作物は、報道のための正当な範囲内において、複製、配布、公演、又は公衆送信をすることができる」と規定している。

裁判所により公正利用の法理に従った判断がなされざるをえず、実際、韓国の裁判所はこれまでも米国のフェアユース法理の基準を参考にしてかかる判示を行ってきたというのである[167]。それゆえ、特段公正利用条項を新設しなくても、米国著作権法上のフェアユース法理は韓国著作権法上、個別の権利制限規定の解釈にあたって、すでに直接的または間接的に採用済みであるというのが、公正利用条項導入に向けた慎重論を導く有力な根拠意見となっているようである。

また、二つ目の意見として、現在の韓国はインターネットの利用が益々拡大しつつある状況にあり、インターネットを通じての侵害行為が発生するおそれは、他方で権利者等による行き過ぎた告訴および告発の増加[168]が社会問題化しているにもかかわらず、なお従前と比べて倍増する勢いにあるという点[169]も指摘されている。こうした青少年を中心とする利用者が、公正利用条項の導入に伴い、「公正利用」の本来的趣旨を間違って理解すれば、侵害行為をより一層助長する可能性が高くなってしまうという点が、韓国においては現実的なおそ

---

166) 韓国著作権法 28 条は、「公表された著作物は、報道、批評、教育又は研究等のため、正当な範囲内において、公正な慣行に合致する方法により、これを引用することができる」と規定している。

167) 前掲注 144）調査研究レポート参考資料編 39 頁に、「韓国大法院（最高裁判所）は著作権法第 28 条に、公表された著作物の引用を解釈するにあたって、『それが正当な範囲のなかで公正な慣行に合致する引用であるかの可否を判断する要件として、1)引用の目的、2)著作物の性質、3)引用された対象のその分量、4)被引用著作物を収録した方法と形態、5)読者の一般的観念、6)原著作物に対する需要を代替するかの可否を総合的に考慮しなければならない』（大法院 1997 年 11 月 25 日宣告 97 ド 2227 判決）としながら、米国法上の公正利用の判断基準と類似な基準を採用している」と述べ、韓国の裁判所が米国法上のフェアユースの判断に類似した形の判断をすでに行ってきたこと、および既存の韓国著作権法 28 条の解釈論の意義を重視すべきことを強調している。

168) 著作権者から権利委託を受けた著作権管理法人により、インターネットを経由する侵害行為を網羅的に検索し司法当局に告発することが、新たな収益モデルとして着目されるようになっていることが、こうした背景の一つとして指摘されている。

169) たとえば、2008 年 10 月 23 日付けソウル連合ニュース（イ・グァンビン記者）の記事は、インターネットを経由する違法なダウンロードまたはアップロードを中心とする著作権侵害行為を摘発および刑事立件された小中高校生の 2007 年度の人数が、2006 年度と比べて 5 倍に急増している可能性を伝えている（警察庁から提出された資料に基づき、ハンナラ党所属の国会議員が発表した情報による）。同記事については、以下 URL 参照〈http://www.hankyung.com/news/app/newsview.php?aid=2008102344318&ltype=1&nid=910&sid=01062005&page=1〉。

れとして強く意識されているようである。

　さらに、韓国の場合は判例により確立された法原則が充分に醸成されているとまではいいがたい状況にあり、権利制限に関する一般条項を明文規定の形で急いで導入することによって、かえって無規範状態を招くおそれがあるのではないかとの危惧を主張する声も、最近では強まっているようである。かかる意見の強まりが、公正利用条項の導入に向けた動きの具体化を前にした一時的な懸念にとどまるのか、それとも前述した賛成論における裁判所への信頼の主張を凌駕するものにまで発展するのか、結局はこの点に関するコンセンサスの形成が、韓国における著作権法改正法案の行方を握っているようにも思われる。

　(vi)　**中国**

　現行の中国著作権法[170]（1991年6月施行、2001年10月改正）は、「権利の制限」と題された第2章第4節において、適正使用[171]による権利制限規定（中国著作権法22条）および教科書編集に関する法定許諾規定（同法23条）を設けている。また、法定許諾については、第4章において、新聞または定期刊行物に掲載された著作物の転載または要約等に関する法定許諾（同法32条2項）、録音物製作における既存の録音物に収録された音楽の著作物の使用に関する法定許諾（同法39条3項）、放送局による他人の既公表著作物または既出版録音物の放送に関する法定許諾（同法42条2項、同法43条）等の規定も定められている。さらに、コンピュータ・ソフトウェアに関する権利および情報ネットワーク送信権（同

---

170)　中国著作権法の条文規定については、以下参照。
　　〈http://www.cric.or.jp/gaikoku/chaina/china.html〉（和訳）、
　　〈http://www.sipo.gov.cn/sipo2008/zcfg/flfg/bq/fljxzfg/200804/t20080403_369368.html〉（原文）。

171)　ただし、「適正」使用という用語は、条文上の表題や文言によるものではない。論者によっては、「公正」使用や「合理的」使用（たしかに、中国著作権法22条1項7号には「合理範囲内使用」の語が1箇所だけ使われている）等の語も用いられているようである。特に、中国国内の論文中では「合理的」使用の語が多く用いられているようであるが、かかる用語の使用は、権利制限に関する一般条項である台湾著作権法65条（詳しくは本款(2)(vii)および(3)を参照）の「合理的使用」と混同されるためか、中国著作権法22条の規定も権利制限の一般条項であるとの誤解を招く原因ともなっている節が見受けられる。そこで、本書では、特にこのような混同や誤解（中国著作権法上も権利制限に関する一般条項が設けられているとの誤解）を避ける意味からも、「合理的」使用や「公正」使用の語は用いずに、あえて「適正」使用の語を用いることとする。

法10条1項12号）については、同法58条の附則規定に基づく「コンピュータ・ソフトウェア保護条例」（2002年1月施行）および「情報ネットワーク送信権保護条例」（2006年7月施行）によって、別途権利制限等の規定が設けられている。

中国著作権法における中心的な権利制限規定である同法22条の適正使用の規定は、しばしば「公正」使用による権利制限規定とも呼ばれているが[172]、その内実は、米国のフェアユース規定（米国著作権法107条）のような一般的権利制限規定ではなく、条文こそ一つにまとめられているものの、結局は計12項目からなる個別的権利制限規定を列挙した形を採るものである。

もっとも、これらの個別的権利制限規定の中には、「公務遂行のための合理的範囲内での使用」（中国著作権法22条1項7号）のように、比較的抽象度の高い制限規定も存する。また、私的使用目的による権利制限（同条1項1号）については、わが国著作権法30条のように「複製」に厳格に限定する形は採られておらず、広く「使用」を認める文言となっている点にも注目される。ただし、わが国著作権法30条1項に係る2009年改正との関連では、前述した「情報ネットワーク送信権保護条例」における情報ネットワーク送信権の制限規定（同条例6条）が、中国著作権法22条1項各号とほぼ同様の適正使用行為を列挙しつつも、「私的目的によるネットワーク送信」については、あえて適正使用行為として規定していない（適正使用行為から明示的に除外しているものと解釈し得る）点には留意が必要である。

なお、中国においても、技術革新とりわけインターネット等の情報通信技術の急速な発展に起因する、著作物の利用をめぐる諸問題に迅速に対応するため、個別的権利制限規定の列挙方式では間に合わず、新たに「合理的使用」に関する包括的かつ一般的な権利制限条項を設けるべきであるとの議論が、一部ではなされているようである[173]。しかしながら、かかる議論とは反対に、現状の権利保護の実態が充分とはいえないとの認識に立った上で、権利制限について定

---

172) 前掲注171) も参照。
173) たとえば、于玉・纪晓昕「我国著作权合理使用判断标准的反思与重构」法学论坛第22巻第3期（2007年）94頁以下参照。かかる議論の背景には、「合理的使用」について規定した台湾著作権法65条の一般的権利制限規定化の影響も見受けられる。

めた中国著作権法22条の規定を限定的に解すべきであるとの主張も依然として根強いようである。[174]

(vii) 台湾

現行の台湾著作権法は、個別的権利制限規定を列挙（台湾著作権法44条から63条まで；ただし、権利消尽についての規定も含まれる）した後に、「合理的使用」に係る包括的な一般的権利制限規定（同法65条）を設けている点が特徴的である。

この台湾著作権法65条の規定は、米国のフェアユース規定にならい1992年に設けられたものであるが、最初から一般条項化を意図して設けられたわけではなく、前述の個別的権利制限規定の解釈指針として当初導入された後に、1990年代後半の法改正の議論を受け、1998年にようやく一般条項化が図られたものである。

この点、台湾著作権法については、わが国著作権法と同様に大陸法の継受国であり、規定ぶりについてもわが国著作権法との共通点が多く、かつては権利制限について限定列挙主義を採っていたが、近年、米国のフェアユース規定（米国著作権法107条）に類似した一般的権利制限規定を導入した経緯が認められることから、今後の日本におけるさらなる法改正の参考に資するものと考えられる。[175] そこで、以下別項(3)を設けて、その一般的権利制限規定（台湾著作権法65条）の立法経緯および同条項の導入後の近時裁判例等について、立法趣旨にも触れながら、やや詳しく紹介する。

---

174) たとえば、陈立风「著作权合理使用制度解析」当代法学第21巻第3期（2007年）102頁以下は、PCやインターネットなどの情報通信技術が急速に発展している中、特に現行の中国著作権法22条1項1号の「個人の学習、研究または鑑賞のために、他人の、既に公表された著作物を使用すること」（傍点は筆者による）という条文に基づき、容易に「合理的使用」（本書でいう「適正使用」を指す）の主張が認められ、著作権侵害を免れると解されるならば、著作権者の権利保護不足という問題を生じかねず、著作者の創作インセンティブに萎縮的な効果を与えるおそれもあるとし、現行条文の解釈としては、「合理的使用」（同上）の範囲を限定的に解し、権利制限を縮小的に捉えるべきであると主張している。

175) 同様の一般的権利制限規定導入に向けた具体的な法改正の動きは、前述したとおり韓国においても見られるが、未だ実現には至っていない。

(3) 台湾著作権法65条(「合理的使用」規定)の立法経緯および関連裁判例等について

(i) 台湾著作権法65条の立法趣旨と経緯について

(a) 概要

台湾著作権法65条は、1992年に行われた同法の大幅改正時に、米国著作権法107条(いわゆるフェアユース規定)にならい新設されたものである。しかし、新設当初は、同条はまだ権利制限に係る一般条項としての機能は担っておらず、台湾著作権法44条から63条までの個別的権利制限規定の解釈指針を明らかにする目的で、米国著作権法107条に定められた4要素を拝借してきたにすぎないものであった。

しかし、その後、1998年に行われたWTO加盟のための台湾著作権法改正時に、当時、台湾国立中央図書館(現台湾国家図書館)が、オンライン上での学術論文検索の利便に役立てるために個々の論文の摘要(当該論文摘要は、原則として各論文の著者が自ら作成したものである)を同図書館の所蔵論文検索用サーバへ書き込もうとした行為が複製権侵害に該当する可能性があるとされ、これを救済するための個別的権利制限規定が存しなかったことが問題とされたことなどを契機として、技術進歩に伴う同種の困難な局面に対応していくために、権利制限に関する一般条項の必要性が唱えられるに至った。その結果、(従来の4要素はそのままに)台湾著作権法65条の文言に一部加筆修正する形で権利制限の一般条項化が図られた。この1998年の台湾著作権法改正により、同法65条は「台湾著作権法におけるフェアユース規定」(「合理的使用」に関する一般的権利制限規定)としての位置づけを確立したのである。

なお、同条はさらに、2003年にも再度改正され、既存の2項の文言の一部が修正されると同時に、権利者団体および利用者団体を活用した団体協約による合意形成を促すための3項および4項の規定が追加された。この2003年の改正は、権利制限の一般条項化の点には影響を与えるものではないが、他方、著作物の二次的利用を睨んだ団体間の合意形成による権利処理を指向する点で、興味深いものとなっている。

(b) 台湾著作権法65条立法時および改正時（計2回）の立法趣旨および経緯等について
(aa) 台湾著作権法65条新設時（1992年6月10日）
(aaa) 条文内容
　台湾著作権法65条が新設された当時の条文は、まだ1項のみであり、次のような内容であった。
　「著作物の利用が第44条から第63条の規定に該当するか否かについてはあらゆる状況を斟酌するものとし、特に次の各号に掲げる事項に注意しなければならない。判断標準は次のとおりである。
(1)　利用の目的および性質。これには商業目的または非営利の教育目的であるかをも含むものとする。
(2)　著作物の性質。
(3)　利用された部分の質と量、およびそれが著作物全体に占める割合。
(4)　利用結果が著作物の潜在的な市場と現在の価値に及ぼす影響。」

(bbb) 立法趣旨
立法資料によれば、台湾著作権法65条が新設された際の立法趣旨については、次のように説明されている。
(x)　台湾著作権法44条から63条の規定は、著作財産権の制限規定を列挙したものではあるが、これらの各規定は抽象的要件を掲げるに過ぎず、実際に各権利制限規定の要件に該当するか否かのメルクマールが曖昧な部分もある旨が指摘されていた。そこで、前述した各条の権利制限規定の要件該当性判断の際に、斟酌または留意すべき点を明確にし、もって具体的な事案におけるメルクマールを与えることを目的として、本条が新設された。
(y)　本条1号の「利用の目的」とは、法律上認められた目的を指すものであり、論評、時事の報道、教育、学術、または研究等の目的がこれに該当する（たとえば、他人の著作物を引用し研究に供する場合など）。また、「利用の目的」に関しては、商業目的なのかまたは非営利の教育目的なのかという点も、重要な考慮要素とされる。
　本条2号の「著作物の性質」については、芸術的著作物か事実的著作物か等による別のほか、著作物の顧客吸引力の有無の点も問題とされる。たとえば、辞書のような参考書籍および講演等の場合、特にこの点が考慮されるべきである。
　本条3号の「利用された部分の質と量、およびそれが著作物全体に占める割

合」については、利用された部分が利用側の著作物および被利用側の著作物のそれぞれ全体に占める質的および量的割合の双方を考慮要素となすものである。たとえば、100万字からなる利用側の著作物にとっては、利用部分が全体に占める割合はわずか100分の1（すなわち1万字）にとどまる場合であっても、被利用側の著作物についてみると、利用された部分が、当該著作物全体の半分（またはほとんど全部）を占める場合も考えられる。また、利用された部分が、量的にはわずかであっても、質的には重要である場合も考えられる。それゆえ、質と量の両面で、利用側の著作物および被利用側の著作物の双方において、本要素が考慮されるべきである。

本条4号の「利用結果が著作物の潜在的な市場と現在の価値に及ぼす影響」は、特に利用の態様に係る考慮要素である。

(z) なお、本条は米国著作権法107条にならい新設されたものである。

(ccc) 立法経緯

1989年に、米国通商法スペシャル301条に係る「優先監視国」に台湾が指定された影響を受け、「海賊版天国[176]」との汚名を返上するためになされたのが、1992年の台湾著作権法の大幅改正である。その重要なテーマの一つが、権利制限に関する規定の見直しであった。

著作権者と利用者との利害関係を調整し、著作権者の私権と公衆の利益とのバランスを図り、もって社会発展の潮流に応じるため、台湾著作権法44条から63条の「個別的」権利制限規定が修正および追加される一方で、個々の権利制限規定の適用にあたっての不明瞭性を払拭する試みとして同法65条が同時に新設されたのである。

新設当時の同法65条の条文を読む限り、同条は、この時点ではあくまでも同法44条から63条までの個別的権利制限規定の要件充足性判断のためのメルクマールを与えるものに過ぎなかったと考えるのが素直な解釈であり、かかる解釈が前述した立法趣旨にも合致する。すなわち、新設当時の同法65条は、米国著作権法107条にならいながらも、権利制限に関する包括的一般条項としてはまだ機能していなかったと考えるのが一般的な見解である[177]。

---

176) 当時の立法院（日本の国会に相当する）法案審議議事録中の表現による。

(bb)　第1回改正時（1998年1月21日）
(aaa)　条文内容
第1回改正により台湾著作権法65条の条文には新1項が加えられ、次のように修正された（下線が改正部分）。
「<u>1　著作物の合理的使用は、著作財産権の侵害とはならない。</u>
2　著作物の利用が第44条から第63条の規定に該当するか否かまたは<u>その他の合理的使用の態様に該当するか否か</u>についてはあらゆる状況を斟酌するものとし、特に次の各号に掲げる事項に注意しなければならない。判断標準は次のとおりである。
　(1)　利用の目的および性質。これには商業目的または非営利の教育目的であるかをも含むものとする。
　(2)　著作物の性質。
　(3)　利用された部分の質と量、およびそれが著作物全体に占める割合。
　(4)　利用結果が著作物の潜在的な市場と現在の価値に及ぼす影響。」

(bbb)　改正趣旨
第1回改正時の立法趣旨は次のとおりである。
(x)　「合理的使用」の法律効果について、第1回改正前は明確に規定されていなかったので、米国著作権法107条の立法例を参考に、1項で明定した（明文による権利制限に関する一般条項化）。
(y)　現代社会における著作物の利用形態は複雑化する傾向にあり、第1回改正前の台湾著作権法44条から63条に個別的に定められた合理的使用に係る権利制限規定だけでは、適用の柔軟性に欠け、時代のニーズに応じることができない。
　そこで、合理的使用による権利制限の適用範囲に柔軟性をもたせるため、第1回改正により、本条を包括的一般条項へと修正した。すなわち、第1回改正前の台湾著作権法44条から63条に個別的に定められた利用態様に該当しない場合であっても、本条に規定されている標準に基づき合理性を有すると判断される場合には、合理的使用にあたるとして、権利侵害を免れることを認めたもの

---

177)　ただし、この点については、一般的見解とは異なる解釈に基づく裁判例も存在した。たとえば、台湾台北地方裁判所民国81年度［西暦1992年度］簡上字第423号判決は、台湾著作権法65条は米国著作権法107条同様、権利制限に係る包括的一般条項に相当すると認めていた。もっとも、かかる解釈は、立法院法案審議議事録等で説示されている前述の立法趣旨とは矛盾するように思われる。

である。
　(ccc)　改正経緯
　WTO に加盟するため、第1回改正前の台湾著作権法中で TRIPS 協定と相違していた条文、および適用上の困難点が存するため速やかに修正すべきとされていた条文の修正を図ったのが、1998 年の台湾著作権法改正である（同法 65 条の改正は後者に該当する）。かかる法改正案は、行政院内政部[178]著作権委員会[179]から立法院に対して提出されたものであるが、立法院での法案審議の議事録からは、次のような立法事実がうかがえる。
　すなわち、立法院法案審議議事録（立法院公報第 85 巻第 51 期委員会記録 264 頁）によると、当時、学術論文検索の利便性向上を図るため、台湾国立中央図書館（現台湾国家図書館。日本の国立国会図書館に相当する）が、学者および大学院生の論文の摘要を、オンライン上の検索サイトで公開することを検討していたが、論文の摘要（当該論文摘要は、原則として各論文の著者が自ら作成したものである）をオンライン上で公開する際には、同図書館のサーバ上に当該論文摘要をアップする（書き込む）ことが必須となるため、このような同図書館によるサーバへの書き込み行為が、論文（摘要）の著者の許諾を得ていない場合には、形式的に複製権侵害を構成することになる一方、第1回改正前の台湾著作権法下では、これを救済する個別の権利制限規定が存在していなかった点が、問題として指摘された。この問題を契機として、審議上、従来の個別的権利制限規定のみでは、科学技術の進歩とともに生じる新しい著作物の利用形態や利用行為の持つ公益的意義に応じることができないのではないかという点が意識されるに至ったようである。結果的には、行政院内政部著作権委員会より、同法 65 条の条文を修正し、権利制限の一般条項化を図れば、前述した学術論文のオンライン検索の問題のみならず、今後生じ得る類似のケースにも合理的使用として対応が可能となり、著作物の有効利用ならびに文化および学術の水準向上に役立つのではないかとの主張がなされ、立法院の議員もこれに説得されたようである。

---

178)　日本の内閣に相当し、中華民国憲法（以下、「台湾憲法」という）上、「国家の最高行政機関」と規定されている。
179)　日本の総務省に相当する。

(cc) 第2回改正時（2003年7月9日）
(aaa) 条文内容

第2回改正を経た現行の台湾著作権法65条は以下のとおりである（下線が改正部分）。

「1　著作物の合理的使用は、著作財産権の侵害とはならない。
2　著作物の利用が第44条から第63条の規定に該当するか否かまたはその他の合理的使用の態様に該当するか否かについてはあらゆる状況を斟酌するものとし、特に次の各号に掲げる事項に注意しなければならない。<u>判断基準</u>は次のとおりである。
　(1)　利用の目的および性質。これには商業目的または非営利の教育目的であるかをも含むものとする。
　(2)　著作物の性質。
　(3)　利用された部分の質と量、およびそれが著作物全体に占める割合。
　(4)　利用結果が著作物の潜在的な市場と現在の価値に及ぼす影響。
<u>3　著作権者団体と利用者団体間において著作物の合理的使用の範囲につき合意を形成する場合は、前項の判断基準の参考とすることができる。</u>
<u>4　前項にいう「合意形成」の過程において、著作権専属責任機関に意見を諮問することができる。</u>」

(bbb) 改正趣旨

第2回改正に関する立法趣旨は次のとおりである。

(x)　従前の2項では、「判断標準」という言葉が使われていたが、「標準」という言葉遣いは、中央法規標準法[180]3条に定められる「標準」[181]の用語と混同されるおそれがあるため、両者の区別を図るべく「判断基準」に改められた。

(y)　3項および4項は、新たに設けられた条項である。米国における実務運用を参考とし、著作権者団体と利用者団体との間において著作物の合理的使用の範囲につき合意に達している場合には、それを2項の判断基準の参考とすることができる旨を明定したのが3項である。団体間の協約による合意形成を促し、もって著作物の利用促進を図ろうというのが趣旨である。

---

180)　台湾における法規の制定、施行、適用、修正および廃止等において従うべきルールについて定めた法律（ただし、台湾憲法で特別の定めがある場合を除く）。
181)　「行政機関が制定する命令は、その命令の性質により、規程、規則、細則、辦法、綱要、標準または準則と称することができる」（傍点は筆者による）と規定されている。

II. 権利制限の在り方に関する国際的な状況について　　273

　さらに、4項では、裁定制度とは若干異なるものの、著作権専属責任機関への意見の諮問についても認め、より団体間での合意形成の促進を図り、これを担保することが意図されている。

(ccc)　改正後の実務動向

　本節の主題からはやや外れるが、前述した趣旨による3項および4項の新設後の実務動向についても、若干言及しておく。

　3項および4項が新設された第2回改正後、著作権専属責任機関は積極的に著作権者団体と利用者団体との間の著作物の合理的使用の範囲に関する協議のまとめ役を買って出たが、これまでのところ、あまり具体的な成果を上げることができていない。その主要な原因としては、台湾では権利者等からの告訴または告発を受けた上で、捜査機関が著作権侵害を積極的に事件化する態勢にあるため、著作財産権者側としては、たとえ「合理的使用」に関する一般条項が存在していても、刑事訴訟を盾に利用者を警戒させることにより、いわば不戦勝が確定している状態にあり、団体間の協約による合意形成を急ぐ必要がないこと、および利用者側においても、もともと合理的使用の範囲内と考えられていた利用態様が協議を経ることによりかえって縮小され、不便を生ずる結果となることを懸念する傾向にあることなどが指摘されている[182]。

(ii)　**台湾著作権法65条に関する裁判例の紹介**

　以上のような立法および改正経緯を経て、現在では台湾著作権法65条はいわゆる台湾版フェアユース規定として権利制限に関する一般条項の役割を担っているが、かかる一般条項化が図られた後の台湾著作権法65条を適用した具体的裁判例についても、若干数を以下に紹介しておく。なお、紙幅の関係上、ここでは2008年に設立された台湾智慧財産裁判所[183]の最近の判決を中心に紹介する[184]。

---

182)　章忠信（萩原有里訳）『台湾著作権法逐条解説』（財団法人経済産業調査会・2008年）171頁。
183)　日本の知的財産高等裁判所にほぼ相当する。

(a) 後発医薬品に関する薬品説明書事件（台湾智慧財産裁判所民国 97 年度［西暦 2008 年度］民専上字第 20 号判決）

　後発医薬品企業（被告・被控訴人）[185]が、先発医薬品（新薬）の特許期間満了後に製造した、先発医薬品と同じ成分を有する後発医薬品（ジェネリック医薬品）に、先発医薬品企業（原告・控訴人）[186]が従来先発医薬品（新薬）用に作成して使用していた薬品説明書（台湾薬事法上の用語では「仿単」という）[187]を複製または改変したものを添付して販売した行為が、先発医薬品企業の有する著作権を侵害するか否かが争われた事件である。

　本件の争点は、(x)控訴人（先発医薬品企業）の薬品説明書に著作物性が認められるか、(y)被控訴人（後発医薬品企業）が控訴人（先発医薬品企業）の薬品説明書を複製または改変利用した行為が、台湾著作権法 65 条で定められた合理的使用に該当するといえるか、という 2 点であった。

　この点、台湾智慧財産裁判所は、まず争点(x)については以下のように判示し、控訴人の薬品説明書の著作物性を肯定した。

　台湾著作権法 3 条 1 項 1 号において、「著作物」とは、文学、科学、芸術またはその他の学術分野に属する創作物をいうと規定されているところ、ここで

---

184) 1998 年の台湾著作権法第 1 回改正により同法 65 条が権利制限に関する一般条項化した後、同条を（個別的権利制限規定の解釈指針としてだけではなく）権利制限に関する一般条項として適用し、かつ判断を行った裁判例の数については、台湾司法院（台湾の最高司法機関）法学資料検索系統〈http://jirs.judicial.gov.tw/Index.htm〉により検索した結果では、すべての裁判所を合わせて計 41 件が確認できた（2010 年 1 月時点の調査結果による。第 1 回改正後 10 年以上経過していることを勘案すると、件数自体は多くないという印象を受ける。ただし、該当裁判例の多くは 2006 年度以降に集中している）。そのうち、台湾著作権法 65 条の合理的使用の抗弁を認めた数が 28 件、これを否定した数が 13 件となっている。
　また、台湾智慧財産裁判所の判決に限ってみると、一般条項としての同法 65 条を適用し、その判断を行った判決は計 9 件存在し、そのうち、合理的使用の抗弁を認めた判決の数が 4 件、これを否定した判決の数が 5 件となっている。

185) いわゆるジェネリック医薬品メーカー。

186) いわゆる新薬メーカー。本件では日本の武田薬品工業株式会社がこれにあたる。

187) 台湾薬事法 26 条において、医療品または薬品に添付される説明書を「仿単」とする旨の規定がある（日本の薬事法 52 条の「添附文書等」に相当する）。もっとも、世間一般に通用している名称は、「薬品説明書（description）」である。
　「仿単」には、台湾薬事法等の法律規定で定められた形式および項目を記載しなければならない。具体的に記載すべき内容としては、たとえば、当該薬品の薬理作用、薬物相互作用、適応症状、使用量、効能・効果、使用上の注意事項、副作用等が挙げられる。

いう創作とは、「オリジナル性」および「創作性」という二つの概念を併せ持つ人間の精神上の創作を指すものと解される。この点、「オリジナル性」とは、他人の作品の模倣ではなく、独自に作品を完成させることを指す。他方、「創作性」については、作品に作者の個性の表れがわずかながらでも存在すれば、これを認めることができる。薬品仿単（説明書）に記載すべき内容は、台湾薬事法および関連する行政命令等に記載すべき形式および項目が規定されてはいるものの、各項目を実際に記載する際には、どのような言葉遣い、数字上のデータ、または表等を用いて具体的に表現するのか、一切制限はなされておらず、各製薬会社には異なる方法で表現をなす自由が存するため、「オリジナル性」および「創作性」が認められる余地は十分にあるといえる。したがって、薬品仿単（説明書）が台湾の「薬品査験登記審査準則」に従って作成されるべきものであることから、その性質は公文書にあたり、作者の個性を表す余地はなく、「創作性」等が存しないことから著作物性は認められず、著作権法上の保護を与えることはできないとする被控訴人の主張は、認められない。

　その上で、台湾智慧財産裁判所は、争点(y)について、以下のような理由を述べて、「被控訴人の行為は著作権法 65 条の合理的使用に該当し、著作権侵害にはあたらない」と判示した。

　台湾憲法 11 条には、人民は言論、講義、著作および出版する自由を有すると規定されており、著作権は人民の基本的権利の一つとして保障されている。ただし、著作権は制限することのできない絶対的権利ではなく、著作権者の私的権利と社会一般の公共的利益とを比較衡量した上で、著作権者の権利範囲を合理的に制限すること自体は可能である。著作権法上の「合理的使用規定」は、このような権利制限手段を提供するものである。そこで本件について見ると、被控訴人（後発医薬品企業）の薬品仿単（説明書）には、わずかな部分に控訴人（先発医薬品企業）のそれとは違いがあり、そのような相違のある部分は改変にあたる[188]。だが、それ以外の部分は、単なる控訴人の薬品仿単（説明書）の複製にあたり、生産的利用または変形的利用は一切認められず、かつ薬品仿単（説明書）において文字や図表を用いて当該薬品の特性等を表現する目的は、被控

188）　したがって、本件は全くのデッドコピーにはあたらないケースであった。

訴人および控訴人の薬品仿単（説明書）とも共通である。また、控訴人の薬品仿単（説明書）を利用した部分は、被控訴人の薬品仿単（説明書）の95％以上を占めている。もっとも、台湾の「薬品査験登記審査準則」等の規定によると、後発医薬品の販売許可を申請する場合には、当該後発医薬品の仿単（説明書）記載は、先発医薬品のそれと一致しなければならず、勝手に変更することはできない旨が定められている。いわゆる一致性原則（same as principle）が求められているのである。そして、かかる一致性原則には、薬物の安全性を確保し、薬事行政および資源利用を円滑かつ有効に推し進める観点から、社会一般の利益と公共政策上の必要性が認められる。さらに、薬品仿単（説明書）は、薬品に付随して薬品と同時に医薬品マーケットに流通されるものであり、薬品から独立した薬品仿単（説明書）独自の著作物マーケットというものは考えにくい。すなわち、控訴人の薬品仿単（説明書）に著作物性が認められるとしても、かかる著作物に何らかの独立した市場価値が存することは認めにくく、かつこれを認めてしまう場合には、特許期間が満了した先発医薬品について先発医薬品企業が薬品仿単（説明書）の著作権を主張することによって、事実上特許期間が延長されるに等しい効果が生じてしまうおそれすらある。以上を考慮すると、被控訴人の合理的使用の抗弁は認められるべきである[189]。

(b) **個人ブログへの野鳥写真掲載事件**（台湾智慧財産裁判所民国98年度［西暦2009年度］民著訴字第15号判決）

原告が著作権を有する野鳥の写真著作物を被告が複製し、個人ブログに掲載（アップロード）した行為が、複製権および公衆送信権侵害にあたるとして争われた事案につき、台湾智慧財産裁判所は、以下のような理由を述べて、「原告の行為は著作権法65条で定められた合理的使用に該当し、著作権侵害にはあたらない」と判示した。

---

189) 本件の智慧財産裁判所の判断とは異なり、薬品仿単（説明書）の著作物性を認めた上で、後発医薬品企業が後発医薬品の販売許可を申請する資料に供するため、新薬会社の英文薬品仿単（説明書）に基づき、これを中文翻訳した場合に、その翻訳行為が先発医薬品の仿単（説明書）の著作権を侵害する行為に該当すると認定した裁判例も存在する（台湾台北地方裁判所民国93年度［西暦2004年度］智字第81号判決）。しかしながら、その後、同事件の控訴審である台湾高等裁判所民国94年度［西暦2005年度］智上字第17号判決は、本件の智慧財産裁判所の判断と同様に、後発医薬品企業による合理的使用の抗弁を認めている。

被告が自らのブログに『台南日帰り旅行記』と題された文章を発表する中で複製および掲載された、原告が著作権を有する野鳥写真が占める割合はわずかにすぎず（複製および掲載された原告が著作権を有する写真は1枚だけであり、発表された文章の全4頁中の1頁のさらにごく一部の面積を占めるにとどまる）、かつ、その面積は同時に掲載されている他の写真と比べても非常に小さいものである。また、被告の個人ブログは、単に他のインターネット利用者との間での交流および情報共有を目的に設けられたものであり、商業的目的、たとえば広告収入を得ることを目的とするものではない。さらに、このような非営利目的での被告による個人ブログ上への写真の複製および公衆送信行為は、商業的行為ではないため、原告が著作権を有する写真の潜在的市場および現在価値に影響を及ぼす程までには至らないはずである。よって、原告による上記行為は、著作権法65条の定める合理的使用の範囲に属するものであり、原告の著作権侵害行為にはあたらない。[190]

以上に挙げた各裁判例では、被告の行為はいずれも個別的権利制限規定（台湾著作権法44条以下）には形式的に該当せず[191]、同法65条の一般的権利制限規定に基づき判断することによって、はじめて非侵害の結論を導き得る場合であったといえる。

(iii) 台湾著作権法における一般的権利制限規定の捉え方およびその運用をめぐる若干の考察

以上、紙幅を割いて台湾著作権法上の一般的権利制限規定としての「合理的

---

190) 同様の裁判例としては、台湾高等裁判所民国97年度［西暦2008年度］智上字第8号判決、台湾板橋地方裁判所民国97年度［西暦2008年度］重簡字第713号判決、台湾台南地方裁判所民国97年度［西暦2008年度］南智簡字第1号判決、台湾高雄地方裁判所民国95年度［西暦2006年度］智字第10号判決等が挙げられる。
  他方、本件のような営利性や商業目的を伴わない単に個人の研究、学習、論評に供するためだけの個人ブログとは異なり、会社の公式ホームページや、商業目的または営業行為を行っているような個人ブログの場合には、合理的使用を否定する裁判例が多くみられる。たとえば、台湾智慧財産裁判所民国98年度［西暦2009年度］民著上易字第3号判決、同裁判所民国98年度［西暦2009年度］民著訴字第2号判決、台湾南投地方裁判所民国96年度［西暦2007年度］智簡上字第1号判決等参照。
191) なお、個人のブログ上での他人の写真著作物の複製については、個別的権利制限規定である台湾著作権法51条の「個人または家庭内の非営利目的の複製」にあたるとされる余地はあるが、同条は「複製」に限定されているため、公衆送信権の制限にまでは及ばない。

使用」の規定（台湾著作権法65条1項および2項）の立法経緯と、関連裁判例（裁判所による同条項の適用判断の実例）について見てきたが、最後に、台湾著作権法において65条が権利制限に関する一般条項化した後の同条項の捉え方（既存の個別的権利制限規定との関係）および同条項をめぐる法運用についても、若干の考察を加えておく。

まず、台湾著作権法65条が包括的な一般的権利制限規定として、既存の個別的権利制限規定をオーバーライドするものと捉えられているのか否かについてであるが、この点についての結論を先に述べると、台湾においては台湾著作権法65条が一般条項化した後も、同条は既存の個別的権利制限規定をオーバーライドするものではなく、あくまでも限定列挙された個別的権利制限規定において受け皿が見出せないような場合に、これら個別的権利制限規定を補充する受け皿として機能するものと捉える見解が一般的であるものと思われる。たしかに、台湾著作権法65条は同条のそもそもの立法経緯から、すべての個別的権利制限規定の解釈指針として常に考慮され得るものではあるが、[192]それはあくまでも解釈指針として参照されるのみであって、個別的権利制限規定に列挙されたような具体的状況においては、いきなり一般条項としての台湾著作権法65条が適用されるわけではなく、当該個別的権利制限規定の定めが優先す

---

192) 現行条文の文言（台湾著作権法65条2項）に基づく智慧財産局（台湾における知的財産権専属責任機関）の民国90年（西暦2001年）著字第0900008550號行政解釈によれば、個別的権利制限規定である同法44条から63条に該当する利用行為であるとして権利制限が認められるためには、当該各条文の態様に形式的に該当するだけでは足りず、あくまでも同法65条2項に定める四つの基準に従い、合理的使用にあたるかどうかが判断されねばならないと解されている。しかし、そのように解すると、せっかく具体化された個別的権利制限規定の解釈に、常に同法65条2項による抽象的な四つの基準の考慮が求められることになることから、公衆に対して著作物を利用する際の明確な行為規範を提示できないこととなり、著作物の利用の阻害要因にもなりかねず、また、実際の訴訟案件での裁判所における合理的使用該当性の認定に関して手間を要することにも繋がってしまうという批判もある。たとえば、呉尚昆「著作権法的合理使用與個人使用」書苑季刊49期（2001年）38頁以下参照。

そこで、前述した智慧財産局による行政解釈を批判し、同法65条2項による4基準が考慮されるのは、同法44条から63条の個別的権利制限規定の中でも、特に「合理的範囲内」または「必要な範囲内」という文言が付されている場合に限定され、それらの文言が付されていない条項については、あくまでも形式的に当該個別的規定の定める態様に該当すれば、権利侵害にはあたらないと解すべきであるとする主張も、一部の論者からなされている。章・前掲注182) 168頁以下等参照。

るのが原則である。

このことの半ば裏返しとして、一般的権利制限規定としての台湾著作権法65条が適用される問題状況が集積し類型化される（またはそのようなことが明確に予想される）ような場合については、新たな個別的権利制限規定が創設され得ることも、台湾においてはすでに確認されている。すなわち、すでに、1998年に台湾著作権法65条の規定が一般条項化された際に、同法48条の1（すでに公表された著作物の摘要の複製）および同法56条の1（区域の共同アンテナまたは有線テレビ放送による同時再送信）という新たな個別的権利制限規定も、同時に創設されていたのである。このうち、前者（同法48条の1）については、台湾著作権法65条の一般条項化（1998年の第1回改正）の際の立法事実として前述した、台湾国立中央図書館（現台湾国家図書館）における学術論文の摘要のサーバ上への複製に関する議論を受けて、早速個別的権利制限規定による立法対応が図られたものである。[193]なお、後者（同法56条の1）のうち、有線テレビ放送による同時再送信に関する規定部分については、その後の議論状況を受け、2003年法改正時に削除された。

このように、台湾においては、個別的権利制限規定（台湾著作権法44条から63

---

193) 行政院国家科学委員会（科学技術振興および工業区の発展を担う行政機関。日本の旧科学技術庁（現文部科学省）に相当する）が、英国著作権法60条にならい推進に努めた結果、台湾著作権法65条の一般条項化とともに実現された立法である。本条の利用の主体となり得るのは「中央もしくは地方機関、法に基づき設立された教育機構または公衆の使用に供する図書館」に限定され、その利用の客体は、情報検索者の用に供される関連論文の「摘要」に限定されている。これには全文の利用は含まれず、全文の利用を行う場合には許諾を得なければならないとされる。

ちなみに、現行の「全国博士・修士論文情報ネットワーク」〈http://etds.ncl.edu.tw/theabs/index.jsp〉には、「摘要」のほか、学生の氏名、論文名称、指導教官名、学校名称、論文目次および参考文献が併せて表示される。このうち、修士および博士の学生の氏名、論文名称、指導教官名、学校名称、参考文献については、台湾著作権法の保護対象としては考えにくく、かかる表示が即著作権侵害に該当することはないものと思われるが、論文目次については著作物性が認められる可能性もある。また、同法48条の1は、（サーバ上への）「複製」行為を非侵害行為となすにとどまるが、現在では公立図書館等の学術論文等検索サービスは、インターネットに接続されているから、公衆送信権との関係では、同法48条の1のみでは合理的使用とは認められず、結局、同法65条の一般条項の援用が必要な事態となっているものと考える（なお、この点についての個別的権利制限規定による立法的手当てに向けた動きは、今のところは存在しない）。

条)を補充する形で「合理的使用」に関する一般的権利制限規定(台湾著作権法65条)が導入されており、他方で、新たな「合理的使用」に該当する行為態様が顕在化し、類型化される場合には、新しい個別的権利制限規定を創設または追加する手当てが図られることが予定されているといえよう。

　また、裁判所の判断においても、権利制限に関する一般条項化した後の台湾著作権法65条の適用例が未だに多くない[194]ことからも推察できるとおり、あくまでも権利制限については一般条項ではなく個別条項の適用が中心に据えられており、一般条項は補充的かつ暫定的に適用されるべきものと考えられているように思われる。

　以上より、台湾における一般的権利制限規定としての「合理的使用」規定(台湾著作権法65条)の法運用については、すでに前述した、同じく一般的権利制限規定であるフェアユース規定(米国著作権法107条)を擁する米国における法運用[195]とは、かなり異なる面があると結論づけることができるだろう。そもそも両国の法システムや法文化の違いがベースに存することに鑑みれば当然の面もあるかもしれないが、条文の規定ぶりが共通することを考えると、依然として、両国の一般的権利制限規定をめぐる法運用の相違については、研究対象として興味深い点が多く認められる。また、このような台湾における一般的権利制限規定としての「合理的使用」規定の導入後の運用状況についても、その導入経緯とともに、わが国における今後の法改正を検討する上で大いに参照するに値する。

---

194) 前掲注184)参照。
195) 前述233頁および243頁参照。米国ではフェアユース条項を補充的ではなく、むしろ原則的に適用する考え方が採られているといえる。

III. 放送番組のネット配信に関する各国別の対応状況について
──著作物等の二次的利用促進のための裁定制度および権利集中団体の利用状況を中心として

1. 問題の所在

インターネットという新メディアの出現に伴い、世界中でコンテンツビジネスの急速な拡大とインターネットを経由するデジタルコンテンツの流通および配信への需要の高まりが認められる。その一方で、特に放送番組等の動画コンテンツについては、脚本、音楽、レコード、実演、美術、写真等、潜在的に多くの著作権および著作隣接権（それも複数主体に帰属する）が関係するから、それらの権利処理の複雑性が、コンテンツの二次的利用に向けた足かせとなりかねない。より実態に即していえば、二次的利用（ここでは特にインターネットを経由するコンテンツの流通および配信を意味する）への需要は高くても、事業者にとっての権利処理にかかるコストが充分に低減されなければ、コンテンツビジネスとしては成立せず、多くの既存のコンテンツは二次的に活用され得ないことになってしまう。

そのため、かかる権利処理のプロセスを簡素化し権利処理に係るコストの低減化を図るための方策として、たとえば実演家の権利に関するいわゆるワンチャンス主義[196]の下での標準的な契約ルールの形成や、権利者不明の場合の裁定制度の活用等を図り、またこれらを実効化する前提として権利者団体による権利の集中管理の促進を同時に図っていくことが、一般的に求められる状況にあ

---

[196] いわゆる「ワンチャンス主義」とは、権利関係が錯綜し、利用および流通の阻害要因となることを防止するために、原則として、実演家の権利行使の機会を最初の利用許諾の際の1回に限定し、一度権利行使をすれば、その後の利用には権利は及ばないとする考え方を指す。具体的な制度設計としては、実演の最初の利用許諾の際に一括してそれ以降の利用の対価を回収せしめ、またその後の利用の利益の分配に関しては、可能な限り最初の契約で処理させ、かつ複数の種類の権利者が存在する場合には、一人に権利の管理を集中させ、その他の者はその管理者との契約を通して利益を確保するようなスキームが、想定される。中山（2007）427頁等参照。

る。

　こうしたニーズに対して一部応えたのが、「著作権者不明等の場合における著作物の利用の円滑化」を目的としたわが国著作権法67条等の2009年改正である。しかしながら、日本の場合、特に放送番組については、欧米に比べると契約慣行が未だ充分に固定しておらず、かつ、権利の集中管理が進んでいない分野も存する（したがって、集中管理の対象となっていない権利者も少なくない）ため、コンテンツの二次的利用に関するさらなる環境整備[197]（法的対応も含む）も引き続き必要であると考えられる。そこで、その参考として、現時点における各国の対応状況につき、以下簡単に概観する。

2. 各国別の対応状況

　ここでは、主として放送番組のネット配信に関する著作物の二次的利用の促進を念頭に置き、各国別の制度的対応状況について、団体協約をはじめとする契約的処理の進捗状況を中心に、ごく簡単に紹介する。[198]

(1) 米国

　米国では契約的処理が進んでいる。放送番組については慣行上、二次的利用も含めてプロデューサー（番組製作者）に各種権利が集中的に帰属するような契約内容が、以前から一般的に採用されている。実演については、SAG[199]やAFTRA[200]等の実演家団体との団体協約を基準として、広く契約的処理がなされている。[201]また、製作者と出演者とが出演記録を共同管理し、二次的利用に対する利用料の分配等にも役立てられている。[202]

(2) 英国

　英国では、放送実演の権利関係について、団体協約を基準とした個々の契約

---

197) たとえば、関係省庁の支援の下で、各種コンテンツ毎の特性に応じた標準的な契約条件の策定を促進すること等が挙げられる。
198) なお、各国毎の団体協約を基準とした契約書式等の資料に関しては、随時脚注にて掲げる各種団体のウェブサイトからの情報を参照のこと。
199) Screen Actors Guild（全米映画俳優組合）の略称。同団体については、次のウェブサイトを参照〈http://www.sag.org/〉。
200) American Federation of Television and Radio Artists（米国テレビ・ラジオ芸能人連盟）の略称。同団体については、次のウェブサイトを参照〈http://www.aftra.org/home.htm〉。

処理が進んでいる。すなわち、「放送番組に関する権利は、その制作番組を放送事業者または第三者に完全に譲渡しない限り、番組制作者が保有すべきである」とするOfcomのガイドラインによる基本原則の下、各放送事業者等は、PACT[204]との協議に基づき契約条件を定め、これを公開している[205]。また、俳優等の実演家の権利に関しては、Equity（英国俳優労働組合）[206]がBBCやPACT等、製作者との間でそれぞれ団体協約を結んでいる。特に、BBCについてはインターネットを経由しての利用を含めた暫定合意をEquityとの間で結んでおり、そのほとんどの番組のネット上での配信が可能となっているといわれている。

(3) フランス

フランスでは、実演家の権利に関する過去の契約に優先させる形での実演家団体との団体協約の締結、ならびに音楽等の著作者、テレビ監督、ジャーナリ

---

201) 棚野正士「俳優等が仕上げなければならない視聴覚的実演の課題—WIPO常設委員会の検討に寄せて—」コピライト1998年12月号28頁には、SAGの団体協約が労働協約としての側面を持ち、1959年にロナルド・レーガンが同組合の委員長であったときに7週間のストライキを経て生まれた契約であるとのエピソードに触れた上で、「キティー・ケリー『ナンシー・レーガン—かくされた伝記—』によると、7週間のストライキでレーガンの計算では、俳優は1000万ドルの収入を失い、製作者は5000万ドルの損失を受けたとされた。俳優、製作者共に莫大な金と時間とエネルギーをかけて団体協約を確立している。アメリカでは法に基づくのではなく、契約に基づいて俳優等の利益が守られているのである。法的秩序の形成よりも契約による秩序形成に重点が置かれている」との記述がある。米国の状況を理解する上で、興味深い記述である。

202) その限りで、完全なワンチャンス主義が採用されているわけではない（出演者が二次的利用を後から拒むことはできなくても、利用料の分配は受け得る仕組みとなっている）ようである。

203) Office of Communications（英国情報通信庁）の略称。英国における通信および放送等の規律および監督を統括的に行っている機関（2003年12月に設置）である。同庁については、次のウェブサイトを参照〈http://www.ofcom.org.uk/〉。
　　また、同庁のガイドラインについては、次のウェブサイトを参照〈http://www.ofcom.org.uk/tv/ifi/guidance/cop_prog_ind/indies〉。

204) Producers Alliance for Cinema and Television（英国映画・テレビ番組製作者同盟；長編映画、放送番組、アニメーション、インタラクティブメディア等を制作する事業者による同業者団体）の略称。同団体については、次のウェブサイトを参照〈http://www.pact.co.uk/〉。

205) たとえば、英国の公共放送局であるBBC（英国放送協会）によるPACTとの契約条件等の内容については、次のURLから参照できる〈http://www.bbc.co.uk/commissioning/tv/business/terms_trade.shtml〉。

206) 英国の俳優労働組合であるEquityについては、次のウェブサイトを参照〈http://www.equity.org.uk/〉。

スト等の各種権利者団体との団体協約および包括契約が推し進められた結果、最近では過去の放送番組のネット配信に係るほぼすべての権利処理が可能となっているといわれている。実際、INA[207]が比較的早い段階から放送番組のアーカイブ化を進めており、2006年からその一部につき、ウェブサイト[208]上での検索ツールつきの配信サービスも開始している。

(4) **台湾**

台湾は、フェアユース条項（台湾著作権法65条）を明文規定の形で導入したにもかかわらず、その適用基準が不明確であるとしてあまり利用されてこなかった状況も受け、著作物の適切な利用促進を図る観点から、権利者団体と利用者団体との間での契約処理を促す規定が近時追加導入された（同条3項および4項）。これに伴い、著作権専属責任機関が団体協約のとりまとめを後押しはしているものの、あまり具体的な成果には繋がっていない。団体協約の前提としての権利の集中化も充分にはなされていない感があり、欧米とは異なり、団体間交渉はなかなか進捗しないのが実情のようである[209]。

---

207) L'Institut national de l'audiovisuel（フランス国立視聴覚研究所）の略称。
208) 〈http://www.ina.fr/〉
209) 前述273頁の、第2回改正後の実務動向に関する記述も参照。

IV. 本章の結び

　以上、本章では2009年改正に関連する国際的な動向について、本章の冒頭にも述べたとおり、限られた範囲についてではあるが概観してきた。そこで、本節では、本章の結びとして、これまで縷々述べてきた内容を2009年改正の位置付けとの関係でもう一度整理して捉え直し、今後の課題に向けた一つの提言となすことができればと考える。

1. 世界の動向を踏まえた2009年改正の位置付け

　まず、限られた範囲とはいえ本章で述べてきた世界的な動向を振り返ってみると、それらがすべて、「デジタル技術やインターネット環境の出現をはじめとする急速な技術革新に伴い、著作物の利用行為および流通形態が加速度的に多様化し、複雑化する中で、著作物の利用をめぐる関係当事者間の新たな利益調整の枠組みを構築し直す必要がある」という共通の問題意識によって貫かれていたことが、改めて分かるだろう。たとえば、条約を含む各国毎の権利制限の在り方について概説した第II節においては、前述の問題意識に基づき、利益調整の枠組みを再構築するため、いかに法律を改め（立法政策；一般的権利制限規定の導入等をめぐる議論）、法運用を見直し（司法政策；裁判所における法解釈と適用姿勢をめぐる議論）、国際的なハーモナイゼーションを図るか（国際政策；各国毎の立法政策や司法政策に影響を与える条約上の協調をめぐる議論）ということがテーマとなっていたし、また、放送番組のネット配信に関する著作物の二次的利用促進のための各国別の対応状況について概観した第III節においては、やはり前述の問題意識に基づいて、利益調整を目的とした事前の契約的権利処理を実務的にいかに図っていくべきかということがテーマとされていたわけである。さらに、その際、前述の問題意識中の「著作物の利用をめぐる関係当事者間の新たな利益調整」については、著作者個人vs.利用者個人という単純な対立構図においてではなく、文化（技芸）の発展という一方での社会目的に裏打ちされた著作権者の私権としての独占権を旗印に掲げた旧利益グループ（旧来メディア）vs.表現の自由等の憲法的価値に裏打ちされた公益を旗印に掲げた

新利益グループ（新興メディア）との対立構造の中で、その（新たな利益調整の）必要性が認識され、それに向けた枠組みの再構築の議論がまさに世界中でなされていたのだということにも、改めて気付かされる。

　他方、日本における 2009 年改正に目を転じると、すでに本書の第 1 章から第 3 章までに見たとおり、その趣旨や立法目的については、まさに前述の世界的な動向を貫く問題意識と根元の部分で重なるものであることが分かる。つまり、2009 年改正は、「技術革新がもたらす新たな環境下において、著作物をめぐる新旧利益グループ間でのバランスを図る枠組みを再構築しようと模索する、世界的な動向の一端」であると大きく位置付けることが可能である。

　その上で、世界的な動向との関係での 2009 年改正の位置付けをもう少し掘り下げてみると、次のように分析することができる。

　まず、一連の新技術環境に対応した権利制限（国立国会図書館資料の電子化、検索エンジンサービス、ネットオークションでの画像掲載、送信効率化、電子機器利用等に伴う権利制限ほか）に関する 2009 年改正についてであるが、第 II 節でみたとおり、世界的には、そもそもこのような新たな権利制限の必要性に対して、米国が一般的権利制限規定であるフェアユース規定（米国著作権法 107 条）の柔軟な解釈と運用によりいち早く対応し、アジア各国の中でも台湾が一般的権利制限規定としての「合理的使用」規定（台湾著作権法 65 条）をすでに導入し、韓国でも一般条項の導入議論が法案段階まで具体化しているなか、日本における今般の立法対応は、欧州各国と同様、個別的権利制限規定の形で具体的な規定を設ける方法（限定列挙主義）を引き続き採用したものであり、慎重な対応である反面、積極性に乏しいと評することができる。またこのことから、技術の急速な発展に伴う著作物をめぐる環境の変化に対応した世界的な動向の中で、日本における立法対応は、まだまだ途上にあるものと位置付けられる。[211]

　他方、放送番組のネット配信に関する著作物の二次的利用促進に向けた

---

210) ただし、欧州でも英国は中間的な一般条項ともいえるフェアディーリング条項を擁し、またドイツなどでも従来の厳格解釈一辺倒から柔軟な拡張解釈または類推解釈を認める方向に変化が生じていることについては、すでに指摘したとおりである。さらに、欧州では EC 情報社会指令 5 条 5 項をめぐる議論の影響もあり、スリー・ステップ・テストの解釈方法自体にも権利者保護偏重からの脱却を図る方向で見直しの機運が高まっていることにも注意が必要である。

2009年改正については、本章第Ⅲ節でみたとおり、世界的には欧米を中心に団体協約等の形での契約的権利処理が進んでいる実態にあるなか、わが国はこれと比べるとまだ遅れが目立つ[212]ため、特に立法対応が必要とされたものと評価することができる。なお、立法対応により権利処理を進めようとした例は同じアジアの台湾においても見られたが、目論見どおりには進んでいない状況にあり、日本の対応は、仮に欧米からすると特有のものであったとしても、アジア各国からは今後とも注目され、参考とされ得る位置付けにある。

2. 今後の課題——一般的権利制限規定の導入に向けての示唆

最後に、今後の法改正の最大の課題の一つとなるであろう、権利制限規定の在り方、とりわけ一般的権利制限規定の導入の在り方について、本章で採り上げた世界各国の状況やそこでの議論から、どのような示唆が得られるかについて述べる。

ここでは、「既存の個別的権利制限規定だけでは新たな著作物の利用方法に対して妥当な結論を導けなくなっている現状をどのように打開するか」という目の前に突きつけられた問題に対応する解法として、第Ⅱ節でみた各国の実際の対応状況も参考にしながら、次のようないくつかのモデルを抽出する。

〈対応方法（解法）モデル〉
(1) 具体的な規定ぶりを伴う個別的権利制限規定を次々に増設することで対処する。
(2) 既存の個別的権利制限規定の対象範囲に係る文言の拡張解釈または類推解釈を行うことにより対応を図る。
(3) 判断基準（法律要件の規定）が抽象化することを受け入れ、権利制限に関する一般条項を新設することにより対応する。この場合、新たに導入される一般条項のタイプ（規定の仕方）により、さらに以下の二つのモデルに分かれる。

---

211) なお、仮に、日本において今後、権利制限に関する一般条項が導入されたとしても、その先の立法対応が必ずしも不要となるわけではない点には別途留意が必要である。いかなる形で一般条項の導入が図られようとも、当該一般条項を補充的かつ暫定的に適用することを前提とする限りは、技術発展に伴う新たな個別的権利制限規定の創設や見直しのための立法対応は、焦眉の急ではなくなるとしても、引き続き不可欠なものであり続けるはずである。
212) このことはアジア全般にあてはまり、その中ではわが国はまだ相対的に権利の集中化等、環境整備が進んでいる方である。

(i) あらゆる利用行為を対象範囲となし得る包括的一般条項（ただし、法律要件の規定ぶりは抽象的で不明瞭となる）を設けることにより対応する。
　(ii) 目的規定等により対象範囲をある程度限定した、中間的な一般条項（包括的一般条項と比べると法律要件の規定ぶりは多少なりとも明瞭となる）を設けることにより対応する。

　以上のようなモデルを想定すると、2009年改正を含めて従来から日本において採られてきたのは、(1)の対処方法ということになる。日本以外でも限定列挙主義を採る多くの国々では、この(1)の方法が現在でも採られているものと思われる。そして、(1)の方法のみが採られる限り、権利制限規定はひとまず事前の行為規範として充分機能し、利用者の予測可能性は相当程度確保され得ることになる。もっとも、限定列挙主義を採る国々においても、たとえばドイツの例でみたように個別的権利制限規定の対象範囲に係る文言の拡張解釈や類推解釈が行われる場合、すなわち(2)の方法が採られる場合には、その限りで、利用者の予測可能性が害されるという事態も生じ得る。他方、米国のフェアユース型の包括的一般条項の導入は(3)(i)の方法に相当し、英国のフェアディーリング型の中間的一般条項の導入は(3)(ii)の方法に相当することになる。これらの方法が採られる場合には、利用者にとって事前に権利制限が認められるか否かを予測することはもはや不可能または困難となり、かかる権利制限条項は、事前の行為規範としてではなく事後の裁判規範としての性格を強めることになる[213]。

　この点、(1)の方法は迅速性の点で、(2)の方法は拡張性の点でそれぞれ限界があるため、今後ますます予想外の新たな著作物の利用形態等が続出してくることを前提とすれば、いつまでも(1)または(2)の方法のみを採り続けることは、本来社会的に有用性の高い利用行為が無為に侵害行為と認定され続け、適時の有効活用がなされなくなってしまう事態にも繋がりかねない。実際、このようなおそれはもはや看過することができないレベルにまで達しているようにも思わ

---

213) 権利制限条項は、その対象範囲が目的規定等により限定されていればいるほど、法律要件を明確に定めやすくなるため、行為規範としての予測可能性が高まるが、逆にその適用範囲が広く設定されればされるほど、法律要件の定めは抽象化せざるを得ないため、行為規範としての予測可能性は低下し、専ら事後的な裁判規範としてのみ機能するようになるものと考えられる。

IV. 本章の結び　*289*

れる。そこで日本においても、いよいよ(3)の方法の採用が今後の大きな課題になるものと考えられるわけである。そして、その際に特に考慮すべき、本章第Ⅱ節における議論からの示唆としては、次の2項目をあげることができる。

(a) 権利制限に関する一般条項の導入を仮に決めたとしても、当該一般条項の規定の仕方は必ずしも一様に決まるわけではない。規定の対象となる利用行為の範囲をどのように定めるか（または無限定とするのか）、また、その上で法律要件をどの程度具体的に定めようとするのかにより、一般条項の規定ぶりは千差万別となり得る。そして、その決定については、結局、(x)法的安定性（予測可能性）をどの程度重視するのか、(y)裁判所に対する国民の信頼、および(z)裁判所自体の法創造に対する抵抗感等を勘案し、政策的に決定されるべきものである。

(b) 仮に一般的権利制限規定を導入した場合にも、個別的権利制限規定との関係では、これを補充的かつ暫定的に適用すべきである。また、一般的権利制限規定と個別的権利制限規定のうちでは、後者の適用を中心に据えるべきである。これは予測可能性をできる限り担保すべきとの観点から導かれる帰結でもある。

---

214) たとえば、2009年改正で検索エンジンサービスに関する手当てがなされるまでの間は、日本国内には検索エンジンのサーバを置くことは避けた方が良いといったような発言も、各所でしばしば耳にされたことは記憶に新しい。

215) 第Ⅱ節における各国の議論中だけでも、米国フェアユース型、英国フェアディーリング型、スリー・ステップ・テスト引き写し型等、一般条項の規定ぶりは様々であることが分かる。

216) ただし、無限定とした場合には、スリー・ステップ・テストの第1要件との抵触が一応問題となり得る。この点に関しては、前掲注35) も参照。

217) 一般に、権利制限規定の対象となる利用行為の範囲の拡大と、権利制限の判断基準についての規定上の明瞭性（具体性および明確性）とはトレードオフの関係に立つものと考えられる（前掲注213) も参照)。したがって、一般条項の規定ぶりをどのようなものとするかについては、これらの両要素を睨みながらの判断を迫られることになる。

218) もちろん、この点は第Ⅱ節での議論から論理必然的に得られる結論ではなく、個別的権利制限規定よりも一般的権利制限規定（フェアユース規定）の適用を中心に置く米国のような例も存在するところである。しかし、判例法国ではない日本の場合には、むしろ第Ⅱ節第2款(3)(iii)で見た台湾における一般的権利制限条項の捉え方や運用の在り方の方が参考になる面が多いようにも思われる。いずれにせよ、予測可能性を重視する立場をとるのであれば、一般条項よりも個別条項中心の適用が望ましいといえる。

◆資料編
 資料 *1* 著作権法の一部を改正する法律案要綱 *389*
 資料 *2* 著作権法の一部を改正する法律 新旧対照条文 *386*
 資料 *3* 年表 *292*

資料 3 年表

わが国の法律の動き	年 月	世の中の動き
	1841 年 10 月	Folsom v. Marsh 事件（米国マサチューセッツ州巡回裁判所 1841 年 10 月判決）(Folsom v. Marsh, 9 F. Cas. 342)（事件）
	1869 年 9 月	Lawrence v. Dana 事件（米国マサチューセッツ州巡回裁判所 1869 年 9 月 20 日判決）(Lawrence v. Dana, 15 F. Cas. 26)（事件）
旧著作権法（明治 32 年法律第 39 号）公布（3 月 4 日）（施行 1899 年 7 月 15 日）	1899 年 3 月	
文学的及び美術的著作物の保護に関するベルヌ条約（ベルヌ条約）、日本について効力発生（7 月 15 日）〈http://www.wipo.int/treaties/en/ip/berne/trtdocs_wo001.html〉著作権に関する最も基本的な国際条約であり、1866 年にスイスのベルヌで著作権の国際的保護を企図して創設された。同条約の主な原則は、①無方式主義、②内国民待遇、③遡及効である。	1899 年 7 月	
	1925 年 3 月	日本で東京放送局（現 NHK）がラジオ放送開始（技術・サービス）
国立国会図書館法（昭和 23 年法律第 5 号）公布（2 月 9 日）（施行 1948 年 2 月 9 日）・国立国会図書館の設立	1948 年 2 月	
	1950 年 11 月	ヨーロッパ人権条約（Convention for the Protection of Human Rights and Fundamental Freedoms）調印（11 月 4 日）（発効 1953 年 9 月 3 日）

1953年2月	日本でNHK東京テレビジョン局がテレビ放送開始（技術・サービス）
1954年3月	Mazer v. Stein 事件（米国連邦最高裁判所 1954年3月8日判決）(Mazer v. Stein, 347 U. S. 201)（事件）
1956年4月	万国著作権条約、日本について効力発生（4月28日）〈http://portal.unesco.org/culture/en/ev.php-URL_ID=1814&URL_DO=DO_TOPIC&URL_SECTION=201.html〉 著作権の保護に何らの方式も要求しない無方式主義を原則とするベルヌ条約加盟国と、著作権の保護を受けるための条件として著作権の表示等の方式を要求する方式主義を原則とする米州諸国とを結ぶ架け橋として、1952年に国際連合教育科学文化機関（ユネスコ）が中心となり制定された。しかし、1989年に方式主義を採用している米国がベルヌ条約に加盟し、さらに、ベルヌ条約の加盟国が増加しており、同条約の意義は低下している。 同条約の主な原則は、①内国民待遇、②不遡及、③同条約及びベルヌ条約の双方により保護を受けることとなる著作物についてはベルヌ条約のみを適用すること、④無方式主義の国で著作されたものについても、著作権者の名前、最初の発行年をⓒの記号として表示さえすれば、方式主義の国々でも著作権保護の対象となること、等である。
1967年7月	ベルヌ条約のストックホルム改正会議において、スリー・ステップ・テストを定めた9条2項が導入される（改正1967年7月14日）
1970年5月	著作権法（昭和45年法律第48号）公布（5月6日）（施行1971

わが国の法律の動き	年 月	世の中の動き
年1月1日） ・著作者人格権の明文化 ・展示権、頒布権、演奏権、口述権、二次的著作物の利用に関する権利等の明文化 ・著作権の「保護期間」の延長 ・「権利制限規定」の整備（私的使用のための複製の拡大、図書館等における複製、教育機関における複製など） ・著作隣接権制度の創設（「実演家」「レコード製作者」「放送事業者」の保護） ・権利侵害に対する「救済制度」の充実 ・「放送」及び「有線放送」の定義		
許諾を得ないレコードからのレコード製作者の保護に関する条約（レコード保護条約）、日本について効力発生（10月14日） 〈http://www.wipo.int/treaties/en/ip/phonograms/trtdocs_wo023.html〉 レコード海賊版の蔓延に対処するために、1971年にユネスコと世界知的所有権機関（WIPO）の共同招集により開かれた「レコード保護に関する国際会議」で採択された条約。同条約の主たる目的は、レコードの無断複製物の作成、輸入、頒布からレコード製作者を保護することである。	1978年10月	
	1980年3月	モンタージュ写真事件（雪山とタイヤの写真）（最判昭和55年3月28日）（事件）
	1984年1月	ソニー・ベータマックス事件（米国連邦最高裁判所1984年1月17日判決）（Sony Corp. v. Universal City Studios,

	Inc. 464 U. S. 417) (事件)
1984 年 3 月	Lion Laboratories Ltd v Evans 事件（英国控訴院 1984 年 3 月 26 日判決）(Lion Laboratories Ltd v Evans [1985] Q. B 526)（事件）
1984 年 5 月	リーダーズダイジェスト事件（第 1 審）（東京地判昭和 59 年 5 月 14 日）（事件）
	著作権法の一部を改正する法律（昭和 59 年法律第 46 号）公布（5 月 25 日）（施行 1985 年 1 月 1 日） ・貸与権の創設 ・公衆用自動複製機器に関する規定の追加 ・罰則の強化 ・商業用レコードの公衆への貸与に関する著作者等の権利に関する暫定措置法（昭和 58 年法律第 76 号）の廃止
1985 年 5 月	Harper & Row v. Nation Enterprises 事件（米国連邦最高裁判所 1985 年 5 月 20 日判決）(Harper & Row Publishers, Inc. v. Nation Enterprises, 471 U. S. 539)（事件）
1985 年 6 月	著作権法の一部を改正する法律（昭和 60 年法律第 62 号）公布（6 月 14 日）（施行 1986 年 1 月 1 日） ・コンピュータ・プログラムの保護
1985 年 11 月	リーダーズダイジェスト事件（第 2 審）（東京高判昭和 60 年 11 月 14 日）（事件）
1986 年 5 月	著作権法の一部を改正する法律（昭和 61 年法律第 64 号）公布（5 月 23 日）（施行 1987 年 1 月 1 日） ・データベースの保護 ・「有線送信権」の創設 ・自動的に行う送信が「有線放送」から除外 プログラムの著作物に係る登録の特例に関する法律（昭和 61

わが国の法律の動き	年　月	世の中の動き
年法律第 65 号）公布（5 月 23 日）（施行 1987 年 4 月 1 日、一部 1986 年 10 月 1 日）		
	1988 年 3 月	クラブ・キャッツアイ事件（最判昭和 63 年 3 月 15 日）（事件）
著作権法の一部を改正する法律（昭和 63 年法律第 87 号）公布（11 月 1 日）（施行 1988 年 11 月 21 日） ・著作隣接権の保護期間の延長 ・海賊版を、情を知って頒布する目的をもって所持する行為をみなし侵害化	1988 年 11 月	
	1989 年	Tim Berners-Lee が World Wide Web を開発（技術・サービス）
著作権法の一部を改正する法律（平成元年法律第 43 号）公布（6 月 28 日）（施行 1989 年 10 月 26 日） ・実演家等保護条約への対応（保護対象の追加）	1989 年 6 月	
実演家、レコード製作者及び放送機関の保護に関する国際条約（実演家等保護条約又はローマ条約）、日本について効力発生（10 月 26 日） 〈http://www.wipo.int/treaties/en/ip/rome/trtdocs_wo024.html〉 テレビ、ラジオ、録音録画機器等の著作物伝達手段が著しく発達したことにより、実演家の実演の機会が減少し、音楽の無断複製等によるレコード製作者や放送事業者の経済的損失が問題視されるようになったことを背景として制定されたもの。同条約の主な原則は、①内国民待遇、②実演家に対する最低限の権利の付与、③レコード製作者に関する最低限の保護、④放	1989 年 10 月	

資料3　年表　297

送事業者に関する最低限の保護、等である。		
	1990年	カナダで、Alan Emtage らが初の検索エンジン「Archie」発明（技術・サービス）
	1990年7月	Americans with Disabilities Act of 1990（ADA）、米国で成立（7月26日） ・雇用、公共サービス、輸送、公共施設、通信の分野における障害者に対する差別を禁止 ・病院、バー、ショッピングセンター、美術館等の公共の場（映画館は除く）で、テレビ、映画、スライドショーに字幕、解説、手話を付けることを義務付け ・政府による公共サービス発表に対する字幕付与を義務付け
	1991年	米国で、Mark McCahill が階層型ファイル検索システム「Gopher」を開発（技術・サービス）
	1991年2月	米国でCIX（Commercial Internet Exchange Association）が発足、AUPフリーの商用インターネットサービス開始（技術・サービス）
著作権法の一部を改正する法律（平成3年法律第63号）公布（5月2日）（施行1992年1月1日） ・「著作隣接権の保護期間」の延長（30年→50年） ・外国の実演家等への貸与に関する権利の付与	1991年5月	
	1991年6月	中国著作権法施行
	1992年6月	台湾著作権法に、米国著作権法107条のフェアユース規定を参考とした、権利制限規定の解釈指針としての65条の規定が新設される

わが国の法律の動き	年月	世の中の動き
	1992年11月	AT&T Jens社が日本で最初の商用ISP「Spin」のサービス開始（技術・サービス）
著作権法の一部を改正する法律（平成4年法律第106号）公布（12月16日）（施行1993年6月1日、一部1992年12月16日）・私的録音録画補償金制度の創設	1992年12月	
身体障害者の利便の増進に資する通信・放送身体障害者利用円滑化事業の推進に関する法律（平成5年法律第54号）公布（5月26日）（施行1993年9月13日）	1993年5月	
	1994年3月	プリティ・ウーマン事件（米国連邦最高裁判所1994年3月7日判決）（Campbell v. Acuff-Rose Music, 510 U. S. 569）（事件）
	1994年10月	ウォール・ストリート・ジャーナル事件（東京高判平成6年10月27日）（事件）
		インプレス、「インターネットマガジン」創刊
	1994年11月	ユネスコ公共図書館宣言1994年（UNESCO Public Library Manifesto 1994）採択
著作権法及び万国著作権条約の実施に伴う著作権法の特例に関する法律の一部を改正する法律（平成6年法律第112号）公布（12月14日）（施行1996年1月1日）	1994年12月	
	1995年	早稲田大学が検索システム「千里眼」を開発（技術・サービス）
		NTTがディレクトリ型検索サービス「NTT DIRECTORY」のサービスを開始（技術・サービス）

	1995年3月	CASIO、液晶モニタ付デジタルカメラ「QV-10」を発売開始（技術・サービス）
	1995年7月	Yahoo!、米国で設立（技術・サービス）
		Amazon.com、米国でサービス開始（技術・サービス）
	1995年9月	eBay、米国でサービス開始（技術・サービス）
	1995年11月	Microsoft、Windows95発売（技術・サービス）
	1996年1月	中山信弘『マルチメディアと著作権』（岩波書店）発行
知的所有権の貿易関連の側面に関する協定（TRIPS協定）、日本について効力発生（1月1日）〈http://www.wto.org/english/tratop_e/trips_e/t_agm0_e.htm〉1995年1月1日に発効した世界貿易機関を設立するマラケシュ協定（WTO協定）の附属書の1つ（附属書一C）であり、著作権等の知的所有権の国際的所有権の保護のための規範及び確保のための手段等が定められている。同協定の著作権及び著作隣接権に関する規定の要点は、①ベルヌ条約の規定する保護内容の遵守、②コンピュータ・プログラム及びデータベースの著作権による保護、③コンピュータ・プログラム、映画及びレコードの貸与に関する権利の付与、④実演家、レコード製作者及び放送事業者の保護、等である。		
	1996年4月	Yahoo! JAPAN、日本語での情報検索サービスの提供を開始（技術・サービス）
	1996年5月	NTTドコモ、着信メロディ機能が世界で初めて搭載された「デジタルムーバN103 HYPER」（製造元：NEC）を発売（技術・サービス）
		DAISY (Digital Accessible Information SYstem) コンソーシアム設立

わが国の法律の動き	年　月	世の中の動き
		・アナログ録音図書からデジタル録音図書への世界的移行において指導的な役割を果たすことを目的として、録音図書館を中心に設立
	1996 年 11 月	東芝、世界初の DVD プレーヤを日本で発売（技術・サービス）
著作権法の一部を改正する法律（平成 8 年法律第 117 号）公布（12 月 26 日）（施行 1997 年 3 月 25 日） ・「写真」の著作物の保護期間の延長 ・著作隣接権の保護対象の遡及的拡大 ・裁判手続の改善 ・罰則の強化	1996 年 12 月	NTT コミュニケーションズ、OCN サービスを開始（技術・サービス）
	1997 年	「Turbolinux 日本語版 1.0」発売開始（技術・サービス） MPMAN、世界初の MP3 プレーヤを開発・発売（技術・サービス）
	1997 年 4 月	AAC、ISO13818-7 として標準化（技術・サービス）
放送法及び有線テレビジョン放送法の一部を改正する法律（平成 9 年法律第 58 号）公布（5 月 21 日）（施行 1997 年 10 月 1 日） ・視聴覚障害者向け番組の放送努力義務化	1997 年 5 月	
著作権法の一部を改正する法律（平成 9 年法律第 86 号）公布（6 月 18 日）（施行 1998 年 1 月 1 日） ・著作者・実演家・レコード製作者の「公衆送信・送信可能化」の新設 ・「放送」及び「有線放送」の上位概念としての「公衆送信」の創設 ・「放送」の定義に「公衆によって同一の内容の送信が同時に受	1997 年 6 月	

資料3　年表　301

	・信されることを目的として行うという特徴の追加 ・個々の受け手からのリクエストを受けて行う送信は無線によるものか有線によるものかを問わず「自動公衆送信」として整理 ・「自動公衆送信」は「公衆の求めに応じ自動的に行うもの（放送又は有線放送に該当するものを除く。）」を放送および有線放送を除外する形で規定
1998年1月	台湾著作権法65条が改正され、合理的使用による権利制限に関する一般条項化が図られる（台湾著作権法におけるフェアユース規定としての位置づけを確立）
1998年9月	Google、米国で設立（技術・サービス）
1998年10月	Digital Millennium Copyright Act (DMCA)、米国で成立（10月28日）
1999年3月	sarah（社団法人 私的録音補償金管理協会）、文化庁長官から補償金制度のうち、私的録音にかかわる業務を行う団体としての指定を受ける SARVH（社団法人 私的録画補償金管理協会）、文化庁長官から補償金制度のうち、私的録画にかかわる業務を行う団体としての指定を受ける
1999年6月	著作権法の一部を改正する法律（平成11年法律第77号）公布（6月23日）（施行2000年1月1日、一部1999年10月1日） ・技術的保護手段の回避 ・譲渡権の新設 ・上映権の拡大 ・権利管理情報の改変等 ・附則14条（レコード演奏）の廃止

わが国の法律の動き	年　月	世の中の動き
	1999年9月	Yahoo! JAPAN, ネットオークションサービス開始 (技術・サービス)
		Red Hat, Inc. が日本法人 (レッドハット株式会社) を設立。2000年4月, Red Hat Linux 日本語版 6.2 を発売開始 (技術・サービス)
著作権審議会第1小委員会「審議のまとめ」の公表 〈http://www.mext.go.jp/b_menu/shingi/12/chosaku/toushin/991201.htm〉 ・権利の執行・罰則について ・障害者の著作物利用に係る権利制限規定の見直しについて ・保護期間の延長等	1999年12月	パイオニア, 世界初の DVD レコーダを発売 (技術・サービス)
	2000年	SHARP, 初のモバイルカメラ付携帯電話「J-SH04」を J-PHONE から発売開始 (技術・サービス)
	2000年1月	Baidu, Inc. (百度), 中国語検索エンジンの創設を目的として中華人民共和国で設立 (技術・サービス)
著作権法及び万国著作権条約の実施に伴う著作権法の特例に関する法律の一部を改正する法律 (平成12年法律第56号) 公布 (5月8日) (施行 2001年1月1日) ・視聴覚障害者関係の権利制限を拡充 ・裁判手続の改善 ・罰則の強化	2000年5月	スターデジオ事件 (東京地判平成12年5月16日) (事件)
	2000年6月	EC がアイルランドの著作権管理団体の申し立てを受けて WTO に提訴した紛争 (米国著作権法110条5項事件) に関し, WTO がパネル報告書を配布 (6月15日) (事件)

2000年9月	Google、日本語による検索サービス開始（技術・サービス）
2000年11月	著作権等管理事業法（平成12年法律第131号）公布（11月29日）（施行2001年10月1日） ・著作権ニ関スル仲介業務ニ関スル法律（昭和14年法律第67号）の廃止 ・許可制を登録制に ・適用対象範囲を著作権及び著作隣接権の及ぶ全ての分野（著作物一般、実演、レコード、放送、有線放送）に拡大 高度情報通信ネットワーク社会形成基本法（IT基本法）（平成12年法律第144号）公布（12月6日）（施行2001年1月6日） ・情報通信技術の活用により世界的規模で生じている急激かつ大幅な社会経済構造の変化に適確に対応することの緊要性にかんがみ、高度情報通信ネットワーク社会の形成に関する施策を迅速かつ重点的に推進することを目的
2000年12月	東芝、世界初のHDD搭載DVDレコーダを発売（技術・サービス）
2001年1月	アップル、webサイトからの無償ダウンロードによるiTunes提供開始（技術・サービス） 文化審議会の設置（1月6日） (http://www.bunka.go.jp/bunkashingikai/about/index.html) （中央省庁等の改革の中で、国語審議会、著作権審議会、文化財保護審議会、文化功労者選考審査会の機能を整理・統合して、平成13年1月6日付けで文部科学省の諮問に応じて、①文部科学大臣又は文化庁長官の諮問に応じて、文化の振興及び国際文化交流の振興に関する重要事項を調査審議し、文部科学大臣又は文化庁長官に意見を述べること、②文部科学大臣又は文化庁長官の諮問に応じて、国語の改善及びその普及に関する事項を調査審議し、文部科学大臣、関係各大臣又は文化庁長官に意見を述べること、③著作権法、文化財保護法、文化功労者年

わが国の法律の動き	年月	世の中の動き
金法等の規定に基づき、審議会の権限に属させられた事項を処理すること、を主な所掌事項とする。 高度情報通信ネットワーク社会推進戦略本部（IT 戦略本部）設置（1月6日） 〈http://www.kantei.go.jp/jp/singi/it2/index.html〉 （情報通信技術（IT）の活用により世界的規模で生じている急激かつ大幅な社会経済構造の変化に適確に対応することの緊要性にかんがみ、高度情報通信ネットワーク社会の形成に関する施策を迅速かつ重点的に推進するために、平成13年1月、内閣に設置かれたもの。） 本部長：森喜朗（内閣総理大臣）		
	2001年2月	全国視覚障害者情報提供施設協議会、「インターネット版ないーぶネット」本格運用開始（技術・サービス） ・全国の会員施設・団体が製作または所蔵する書籍の目録ならびに点字出版図書目録からなる、点字図書や録音図書の全国最大の書誌データベースの運営を目的
文化審議会著作権分科会 情報小委員会（第1回）の開催（4月9日） 〈http://www.mext.go.jp/b_menu/shingi/bunka/gijiroku/003/010401.htm〉 （①情報通信技術の進展に対応した権利制限規定の在り方、②情報通信技術の進展に対応した権利の在り方、③その他情報通信技術に関する著作権問題、を検討するため、文化審議会著作権分科会に設置されたもの。） 主査：紋谷暢男（成蹊大学教授）	2001年4月	

資料3　年表

	文化審議会著作権分科会 放送小委員会（第1回）の開催（4月10日）〈http://www.mext.go.jp/b_menu/shingi/bunka/gijiroku/007/010401.htm〉（①「放送事業者」の定義の在り方、②放送事業者の権利の在り方、③有線放送事業者の権利の在り方、④その他の放送、有線放送に関する著作権問題、を検討するため、文化審議会著作権分科会に設置されたもの。）主査：半田正夫（青山学院大学学長）
2001年5月	情報社会における著作権および関連権の一定の側面のハーモナイゼーションに関する欧州議会およびEU理事会のディレクティブ 2001/29/EC（Directive 2001/29/EC of the European Parliament and of the Council of 22 May 2001 on the harmonisation of certain aspects of copyright and related rights in the information society）公表（5月22日）（発効2001年6月22日）
	文化審議会著作権分科会 国際小委員会（第1回）の開催（5月31日）〈http://www.mext.go.jp/b_menu/shingi/bunka/gijiroku/009/011201.htm〉（①著作権関係条約に関すること、②途上国との連携協力に関すること、③その他の著作権に係る国際的な課題に関すること、を検討するため、文化審議会著作権分科会に設置されたもの。）主査：斉藤博（専修大学教授）
2001年6月	江差追分事件（最判平成13年6月28日）（事件）
	電気通信役務利用放送法（平成13年法律第85号）公布（6月29日）（施行2002年1月28日）
	文化審議会著作権分科会 総括小委員会（第1回）の開催（6月27日）〈http://www.mext.go.jp/b_menu/shingi/bunka/gijiroku/008/010601.htm〉（①著作権分科会における検討事項全般の整理、②他の小委員会に属しない検討事項、を検討するため、文化審議会著作権分科会に設置されたもの。）

わが国の法律の動き	年　月	世の中の動き
主査：斉藤博（専修大学教授）		
	2001 年 7 月	Ashdown 事件（英国控訴院 2001 年 7 月 18 日判決）(*Ashdown v Telegraph Group Ltd* [2002] Ch 149 (CA))（事件）
	2001 年 10 月	中国著作権法第 1 回改正
特定電気通信役務提供者の損害賠償責任の制限及び発信者情報の開示に関する法律（プロバイダ責任制限法）（平成13年法律第137号）公布（11月30日）（施行2002年5月27日）	2001 年 11 月	SONY、初めてンニックスデージをプレインストールした VAIO 2001 秋モデルを発売（技術・サービス） アップル、日本で初代 iPod を発売開始（技術・サービス）
文化審議会著作権分科会『審議経過の概要』の公表（12月10日） 〈http://www.mext.go.jp/b_menu/shingi/bunka/toushin/011201.htm〉 ①総括小委員会 ・「実演及びレコードに関する世界知的所有権機関条約」締結に伴う著作権法改正について ・著作権法制に関する基本的課題について ②情報小委員会 ・権利制限の見直しを検討する場合の具体的な視点、要望 ・教育、図書館関係の権利制限の見直しに係る検討 ・複製の範囲に関するワーキング・グループの検討の概要 ③放送小委員会 ・審議の経過と国際的動向の概要 ・放送事業者等の権利の拡大について	2001 年 12 月	

・放送に係る実演家・レコード製作者の権利について ・放送番組の二次利用の促進について ④国際小委員会 ・著作権関係条約に関することについて ・途上国との連携協力に関することについて ・その他著作権に関する国際的な課題に関することについて ＊結論 著作物の創作手段・利用手段等の普及、多種多様な著作物等の流通により、①権利に関する基本的な法制の整備、②権利の実効性の確保・円滑な利用の促進（技術の活用、契約システムの改善、教育の充実、③司法救済制度の充実、④国際的課題への積極的対応、といった広範な施策を総合的に推進することが必要であるとの認識の下、放送事業者等の送信可能化権の付与及び「実演及びレコードに関する世界知的所有権機関条約（仮称）」締結のために必要な改正について今後も検討を行うものと整理された課題（著作権法制に関する基本的な課題、権利制限の在り方を中心とする情報通信技術の進展に対応した課題、放送・有線放送に関する著作権に係る課題、著作権をめぐる国際的な課題）については、平成14年以降も引き続き検討を進めることが必要。	2002年1月	総合科学技術会議　知的財産戦略専門調査会設置（1月30日）〈http://www8.cao.go.jp/cstp/tyousakai/ip/imain.html〉〈http://www8.cao.go.jp/cstp/tyousakai/ip/haihu01/siryo3.pdf〉（我が国全体として研究開発投資の拡充に対応した成果の創出と確保を図り、国際競争力の強化に結びつけるため、知的財産の保護と活用に関する総合的な戦略について調査・検討を行う

わが国の法律の動き	年　月	世の中の動き
	2002年2月	雪月花事件（東京高判平成14年2月18日）（事件）
著作権に関する世界知的所有権機関条約（WIPO著作権条約又はWCT）、日本について効力発生（3月6日）〈http://www.wipo.int/treaties/en/ip/wct/trtdocs_wo033.html〉デジタル化・ネットワーク化をはじめとする近年の情報技術の発展や社会状況の変化に対応してベルヌ条約を補完・強化するため、ベルヌ条約20条の「特別の取極」として制定された。同条約の主な規定内容としては、①コンピュータ・プログラムの保護、②データベースの保護、③譲渡権の享有、④商業的貸与権の享有、⑤公衆への伝達権の享有、⑥写真の著作物の保護期間の拡大、⑦コピープロテクション等の技術的手段の解除等の禁止、⑧権利管理情報の改変等の禁止、等である。	2002年3月	
特定電子メールの送信の適正化等に関する法律（迷惑メール防止法）（平成14年法律第26号）公布（4月17日）（施行2002年7月1日）	2002年4月	
	2002年5月	ケーブルテレビに伝送されるデジタル信号の測定法を規格化（技術・サービス）
文化審議会著作権分科会　法制問題小委員会（第1回）の開催（6月17日）〈http://www.mext.go.jp/b_menu/shingi/bunka/gijiroku/013/020801.htm〉（文化審議会著作権分科会運営規則第3条第1項の規定に基づき、①情報化等に対応した著作等の権利の在り方、②情報化	2002年6月	

308

	等に対応した権利制限の在り方、を審議するため、文化審議会著作権分科会に設置されたもの。趣旨参考〈http://www.mext.go.jp/b_menu/shingi/bunka/gijiroku/010/020601v.pdf〉。主査：斉藤博（専修大学教授）
著作権法の一部を改正する法律（平成14年法律第72号）公布（6月19日）（施行2003年1月1日、一部2002年10月9日（WPPT発効日））	・放送事業者、有線放送事業者の送信可能化権の創設 ・実演家人格権の創設 ・レコード保護期間の起算点の変更
総合科学技術会議『知的財産戦略について 中間まとめ』の公表（6月19日）〈http://www8.cao.go.jp/cstp/output/iken020619_2.pdf〉	・国の研究開発投資に対応した知的財産の確保と活用 ・先端技術分野における知的財産の保護と活用 ・知的財産関連人材の育成 ・関連基盤の整備 （研究活動にインセンティブを与える上でも、経済を活性化する上でも重要な著作権制度につき、適切な保護を進めること、適切な契約システム、表示システムを構築する努力を支援することが必要。）
文化審議会著作権分科会 著作権教育小委員会（第1回）の開催（6月24日）〈http://www.mext.go.jp/b_menu/shingi/bunka/gijiroku/015/	

わが国の法律の動き	年 月	世の中の動き
021001.htm〉 （①広く社会人等を対象とした普及啓発事業の在り方、②児童生徒等への教育の充実、教員の指導力の向上等のための支援策の在り方、を検討するため、文化審議会著作権分科会に設置されたもの。） 文化審議会著作権分科会 司法救済制度小委員会（第1回）の開催（6月26日） 〈http://www.mext.go.jp/b_menu/shingi/bunka/gijiroku/012/020801.htm〉 （①著作権に関する司法制度の在り方、②裁判外紛争解決手段等の在り方、を検討するため、文化審議会著作権分科会に設置されたもの。） 主査：松田政行（弁護士・弁理士） 文化審議会著作権分科会 契約・流通小委員会（第1回）の開催（6月28日） 〈http://www.mext.go.jp/b_menu/shingi/bunka/gijiroku/014/020901.htm〉 （①著作物等の流通を促進するための政府から民間への支援等の在り方、②契約に関する法制の在り方、を検討するため、文化審議会著作権分科会に設置されたもの。） 主査：紋谷暢男（成蹊大学教授）	2002年7月	Verona Feldbusch 事件（ドイツ連邦通常裁判所 2002年7月11日判決）（BGH, Urt. v. 11. 7. 2002, ZUM 2002, S. 818）（事件） Elektronischer Pressespiegel 事件（ドイツ連邦通常裁判

資料3 年表

		所 2002 年 7 月 11 日判決) (BGH, Urt. v. 11. 7. 2002, GRUR 2002, S. 963) (事件)
2002 年 10 月	実演及びレコードに関する世界知的所有権機関条約 (WIPO 実演・レコード条約又は WPPT), 日本について効力発生 (10 月 9 日) 〈http://www.wipo.int/treaties/en/ip/wppt/trtdocs_wo034.html〉 著作隣接権についての基本条約である実演家等保護条約をアメリカが批准していないことから, 実演家等保護条約とは無関係の独立した新しい条約として規定された。同条約の主な規定内容としては, ①実演家に対する人格権の保障, ②実演家への生演奏についての複製権, 放送権, 公衆への伝達権の保障, ③公衆が利用可能な状態にする権利についての実演家及びレコード製作者に対する排他的権利の保障, ④保護期間の規定, ⑤遡及及原則, 等である。	
2002 年 12 月	知的財産基本法 (平成 14 年法律第 122 号) 公布 (12 月 4 日) (施行 2003 年 3 月 1 日)	KDDI, 業界初のサービス「着うた」開始 (技術・サービス)
	身体障害者の利便の増進に資する通信・放送身体障害者利用円滑化事業の推進に関する法律 (平成 5 年法律第 54 号) の一部改正, 公布 (12 月 6 日) (施行 2004 年 4 月 1 日) ・身体上の障害のための通信・放送役務を利用するのに支障のある者が当該通信・放送役務を円滑に利用できるようにするための事業を推進することを目的	
	内閣府, 障害者基本計画「重点施策実施 5 か年計画」(新障害者プラン) 策定 (12 月 24 日) 〈http://www8.cao.go.jp/shougai/suishin/kihonkeikaku.pdf〉	

わが国の法律の動き	年　月	世の中の動き
・新長期計画（1992年）における「リハビリテーション」および「ノーマライゼーション」の理念を継承するとともに、障害者の社会への参加、参画に向けた施策の一層の推進を図るため、2003年度から2012年度までの10年間に講ずべき障害者施策の基本的方向について定めたもの		
	2003年1月	Eldred事件（ソニー・ボノ法違憲訴訟）（米国連邦最高裁判所2003年1月15日判決）(Eldred v. Ashcroft, 537 U.S. 186)（事件）
文化審議会著作権分科会　審議経過報告（1月24日）(http://www.mext.go.jp/b_menu/shingi/bunka/toushin/030102.htm) （「知的財産戦略大綱」「知的財産基本法」に示された政府全体の方針の中で著作権に関係する、①法律ルールの整備、②円滑な流通の促進、③国際的課題への対応、④著作権教育の充実、⑤司法救済制度の充実、の5分野について、下記の5つの小委員会を設置し、知財戦略を具体化するための施策を検討した。） ①法制問題小委員会 ・著作権法制全般に関する事項 ・個別の権利の在り方に関する事項 ・権利制限の見直しに関する事項 ・その他の検討事項 ②契約・流通小委員会 ・「契約システム」の構築への支援の在り方 ・権利者による「意思表示」のためのシステムの開発・普及の在り方 ・「契約」に関わる法制の改正 ③国際小委員会 ・海賊版対策 ・国際裁判管轄、準拠法		

・著作権関係条約 ④著作権教育小委員会 ・文化庁が「直接実施」すべき著作権教育事業の在り方 ・著作権教育を実施する関係機関・団体等への「支援」の在り方 ・著作権教育を実施する関係機関・団体間の「連携」の促進の在り方 ⑤司法救済制度小委員会 ・「損害額」等関係 ・「裁判手続」関係 ・「侵害とみなす行為」関係 ・「間接侵害規定」関係 ・「プロバイダ等」関係 ・「技術的保護手段」関係 ・「罰則」関係 ・「裁判外紛争解決」関係		
知的財産戦略本部の設置（3月1日） (http://www.kantei.go.jp/jp/singi/titeki2/index.html) （内外の社会経済情勢の変化に伴い、我が国産業の国際競争力の強化を図ることの必要性が増大している状況にかんがみ、知的財産の創造、保護及び活用に関する施策を集中的かつ計画的に推進するため、平成15年3月、内閣に設置されたもの。） 本部長：小泉純一郎（内閣総理大臣）	2003年3月	ビー・ビー・ケーブル株式会社（ソフトバンクグループ）、東京23区内における有線テレビ放送（IPマルチキャスト放送）及びVODサービス「BBケーブルTV」（現「BBTV」、Yahoo! BB、Yahoo! BB 光、SoftBank ブロードバンド ADSL を利用することで視聴可能。）の商用サービスを開始（電気通信役務利用放送法に基づく有線役務利用放送事業者の第1号）（技術・サービス）
	2003年4月	SONY、世界初のBSデジタルチューナー内蔵ブルーレイディスクレコーダ発売（技術・サービス）
著作権法の一部を改正する法律（平成15年法律第85号）公布	2003年6月	

わが国の法律の動き	年月	世の中の動き
(6月18日)（施行2004年1月1日） ・「映画の著作物」の保護の強化 ・教育機関等での著作物活用の促進 ・著作権侵害に対する司法救済の充実		
知的財産戦略本部『知的財産の創造、保護及び活用に関する推進計画』策定（7月8日） 〈http://www.kantei.go.jp/jp/singi/titeki2/kettei/030708f.html〉 ①創造分野 ・知的財産の創造基盤の整備 ・大学等における知的財産の創造の推進 ・大学・企業を問わない質の高い知的財産の創造の推進 ②保護分野 ・知的財産の保護の強化 ・模倣品・海賊版対策 ③活用分野 ・知的財産の戦略的活用の支援 ・国際標準化活動の支援 ・知的財産活用の環境の整備 ④コンテンツビジネスの飛躍的拡大 ・魅力あるコンテンツの創造 ・「知的創造サイクル」を意識したコンテンツの保護 ・流通の促進 ・施策の実施 ⑤人材の育成と国民意識の向上 ・知的財産関連人材の養成と知的財産教育・研究・研修の推進 ・国民の知的財産意識の向上	2003年7月	Kelly v. Arriba Soft Corp. 事件（米国第9巡回区連邦控訴裁判所 2003年7月7日判決）(Kelly v. Arriba Soft Corp., 336 F. 3d 811)（事件） Communications Act 2003、英国で成立（7月17日） ・303条で「聴覚障害者及び視覚障害者向けのサービス」に関する規約」を明記 ・字幕放送・手話放送・解説放送について地上放送、衛星放送、ケーブルテレビの各放送局の目標値を具体的に提示

コンテンツ専門調査会の設置（知的財産戦略本部決定）（7月8日）〈http://www.kantei.go.jp/jp/singi/titeki2/tyousakai/contents/dai1/1siryou1.pdf〉（知的財産戦略本部令（平成15年政令第45号）第2条の規定に基づき、知的財産の創造、保護及び活用に関する推進計画に係る重要政策課題の調査のため、設置されたもの。）会長：牛尾治朗（ウシオ電機株式会社会長）	2003年11月	エトリロ事件（フランス破毀院第一民事部2003年11月13日判決）（Cass. civ. 1er, 13 novembre 2003, Bul. 2003 I N° 229 p. 181)（事件）
文化審議会著作権分科会 報告書（1月14日）〈http://www.mext.go.jp/b_menu/shingi/bunka/toushin/04011402.htm〉 ①法制問題小委員会 ・関係者間の合意が形成された事項（「書籍・雑誌等の貸与」に係る暫定措置の廃止、「日本販売禁止レコード」の還流防止措置） ・著作権法制全般に関する事項（著作権法の単純化、「アクセス権」の創設又は実質的保護） ・個別の権利の在り方に関する事項（保護期間について） ・各省庁の著作権法改正要望 ②契約・流通小委員会 ・著作物等の利用許諾契約における利用者の保護 ・著作物等に係る登録制度の在り方 ・その他（著作権等の集中管理事業の在り方、「意思表示システ	2004年1月	米国でSNS「MySpace」スタート（技術・サービス）

わが国の法律の動き	年 月	世の中の動き
ムJの整備・普及について ③国際小委員会 Ⅰ 平成14年度検討事項 ・海賊版対策 ・国際裁判管轄・準拠法への対応 ・著作権関連条約への対応 Ⅱ 平成15年度検討事項 ・著作権関連条約への対応の在り方について ・海賊版対策の在り方について ・インターネットを通じた著作権侵害に係る国際裁判管轄及び準拠法の在り方について ・フォークロアの保護の在り方について ④著作権教育小委員会 Ⅰ 平成14年度検討事項 ・著作権教育が目指す目標の整理 ・著作権教育事業を推進するに当たり、様々な事業を通じて共通して留意すべき事項」の整理 ・共通の留意事項を踏まえ、「文化庁による関係施策の在り方」について委員の意見の整理 Ⅱ 平成15年度検討事項 ・大学における著作権教育の在り方について ・地方自治体・社会教育施設等の公的機関等が実施する著作権教育の在り方について ・企業等における著作権教育の在り方について Ⅲ 文化庁が著作権教育を実施するための重要な視点 ⑤司法救済制度小委員会		

資料3 年表　317

・損害賠償制度の見直しについて ・権利侵害行為の見直しについて ・差止請求制度の見直しについて ・罰則の強化について ・司法制度改革推進本部における検討事項について	2004年2月	ミクシィ、ソーシャル・ネットワーキングサービス「mixi」の運営を開始（技術・サービス）
	2004年3月	コミュリオンライン事件（東京地判平成16年3月24日）（事件）
総務省「ユビキタスネット社会の実現に向けた政策懇談会」（第1回）の開催（3月1日） (2006年以降の政府の新たなIT政策への貢献も視野に入れつつ、本格的なユビキタスネット社会の実現に向け、デジタル技術を活用して「個人」がどのように才能を開花させ、安心・安全かつ豊かな社会をどの地域でも実現し、また、日本の競争力向上や国際貢献に結実させるべきか、幅広い見地から意見交換を行うことを目的とする。①ユビキタスネット社会の概念整理とその実現方策、②新たなビジネスの創出、人材育成等の環境整備の推進方策、③ユビキタスネット社会の影の部分への対応方策、④その他、に関する検討を行う。） 座長：村上輝康（株式会社野村総合研究所理事長） アーカイブが、 〈http://warp.da.ndl.go.jp/info:ndljp/pid/283520/www.soumu.go.jp/s-news/2004/040227_3.html〉にあり。 コンテンツ専門調査会「コンテンツビジネス振興政策」報告書（4月9日） 〈http://www.kantei.go.jp/jp/singi/titeki2/tyousakai/contents/houkoku/040409houkoku.html〉	2004年4月	NHKと日本民間放送連盟、地上／BSデジタル放送についてコピーワンスを導入（技術・サービス） 日本点字図書館および日本ライトハウス盲人情報文化センター、「びぶりおネット」サービス開始（技術・サービ

わが国の法律の動き	年月	世の中の動き
①基本的方向（コンテンツビジネス振興を国家戦略の柱に） ・我が国のコンテンツビジネスの現状 ・コンテンツビジネス振興を国家戦略の柱に ・集中改革を実施し、事業規模を上昇傾向へ ②集中改革の具体策（3つの目標と10の改革） 目標1　資金、人材、技術等ビジネスの基盤を整備し、業界の近代化、合理化をさらに進める 目標2　活躍する者に光をあて、社会をリードするビジネスを目指す 目標3　海外、新分野のビジネス等を大きく展開する ③今後のコンテンツビジネス振興に向けて ・「集中改革」の知的財産推進計画への反映 ・関係者一体となった取組の促進 ・調査研究、広報の推進 ・今後の検討の方向性		・インターネットの仕組みとパソコンを使い、全国の利用者が、東京および大阪に設置されたコンテンツサーバ内のデジタル化された点字図書・録音図書を自由に利用することを目的 社団法人日本図書館協会および社団法人日本文藝家協会、「公共図書館等における音訳資料作成の一括許諾に関する協定書」を締結（4月30日） ・社団法人日本図書館協会に登録してこの協定に定めるシステムに参加する公共図書館、大学図書館、専門図書館等が音訳資料を作成する際に、社団法人日本文藝家協会が管掌委託を受けた著作者の作品について「一括許諾」を与えるための協定
知的財産戦略本部　知的財産推進計画2004策定（5月27日） 〈http://www.kantei.go.jp/jp/singi/titeki2/kettei/040527f.html〉 ①創造分野 ・知的財産の創造基盤の整備 ・大学等における知的財産の創造の推進 ・企業・大学等を問わない質の高い知的財産の創造の推進 ②保護分野 ・知的財産の保護の強化 ・模倣品・海賊版対策 ③活用分野 ・知的財産の戦略的活用の支援	2004年5月	米国ボーイング社のインターネット接続サービス部門「コネクション・バイ・ボーイング」とルフトハンザドイツ航空、世界初の機内インターネットサービス商用化に成功（技術・サービス）

・国際標準化活動の支援 ・知的財産活用の環境の整備 ・中小企業・ベンチャー企業や地域の支援 ④コンテンツビジネスの飛躍的拡大 ・業界の近代化、合理化の支援 ・資金調達の多様化 ・コンテンツの制作・投資等を促進するためのインセンティブの付与（等） ⑤人材の育成と国民意識の向上 ・知的財産関連人材の養成と知的財産教育・研究・研修の推進 ・国民の知的財産意識の向上	
障害者基本法の一部を改正する法律（平成16年法律第80号）公布（6月4日）（施行2004年6月4日、一部2005年4月18日、2007年4月1日） ・「差別禁止」理念の明示 ・障害者週間の設置 ・都道府県及び市町村の障害者計画の策定義務化 ・障害者の福祉に関する基本的施策（情報の利用におけるバリアフリー化等） ・中央障害者施策推進協議会の設置	2004年6月
コンテンツの創造、保護及び活用の促進に関する法律（平成16年法律第81号）公布（6月4日）（施行2004年6月4日、一部3か月経過日） コンテンツ基本法の基本理念にのっとり、コンテンツの創造、保護及び活用の促進に関する施策を総合的かつ効果的に推進	
著作権法の一部を改正する法律（平成16年法律第92号）公布	

わが国の法律の動き	年 月	世の中の動き
(6月9日) (施行 2005 年 1 月 1 日) ・音楽レコードの還流防止措置 ・書籍・雑誌の貸与権 (無断で貸与されない権利) の付与 ・罰則の強化		
高度情報通信ネットワーク社会推進戦略本部 (IT 戦略本部)「e-Japan 重点計画-2004」決定 (6月15日) 〈http://www.kantei.go.jp/jp/singi/it2/kettei/040615honbun.pdf〉 ・デジタル・ディバイドの是正 (視聴覚障害者が健常者と同様に放送サービスを享受できる環境の整備)		
裁判所法等の一部を改正する法律 (平成 16 年法律第 120 号) 公布 (6月18日) (施行 2005 年 4 月 1 日) ・著作権法に秘密保持命令が創設		
	2004 年 7 月	東京都がヤフー株式会社と共同して全国で初めてインターネットでの公売を実施 (技術・サービス)
	2004 年 9 月	サイバーエージェント,「アメーバブログ」のサービス開始 (技術・サービス)
	2004 年 10 月	『電車男』(新潮社) 発行
	2004 年 11 月	Chris Anderson が, Wired Magazine 誌に「The Long Tail」と題する記事を掲載 (ロングテール理論の提唱) ANA, 米国ボーイング社のインターネット・ボーイング社部門「コネクション・バイ・ボーイング」の提供によるアジア初の機内インターネット接続サービス開始 (技術・サービス)
「ユビキタスネット社会の実現に向けた政策懇談会」最終報告	2004 年 12 月	

書（12月17日） ① u-Japan 政策の背景 ・目標達成目前の e-Japan 戦略 ・ICT の豊かな可能性 ・時代の流れに沿った政策手法の変化 ② 2010 年の u-Japan ・2010 年に向けた新たな構想 ・u-Japan の目指すべき社会 ・u-Japan における ICT 産業 ③ u-Japan 政策パッケージ ・u-Japan 政策パッケージの概要 ・ユビキタスネットワークの高度化 ・ICT 利活用環境整備 ・その他横断的な政策 ④ u-Japan 政策実施のあり方 ・政策実施のあり方 ・工程表と PDCA アーカイブが、 〈http://warp.da.ndl.go.jp/infondljp/pid/258151/www.soumu.go.jp/s-news/2004/041217_7.html〉にあり。	
文化審議会著作権分科会「著作権法に関する今後の検討課題」（1月24日） 〈http://www.mext.go.jp/b_menu/shingi/bunka/toushin/05012501.htm〉 ＊著作権法に関する今後の検討課題 ①基本問題	2005 年 1 月

わが国の法律の動き	年月	世の中の動き
・私的録音録画補償金の見直し ・権利制限の見直し ・私的使用目的の複製の見直し ・共有著作権に係る制限の整備 ・著作物の「利用権」に係る制度の整備 ・保護期間の見直し ・政令等への委任 ・表現・用語の整理等 ②デジタル対応 ・デジタル化時代に対応した権利制限の見直し ・技術的保護手段の規定の見直し ・放送新条約（検討中）に係る制度の整備 ③契約・利用 ・ライセンシーの保護 ・契約規定全般の見直し ・登録制度の見直し ④司法救済 ・間接侵害 ・損害賠償・不当利得等 ＊関係者間における協議について		
コンテンツ専門調査会「日本ブランド戦略の推進」報告書（2月25日） 〈http://www.kantei.go.jp/jp/singi/titeki2/tyousakai/contents/houkoku/050225houkoku.html〉 ①基本的方向 ・21世紀は文化力の時代	2005年2月	

資料3　年表

・民間の力で日本の優れたライフスタイルを活かしたブランドづくり ・日本ブランド構築のための課題 ・日本ブランド構築のための基本理念 ②日本の魅力向上のための具体策 魅力ある日本をつくるための3つの目標と12の提言 目標1　豊かな食文化を醸成する 目標2　多様で信頼できる地域ブランドを確立する 目標3　魅力あるファッションを創造する ・日本ブランドの戦略的な発信		
	2005年3月	2ちゃんねる小学館事件（東京高判平成17年3月3日）（事件）
	2005年4月	USEN、パーソナルコンピュータ向けの無料動画配信事業「GyaO」サービスの開始（技術・サービス）
	2005年6月	アップル、ポッドキャスティング機能を実装した「iTunes 4.9」を発表（技術・サービス）
知的財産戦略本部　知的財産推進計画2005策定（6月10日） 〈http://www.kantei.go.jp/jp/singi/titeki2/kettei/050610.html〉 ①知的財産の創造 ・大学等における知的財産の創造の推進 ・知的財産を軸とした産学官連携の推進 ・研究者の創造環境の整備 ・企業における質の高い知的財産の創造の推進 ・魅力あるデザインの創造の推進 ②知的財産の保護 ・知的財産の保護の強化 ・模倣品・海賊版対策の強化 ③知的財産の活用		

わが国の法律の動き	年月	世の中の動き
・知的財産の戦略的な活用 ・中小・ベンチャー企業の支援 ・知的財産を活用した地域の振興 ④コンテンツをいかした文化創造国家への取組 ・コンテンツビジネスの飛躍的拡大 ・ライフスタイルをいかした日本ブランド戦略の推進 ⑤人材の育成と国民意識の向上 ・知的財産関連人材育成の総合戦略の推進 ・知的財産関連の専門人材の育成 ・知的財産の教育及び普及・啓発の推進		
不正競争防止法等の一部を改正する法律（平成17年法律第75号）公布（6月29日）（施行2005年11月1日） ・著作権法に規定される秘密保持命令違反の処罰強化（122条の2）	2005年7月	ソフトバンクグループ4社、ブロードバンドTV放送サービス [BBTV] のサービス提供エリアを全国47都道府県に拡大し、トリプルプレイの全国展開を開始（技術・サービス）
文化審議会著作権分科会　国際小委員会　中間報告書（8月4日） 〈http://www.mext.go.jp/b_menu/shingi/bunka/toushin/05090801.htm〉 ・放送条約への対応のあり方 ・フォークロアの保護への対応のあり方 ・アジア諸国等との連携の強化及び海賊版対策のあり方	2005年8月	

	2005年10月	ヨミウリオンライン事件（知財高判平成17年10月6日）（事件） 選撮見録（よりどりみどり）事件（第1審）（大阪地判平成17年10月24日）（事件）
	2005年11月	録画ネット事件（知財高決平成17年11月15日）（事件）
	2005年12月	YouTube、正式にサービス開始（技術・サービス）
・デジタル化に伴う著作権の課題への対応のあり方 文化審議会著作権分科会　法制問題小委員会「審議の経過」の公表（8月25日） 〈http://www.mext.go.jp/b_menu/shingi/bunka/toushin/05090806.htm〉 ・権利制限の見直しについて ・私的録音録画補償金の見直しについて ・デジタル対応について ・著作権法と契約法の関係について（契約による著作権のオーバーライド） ・いわゆる「間接侵害」規定の創設の必要性について ・裁定制度の在り方について	2006年1月	社団法人日本図書館協会、国公私立大学図書館協力委員会、全国公共図書館協議会、2つのガイドライン策定 ・「図書館間協力における現物貸借で借り受けた図書の複製に関するガイドライン」策定（1月1日） 〈http://wwwsoc.nii.ac.jp/jla/fukusya/taisyaku.pdf〉 ・「複製物の写り込みに関するガイドライン」策定（1月1日） 〈http://wwwsoc.nii.ac.jp/jla/fukusya/uturikomi.pdf〉 ・著作権者の経済的利益を尊重しつつ、図書の複製につき図書	Field v. Google, Inc.事件（米国ネバダ州連邦地方裁判所2006年1月12日判決）(Field v. Google, Inc., 412 F. Supp. 2d 1106)（事件）

わが国の法律の動き	年	月	世の中の動き
館利用者の便宜を図り、著作物の利用を促進することを目的 文化審議会著作権分科会 報告書 〈http://www.mext.go.jp/b_menu/shingi/bunka/toushin/06012705.htm〉 ①法制問題小委員会 ・権利制限の見直し について ・私的録音録画補償金の見直しについて ・デジタル化時代に対応した権利制限の見直しについて ・技術的保護手段の規定の見直しについて ・著作権法と契約法の関係について ・「間接侵害」についての立法論的検討 ・裁定制度の在り方について ②契約・流通小委員会 ・著作権等管理事業法の見直しについて ・著作権契約の在り方等について ③国際小委員会 ・放送条約への対応の在り方について ・フォークロアの保護への対応の在り方について ・アジア諸国等との連携の強化及び海賊版対策の在り方について ・デジタル化に伴う著作権の課題への対応の在り方について 高度情報通信ネットワーク社会推進戦略本部（IT戦略本部）「IT新改革戦略」決定（1月19日） 〈http://www.kantei.go.jp/jp/singi/it2/kettei/060119honbun.pdf〉 ・構造改革による飛躍			

・利用者・生活者重視 ・国際貢献・国際競争力強化		
総務省「通信・放送の在り方に関する懇談会」(第1回) の開催 (1月20日) (国民生活にとって必要不可欠な通信と放送は本来シームレスなものであり、近年の急速な技術の進歩を反映して通信・放送サービスがより便利に、より使いやすくなることを国民は期待・実現しているが、現実には、技術的にも、またビジネスとしても実現可能であるにもかかわらず、制度等の制約から提供されていないサービスもあると考えられる。通信・放送について国民が様々な疑問や願望を抱いている中、それらに対して明快な回答を示すとともに、多様なサービスが国民に速やかに提供されるよう努める必要があるため、開催する。 ①国民の視点から見た通信・放送の問題点、②いわゆる通信と放送の融合・連携の実現に向けた問題点、③それらの問題が生じる原因、④通信・放送及びいわゆる融合・連携のあるべき姿、⑤望ましい行政の対応のあり方、に関する検討を行う。) 座長:松原聡 (東洋大学教授) アーカイブが、 〈http://warp.ndl.go.jp/info:ndljp/pid/283520/www.soumu.go.jp/s-news/2005/051227_5.html〉にあり。	2006年2月	マルホランド・ドライブ事件 (フランス破毀院第一民事部 2006年2月28日判決) (Cass. civ. 1er, 28 février 2006, Bul. 2006 I N° 126 p. 115) (事件)
総務省「2010年代のケーブルテレビの在り方に関する研究会」(第1回) の開催 (2月22日) 〈http://www.soumu.go.jp/menu_news/s-news/2006/060217_3.html〉 (日本のケーブルテレビは、発足から50年を迎え、最近では多チャンネル放送、地域に密着したコミュニティチャンネルに加		

わが国の法律の動き	年 月	世の中の動き
え、インターネットサービス、IP電話等をはじめとした新しいサービスを提供する事業者も現れており、その加入世帯数は約1,838万世帯、全国世帯の約37％（平成17年9月末）にも上っており、ケーブルテレビは地域に密着した重要な情報通信基盤の一つとして、順調な発展を遂げてきているところであるが、ケーブルテレビを取り巻く環境は、ICT分野の急速な技術革新を背景とした、放送のデジタル化、ブロードバンド化の進展による通信事業者等との競争の激化のほか、市町村合併の進展など、昨今著しく変化しており、対応すべき課題が顕在化しつつある状況にあるため、2010年以降もケーブルテレビの在り方、今後の課題の整理及びケーブルテレビの発展に向けた総合的方策の議論を行うことを目的とする。 ①ケーブルテレビの現状、②ケーブルテレビを取り巻く国内外の動向、③ケーブルテレビを巡る諸課題、④2010年代におけるケーブルテレビの役割、⑤ケーブルテレビの発展に向けた総合的方策、等に関する検討を行う。 座長：多賀谷一照（千葉大学法経学部教授）		
コンテンツ専門調査会「デジタルコンテンツの振興戦略」報告書（2月20日） 〈http://www.kantei.go.jp/jp/singi/titeki2/houkoku/180220dezi.pdf〉 ①デジタルコンテンツの振興戦略 ・基本目標　日本を世界トップクラスのデジタルコンテンツ大国にする6つの視点 ・改革の方向　改革は民が主体・官は阻害要因を排除 ②提言の説明		

・経緯と現状認識 ・基本的方向 　目標1：ユーザー大国の実現 　目標2：クリエーター大国の実現 　目標3：ビジネス大国の実現 ・具体的方策		
文化審議会著作権分科会私的録音録画小委員会（第1回）の開催（4月6日） 〈http://www.mext.go.jp/b_menu/shingi/bunka/gijiroku/020/06042808.htm〉 （文化審議会著作権分科会運営規則（平成18年3月1日文化審議会著作権分科会決定）第3条第1項の規定に基づき、私的録音録画に関する制度の在り方に関する事項を審議するため、著作権分科会に設置されたもの。） 主査：中山信弘（東京大学教授）	2006年4月	東京、大阪、名古屋を中心とする一部地域において、携帯端末向け地上デジタル放送「ワンセグ」サービス開始（技術・サービス） インプレス、「インターネットマガジン」休刊
通信・放送の在り方に関する懇談会　報告書（6月6日） 〈http://www.soumu.go.jp/main_sosiki/joho_tsusin/policyreports/chousa/tsushin_hosou/pdf/060606_saisyuu.pdf〉 ・総論 ・融合を進めるための環境整備 ・通信事業における一層の競争の促進 ・放送事業における自由な事業展開の促進 ・NHKの抜本改革	2006年6月	
知的財産戦略本部　知的財産推進計画2006策定（6月8日） 〈http://www.kantei.go.jp/jp/singi/titeki2/keikaku2006.html〉 ①知的財産の創造		

わが国の法律の動き	年月	世の中の動き
・大学等における知的財産の創造の推進 ・知的財産を軸とした産学官連携の推進 ・研究者の創造環境の整備 ・企業における質の高い知的財産の創造の推進 ②知的財産の保護 ・知的財産の保護の強化 ・模倣品・海賊版対策の強化 ③知的財産の活用 ・知的財産の戦略的な活用 ・国際標準化活動の強化 ・中小・ベンチャー企業の支援 ・知的財産を活用した地域の振興 ④コンテンツをいかした文化創造国家づくり ⑤人材の育成と国民意識の向上		
高度情報通信ネットワーク社会推進戦略本部（IT戦略本部）「重点計画-2006」決定（7月26日） 〈http://www.kantei.go.jp/jp/singi/it2/kettei/060726honbun.pdf〉 ・ITの構造改革力の追求 ・IT基盤の整備 ・世界への発信	2006年7月	
文化審議会著作権分科会（IPマルチキャスト放送及び罰則・取締り関係）報告書 〈http://www.mext.go.jp/b_menu/shingi/bunka/toushin/06083002.htm〉 ・IPマルチキャスト放送の著作権法上の取扱い等について	2006年8月	

資料3　年表

	・罰則の強化について ・税関における水際取締りに係る著作権法の在り方について
2006年9月	総務省「通信・放送の総合的な法体系に関する研究会」(第1回)の開催 (8月30日) 〈http://www.soumu.go.jp/menu_news/s-news/2006/060825_3.html〉 (「通信・放送の在り方に関する政府与党合意(平成18年6月20日)」において、「通信と放送に関する総合的な法体系について、基幹放送の概念の維持を前提に早急に検討に着手し、2010年までに結論を得る。」とされたことを踏まえ、通信・放送の融合・連携に対応する法制度の在り方に関して専門的見地から調査研究を行い、通信・放送の融合・連携に対応した法体系の検討の方向性を具体化することを目的とする。①現行法制の運用状況と課題、②通信・放送関連技術、ネットワークの現状と将来見通し、③通信・放送関連サービス・ビジネスモデルの規律の在り方、④伝送・プラットフォーム・コンテンツ等の規律の在り方、⑤通信の秘密・表現の自由の在り方、⑥諸外国のサービス状況及び法制度、に関する調査研究を行う。) 座長：堀部政男 (中央大学大学院法務研究科教授)
2006年9月	総務省、「u-Japan推進計画2006」の公表 (9月8日) 〈http://www.soumu.go.jp/menu_news/s-news/2006/pdf/060908_3_1.pdf〉 ①「u-Japan推進計画2006」の基本的考え方 ・u-Japan政策の理念 ・ICTの新潮流による価値創発の具体化 ・社会経済システムの変革の方向性 ・u-Japan推進計画の策定とその位置付け

わが国の法律の動き	年	月	世の中の動き
・ユビキタスエコノミー ・ユビキタスネット社会における生産性向上事例 ・ベストプラクティスとシンポルプロジェクト ② 2010年目標達成に向けた PDCA ・ユビキタスネットワーク整備 ・ICT利活用の高度化 ・利用環境整備 ・技術戦略～ユビキタスネット社会に向けた研究開発戦略、標準化の推進 ・国際戦略 ③ 新しい「u-Japan 政策パッケージ工程表」			
情報通信審議会情報通信政策部会「デジタル・コンテンツの流通の促進等に関する検討委員会」(第1回) の開催 (9月28日)〈http://www.soumu.go.jp/main_sosiki/joho_tsusin/policyreports/joho_tsusin/digitalcontent/060928_gjih.html〉 (「21世紀におけるインターネット政策の在り方について」(平成13年諮問第3号) 及び「地上デジタル放送の利活用の在り方と普及に向けて行政の果たすべき役割」(平成16年諮問第8号) のうち「デジタル・コンテンツ流通等の促進」に関する専門的な事項を調査するため、情報通信審議会情報通信政策部会に新たに設置されたもの。) 主査:村井純(慶應義塾大学教授)			
日本経済団体連合会、「映像コンテンツ大国を実現するための検討委員会」を設置 (2002年2月の小泉総理大臣 (当時) の施政方針演説における	2006年	10月	

「知的財産立国宣言」を受け、政府は同年11月に知的財産基本法を成立させ、以後、知的財産政策の重要な柱としてコンテンツの振興に取り組み始めた。また、自民党においても2003年12月にコンテンツ産業振興議員連盟を設立し、同議員連盟が中心となり、2004年6月に「コンテンツの創造、保護及び活用の促進に関する法律」を議員立法により成立させた。こうした動きは、従来からのものづくりに加え、文化・コンテンツをはじめとする無形資産を国富の源泉と位置づけるものとして高く評価される。

そうしたなか、政府の知的財産戦略本部においても、コンテンツ業界における契約慣行の改善や透明化に向けた取組みを進めるとともに、関係者全体が潤うコンテンツ大国を目指すため、関係省庁が一体となって、契約に関するルールづくりを進めるための取組みを進めている。

こうした動きを受け日本経団連では、2006年10月に、知的財産戦略推進事務局、総務省、文化庁、経済産業省のオブザーバー参加を得て、実演家、放送事業者、番組製作会社を代表する団体・機関の首脳による「映像コンテンツ大国を実現するための検討委員会」を設置した。）
座長：久保利英明（エンターテインメント・ロイヤーズ・ネットワーク理事長／日比谷パーク法律事務所代表）

総務省「デジタル放送時代の視聴覚障害者向け放送に関する研究会」（第1回）の開催（10月23日）
〈http://www.soumu.go.jp/menu_news/s-news/2006/061020_6.html〉
（今後、デジタル放送の進展、高齢化の進展、字幕放送の受信可能な端末の普及により、字幕放送、解説放送及び手話放送（以

わが国の法律の動き	年　月	世の中の動き
下「字幕放送・解説放送等」の放送番組の利用者層が増加することが予想されるため、今後の技術・サービスの進展を踏まえた、字幕放送・解説放送等拡充の推進に向けた検討を行うことを目的とする。①字幕放送・解説放送等の現状及び課題の把握、②デジタル放送の進展、高齢化の進展を踏まえた字幕放送・解説放送等の普及方策、③字幕放送・解説放送等の普及のための官民の役割、④その他必要な事項、に関する検討を行う。） 座長：高橋紘士（立教大学コミュニティ福祉学部教授）	2006年12月	ウイニー著作権法違反幇助事件（第1審）（京都地判平成18年12月13日）（事件） まねきTV仮処分命令申立事件（抗告決定）（知財高決平成18年12月22日）（事件）
著作権法の一部を改正する法律（平成18年法律第121号）公布（12月22日）（施行2007年7月1日） ・IPマルチキャスト放送の同時再送信の円滑化 ・時代の変化に対応した権利制限等 ・著作権等の侵害品・輸出目的所持の取締り ・罰則の強化 ・放送と通信の融合の先駆け的性格		
文化審議会著作権分科会　報告書 〈http://www.mext.go.jp/b_menu/shingi/bunka/toushin/07020702.htm〉 ①法制問題小委員会 ・私的使用目的の複製の見直しについて ・共有著作権に係る制度の整備について ・著作権と契約法（いわゆる契約によるオーバーライド）について ・いわゆる「間接侵害」について	2007年1月	

②国際小委員会 ・アジア地域等における海賊版対策施策の在り方について ・国際的ルール作りへの参画の在り方について 映像コンテンツ大国を実現するための検討委員会　報告書（2月22日） 〈http://www.keidanren.or.jp/japanese/policy/2007/016/honbun.pdf〉 ①映像コンテンツ大国実現に向けた協力の必要性 ②放送番組における出演契約ガイドラインとマルチユース促進に向けた課題 ・契約締結に関する基本的考え方 ・ガイドラインの個別項目を巡る主な議論と今後の方向性 ・マルチユース促進に向けた当面の課題 ・放送番組における出演契約ガイドライン ・マルチユース促進に向けた今後の課題 ・今後の取組み	2007年2月	世界知的所有権機関の著作権および著作隣接権に関する常設委員会、研究報告書「Study on Copyright Limitations and Exceptions for the Visually Impaired」を公表（2月20日） 〈http://www.wipo.int/edocs/mdocs/copyright/en/sccr_15/sccr_15_7.pdf〉
文化審議会著作権分科会　過去の著作物等の保護と利用に関する小委員会（第1回）の開催（3月30日） 〈http://www.mext.go.jp/b_menu/shingi/bunka/gijiroku/021/07040204.htm〉 （平成17年1月の著作権法に関する今後の検討課題や、知的財産推進計画2006、さらに前期の著作権分科会での意見を踏まえて、著作権の保護期間及びこれに関連する課題を集中的に審議するため、著作権分科会で新たに設置されたもの。） 主査：大渕哲也（東京大学教授） デジタル放送時代の視聴覚障害者向け放送に関する研究会　報	2007年3月	ロクラクⅡ仮処分命令申立事件（東京地決平成19年3月30日）（事件）

わが国の法律の動き	年月	世の中の動き
告書（3月30日） 〈http://www.soumu.go.jp/menu_news/s-news/2007/pdf/070330_19_ts2.pdf〉 ・視聴覚障害者向け放送の必要性 ・放送のデジタル化による放送サービスの高度化 ・視聴覚障害者向け放送の現状 ・海外の視聴覚障害者向け放送の現状 ・視聴覚障害者向け放送における課題 ・研究開発の現状 ・今後の視聴覚障害者向け放送の推進にあたっての提言 コンテンツ専門調査会「世界最先端のコンテンツ大国の実現を目指して」報告書（3月8日） 〈http://www.kantei.go.jp/jp/singi/titeki2/houkoku/190308sekai.pdf〉 ①検討の経緯 ②目指すべきコンテンツ大国のイメージ ③現状認識 ④コンテンツ大国を実現するための方策 ・海外展開を促進する ・法制度・契約を改革する ・人材育成を図る ・技術開発を推進する ・制作を資金面から支える		
映画の盗撮の防止に関する法律（平成19年法律第65号）公布（5月30日）（施行2007年8月30日）	2007年5月	Perfect10事件（米国第9巡回区連邦控訴裁判所2007年5月16日判決）（Perfect 10 v. Amazon.com, 508 F. 3d

	・映画の盗撮の定義 ・映画産業の関係事業者による映画の盗撮の防止 ・映画の盗撮に関する著作権法の特例（映画の盗撮については、著作権法第30条第1項の私的使用目的による複製を認める規定を適用しない。）	1146（事件）
2007年6月	知的財産戦略本部　知的財産推進計画2007策定（5月31日）〈http://www.kantei.go.jp/jp/singi/titeki2/keikaku2007.html〉 ①知的財産の創造 ・大学等やTLOの知的財産関連活動の強化 ・大学等の知的財産活動の現場の課題の解決 ・大学、研究機関における知的財産の活用、創造の促進 ・先端技術に係る知的財産問題への取り組み ・企業における質の高い知的財産の創造の推進 ②知的財産の保護 ・知的財産の保護の強化 ・模倣品・海賊版対策の強化 ③知的財産の活用 ・知的財産の戦略的な活用 ・国際標準化活動の強化 ・中小・ベンチャー企業の支援 ・知的財産を活用した地域の振興 ④コンテンツをいかした文化創造国家づくり ⑤人材の育成と国民意識の向上 通信・放送の総合的な法体系に関する研究会　中間取りまとめ（6月19日） 〈http://www.soumu.go.jp/menu_news/s-news/2007/pdf/070619_3_bs2.pdf〉	アップル、米国でiPhone販売開始（技術・サービス） GPL3発表（技術・サービス） 選撮見録（よりどりみどり）事件（第2審）（大阪高判平

わが国の法律の動き	年 月	世の中の動き
・現状認識 ・通信・放送法制の技術的再編の方向性 ・コンテンツに関する法体系のあり方 ・プラットフォームに関する法体系のあり方 ・伝送インフラに関する法体系のあり方 ・レイヤー間の規律のあり方 ・ユビキタスネット社会構築に関する将来的課題等		成19年6月14日）（事件） 韓国と米国の両政府が、知的財産権を含む包括的な自由貿易協定（韓米FTA）を締結（6月30日） 〈http://www.mofat.go.kr/mofat/fta/eng_0707/eng_list.htm〉
2010年代のケーブルテレビの在り方に関する研究会 報告書（7月6日） 〈http://www.soumu.go.jp/menu_news/s-news/2007/pdf/070706_5_bs2.pdf〉 ①現状認識 ・通信・放送における環境の変化 ・ケーブルテレビの現状 ・ケーブルテレビのサービス等の変化の潮流 ②2015年のケーブルテレビの市場規模（概要） ③2010年代のケーブルテレビのあるべき姿 ・ケーブルテレビの位置づけ ・2010年代（2015年）のケーブルテレビのあるべき姿 ④2010年までの当面の課題と諸方策 ・フルデジタル映像サービス提供 ・ユビキタスネットワーク社会の基盤の提供 ・「地域密着」サービスの提供 ・国産技術の世界展開 ・横断的課題	2007年7月	

⑤まとめ（政策提言）		
障害者の権利に関する条約、日本国が署名（9月28日）（但し、未批准）〈http://www.un.org/disabilities/default.asp?id=259〉障害者の人権及び基本的自由の享有を確保し、障害者の固有の尊厳の尊重を促進することを目的として、障害者の権利の実現のための措置等について定めたもので、2006年12月13日第61回国連総会本会議において採択された。	2007年9月	
総務省「有線放送による放送の再送信に関する研究会」（第1回）の開催（10月5日）〈http://www.soumu.go.jp/menu_news/s-news/2007/070925_3.html〉（有線放送においては、事業者間の広帯域ネットワークの接続が進み、大容量ネットワークの広域化が進展しつつあり、デジタル化・IP化等の技術革新や通信・放送コンテンツの融合、業態の垣根を越えた事業者間連携の急速な進展等を背景に、様々な形態のサービスが出現し、この動きは、今後更に広がっていくものと考えられるが、これまでの地上放送の再送信手段としての補完的役割にとどまらず、依然として重要であり、放送のデジタル化、通信・放送の融合を踏まえた今後の有線放送による放送の再送信のあり方について改めて問われており、また、本年8月9日付の再送信同意に関する裁定申請に対する情報通信審議会の答申において、再送信制度のあり方について幅広く検証すべき旨の指摘があったため、有線放送による放送の再送信の現状を把握し、課題を整理するとともに、今後のあるべき方策について検討することを目）	2007年10月	

わが国の法律の動き	年　月	世の中の動き
的とする。 ①有線放送による放送の再送信に関する現状把握、②有線放送による放送の再送信に関する課題の整理、③課題に対する今後の方策の検討、等に関する検討を行う。) 座長：新美育文（明治大学法科大学院教授）		
文化審議会著作権分科会　私的録音録画小委員会　中間整理（10月12日） 〈http://www.bunka.go.jp/chosakuken/singikai/pdf/rokuon_chukan_1910.pdf〉 ・私的録音録画問題に関するこれまでの経緯等について ・私的録音録画の現状について ・私的録音録画補償金制度の現状について ・著作権保護技術の現状と当該技術を活用したビジネスの現状について ・違法サイトからの私的録音録画の現状について ・外国における私的複製の取扱いと私的録音録画補償金制度の現状について		
文化審議会著作権分科会　法制問題小委員会　平成19年度・中間まとめ（10月12日） 〈http://www.bunka.go.jp/chosakuken/singikai/pdf/housei_chukan_1910.pdf〉 ・「デジタルコンテンツ流通促進法制」について ・海賊版の拡大防止のための措置について ・権利制限の見直しについて ・検索エンジンの法制上の課題について		

資料3　年表

	・ライセンシーの保護等の在り方について ・いわゆる「間接侵害」に係る課題等について 総務省、「視聴覚障害者向け放送普及行政の指針」を策定（10月30日） 〈http://www.soumu.go.jp/menu_news/s-news/2007/pdf/071030_2_bs1.pdf〉 ・平成20年度以降の視聴覚障害者向け放送の普及拡大に向けて、平成29年度までの新たな字幕・解説放送付与を定めた行政指針
2007年11月	Amazon.com、米国でAmazon Kindle販売開始（技術・サービス）
2007年12月	中山信弘『著作権法』（有斐閣）発行
	通信・放送の総合的な法体系に関する研究会　最終報告書（12月6日） 〈http://www.soumu.go.jp/menu_news/s-news/2007/071206_2.html〉 ・通信・放送法制の見直しの必要性と方向性 ・コンテンツ、伝送インフラ、プラットフォームに関する法体系の在り方 ・レイヤー間の規律の在り方
	障害者施策推進本部、「重点施策実施5か年計画」を策定（12月25日） 〈http://www8.cao.go.jp/shougai/suishin/5sinchoku/h19/5year_plan.pdf〉 平成14年に策定した「障害者基本計画」に基づく諸施策の着実な推進を図るため、①啓発・広報、②生活支援、③生活環境、④教育・育成、⑤雇用・就業、⑥保健・医療、⑦情報・コミュニ

わが国の法律の動き	年月	世の中の動き
ケーション、⑧国際協力、の各分野について、平成20年度からの5年間に重点的に取り組むべき施策及びその達成目標を定めるもの。		
情報通信審議会情報通信政策部会 通信・放送の総合的な法体系に関する検討委員会（第1回）の開催（2月25日）〈http://www.soumu.go.jp/main_sosiki/joho_tsusin/policyreports/joho_tsusin/houtai/080225_1.html〉（通信と放送に関する総合的な法体系に関し、2010年の通常国会への法案提出を目指しているため（「通信・放送分野の改革に関する工程プログラム」（平成18年9月））、総務省が、通信・放送の融合・連携に対応した具体的な制度の在り方について情報通信審議会に諮問した結果、情報通信審議会情報通信政策部会に新たに設置されたもの。）主査：長谷部恭男（東京大学法学部教授）	2008年2月	
デジタル・ネット時代における知財制度専門調査会の設置（知的財産戦略本部決定（3月13日）〈http://www.kantei.go.jp/jp/singi/titeki2/tyousakai/080313.htm l〉（知的財産戦略本部（平成15年政令第45号）第2条の規定に基づき、近年のデジタル技術の発展やネットワーク化の浸透に対応した知財制度の課題と対応の在り方に関する調査・検討を行うため、首相官邸の知的財産戦略本部内に設置されたもの。）会長：中山信弘（弁護士・西村あさひ法律事務所顧問）	2008年3月	
有線放送による放送の再送信に関する研究会 最終とりまとめ（3月19日）		

〈http://www.soumu.go.jp/menu_news/s-news/2008/pdf/080319_3_bs2.pdf〉 ①再送信同意制度の現状と課題 ・問題の概要 ・再送信同意制度及び裁定制度の立法趣旨等 ・再送信同意制度を取り巻く環境の変化 ・有線テレビジョン放送事業者及び地上放送事業者の間の主な争点 ②対応の方向性 ・検討の視点 ・課題に関する対応の方向性		
バリアフリーに関する関係閣僚会議、「バリアフリー・ユニバーサルデザイン推進要綱」を決定（3月28日） 〈http://www8.cao.go.jp/souki/barrierfree/20barrier_html/20html/youkou.html〉 ・障害者や高齢者等にとって、必要な情報が十分に提供され、容易に取得できるような環境の整備 ・IT（情報通信技術）の利用機会や活用能力の格差の是正 ・字幕番組、解説番組及び手話番組の制作の促進		
	2008年4月	米国Twitter社と株式会社デジタルガレージ、「Twitter」の日本語版サービス「Twitter Japan」を開始（技術・サービス）
	2008年5月	ロクラクⅡ事件（第1審）（東京地判平成20年5月28日）（事件）
通信・放送の総合的な法体系に関する検討委員会　中間論点整理（6月13日）	2008年6月	まねきTV事件（東京地判平成20年6月20日）（事件）

わが国の法律の動き	年	月	世の中の動き
〈http://www.soumu.go.jp/menu_news/s-news/2008/pdf/080613_11_bs1.pdf〉 ・「通信・放送の総合的な法体系に関する検討委員会」としての今後重点的に審議すべき主な論点及びその検討の方向性等について、中間的に整理を行うもの。主な論点は以下の通り。 ・法体系全般 ・伝送設備規律、伝送サービス規律、コンテンツ規律、プラットフォーム規律、レイヤー間の規律 ・利用者利益の確保、向上のための規律			
障害のある児童及び生徒のための教科用特定図書等の普及の促進等に関する法律(平成20年法律第81号) 公布 (6月18日) (施行2008年9月17日) ・教科用拡大図書等の作成のための複製の範囲を拡大			
青少年が安全に安心してインターネットを利用できる環境の整備に関する法律 (青少年インターネット環境整備法) (平成20年法律第79号) 公布 (6月18日) (施行2009年4月1日)			
知的財産戦略本部　知的財産推進計画2008策定 (6月18日) 〈http://www.kantei.go.jp/jp/singi/titeki2/keikaku2008.html〉 ①知的財産の創造 ・基礎研究分野の創造力の強化 ・大学、研究機関における知的財産戦略の強化 ・事業化に向けての研究開発の促進 ②知的財産の保護 ・知的財産の適切な保護 ・模倣品・海賊版対策の強化			

③知的財産の活用 ・知的財産の戦略的活用 ・共通基盤技術の活用の促進 ・中小・ベンチャー企業の支援 ・知的財産を活用した地域の振興 ④コンテンツをいかした文化創造国家づくり ⑤人材の育成と国民意識の向上	2008年7月	ライブドア裁判傍聴筆記事件（知財高判平成20年7月17日）（事件）
		ダビング10の運用開始（技術・サービス）
		ソフトバンクとアップル、iPhone 3Gを日本で発売（技術・サービス）
	2008年9月	ドイツのマックス・プランク知的財産研究所が、スリー・ステップ・テストに関する声明「Declaration: A Balanced Interpretation of the "Three-Step Test" in Copyright Law」をウェブサイト上で公表〈http://www.ip.mpg.de/shared/data/pdf/declaration_three_steps.pdf〉
	2008年10月	Google Book Search訴訟、米国において和解成立（事件）
		JASRACとYouTubeが音楽著作権の包括利用許諾契約を締結
文化審議会著作権分科会 過去の著作物等の保護と利用に関する小委員会 中間整理（10月1日）〈http://www.bunka.go.jp/chosakuken/singikai/bunkakai/26/pdf/shiryo_04_1.pdf〉 ・多数権利者が関わる場合の利用の円滑化について ・権利者不明の場合の利用の円滑化について ・次代の文化の土台となるアーカイブの円滑化について ・保護期間の在り方について		

わが国の法律の動き	年 月	世の中の動き
文化審議会著作権分科会 法制問題小委員会 平成20年度・中間まとめ（10月1日） 〈http://www.bunka.go.jp/chosakuken/singikai/bunkakai/26/pdf/shiryo_03_1.pdf〉 ・「デジタルコンテンツ流通促進法制」について ・私的使用目的の複製の見直しについて ・リバース・エンジニアリングに係る法的課題について ・研究開発における情報利用の円滑化について ・機器利用時・通信過程における蓄積等の取扱いについて		
知的財産戦略本部 デジタル・ネット時代における知財制度専門調査会 「デジタル・ネット時代における知財制度の在り方について（報告）」の公表（11月27日） 〈http://www.kantei.go.jp/jp/singi/titeki2/houkoku/081127digital.pdf〉 ・コンテンツの流通促進方策 ・権利制限の一般規定（日本版フェアユース規定）の導入 ・ネット上に流通する違法コンテンツへの対策の強化	2008年11月	
通信・放送の総合的な法体系に関する検討委員会「通信・放送の総合的な法体系に関する検討アジェンダ」の策定 〈http://www.soumu.go.jp/main_sosiki/joho_tsusin/policyreports/joho_tsusin/houtai/pdf/081226_1.pdf〉 ・法体系全般 ・伝送設備規律、伝送サービス規律、コンテンツ規律、プラットフォーム規律、レイヤー間の規律	2008年12月	「NHKオンデマンド」サービス（NHKの提供するVOD）開始（技術・サービス）

資料3　年表　347

・利用者利益の確保・向上のための規律 ・特定の法人の位置付け、既存事業者の位置付け	2009年1月	ロクラクⅡ事件（第2審）(知財高判平成21年1月27日)（事件）
文化審議会著作権分科会　報告書 <http://www.bunka.go.jp/chosakuken/singikai/pdf/shingi_hokokusho_2101.pdf> ①法制問題小委員会 ・「デジタルコンテンツ流通促進法制」について ・海賊版の拡大防止のための措置について ・権利制限の見直しについて ②私的録音録画小委員会 ・私的録音録画補償金制度の見直し ・著作権法第30条の範囲の見直し ③過去の著作物等の保護と利用に関する小委員会 ・過去の著作物等の利用の円滑化方策について ・保護期間の在り方について		
	2009年2月	後発医薬品に関する薬品説明書事件（台湾知的財産裁判所2009年2月26日判決）（台湾智慧財産裁判所民国97年度民專上字第20号判決）（事件）
	2009年3月	催告書の著作物性が争われた事件（東京地判平成21年3月30日）（事件）
著作権法の一部を改正する法律案国会提出（3月10日）		
著作権制度における権利制限規定に関する調査研究会（目的：著作権分科会における審議のための基礎的な資料の整備、座長：上野達弘（立教大学法学部准教授））と三菱UFJリサーチ＆コンサルティング株式会社 著作物の流通・契約システムの調査研究『著作権制度における権利制限規定に関する調査研究』報告書		

わが国の法律の動き	年月	世の中の動き
〈http://www.bunka.go.jp/chosakuken/pdf/houkokusho_090601.pdf〉 ・現行法の状況 ・英米法および大陸法における権利制限規定等一般規定の意義および課題 「著作物の流通・契約システムの調査研究『著作権制度における権利制限規定に関する調査研究』報告書」別冊『その他の諸外国地域における権利制限規定に関する調査研究』レポート 〈http://www.bunka.go.jp/chosakuken/pdf/houkokusho_090626.pdf〉 ・各国地域における一般規定の導入状況（イスラエル、台湾、フィリピン、韓国、シンガポール、香港、ニュージーランド）		
	2009年4月	ヤフー株式会社とUSEN、2009年秋から「Yahoo！動画」と「Gyao」の両サービスを統合することを合意。（技術・サービス） 個人ブログへの野鳥写真掲載事件（台湾知的財産裁判所2009年4月28日判決）（台湾智慧財産裁判所民国98年度民著訴字第15号判決）（事件）
著作権法施行令の一部を改正する政令（平成21年政令第137号）公布（5月15日）（施行2009年5月22日） ・Blu-ray Disc（ブルーレイ・ディスク）規格による録画機器及び記録媒体を新たに私的録音録画補償金制度の対象とする	2009年5月	
著作権法の一部を改正する法律（平成21年法律第53号）公布（6月19日）（施行2010年1月1日）	2009年6月	米国、地上テレビ放送の完全デジタル化（技術・サービス）

資料3 年表 349

	2009年7月	岩倉正和弁護士が、文化庁の文化審議会著作権分科会法制問題小委員会（第3回）において登壇し、「権利制限の一般規定の導入について」と題する意見表明を行う
	2009年10月	ウイニー著作権法違反幇助事件（第2審）（大阪高判平成21年10月8日）（事件）
	2009年11月	SARVH（社団法人 私的録画補償金管理協会）、東芝に対しデジタル放送の記録に特化したアナログチューナー非搭載DVDレコーダについて私的録画補償金の支払いを求めて東京地裁に提訴
・インターネット等を活用した著作物利用の円滑化を図るための措置 ・違法な著作物の流通抑止 ・障害者の情報利用の機会の確保 知的財産戦略本部 知的財産推進計画2009策定（6月24日）〈http://www.kantei.go.jp/jp/singi/titeki2/keikaku2009.html〉 ・イノベーション促進のための知財戦略の強化 ・グローバルな知財戦略の強化 ・ソフトパワー産業の成長戦略の推進 ・知的財産権の安定性・予見性の確保 ・利用者ニーズに対応した知財システムの構築 国立国会図書館法の一部を改正する法律（平成21年法律第73号）公布（7月10日）（施行2010年4月1日） ・国、地方公共団体、独立行政法人等が提供するインターネット資料を国立国会図書館が記録媒体（磁気ディスク等）に複製・保存する権限を規定 ・附則により著作権法も一部改正（インターネット資料の収集を著作権の許諾なく行うための規定を設ける） 文化庁長官官房著作権課、著作権法施行令の一部を改正する政令案に関する意見募集を実施（11月14日開始・12月13日締切）〈http://search.e-gov.go.jp/servlet/Public?CLASSNAME=Pcm1010&BID=185000442&OBJCD=&GROUP=〉 文化庁長官官房著作権課、著作権法施行規則の一部を改正する省令案に関する意見募集を実施（12月2日開始・12月13日締	2009年12月	

350

わが国の法律の動き	年　月	世の中の動き
切）〈http://search.e-gov.go.jp/servlet/Public?CLASSNAME=Pcm1010&BID=185000444&OBJCD=100185&GROUP=〉 文化庁長官官房著作権課，著作権法施行令の一部を改正する政令案に基づく文化庁告示案に関する意見募集を実施（12月2日開始・12月13日締切） 〈http://search.e-gov.go.jp/servlet/Public?CLASSNAME=Pcm1010&BID=185000445&OBJCD=100185&GROUP=〉 著作権法施行令の一部を改正する政令（平成21年政令第299号）公布（12月28日）（施行2010年1月1日） ・著作権法の一部を改正する法律（平成21年法律第53号。一部を除き，2010年1月1日施行）の施行に伴う必要な規定の整備 ・障害者福祉関係，美術品等の画像掲載関係，送信の障害防止のための複製関係，情報検索サービス関係，電子計算機における著作物利用に伴う複製関係，裁定制度関係 著作権法施行規則の一部を改正する省令（平成21年文部科学省令第38号）公布（12月28日）（施行2010年1月1日） ・著作権法の一部を改正する法律（平成21年法律第53号。一部を除き，2010年1月1日施行）の施行に伴い，著作権法施行令の一部を改正する政令（平成21年政令第299号。2010年1月1日施行）で求められている必要な規定の整備 ・障害者福祉関係，美術品等の画像掲載関係，送信の障害防止のための複製関係，情報検索サービス関係 著作権法施行令第7条の7第1項第1号，第2号および第3号		

の規定に基づく文化庁告示(文化庁告示第26号)公布(12月28日)(施行2010年1月1日) ・著作権法の一部を改正する法律(平成21年法律第53号。一部を除き、2010年1月1日施行)の施行に伴い、著作権法施行令の一部を改正する政令(平成21年政令第299号。2010年1月1日施行)で文化庁長官による定めが求められている事項の定め ・裁定制度関係(「相当な努力を払ってもその著作権者と連絡することができない場合」の内容等)		
	2010年1月	アップル、iPadを発表(技術・サービス)
	2011年7月	アナログテレビ放送終了予定(地上テレビ放送の完全デジタル化)(技術・サービス)

理 由

著作物等の公正な利用を図るとともに著作権等の適切な保護に資するため、障害者の用に供するために必要な方式による複製、美術の著作物等の譲渡の申出のための複製、電子計算機による著作物等の利用、著作権者等と連絡することができない場合の著作物等の利用等をより円滑に行えるようにするための措置を講ずるとともに、著作権等を侵害する自動公衆送信をその事実を知りながら受信して行う私的使用を目的とする録音又は録画について著作権者等の許諾を要することとし、あわせて著作権等を侵害する行為により作成された物の頒布の申出を情を知って行う行為を著作権等の侵害行為とみなすこととする等の措置を講ずる必要がある。これが、この法律案を提出する理由である。

九　(これらの規定を新法第百二条第一項において準用する場合を含む。)の規定にかかわらず、なお従前の例による。

(裁定による著作物の利用等についての経過措置)

第三条　新法第六十七条及び第六十七条の二(これらの規定を新法第百三条において準用する場合を含む。)の規定は、この法律の施行の日以後に新法第六十七条第一項(新法第百三条において準用する場合を含む。)の裁定の申請をした者について適用し、この法律の施行の日前に旧法第六十七条第一項の裁定の申請をした者については、なお従前の例による。

(商業用レコードの複製物の頒布の申出についての経過措置)

第四条　新法第百二十一条の二の規定は、著作権法の一部を改正する法律(平成三年法律第六十三号)附則第五項又は著作権法及び万国著作権条約の実施に伴う著作権法の特例に関する法律の一部を改正する法律(平成六年法律第百十二号)附則第六項の規定によりその頒布又は頒布の目的をもってする所持について同条の規定を適用しないこととされる商業用レコードを頒布する旨の申出をする行為であって、この法律の施行後に行われるものについては、適用しない。

(罰則についての経過措置)

第五条　この法律の施行前にした行為に対する罰則の適用については、なお従前の例による。

十年を経過した後において当該複製、頒布又は所持若しくは申出を行つた者を除く。）は、一年以下の懲役若しくは百万円以下の罰金に処し、又はこれを併科する。

一・二　（略）

頒布又は所持を行つた者を除く。）は、一年以下の懲役若しくは百万円以下の罰金に処し、又はこれを併科する。

一・二　（略）

附　則　（抄）

（施行期日）

第一条　この法律は、平成二十二年一月一日から施行する。ただし、第七十条第二項、第七十八条、第八十八条第二項及び第百四条の改正規定並びに附則第六条の規定は、公布の日から起算して二年を超えない範囲内において政令で定める日から施行する。

（視覚障害者のための録音物の使用についての経過措置）

第二条　この法律の施行前にこの法律による改正前の著作権法（以下「旧法」という。）第三十七条第三項（旧法第百二条第一項において準用する場合を含む。）の規定の適用を受けて作成された録音物（この法律による改正後の著作権法（以下「新法」という。）第三十七条第三項（新法第百二条第一項において準用する場合を含む。）の規定により複製し、又は自動公衆送信（送信可能化を含む。）を行うことができる著作物、実演、レコード、放送又は有線放送に係るものを除く。）の使用については、新法第三十七条第三項及び第四十七条の

【右段】

す。

一 （略）

二 著作者人格権、著作権、出版権、実演家人格権又は著作隣接権を侵害する行為によって作成された物（前号の輸入に係る物を含む。）を、情を知って、頒布し、頒布の目的をもって所持し、又は業として輸出し、若しくは業としての輸出の目的をもって所持する行為

② プログラムの著作物の著作権を侵害する行為によって作成された複製物（当該複製物の所有者によって第四十七条の三第一項の規定により作成された複製物並びに前項第一号の輸入に係るプログラムの著作物の複製物及び当該複製物の所有者によって同条第一項の規定により作成された複製物を含む。）を業務上電子計算機において使用する行為は、これらの複製物を使用する権原を取得した時に情を知っていた場合に限り、当該著作権を侵害する行為とみなす。

③〜⑥ （略）

（罰則）

第百二十一条の二 次の各号に掲げる商業用レコード（当該商業用レコードの複製物（二以上の段階にわたる複製に係る複製物を含む。）を商業用レコードとして複製し、その複製物を頒布し、その複製物を頒布の目的をもって所持し、又はその複製物を頒布する旨の申出をした者（当該各号の原盤に音を最初に固定した日の属する年の翌年から起算して五

【左段】

一 （略）

二 著作者人格権、著作権、出版権、実演家人格権又は著作隣接権を侵害する行為によって作成された物（前号の輸入に係る物を含む。）を、情を知って、頒布し、若しくは頒布の目的をもって所持し、又は業として輸出し、若しくは業としての輸出の目的をもって所持する行為

② プログラムの著作物の著作権を侵害する行為によって作成された複製物（当該複製物の所有者によって第四十七条の二第一項の規定により作成された複製物並びに前項第一号の輸入に係るプログラムの著作物の複製物及び当該複製物の所有者によって同条第一項の規定により作成された複製物を含む。）を業務上電子計算機において使用する行為は、これらの複製物を使用する権原を取得した時に情を知っていた場合に限り、当該著作権を侵害する行為とみなす。

③〜⑥ （略）

（罰則）

第百二十一条の二 次の各号に掲げる商業用レコード（当該商業用レコードの複製物（二以上の段階にわたる複製に係る複製物を含む。）を商業用レコードとして複製し、その複製物を頒布し、その複製物を頒布の目的をもって所持し、又はその複製物を頒布する旨の申出をした者（当該各号の原盤に音を最初に固定した日の属する年の翌年から起算して五十年を経過した後において当該複製

第六十三条の規定は実演、レコード、放送又は有線放送の利用の許諾について、第六十五条の規定は著作隣接権が共有に係る場合について、第六十六条の規定は著作隣接権を目的として質権が設定されている場合について、それぞれ準用する。この場合において、第六十七条、第六十七条の二（第一項ただし書を除く。）、第七十一条から第七十三条まで並びに第七十四条第三項及び第四項の規定は著作隣接権者と連絡することができない場合における実演、レコード、放送又は有線放送の利用について、それぞれ準用する。この場合において、第六十三条第五項中「第二十三条第一項」とあるのは「第九十二条の二第一項、第九十六条の二、第九十九条の二又は第百条の四」と、第七十条第五項中「前項」とあるのは「第百三条において準用する第六十七条第一項」と読み替えるものとする。

(著作隣接権の登録)
第百四条　第七十七条及び第七十八条（第三項を除く。）の規定は、著作隣接権に関する登録について準用する。この場合において、同条第一項、第二項、第四項、第八項及び第九項中「著作権登録原簿」とあるのは、「著作隣接権登録原簿」と読み替えるものとする。

(侵害とみなす行為)
第百十三条①　次に掲げる行為は、当該著作者人格権、著作権、出版権、実演家人格権又は著作隣接権を侵害する行為とみな

第六十三条の規定は実演、レコード、放送又は有線放送の利用の許諾について、第六十五条の規定は著作隣接権が共有に係る場合について、第六十六条の規定は著作隣接権を目的として質権が設定されている場合について、それぞれ準用する。この場合において、第六十三条第五項中「第二十三条第一項」とあるのは、「第九十二条の二第一項、第九十六条の二、第九十九条の二又は第百条の四」と読み替えるものとする。

(著作隣接権の登録)
第百四条　第七十七条及び第七十八条（第二項を除く。）の規定は、著作隣接権に関する登録について準用する。この場合において、同条第一項、第三項、第七項及び第八項中「著作権登録原簿」とあるのは、「著作隣接権登録原簿」と読み替えるものとする。

(侵害とみなす行為)
第百十三条①　次に掲げる行為は、当該著作者人格権、著作権、出版権、実演家人格権又は著作隣接権を侵害する行為とみな

物を用いて当該実演等を利用した者

六　第一項において準用する第四十七条の六ただし書の規定に違反して、同条本文の規定の適用を受けて作成された実演等の複製物を用いて当該実演等の送信可能化を行つた者

七　第一項において準用する第四十七条の八の規定の適用を受けて作成された実演等の複製物を、当該実演等の同条に規定する複製物の使用に代えて使用し、又は当該実演等に係る同条に規定する送信の受信（当該送信が受信者からの求めに応じ自動的に行われるものである場合にあつては、当該送信の受信又はこれに準ずるものとして政令で定める行為）をしないで使用して、当該実演等を利用した者

八　第三十三条の二第一項又は第三十七条第三項に定める目的以外のために、第三項若しくは第四項の規定の適用を受けて作成された実演若しくはレコードの複製物を頒布し、又は当該複製物によつて当該実演若しくは当該レコードに係る音を公衆に提示した者

（実演家人格権との関係）
第百二条の二　前条の著作隣接権の制限に関する規定（同条第七項及び第八項の規定を除く。）は、実演家人格権に影響を及ぼすものと解釈してはならない。

（著作隣接権の譲渡、行使等）
第百三条　第六十一条第一項の規定は著作隣接権の譲渡について、第六十二条第一項の規定は著作隣接権の消滅について、

（新設）

（新設）

（新設）

（実演家人格権との関係）
第百二条の二　前条の著作隣接権の制限に関する規定（同条第五項及び第六項の規定を除く。）は、実演家人格権に影響を及ぼすものと解釈してはならない。

（著作隣接権の譲渡、行使等）
第百三条　第六十一条第一項の規定は著作隣接権の譲渡について、第六十二条第一項の規定は著作隣接権の消滅について、

資料2　著作権法の一部を改正する法律新旧対照条文

改正後（新）	改正前（旧）
⑨　次に掲げる者は、第九十一条第一項、第九十六条、第九十八条又は第百条の二の録音、録画又は複製を行つたものとみなす。 一　第一項において準用する第三十条第一項、第三十一条第一項第一号、第三十五条第一項、第三十七条第三項、第三十七条の二第二号、第四十一条から第四十二条の二まで、第四十二条の三第二項、第四十四条第一項若しくは第二項又は第四十七条の六に定める目的以外の目的のために、これらの規定の適用を受けて作成された実演等の複製物を頒布し、又は当該複製物によつて当該実演、当該レコードに係る音若しくは影像を公衆に提示した者 二　（略） 三　第一項において準用する第四十七条の四第一項若しくは第二項の規定の適用を受けて同条第一項若しくは第二項に規定する内蔵記録媒体以外の記録媒体に一時的に記録された実演等の複製物を頒布し、又は当該複製物によつて当該実演、当該レコードに係る音若しくは影像を公衆に提示した者 四　第一項において準用する第四十七条の四第三項又は第四十七条の五第三項の規定に違反してこれらの複製物を保存した者 五　第一項において第四十七条の七に定める目的以外の目的のために、これらの規定の適用を受けて作成された実演等の複製	⑦　次に掲げる者は、第九十一条第一項、第九十六条、第九十八条又は第百条の二の録音、録画又は複製を行つたものとみなす。 一　第一項において準用する第三十条第一項、第三十一条第一号、第三十五条第一項、第三十七条第三項、第四十一条から第四十二条の二まで又は第四十四条第一項若しくは第二項に定める目的以外の目的のために、これらの規定の適用を受けて作成された実演等の複製物を頒布し、又は当該複製物によつて当該実演、当該レコードに係る音若しくは影像を公衆に提示した者 二　（略） 三　第一項において準用する第四十七条の三第一項若しくは第二項の規定の適用を受けて同条第一項若しくは第二項に規定する内蔵記録媒体以外の記録媒体に一時的に記録された実演等の複製物を頒布し、又は当該複製物によつて当該実演、当該レコードに係る音若しくは影像を公衆に提示した者 四　第一項において準用する第四十七条の三第三項の規定に違反して同項の複製物を保存した者 （新設）

同条第一項中「第二十三条第一項」とあるのは「第九十二条第一項、第九十九条第一項又は第百条の三」と、「第二十三条第一項」とあるのは「第九十二条第一項又は第百条の三」と読み替えるものとする。

② 前項において準用する第三十二条、第三十七条第三項、第三十七条の二若しくは第四十二条の規定又は第四項の規定により実演若しくは放送若しくは有線放送に係る音若しくは影像(以下「実演等」と総称する。)を複製する場合において、これらの複製の態様に応じ合理的と認められる慣行があるときは、その出所を明示しなければならない。

③ 第三十三条の二第一項の規定により教科用図書に掲載された著作物を複製することができる場合には、同項の規定の適用を受けて作成された録音物において録音されている実演又は当該録音物に係るレコードを複製し、又は同項に定める目的のためにその複製物の譲渡により公衆に提供することができる。

④ 視覚障害者等の福祉に関する事業を行う者で第三十七条第三項の政令で定めるものは、同項の規定により視覚著作物を複製することができる場合には、同項の規定の適用を受けて作成された録音物において録音されている実演又は当該録音物に係るレコードについて、複製し、又は同項に定める目的のために、送信可能化を行い、若しくはその複製物の譲渡により公衆に提供することができる。

⑤〜⑧ (略)

条第一項又は第百条の三」と、第四十四条第二項中「第二十三条第一項」とあるのは「第九十二条第一項又は第百条の三」と読み替えるものとする。

② 前項において準用する第三十二条、第三十七条第三項又は第四十二条の規定により実演若しくは放送若しくは有線放送に係る音若しくは影像(以下「実演等」と総称する。)を複製する場合において、これらの複製の態様に応じ合理的と認められる慣行があるときは、その出所を明示しなければならない。

(新設)

(新設)

③〜⑥ (略)

資料2 著作権法の一部を改正する法律新旧対照条文

【旧】

(譲渡権)

第九十七条の二① (略)

② 前項の規定は、レコードの複製物で次の各号のいずれかに該当するものの譲渡による場合には、適用しない。

一 (略)

二 第百三条において準用する第六十七条第一項の規定による裁定を受けて公衆に譲渡されたレコードの複製物

三 第百三条において準用する第六十七条の二第一項の規定の適用を受けて公衆に譲渡されたレコードの複製物

四・五 (略)

(著作隣接権の制限)

第百二条① 第三十条第一項、第三十一条、第三十二条、第三十五条、第三十六条、第三十七条第三項、第三十八条第二項及び第四十一条から第四十二条の三まで、第四十四条(第二項を除く。)並びに第四十七条の八及び第四十七条の九の規定は、著作隣接権の目的となつている実演、レコード、放送又は有線放送の利用について準用し、第三十条第二項及び第四十七条の十の規定は、著作隣接権の目的となつている実演又はレコードの利用について準用し、第四十四条第二項の規定は、著作隣接権の目的となつている実演、レコード又は有線放送の利用について準用する。この場合において、

【新】

(譲渡権)

第九十七条の二① (略)

② 前項の規定は、レコードの複製物で次の各号のいずれかに該当するものの譲渡による場合には、適用しない。

一 (略)

(新設)

二・三 (略)

(著作隣接権の制限)

第百二条① 第三十条第一項、第三十一条、第三十二条、第三十五条、第三十六条、第三十七条第三項、第三十八条第二項及び第四十項、第四十一条から第四十二条の二まで、第四十四条(第二項を除く。)並びに第四十七条の三の規定は、著作隣接権の目的となつている実演、レコード、放送又は有線放送の利用について準用し、第三十条第二項及び第四十七条の四の規定は、著作隣接権の目的となつている実演又はレコードの利用について準用し、第四十四条第二項の規定は、著作隣接権の目的となつている実演、レコード又は有線放送の利用について準用する。この場合において、同条第一項中「第九十二条第一項、第九十九

四項、第八項及び第九項中「著作権登録原簿」とあるのは、「出版権登録原簿」と読み替えるものとする。

（商業用レコードの二次使用）
第九十五条①～⑪　（略）
⑫　第七十条第三項、第六項及び第八項並びに第七十一条から第七十四条までの規定は、前項の裁定及び二次使用料について準用する。この場合において、第七十条第三項中「著作権者」とあるのは「当事者」と、第七十二条第二項中「著作物を利用する者」とあるのは「第九十五条第一項の放送事業者等」と、「著作権者」とあるのは「同条第五項の団体」と、第七十四条中「著作権者」とあるのは「第九十五条第五項の団体」と読み替えるものとする。
⑬・⑭　（略）

（譲渡権）
第九十五条の二①・②　（略）
③　第一項の規定は、実演（前項各号に掲げるものを除く。以下この条において同じ。）の録音物又は録画物で次の各号のいずれかに該当するものの譲渡による場合には、適用しない。
一　（略）
二　第百三条において準用する第六十七条第一項の規定による裁定を受けて公衆に譲渡された実演の録音物又は録画物
三　第百四条において準用する第六十七条の二第一項の規定の適用を受けて公衆に譲渡された実演の録音物又は録画物

七項及び第八項中「著作権登録原簿」とあるのは、「出版権登録原簿」と読み替えるものとする。

（商業用レコードの二次使用）
第九十五条①～⑪　（略）
⑫　第七十条第三項、第六項及び第七項並びに第七十一条から第七十四条までの規定は、前項の裁定及び二次使用料について準用する。この場合において、第七十条第三項中「著作権者」とあるのは「当事者」と、第七十二条第二項中「著作物を利用する者」とあるのは「第九十五条第一項の放送事業者等」と、「著作権者」とあるのは「同条第五項の団体」と、第七十四条中「著作権者」とあるのは「第九十五条第五項の団体」と読み替えるものとする。
⑬・⑭　（略）

（譲渡権）
第九十五条の二①・②　（略）
③　第一項の規定は、実演（前項各号に掲げるものを除く。以下この条において同じ。）の録音物又は録画物で次の各号のいずれかに該当するものの譲渡による場合には、適用しない。
一　（略）
（新設）

（新設）

（出版権の制限）
第八十六条① 第三十条第一項（第三号を除く。次項において同じ。）、第三十一条第一項、第三十二条、第三十三条第一項（同条第四項において準用する場合を含む。）、第三十三条の二第一項、第三十四条第一項、第三十五条第一項、第三十六条第一項、第三十七条第一項、第三十七条の二第一号及び第二号、第三十九条第一項、第四十条第一項及び第二項、第四十一条から第四十二条の二まで並びに第四十六条から第四十七条の二までの規定は、出版権の目的となつている著作物の複製について準用する。この場合において、第三十五条第一項、第四十二条第一項及び第四十七条の二中「著作権者」とあるのは、「出版権者」と読み替えるものとする。

② 前項において準用する第三十条第一項、第三十一条第一項第一号、第三十三条の二第一項、第三十五条第一項、第三十七条第三項、第三十七条の二本文（同条第二号に係る場合にあつては、同号）、第四十一条から第四十二条の二まで又は第四十七条の二に定める目的以外の目的のために、これらの規定の適用を受けて作成された著作物の複製物を頒布し、又は当該複製物によつて当該著作物を公衆に提示した者は、第八十条第一項の複製を行つたものとみなす。

（出版権の登録）
第八十八条① （略）

② 第七十八条（第三項を除く。）の規定は、前項の登録について準用する。この場合において、同条第一項、第二項、第

（出版権の制限）
第八十六条① 第三十条第一項、第三十一条、第三十二条、第三十三条第一項（同条第四項において準用する場合を含む。）、第三十三条の二第一項、第三十四条第一項、第三十五条第一項、第三十六条第一項、第三十七条第一項、第三十七条の二、第三十九条第一項、第四十条第一項及び第二項、第四十一条から第四十二条の二まで、第四十六条並びに第四十七条から第四十七条の二までの規定は、出版権の目的となつている著作物の複製について準用する。この場合において、第三十五条第一項及び第四十二条第一項中「著作権者」とあるのは、「出版権者」と読み替えるものとする。

② 前項において準用する第三十条第一項、第三十三条の二第一項、第三十五条第一項、第四十一条、第四十二条の二又は第四十二条の二に定める目的以外の目的のために、これらの規定の適用を受けて作成された著作物の複製物を頒布し、又は当該複製物によつて当該著作物を公衆に提示した者は、第八十条第一項の複製を行つたものとみなす。

（出版権の登録）
第八十八条① （略）

② 第七十八条（第三項を除く。）の規定は、前項の登録について準用する。この場合において、同条第一項、第三項、第

次号において同じ。）若しくは信託による変更又は処分の制限

二　（略）

(登録手続等)

第七十八条①　第七十五条第一項、第七十六条第一項、第七十六条の二第一項又は前条の登録は、文化庁長官が著作権登録原簿に記載して行う。

②　著作権登録原簿は、政令で定めるところにより、その全部又は一部を磁気ディスク（これに準ずる方法により一定の事項を確実に記録しておくことができる物を含む。第四項において同じ。）をもつて調製することができる。

③　文化庁長官は、第七十五条第一項の登録を行つたときは、その旨を官報で告示する。

④　何人も、文化庁長官に対し、著作権登録原簿の謄本若しくは抄本若しくはその附属書類の写しの交付、著作権登録原簿若しくはその附属書類の閲覧又は著作権登録原簿のうち磁気ディスクをもつて調製した部分に記録されている事項を記載した書類の交付を請求することができる。

⑤　（略）
⑥　（略）
⑦　（略）
⑧　（略）
⑨　（略）
⑩　（略）

次号において同じ。）又は処分の制限

二　（略）

(登録手続等)

第七十八条①　第七十五条第一項、第七十六条第一項、第七十六条の二第一項又は前条の登録は、文化庁長官が著作権登録原簿に記載して行う。

（新設）

②　文化庁長官は、第七十五条第一項の登録を行なつたときは、その旨を官報で告示する。

③　何人も、文化庁長官に対し、著作権登録原簿の謄本若しくは抄本若しくはその附属書類の写しの交付又は著作権登録原簿若しくはその附属書類の閲覧を請求することができる。

④　（略）
⑤　（略）
⑥　（略）
⑦　（略）
⑧　（略）
⑨　（略）

【右欄（旧）】

（補償金の額についての異議申立ての制限）

第七十三条　第六十七条第一項、第六十八条第一項又は第六十九条の裁定又は裁定をしない処分についての行政不服審査法（昭和三十七年法律第百六十号）による異議申立てにおいては、その裁定又は裁定をしない処分に係る補償金の額についての不服をその裁定又は裁定をしない処分についての不服の理由とすることができない。ただし、第六十七条第一項の裁定又は裁定をしない処分を受けた者が著作権者の不明その他これに準ずる理由により前条第一項の訴えを提起することができない場合は、この限りでない。

（補償金等の供託）

第七十四条①・②　（略）

③　第六十七条第一項、第六十七条の二第一項若しくは第四項の規定による担保金の供託は、著作権者が国内に住所又は居所を有する場合にあつては当該住所又は居所の、その他の場合にあつては供託をする者の住所又は居所の最寄りの供託所に、それぞれするものとする。

④　（略）

（著作権の登録）

第七十七条　次に掲げる事項は、登録しなければ、第三者に対抗することができない。

一　著作権の移転（相続その他の一般承継によるものを除く。）

【左欄（新）】

（補償金の額についての異議申立ての制限）

第七十三条　第六十七条第一項、第六十八条第一項又は第六十九条の規定による裁定についての行政不服審査法（昭和三十七年法律第百六十号）による異議申立てにおいては、その裁定に係る補償金の額についての不服をその裁定の理由とすることができない。ただし、第六十七条第一項の裁定を受けた者が著作権者の不明その他これに準ずる理由により前条第一項の訴えを提起することができない場合は、この限りでない。

（補償金の供託）

第七十四条①・②　（略）

③　第六十七条第一項又は前二項の規定による補償金の供託は、著作権者が国内に住所又は居所で知られているものを有する場合にあつては当該住所又は居所のもよりの供託所に、その他の場合にあつては供託をする者の住所又は居所のもよりの供託所に、それぞれするものとする。

④　（略）

（著作権の登録）

第七十七条　次に掲げる事項は、登録しなければ、第三者に対抗することができない。

一　著作権の移転（相続その他の一般承継によるものを除く。）

⑦　文化庁長官は、申請中利用者から第六十七条第一項の裁定の申請を取り下げる旨の申出があつたときは、当該裁定をしない処分をするものとする。

⑧　(略)

第九節　補償金等

(文化審議会への諮問)

第七十一条　文化庁長官は、第三十三条第二項(同条第四項において準用する場合を含む。)、第三十三条の二第二項、第六十七条第一項、第六十七条の二第四項、第六十八条第一項又は第六十九条の補償金の額を定める場合には、文化審議会に諮問しなければならない。

(補償金の額についての訴え)

第七十二条①　第六十七条第一項、第六十七条の二第四項、第六十八条第一項又は第六十九条の規定に基づき定められた補償金の額について不服がある当事者は、これらの規定による裁定(第六十七条の二第四項の裁定に係る場合にあつては、第六十七条第一項の裁定をしない処分)があつたことを知つた日から六月以内に、訴えを提起してその額の増減を求めることができる。

②　(略)

(新設)

⑦　(略)

第九節　補償金

(文化審議会への諮問)

第七十一条　文化庁長官は、第三十三条第二項(同条第四項において準用する場合を含む。)、第三十三条の二第二項、第六十七条第一項、第六十八条第一項又は第六十九条の補償金の額を定める場合には、文化審議会に諮問しなければならない。

(補償金の額についての訴え)

第七十二条①　第六十七条第一項、第六十八条第一項又は第六十九条の規定に基づき定められた補償金の額について不服がある当事者は、これらの規定による裁定があつたことを知つた日から六月以内に、訴えを提起してその額の増減を求めることができる。

②　(略)

（裁定に関する手続及び基準）

第七十条① （略）

② 前項の規定は、同項の規定により国又は独立行政法人のうち業務の内容その他の事情を勘案して政令で定めるもの（第七十八条第六項及び第百七条第二項において「国等」という。）であるときは、適用しない。

③・④ （略）

⑤ 文化庁長官は、前項の規定により裁定をしない処分をしようとするときは、あらかじめ申請者にその理由を通知し、弁明及び有利な証拠の提出の機会を与えなければならないものとし、当該裁定をしない処分をしたときは、理由を付した書面をもって申請者にその旨を通知しなければならない。

⑥ （略）

⑦ 第一項の規定により担保金を供託した者は、当該担保金の額が前項の規定により著作権者が弁済を受けることができる額を超えることとなったときは、政令で定めるところにより、その全部又は一部を取り戻すことができる。

⑥ 前三項の場合において、著作権者は、前条第一項の規定により供託された担保金から弁済を受ける権利に関し、第一項の補償金を受ける権利を有する。

当該連絡をすることができるに至つた時までの間における第一項の規定による著作物の利用に係る使用料の額に相当する額の補償金を著作権者に支払わなければならない。

（裁定に関する手続及び基準）

第七十条① （略）

② 前項の規定は、同項の規定により国又は独立行政法人のうち業務の内容その他の事情を勘案して政令で定めるもの（第七十八条第五項及び第百七条第二項において「国等」という。）であるときは、適用しない。

③・④ （略）

⑤ 文化庁長官は、前項の規定により裁定をしない処分をしようとするときは、あらかじめ申請者にその理由を通知し、弁明及び有利な証拠の提出の機会を与えなければならないものとし、当該裁定をしない処分をしたときは、理由を付した書面をもって申請者にその旨を通知しなければならない。

⑥ （略）

方法と同一の方法により、当該申請に係る著作物を利用することができる。ただし、当該著作物の著作者が当該著作物の出版その他の利用を廃絶しようとしていることが明らかであるときは、この限りでない。

② 前項の規定により作成した著作物の複製物には、同項の規定の適用を受けて作成された複製物である旨及び裁定の申請をした年月日を表示しなければならない。

③ 第一項の規定により裁定を受けて著作物を利用する者（以下「申請中利用者」という。）が裁定を受けたときは、前条第一項の規定にかかわらず、同項の補償金のうち第一項の規定により供託された担保金の額に相当する額（当該担保金の額が当該補償金の額を超えるときは、当該額）については、同条第一項の規定による供託を要しない。

④ 申請中利用者は、裁定をしない処分を受けたとき（当該処分を受けるまでの間に著作権者と連絡をすることができるに至つた場合を除く。）は、当該処分を受けた時までの間における第一項の規定による著作物の利用に係る使用料の額に相当するものとして文化庁長官が定める額の補償金を著作権者のために供託しなければならない。この場合において、同項の規定により供託された担保金の額のうち当該補償金の額に相当する額（当該補償金の額が当該担保金の額を超えるときは、当該額）については、当該補償金を供託したものとみなす。

⑤ 申請中利用者は、裁定又は裁定をしない処分を受けるまでの間に著作権者と連絡をすることができるに至つたときは、

（著作権者不明等の場合における著作物の利用）

第六十七条① 公表された著作物又は相当期間にわたり公衆に提供され、若しくは提示されている事実が明らかである著作物は、著作権者の不明その他の理由により相当な努力を払ってもその著作権者と連絡することができないときは、文化庁長官の裁定を受け、かつ、通常の使用料の額に相当するものとして文化庁長官が定める額の補償金を著作権者のために供託して、その裁定に係る利用方法により利用することができる。

（新設）

② 前項の規定により作成した著作物の複製物には、同項の裁定に係る複製物である旨及びその裁定のあつた年月日を表示しなければならない。

（新設）

（著作権者不明等の場合における著作物の利用）

第六十七条① 公表された著作物又は相当期間にわたり公衆に提供され、若しくは提示されている事実が明らかである著作物は、著作権者の不明その他の理由により相当な努力を払ってもその著作権者と連絡することができない場合は、文化庁長官の裁定を受け、かつ、通常の使用料の額に相当するものとして政令で定める額の補償金を著作権者のために供託して、その裁定に係る利用方法により利用することができる。

② 前項の裁定を受けようとする者は、著作物の利用方法その他政令で定める事項を記載した申請書に、著作権者と連絡することができないことを疎明する資料その他政令で定める資料を添えて、これを文化庁長官に提出しなければならない。

③ 第一項の規定により作成した著作物の複製物には、同項の裁定に係る複製物である旨及びその裁定のあつた年月日を表示しなければならない。

（裁定申請中の著作物の利用）

第六十七条の二① 前条第一項の申請をした者は、当該申請に係る裁定（以下この条において単に「裁定」という。）の申請に係る著作物の利用方法を勘案して文化庁長官が定める額の担保金を供託した場合には、裁定又は裁定をしない処分を受けるまでの間（裁定又は裁定をしない処分を受けるまでの間に、当該連絡をすることができるに至つたときは、当該連絡をすることができるに至つた時までの間）、当該申請に係る利

一　第三十条第一項、第三十一条第一項第一号、第三十五条、第三十七条第三項、第四十一条、第四十二条第三項、第四十一条若しくは第二号に掲げるこれらの規定の適用を受けて同条第一号若しくは第二号に掲げる目的以外の目的のために、第四十三条の規定の適用を受けて同条の規定に従い作成された二次的著作物の複製物を頒布し、又は当該複製物によつて当該二次的著作物を公衆に提示した者

二　第四十七条の二第一項の規定の適用を受けて作成された二次的著作物の複製物を頒布し、又は当該複製物によつて当該二次的著作物を公衆に提示した者

三　第四十七条の二第二項の規定に違反して前号の複製物を保存した者

（新設）

（新設）

（新設）

一　第三十条第一項、第三十一条第一項第一号、第三十三条の二第一項、第三十五条第一項、第三十七条第三項、第三十七条の二本文、第四十一条、第四十一条の二第一項、第四十二条第三項、第四十三条又は第四十二条に定める目的以外の目的のために、これらの規定の適用を受けて同条各号に掲げるこれらの規定の適用を受けて作成された二次的著作物の複製物を頒布し、又は当該複製物を公衆に提示した者

二　第四十七条の三第一項の規定の適用を受けて作成された目的以外の目的のために、二次的著作物の複製物を頒布し、又は当該複製物によつて当該二次的著作物を公衆に提示した者

三　第四十七条の三第二項の規定に違反して前号の複製物を保存した者

四　第四十七条の四の規定の適用を受けて作成された目的以外の目的のために、同条の規定の適用を受けて作成された二次的著作物の複製物を頒布し、又は当該複製物によつて当該二次的著作物を公衆に提示した者

五　第四十七条の六ただし書の規定に違反して、同条本文の規定の適用を受けて作成された二次的著作物の複製物を用いて当該二次的著作物の自動公衆送信（送信可能化を含む。）を行つた者

六　第四十七条の七に定める目的以外の目的のために、同条の規定の適用を受けて作成された二次的著作物の複製物を用いて当該二次的著作物を利用した者

資料2　著作権法の一部を改正する法律新旧対照条文

【改正後（新）】

蔵記録媒体以外の記録媒体に一時的に記録された著作物の複製物を頒布し、又はこれらの複製物によってこれらの著作物を公衆に提示した者

四　第四十七条の三第二項、第四十七条の四第三項又は第四十七条の五第三項の規定に違反してこれらの複製物（次項第二号の複製物に該当するものを除く。）を保存した者

五　第四十七条の五第一項若しくは第二項又は第四十七条の七に定める目的以外のために、これらの規定の適用を受けて作成された著作物の複製物（次項第六号の複製物に該当するものを除く。）を用いて当該著作物を利用した者
（新設）

六　第四十七条の六ただし書の規定に違反して、同条本文の規定の適用を受けて作成された著作物の複製物（次項第五号の複製物に該当するものを除く。）を用いて当該著作物を利用した者
（新設）

七　第四十七条の八の規定の適用を受けて作成された著作物の複製物を、当該著作物の同条に規定する複製物の使用に代えて使用し、又は当該著作物の同条に規定する送信の受信（当該送信が受信者からの求めに応じ自動的に行われるものである場合にあっては、当該送信の受信者又はこれに準ずるものとして政令で定める行為）をしないで使用した者
（新設）

の自動公衆送信（送信可能化を含む。）を行った者

②　次に掲げる者は、当該二次的著作物の原著作物につき第二十七条の翻訳、編曲、変形又は翻案を行ったものとみなす。

【改正前（旧）】

蔵記録媒体以外の記録媒体に一時的に記録された著作物の複製物を頒布し、又はこれらの複製物によってこれらの著作物を公衆に提示した者

四　第四十七条の二第二項又は第四十七条の三第三項の規定に違反してこれらの複製物（次項第二号の複製物に該当するものを除く。）を保存した者

②　次に掲げる者は、当該二次的著作物の原著作物につき第二十七条の翻訳、編曲、変形又は翻案を行ったものとみなす。

二　第三十四条第一項、第三十七条第三項、第三十九条第一項、第四十条第一項若しくは第二項又は第四十七条の二の規定により著作物を利用する場合

三　（略）

②・③　（略）

（複製物の目的外使用等）
第四十九条①　次に掲げる者は、第二十一条の複製を行つたものとみなす。

一　第三十条第一項、第三十一条第一号、第三十三条の二第一項若しくは第四項、第三十五条第一項、第三十七条第三項、第三十七条の二本文（同条第二号に係る場合にあつては、同号。次項第一号において同じ。）、第四十一条から第四十二条の二まで、第四十二条の三第二項、第四十七条の二又は第四十七条の六に定める目的以外の目的のために、これらの規定の適用を受けて作成された著作物の複製物（次項第四号の複製物に該当するものを除く。）を頒布し、又は当該複製物によつて当該著作物の公衆に提示した者

二　第四十四条第三項の規定に違反して同項の録音物又は録画物を保存した放送事業者又は有線放送事業者

三　第四十七条の三第一項の規定の適用を受けて作成された著作物の複製物（次項第二号の複製物に該当するものを除く。）若しくは第四十七条の四第一項若しくは第二項に規定する内容の適用を受けて同条第一項若しくは第二項に規定する内

二　第三十四条第一項、第三十七条第三項、第三十九条第一項、第四十条第一項若しくは第二項の規定により著作物を利用する場合

三　（略）

②・③　（略）

（複製物の目的外使用等）
第四十九条①　次に掲げる者は、第二十一条の複製を行つたものとみなす。

一　第三十条第一項、第三十一条第一号、第三十三条の二第一項若しくは第四項、第三十五条第一項、第三十七条第三項、第四十一条から第四十二条の二まで又は第四十四条第一項若しくは第二項に定める目的以外の目的のために、これらの規定の適用を受けて作成された著作物の複製物を頒布し、又は当該複製物によつて当該著作物を公衆に提示した者

二　第四十四条第三項の規定に違反して同項の録音物又は録画物を保存した放送事業者又は有線放送事業者

三　第四十七条の二第一項の規定の適用を受けて作成された著作物の複製物（次項第二号の複製物に該当するものを除く。）若しくは第四十七条の三第一項若しくは第二項に規定する内容の適用を受けて同条第一項若しくは第二項に規定する内

資料2　著作権法の一部を改正する法律新旧対照条文　373

第四十条第一項若しくは第二項、第四十一条から第四十二条の二まで又は第四十六条から第四十七条の二までの規定により複製することができる著作物は、これらの規定を受けて作成された複製物（第三十一条第一項、第三十五条第一項、第三十六条第一項又は第四十二条の規定の適用を受けて複製されている著作物にあつては、当該映画の著作物の複製物（映画の著作物において複製されている著作物にあつては、当該映画の著作物の複製物を含む。以下この条において同じ。）を除く。）の譲渡により公衆に提供することができる。ただし、第三十一条第一項、第三十三条の二第一項若しくは第四十一条から第四十二条の二、第四十一条から第四十二条の二又は第四十二条の規定の適用を受けて作成された著作物の複製物（第四十七条の二の規定の適用を受けて作成された著作物の複製物を除く。）を、第四十七条の二の規定に定める目的以外の目的のために公衆に譲渡する場合は、この限りでない。

（出所の明示）
第四十八条①　次の各号に掲げる場合には、当該各号に規定する著作物の出所を、その複製又は利用の態様に応じ合理的と認められる方法及び程度により、明示しなければならない。
一　（略）

第四十七条の規定により複製することができる著作物は、これらの規定を受けて作成された複製物（第三十一条第一項、第三十五条第一項、第三十六条第一項又は第四十二条の規定の適用を受けて複製されている著作物にあつては、当該映画の著作物の複製物（映画の著作物において複製されている著作物にあつては、当該映画の著作物の複製物を含む。以下この条において同じ。）を除く。）の譲渡により公衆に提供することができる。ただし、第三十一条第一項、第三十三条の二第一項、第三十五条第一項、第四十一条、第四十二条の二若しくは第四十二条の規定の適用を受けて作成された著作物の複製物（第三十一条第一項、第三十五条第一項、第四十一条、第四十二条の二又は第四十二条の規定に係る場合にあつては、映画の著作物の複製物に係るものを除く。）又は第四十二条の規定に係る場合にあつては、映画の著作物の複製物を除く。）を第三十一条第一項、第三十五条第一項、第四十一条、第四十二条の二又は第四十二条の二に定める目的以外の目的のために公衆に譲渡する場合は、この限りでない。

（出所の明示）
第四十八条①　次の各号に掲げる場合には、当該各号に規定する著作物の出所を、その複製又は利用の態様に応じ合理的と認められる方法及び程度により、明示しなければならない。
一　（略）

(電子計算機における著作物の利用に伴う複製)

第四十七条の八 電子計算機において、著作物を当該著作物の複製物を用いて利用する場合又は当該著作物の公衆送信が行われる場合(これらの利用又は当該複製物の使用が著作権を侵害しない場合に限る。)には、当該著作物は、これらの利用のための当該電子計算機による情報処理の過程において、当該情報処理を円滑かつ効率的に行うために必要と認められる限度で、当該電子計算機の記録媒体に記録することができる。

(新設)

(複製権の制限により作成された複製物の譲渡)

第四十七条の九 第三十一条第一項(第一号に係る部分に限る。以下この条において同じ。)、第三十二条、第三十三条第一項(同条第四項において準用する場合を含む。)、第三十三条の二第一項若しくは第四項、第三十四条第一項、第三十五条第一項若しくは第三十六条第一項、第三十七条、第三十七条の二(第二号を除く。以下この条において同じ。)、第三十九条第一項、

(複製権の制限により作成された複製物の譲渡)

第四十七条の四 第三十一条第一号、第三十二条、第三十三条第一項(同条第四項において準用する場合を含む。)、第三十三条の二第一項若しくは第四項、第三十四条第一項、第三十五条第一項、第三十六条第一項、第三十七条第一項若しくは第二項、第三十九条第一項、第四十条第一項若しくは第二項、第四十一条、第四十二条の二、第四十六条又は

（情報解析のための複製等）

第四十七条の七　著作物は、電子計算機による情報解析（多数の著作物その他の大量の情報から、当該情報を構成する言語、された情報の収集、整理及び提供を政令で定める基準に従って行う者に限る。）は、当該検索及びその結果の提供を行うために必要と認められる限度において、送信可能化された著作物（当該著作物に係る自動公衆送信について受信者を識別するための情報の入力を求めることその他の受信を制限するための手段が講じられている場合にあっては、当該自動公衆送信の受信について当該手段を講じた者の承諾を得たものに限る。）について、記録媒体への記録又は翻案（これにより創作した二次的著作物の記録を含む。）を行い、及び公衆からの求めに応じ、当該送信可能化された情報に係る送信元識別符号の提供と併せて、当該記録媒体に記録された当該著作物に係る当該二次的著作物の複製物の複製物を含む。以下この条において「検索結果提供用記録」という。）のうち当該送信元識別符号に係るものを用いて自動公衆送信（送信可能化を含む。）を行うことができる。ただし、当該検索結果提供用記録に係る著作物の複製化が著作権を侵害するものであること（国外で行われた送信可能化にあっては、国内で行われたとしたならば著作権の侵害となるべきものであること）を知ったときは、その後は、当該検索結果提供用記録を用いた自動公衆送信（送信可能化を含む。）を行ってはならない。

（新設）

は、当該送信後に行われる当該著作物の自動公衆送信等を中継するための送信を効率的に行うために必要と認められる限度において、当該著作物を当該自動公衆送信装置等の記録媒体のうち当該送信の用に供する部分に記録することができる。

③ 次の各号に掲げる者は、当該各号に定めるときは、その後は、当該各号に規定する規定の適用を受けて作成された著作物の複製物を保存してはならない。

一　第一項（第一号に係る部分に限る。）又は前項の規定により著作物を記録媒体に記録した者　これらの規定に定める目的のため当該複製物を保存する必要がなくなったと認められるとき、又は当該著作物に係る送信可能化等が著作権を侵害するものであること（国外で行われた送信可能化等にあっては、国内で行われたとしたならば著作権の侵害となるべきものであること）を知ったとき。

二　第一項（第二号に係る部分に限る。）の規定により著作物を記録媒体に記録した者　同号に掲げる目的のため当該複製物を保存する必要がなくなったと認められるとき。

(送信可能化された情報の送信元識別符号の検索等のための複製等)

第四十七条の六　公衆からの求めに応じ、送信可能化された情報に係る送信元識別符号（自動公衆送信の送信元を識別するための文字、番号、記号その他の符号をいう。以下この条において同じ。）を検索し、及びその結果を提供することを業として行う者（当該事業の一部を行う者を含み、送信可能化

(新設)

② 送信用記録媒体」という。）に記録され、又は当該装置に入力される情報の特定送信をする機能を有する装置をいう。以下この条において同じ。）の用に供することを業として行う者は、次の各号に掲げる目的上必要と認められる限度において、当該自動公衆送信装置等により送信可能化等（送信可能化及び特定送信をし得るようにするための行為で政令で定めるものをいう。以下この条において同じ。）がされた著作物を、当該各号に定める記録媒体に記録することができる。

一　自動公衆送信等の求めが当該自動公衆送信装置等に集中することによる送信の遅滞又は当該自動公衆送信装置等の故障による送信の障害を防止すること　当該自動公衆送信装置等に係る公衆送信用記録媒体等（公衆送信用記録媒体及び特定送信用記録媒体をいう。次号において同じ。）以外の記録媒体であつて、当該送信可能化等に係る自動公衆送信等の用に供するためのもの

二　当該自動公衆送信装置等に係る公衆送信用記録媒体等に記録された当該著作物の複製物が滅失し、又は毀損した場合の復旧の用に供すること　当該公衆送信用記録媒体等以外の記録媒体（公衆送信用記録媒体等であるものを除く。）

　自動公衆送信装置等を他人の自動公衆送信装置等の用に供することを業として行う者は、送信可能化等がされた著作物（当該自動公衆送信装置等により送信可能化等がされたものを除く。）の自動公衆送信等を中継するための送信を行う場合に

複製物の所有者その他のこれらの譲渡又は貸与の権原を有する者が、第二十六条の二第一項又は第二十六条の三に規定する権利を害することなく、その原作品又は複製物を譲渡し、又は貸与しようとする場合には、当該権原を有する者又はその委託を受けた者は、その申出の用に供するため、これらの著作物について、複製又は公衆送信（自動公衆送信の場合にあっては、送信可能化を含む。）（当該複製により作成される複製物を用いて行うこれらの著作物の複製又は当該公衆送信を受信して行うこれらの著作物の公衆送信を防止し、又は抑止するための措置その他の著作権者の利益を不当に害しないための措置として政令で定める措置を講じて行うものに限る。）を行うことができる。

(プログラムの著作物の複製物の所有者による複製等)
第四十七条の三　（略）

(保守、修理等のための一時的複製)
第四十七条の四　（略）

(送信の障害の防止等のための複製)
第四十七条の五①　自動公衆送信装置等（自動公衆送信装置及び特定送信装置（電気通信回線に接続することにより、その記録媒体のうち特定送信（自動公衆送信以外の無線通信又は有線電気通信の送信で政令で定めるものをいう。以下この項において同じ。）の用に供する部分（第一号において「特定

(プログラムの著作物の複製物の所有者による複製等)
第四十七条の二　（略）

(保守、修理等のための一時的複製)
第四十七条の三　（略）

(新設)

資料2 著作権法の一部を改正する法律新旧対照条文

【新】

により同項に規定するインターネット資料（以下この条において「インターネット資料」という。）を収集するために必要と認められる限度において、当該インターネット資料に係る著作物を国立国会図書館の使用に係る記録媒体に記録することができる。

② 国立国会図書館法第二十四条及び第二十四条の二に規定する者は、同法第二十五条の三第三項の求めに応じインターネット資料を提供するために必要と認められる限度において、当該インターネット資料に係る著作物を複製することができる。

（翻訳、翻案等による利用）
第四十三条　次の各号に掲げる規定により著作物を利用する場合には、当該各号に掲げる方法により、当該著作物を当該各号に掲げる規定に従つて利用することができる。

一　（略）

二　第三十一条第一項第一号、第三十二条、第三十六条、第三十七条第一項若しくは第二項、第三十九条第一項、第四十条第二項、第四十一条又は第四十二条　翻訳

三　第三十三条の二第一項　変形又は翻案

四　第三十七条第三項　翻訳、変形又は翻案

五　第三十七条の二　翻訳又は翻案

（美術の著作物等の譲渡等の申出に伴う複製等）
第四十七条の二　美術の著作物又は写真の著作物の原作品又は

【旧】

（新設）

（翻訳、翻案等による利用）
第四十三条　次の各号に掲げる規定により著作物を利用する場合には、当該各号に掲げる方法により、当該著作物を当該各号に掲げる規定に従つて利用することができる。

一　（略）

二　第三十一条第一項第一号、第三十二条、第三十六条、第三十七条、第三十九条第一項、第四十条第二項、第四十一条又は第四十二条　翻訳

三　第三十七条の二　翻訳（要約に限る。）

（新設）

二　専ら当該聴覚障害者等向けの貸出しの用に供するため、複製すること（当該聴覚著作物に係る音声を文字にすることとその他当該聴覚障害者等が利用するために必要な方式による当該音声の複製と併せて行うものに限る。）。

（営利を目的としない上演等）
第三十八条①〜④　（略）
⑤　映画フィルムその他の視聴覚資料を公衆の利用に供することを目的とする視聴覚教育施設その他の施設（営利を目的として設置されているものを除く。）で政令で定めるもの及び聴覚障害者等の福祉に関する事業を行う者で前条の政令で定めるもの（同条第二号に係るものに限り、営利を目的として当該事業を行うものを除く。）は、公表された映画の著作物を、その複製物の貸与を受ける者から料金を受けない場合には、その複製物の貸与により頒布することができる。この場合において、当該頒布を行う者は、当該映画の著作物又は当該映画の著作物において複製されている著作物につき第二十六条に規定する権利を有する者（第二十八条の規定により第二十六条に規定する権利と同一の権利を有する者を含む。）に相当な額の補償金を支払わなければならない。

（国立国会図書館法によるインターネット資料の収集のための複製）
第四十二条の三①　国立国会図書館の館長は、国立国会図書館法（昭和二十三年法律第五号）第二十五条の三第一項の規定

（営利を目的としない上演等）
第三十八条①〜④　（略）
⑤　映画フィルムその他の視聴覚資料を公衆の利用に供することを目的とする視聴覚教育施設その他の施設（営利を目的として設置されているものを除く。）で政令で定めるものは、公表された映画の著作物を、その複製物の貸与を受ける者から料金を受けない場合には、その複製物の貸与により頒布することができる。この場合において、当該頒布を行う者は、当該映画の著作物又は当該映画の著作物において複製されている著作物につき第二十六条に規定する権利を有する者（第二十八条の規定により第二十六条に規定する権利と同一の権利を有する者を含む。）に相当な額の補償金を支払わなければならない。

（新設）

（聴覚障害者等のための複製等）

第三十七条の二　聴覚障害者その他聴覚による表現の認識に障害のある者（以下この条及び次条第五項において「聴覚障害者等」という。）の福祉に関する事業を行う者で次の各号に掲げる利用の区分に応じて政令で定めるものは、公表された著作物であつて、聴覚によりその表現が認識される方式（聴覚及び他の知覚により認識される方式を含む。）により公衆に提供され、又は提示されているもの（当該著作物以外の著作物で、当該著作物において複製されているものその他当該著作物と一体として公衆に提供され、又は提示されているものを含む。以下この条において「聴覚著作物」という。）について、専ら聴覚障害者等で当該方式によつては当該聴覚著作物を利用することが困難な者の用に供するために必要と認められる限度において、それぞれ当該各号に掲げる利用を行うことができる。ただし、当該聴覚著作物について、著作権者又はその許諾を得た者若しくは第七十九条の出版権の設定を受けた者により、当該聴覚障害者等が利用するために必要な方式による公衆への提供又は提示が行われている場合は、この限りでない。

一　当該聴覚著作物に係る音声について、これを文字にすることその他当該聴覚障害者等が利用するために必要な方式により、複製し、又は自動公衆送信（送信可能化を含む。）を行うこと。

（聴覚障害者のための自動公衆送信）

第三十七条の二　聴覚障害者の福祉の増進を目的とする事業を行う者で政令で定めるものは、放送され、又は有線放送される著作物（放送される著作物が自動公衆送信される場合の当該著作物を含む。以下この条において同じ。）について、専ら聴覚障害者の用に供するために、当該放送され、又は有線放送される著作物に係る音声を文字にしてする自動公衆送信（送信可能化のうち、公衆の用に供されている電気通信回線に接続している自動公衆送信装置に情報を入力することによるものを含む。）を行うことができる。

第一項又は第二項の規定により教科用図書に掲載された著作物に係る電磁的記録の提供を行う者は、その提供のために必要と認められる限度において、当該著作物を利用することができる。

(視覚障害者等のための複製等)
第三十七条①・②　(略)
③　視覚障害者その他視覚による表現の認識に障害のある者(以下この項及び第百二条第四項において「視覚障害者等」という。)の福祉に関する事業を行う者で政令で定めるものは、公表された著作物であつて、視覚によりその表現が認識される方式(視覚及び他の知覚により認識される方式を含む。)により公衆に提供され、又は提示されているもの(当該著作物以外の著作物で、当該著作物において複製されているものその他当該著作物と一体として公衆に提供され、又は提示されているものを含む。以下この項及び同条第四項において「視覚著作物」という。)について、専ら視覚障害者等で当該方式によつては当該視覚著作物を利用することが困難な者の用に供するために必要と認められる限度において、当該視覚著作物に係る文字を音声にすることその他当該視覚障害者等が利用するために必要な方式により、複製し、又は自動公衆送信(送信可能化を含む。)を行うことができる。ただし、当該視覚著作物について、著作権者又はその許諾を得た者若しくは第七十九条の出版権の設定を受けた者により、当該方式による公衆への提供又は提示が行われている場合は、

第一項又は第二項の規定により教科用図書に掲載された著作物に係る電磁的記録(同法第二条第五項に規定する電磁的記録をいう。)の提供を行う者は、その提供のために必要と認められる限度において、当該著作物を利用することができる。

(点字による複製等)
第三十七条①・②　(略)
③　点字図書館その他の視覚障害者の福祉の増進を目的とする施設で政令で定めるものにおいては、公表された著作物について、専ら視覚障害者向けの貸出しの用若しくは自動公衆送信(送信可能化を含む。以下この項において同じ。)の用に供するために録音し、又は専ら視覚障害者の用に供するために、その録音物を用いて自動公衆送信を行うことができる。

（教科用図書等への掲載）
第三十三条① 公表された著作物は、学校教育の目的上必要と認められる限度において、教科用図書（小学校、中学校、高等学校又は中等教育学校その他これらに準ずる学校における教育の用に供される児童用又は生徒用の図書であつて、文部科学大臣の検定を経たもの又は文部科学省が著作の名義を有するものをいう。次条において同じ。）に掲載することができる。

②・③ （略）

④ 前三項の規定は、高等学校（中等教育学校の後期課程を含む。）の通信教育用学習図書及び第一項の教科用図書に係る教師用指導書（当該教科用図書を発行する者の発行に係るものに限る。）への著作物の掲載について準用する。

（教科用拡大図書等の作成のための複製等）
第三十三条の二①～③ （略）

④ 障害のある児童及び生徒のための教科用特定図書等の普及の促進等に関する法律（平成二十年法律第八十一号）第五条

（教科用図書等への掲載）
第三十三条① 公表された著作物は、学校教育の目的上必要と認められる限度において、教科用図書（小学校、中学校、高等学校又は中等教育学校その他これらに準ずる学校における教育の用に供される児童用又は生徒用の図書であつて、文部科学大臣の検定を経たもの又は文部科学省が著作の名義を有するものをいう。以下同じ。）に掲載することができる。

②・③ （略）

④ 前三項の規定は、高等学校（中等教育学校の後期課程を含む。）の通信教育用学習図書及び教科用図書に係る教師用指導書（当該教科用図書を発行する者の発行に係るものに限る。）への著作物の掲載について準用する。

（教科用拡大図書等の作成のための複製等）
第三十三条の二①～③ （略）

④ 障害のある児童及び生徒のための教科用特定図書等の普及の促進等に関する法律（平成二十年法律第八十一号）第五条

下「私的使用」という。)を目的とするときは、次に掲げる場合を除き、その使用する者が複製することができる。

一・二 (略)

三 著作権を侵害する自動公衆送信(国外で行われる自動公衆送信であつて、国内で行われたとしたならば著作権の侵害となるべきものを含む。)を受信して行うデジタル方式の録音又は録画を、その事実を知りながら行う場合

② (略)

(図書館等における複製)

第三十一条① 国立国会図書館及び図書、記録その他の資料を公衆の利用に供することを目的とする図書館その他の施設で政令で定めるもの(以下この項において「図書館等」という。)においては、次に掲げる場合には、その営利を目的としない事業として、図書館等の図書、記録その他の資料(以下この条において「図書館資料」という。)を用いて著作物を複製することができる。

一 図書館等の利用者の求めに応じ、その調査研究の用に供するために、公表された著作物の一部分(発行後相当期間を経過した定期刊行物に掲載された個々の著作物にあつては、その全部)の複製物を一人につき一部提供する場合

二・三 (略)

② 前項各号に掲げる場合のほか、国立国会図書館においては、図書館資料の原本を公衆の利用に供することによるその滅失、損傷又は汚損を避けるため、当該原本に代えて公衆の利用に

下「私的使用」という。)を目的とするときは、次に掲げる場合を除き、その使用する者が複製することができる。

一・二 (略)

(新設)

② (略)

(図書館等における複製)

第三十一条① 図書、記録その他の資料を公衆の利用に供することを目的とする図書館その他の施設で政令で定めるもの(以下この条において「図書館等」という。)においては、次に掲げる場合には、その営利を目的としない事業として、図書館等の図書、記録その他の資料(以下この条において「図書館資料」という。)を用いて著作物を複製することができる。

一 図書館等の利用者の求めに応じ、その調査研究の用に供するために、公表された著作物の一部分(発行後相当期間を経過した定期刊行物に掲載された個々の著作物にあつては、その全部)の複製物を一人につき一部提供する場合

二・三 (略)

(新設)

資料2　著作権法の一部を改正する法律新旧対照条文

第一号において「公衆送信用記録媒体」という。）に記録され、又は当該装置に入力される情報を自動公衆送信する機能を有する装置をいう。以下同じ。）の公衆送信用記録媒体に情報を記録し、情報が記録された自動公衆送信装置の公衆送信用記録媒体を当該自動公衆送信装置の公衆送信用記録媒体として加え、若しくは情報が記録された記録媒体を当該自動公衆送信装置の公衆送信用記録媒体に変換し、又は当該自動公衆送信装置に情報を入力すること。

ロ　（略）

②〜⑨　（略）

十〜二十三　（略）

（譲渡権）
第二十六条の二①　（略）
②　前項の規定は、著作物の原作品又は複製物で次の各号のいずれかに該当するものの譲渡による場合には、適用しない。
一・二　（略）
三　第六十七条の二第一項の規定の適用を受けて公衆に譲渡された著作物の複製物
四・五　（略）

（私的使用のための複製）
第三十条①　著作権の目的となつている著作物（以下この款において単に「著作物」という。）は、個人的に又は家庭内その他これに準ずる限られた範囲内において使用すること（以

媒体」という。）に記録され、又は当該装置に入力される情報を自動公衆送信する機能を有する装置をいう。以下同じ。）の公衆送信用記録媒体に情報を記録し、情報が記録された自動公衆送信装置の公衆送信用記録媒体を当該自動公衆送信装置の公衆送信用記録媒体として加え、若しくは情報が記録された記録媒体を当該自動公衆送信装置の公衆送信用記録媒体に変換し、又は当該自動公衆送信装置に情報を入力すること。

ロ　（略）

②〜⑨　（略）

十〜二十三　（略）

（譲渡権）
第二十六条の二①　（略）
②　前項の規定は、著作物の原作品又は複製物で次の各号のいずれかに該当するものの譲渡による場合には、適用しない。
一・二　（略）
（新設）
三・四　（略）

（私的使用のための複製）
第三十条①　著作権の目的となつている著作物（以下この款において単に「著作物」という。）は、個人的に又は家庭内その他これに準ずる限られた範囲内において使用すること（以

資料2 著作権法の一部を改正する法律（平成二十一年法律第五十三号）新旧対照条文

〔国立国会図書館法の一部を改正する法律（平成二十一年法律第七十三号）反映済〕（傍線部分は改正部分）

○著作権法（昭和四十五年五月六日法律第四十八号）

改正後	改正前
目次 第一章　（略） 第二章 第一節～第八節　（略） 第九節　補償金等 第十節　（略） 第三章～第八章　（略） （定義） 第二条①　この法律において、次の各号に掲げる用語の意義は、当該各号に定めるところによる。 一～九の四　（略） 九の五　送信可能化　次のいずれかに掲げる行為により自動公衆送信し得るようにすることをいう。 イ　公衆の用に供されている電気通信回線に接続している自動公衆送信装置（公衆の用に供する電気通信回線に接続することにより、その記録媒体のうち自動公衆送信の用に供する部分（以下この号及び第四十七条の五第一項	目次 第一章　（略） 第二章 第一節～第八節　（略） 第九節　補償金 第十節　（略） 第三章～第八章　（略） （定義） 第二条①　この法律において、次の各号に掲げる用語の意義は、当該各号に定めるところによる。 一～九の四　（略） 九の五　送信可能化　次のいずれかに掲げる行為により自動公衆送信し得るようにすることをいう。 イ　公衆の用に供されている電気通信回線に接続している自動公衆送信装置（公衆の用に供する電気通信回線に接続することにより、その記録媒体のうち自動公衆送信の用に供する部分（以下この号において「公衆送信用記録

資料1 著作権法の一部を改正する法律案要綱　387

第四　その他

一　著作権登録原簿、出版権登録原簿及び著作隣接権登録原簿について、その全部又は一部を磁気ディスクで調製できることとすること。（第七十八条等関係）

二　その他関係規定について所要の整備を行うこと。

第五　附則関係

一　この法律は、平成二十二年一月一日から施行すること。ただし、第四の一については公布の日から起算して二年を超えない範囲内において政令で定める日から施行すること。

二　所要の経過措置について規定すること。

第二 著作権者等不明の場合における著作物等の利用の円滑化

1 第六十七条の裁定制度（著作権者不明その他の理由により、相当な努力を払っても著作権者と連絡することができない場合にして政令で定める場合に、文化庁長官の裁定を受けて著作物を利用することができる制度をいう。）の申請をした者は、文化庁長官が定める額の担保金を供託した場合には、裁定又は裁定をしない処分を受けるまでの間、裁定の申請に係る利用方法により、著作物を利用することができることとすること。（第六十七条の二第一項関係）

2 1により著作物を利用した者が裁定又は裁定をしない処分を受けたときにおいて著作権者が担保金等に関し、額の決定、手続等の規定を設けること。（第六十七条の二、第七十条、第七十一条等関係）

3 著作隣接権（実演、レコード、放送又は有線放送の利用に関する権利をいう。）についても、第六十七条の裁定制度及び1・2に掲げる制度の対象とすること。（第百三条関係）

第三 権利侵害品等の頒布の申出行為についての規制（第百十三条及び第百二十一条の二関係）

著作権等を侵害する行為によって作成された物等について、情を知って、頒布する旨の申出をする行為を著作権等を侵害する行

資料1　著作権法の一部を改正する法律案要綱

第一　権利制限規定の改正

一　私的使用の目的で行う複製のうち、著作権を侵害する自動公衆送信を受信して行うデジタル方式の録音又は録画を、その事実を知りながら行うものは、複製権が及ぶこととすること。(第三十条第一項関係)

二　国立国会図書館においては、図書館資料の原本を公衆の利用に供することによる滅失、損傷又は汚損を避けるため、原本に代えて公衆の利用に供するための電磁的記録を、必要と認められる限度において作成することができることとすること。(第三十一条第二項関係)

三　障害者のための著作物利用の円滑化　(第三十七条第三項及び第三十七条の二関係)

1　視覚障害者等(視覚障害者その他視覚による表現の認識に障害のある者をいう。)の福祉に関する事業を行う者で政令で定めるものは、視覚によりその表現が認識される方式により公衆への提供等がされている著作物について、専ら視覚障害者等の用に供するために必要と認められる限度において、文字を音声にすることその他当該視覚障害者等が利用するために必要な方式により、複製し、又は自動公衆送信することができることとすること。

2　聴覚障害者等(聴覚障害者その他聴覚による表現の認識に障害のある者をいう。)の福祉に関する事業を行う者で政令で定めるものは、聴覚によりその表現が認識される方式により公衆への提供等がされている著作物について、専ら聴覚障害者等の用に供するために必要と認められる限度において、音声を文字にすることその他当該聴覚障害者等が利用するために必要な方式により、当該著作物の音声の複製若しくは自動公衆送信をし、又は専ら聴覚障害者等向けの貸出しの用に供するための音声の複製と併せて複製することができることとすること。

3　著作権者はその許諾を受けた者等により、著作物について、障害者が利用するために必要な方式による公衆への提供等がされている場合には、これらの規定を適用しないこと。

四　美術の著作物又は写真の著作物の原作品又は複製物の所有者その他のこれらの譲渡等の権原を有する者が、著作権者の譲渡権又は貸与権を害することなくその原作品又は複製物を譲渡しようとするときは、譲渡等の申出の用に供するため、これらの著作物の複製又は公衆送信を行うことができることとすること。(第四十七条の二関係)

五　インターネットに関する著作物利用及び電子計算機を用いた著作物利用の円滑化

1　自動公衆送信装置を他人の送信可能化又は著作物利用の用に供することを業として行う者は、自動公衆送信装置の故障等による送信の障害を防止

事項索引

● A〜Z

AFTRA ……………………………… 282
ALAI ………………………………… 212
Ashdown 事件 ………………… 216, 246
Author's Right アプローチ …… 212-215, 217, 229, 240, 247, 251
BBC ………………………………… 283
Campbell v. Acuff-Rose 事件 ………… 232, 235, 241, 242
Copyright アプローチ …… 212, 213, 216, 240, 244
CPI ……………………………… 248-250
DAISY 図書 …………… 117, 122, 130, 143
DSB ………………………………… 220, 233
EC 情報社会指令 …… 215, 218, 224-229, 244, 249, 250, 286
Eldred 事件 ………………………………… 18
Equity ……………………………… 283
Folsom v. Marsh 事件 …………… 231, 245
Google ブック検索 …………………… 96, 101
Harper & Row v. Nation Enterprises 事件 ………………………… 19, 239, 241
INA ………………………………… 284
IP マルチキャスト ………… 36, 37, 42, 44
IP マルチキャスト放送 ……… 31, 37, 38, 44
ISP ………………………………… 185
Mazer v. Stein 事件 ……………………… 3
Ofcom ……………………………… 283
PACT ……………………………… 283
Perfect 10 事件 …………………… 236
RAM ……………………………… 63, 69
robots.txt ………………………… 60, 65
SAG ……………………………… 282, 283
TRIPS 協定 …………… 215, 218-220, 271
UCC ………………………………… 257
UrhG ……………………………… 251-254
Whitford Committee ……………… 245
WIPO 実演・レコード条約 ……… 215, 218, 219
WIPO 著作権条約 ……………… 215, 218, 219
WTO パネル報告 …… 219, 220, 222, 233

● あ

アイディア ……………………… 238, 246
アーカイブ化 …………………… 23, 284
アクセス媒介活動 ………………… 195
アクセス媒介機能 ………………… 4
新しい世代のメディア …………… 6, 13
アップロード …………… 257, 263, 276

● い

一時的固定 ………………………… 25
一時的蓄積 …………………… 227, 256
一般条項主義 …………… 212, 214, 230, 244, 247
一般的フェアユース（規定）…… 41, 199, 202, 204, 206
インセンティブ ………………… 3, 241, 266
インターネット資料 ……………… 93-95
引用 ………… 158, 231, 249, 262, 263, 268

● う

ウィニー著作権法違反幇助事件 ………… 11
ウェブアーカイビング ……… 93, 94, 96, 100
ウェブショッピングサイト …………… 152
ヴェローナ・フェルトブッシュ（Verona Feldbusch）事件 ……………… 252
ウォール・ストリート・ジャーナル事件 … 58

● え

英国人権法 ……………………… 246
英国著作権法 …… 137, 141, 213, 216, 244-247, 279

● お

欧州司法裁判所 ………………… 228, 229
オーストラリア著作権法 ……………… 133

● か

海賊版 …………………… 24, 183, 269
学術論文検索 ……………… 267, 271, 279
過去の著作物の利用 ………………… 23
合衆国憲法 ……………………… 238

カナダ著作権法……………………………… 144
韓国著作権法……………… 254-256, 260, 262, 263
間接侵害………………………………………… 25
韓米FTA………………………… 255-257, 259, 261

●き
記事の転載……………………………… 252, 253
技術的保護手段……………… 140-142, 226, 250, 256
逆コンパイル………………………………… 254
キャッシュサーバ…………………………… 62, 67
キャッシュ表示……………………………… 236
キャッシュリンク………………………… 57, 59, 68
旧来のメディア企業…………………………… 21
旧来のメディアではコンテンツを認識すること
　に困難がある人々…… 13, 109, 111, 117, 133,
　　　　　　　　　　　　　　　 137, 139-147
旧来メディア…………… 13, 126, 128, 132, 134, 285
旧来メディア適合者…………… 14, 111, 119, 126, 139,
　　　　　　　　　　　　　　　　　 142-147
教科用図書…………………………………… 115, 139
教室における使用のための複数の複製…… 231,
　　　　　　　　　　　　　　　　　　　 234
共時的な情報の媒介機能…………………… 197
共同実演……………………………………… 23
寄与侵害……………………………………… 235

●く
クラウド・コンピューティング…………… 95
クローラ…………………………………… 56, 60
クローリング…………………… 56, 60, 61, 68, 70

●け
検索エンジン………………… 12, 24, 236, 286, 289
限定列挙主義………………………………… 212, 214
憲法………………………………………… 81, 84
権利管理情報………………………………… 256
権利の集中管理………………… 42, 179, 281, 282
権利濫用……………………………………… 194

●こ
公益の抗弁……………………………… 216, 245-247
公衆送信………………………… 30, 41, 155, 262, 277
公衆送信権……………………… 33, 98, 276, 277, 279
公正利用条項…………………………… 217, 255-264

後発医薬品に関する薬品説明書事件……… 274
公表権…………………………… 69, 70, 72, 200, 239
公表された著作物の摘要の複製…………… 279
公務遂行のための合理的範囲内での使用… 265
「合理的使用」規定…… 211, 266, 267, 275, 277,
　　　　　　　　　　　　　　　　　 280, 286
国立国会図書館…… 23, 80-82, 84, 91-98, 100, 105
国立国会図書館法………………… 81, 94-96, 100
　──によるインターネット資料の収集の
　　ための複製………………………………… 78
個人ブログへの野鳥写真掲載事件………… 276
コピープロテクション……………………… 162
コピーワンス………………………………… 189
個別列挙型の規定…………………… 203, 205, 206
コンピュータ・ソフトウェア保護条例…… 265

●さ
罪刑法定主義…………………………… 226, 250
裁定制度………………………… 23, 172, 210, 281
裁定前の利用………………………………… 174
裁判手続等における複製…………………… 262
サムネイル（表示）………………… 57-59, 68, 236

●し
視覚障害者等…… 24, 102, 121, 124, 126, 133-135
　──のための複製等が認められる者…… 105
視覚著作物…… 102, 121, 122, 124, 127, 134, 142
試験問題としての複製等…………………… 196
自己信託……………………………………… 176
「時事の事件」性……………………………… 252
時事の報道………… 200, 216, 244, 252, 262, 268
視聴覚障害者情報提供施設等…… 105, 106, 116,
　　　　　　　　　　　　　　　　 118, 123, 130
視聴者………………………………… 27, 34, 40
私的使用のための複製…… 14, 90, 129, 142, 187,
　　　　　　　　　　　　　　　　　 195, 225
私的複製………… 21, 225, 226, 234, 235, 249, 250
私的録音録画補償金………………………… 21
自動公衆送信………………………………… 31
氏名表示権…………………………… 70-72, 201
写真の著作物………………………………… 154
自由利用……………………………………… 251
主従関係……………………………………… 159
受信国法主義………………………………… 73

事項索引

準拠法……………………………………72
障害者の権利に関する条約………110, 131, 144
障害のある児童及び生徒のための教科用特定
　図書等の普及の促進等に関する法律……115
商業的性質………………………231, 235-237, 242
肖像権……………………………………172
譲渡告知行為………………………………24, 183
情報解析……………………50, 62, 65, 68, 69, 238
情報ネットワーク送信権………………264, 265
情報ネットワーク送信権保護条例…………265
条約適合性………………………………221, 224
条約の直接適用……………………224, 225, 228
条約の間接適用……………………225, 228, 229, 249
条約の自動執行力…………………………224
知る権利……………………………………14, 109
新興メディア…………98, 100, 133, 134, 145, 286
親告罪………………………………………24
申請中利用者………………………………175

●す

スターデジオ事件…………………………224
ストックホルム改正会議………211, 218, 221, 223
スニペット………………………………57-59, 68, 71
スリー・ステップ・テスト……178, 211, 214,
　　215, 217-230, 248-250, 253, 254, 286, 289

●せ

生産的利用…………………………234-236, 275
正当な利益………………………………223, 250
雪月花事件…………………………………248

●そ

送信可能化………49, 51, 53, 58, 64, 65, 68, 70, 155
送信の障害の防止………………46, 48, 62, 66
送信元識別符号……………………………49, 68
ソニー・ベータマックス事件……10, 145, 204,
　　234, 235
ソニ・ボノ著作権保護期間延長法（CTEA）…18

●た

第一発行権…………………………………239
タイム・シフティング…………………234, 235
台湾憲法……………………………271, 272, 275
台湾著作権法……211, 264, 266-274, 277-280, 284

台湾薬事法………………………………274, 275
ダビング10………………………………190
団体協約……………………………267, 282-287
担保金………………………………………174

●ち

中央法規標準法……………………………272
中国著作権法………………………217, 264-266
聴覚障害者等………24, 102, 121, 124, 126, 133,
　　135, 136
　——のための複製等が認められる者……106
聴覚著作物…………………103, 122, 124, 127, 142
著作権法の主たる機能………………………4
著作者人格権……69, 72, 199, 202, 213-215, 217,
　　230, 233, 247
著作者とメディア企業との間の取引コスト……5
著作物利用の裁定申請の手引き……………173
著作隣接権の制限…………………………79
著作隣接権への裁定制度導入……………175

●つ

通時的な情報の媒介機能…………………198
通常の利用………………………221-223, 226, 250

●て

適正使用…………………………………264-266
デジタルアーカイブ化………91, 94, 96, 97, 100
デジタル方式の録音録画機器……………188
データベース………………………………254
電気通信役務利用放送……………………30
電気通信役務利用放送法…………………30
電子計算機…………………………50, 63-66, 69
展示権………………………………………236
電子図書館…………………………………86
電子ニュース（Elektronischer Pressespiegel）
　事件……………………………………252
伝統的なメディア（企業）……………6, 98, 100
電波法………………………………………30
デンマーク著作権法………………………141

●と

ドイツ著作権法……………………251, 252, 254
同一性保持権……………71, 72, 201, 202, 215, 233
登録原簿……………………………173, 176, 177, 180

登録の電子化·············· 173, 176, 180
特定送信················ 51, 52, 63, 64
特別の場合·············· 220, 221, 224
図書館······ 80-93, 96, 98-100, 105, 106, 130, 138, 267, 271, 279
図書館資料······· 81, 85, 86, 88, 89, 91, 92, 94, 286
────の複製が認められる図書館等·········76
図書館等における複製·············76, 197
トリプルプレイサービス················39

●に

二次的著作物······················236, 240
二次利用············· 172, 178, 210, 281-283, 286

●ね

ネットオークション················24, 153, 286
ネット法·······················43, 180

●の

納本(制度)·······················82, 92-94

●は

配信ビジネス······················191
発信国法主義······················72, 73
バリアフリー··················114, 115, 146
パロディ········ 202, 205, 232, 236, 238, 240, 260
番組調和原則······················29
番組編集準則······················28
頒布権························236

●ひ

美術の著作物················24, 150, 154, 244
表現の自由······ 14, 18, 28, 109, 216, 222, 246-249, 255, 285

●ふ

フェアディーリング(条項)······ 216, 244, 245, 247, 261, 286, 288, 289
フェアユース······ 141, 180, 202, 204, 205, 216, 220, 230-243, 245, 255-257, 263, 266, 267, 280, 286, 288, 289
複製······ 82-97, 139, 155, 188, 216, 226, 248, 265, 274-277
複製権··· 98, 217, 218, 224, 225, 236, 267, 271, 276

複製等が認められる者···· 123, 130, 134, 138, 139
複製物の目的外使用等····················79
附従性························159
付随的利用の法理············ 248, 250, 251
フランス著作権法················247-251
プリティ・ウーマン事件········ 202, 205, 232
プレビュー························57, 68
プロキシサーバ······················67, 68
ブログ···················257, 276, 277

●へ

米国著作権法······ 141, 219, 220, 230-234, 236, 239, 241-243, 256, 263, 267
米国著作権法110条5項事件······· 219-221, 233
米国通商法······················269
米国特許法······················235
ベルヌ条約······ 72, 178, 211, 215, 217, 218, 220, 221, 223-226, 249
変形的利用·················· 233-237, 275

●ほ

放送·············· 26, 29-31, 234, 235, 281-284
────と通信の融合········· 26, 35, 40, 178, 180
────の公共性··················28, 41
放送番組のネット配信···· 210, 281, 282, 284-286
保護期間·······················23, 256
補償金(制度)············ 12, 83, 99, 174, 191, 196
ポッドキャスティング··················38
翻案(等)············ 104, 122, 129, 134-136

●ま

マックス・プランク知的財産研究所···· 223, 254
マルホランド・ドライブ事件······ 225, 228, 229, 248, 250

●み

みなし侵害···················24, 185, 210
ミラーサーバ······················67
民主主義·················81, 84-87, 93, 96

●め

明瞭区別性······················159
メタタグ······················60, 61

●も

モンタージュ写真事件……………… 58, 59, 233

●や

薬事法………………………………… 274

●ゆ

有線テレビ放送による同時再送信………… 279
有線放送……………………………… 30
ユトリロ(Utrillo)事件………………… 249
ユニバーサルデザイン化…… 115, 128, 144, 146

●よ

予測可能性……………… 225, 228, 242, 288, 289
ヨミウリオンライン事件………………… 58
ヨーロッパ人権条約……………… 246, 248, 249

●り

利益衡量型個別規定………………… 195, 196
立証責任分配型個別規定………………… 195
リバースエンジニアリング……………… 25, 238

●れ

レント………………………………… 4

●ろ

録音物……………… 213, 231, 244, 264
ロングテール………………… 6, 99, 198
論文情報ネットワーク………………… 279

●わ

ワンセグ………………………… 38, 39
ワンチャンス主義…………… 175, 281, 283

法令等索引

◆日本法

旧著作権法

30条·······································58, 83
31条···························82-84, 86, 88, 94, 100
　—1号····························84, 87, 89, 90, 98
　—2号····························84-87, 91-93
　—3号····························84, 86, 87

著作権法

1条··2, 147
2条
　—1項7号の2·······················30, 155, 158
　—1項9号の2······························30
　—1項9号の4······························63
　—1項9号の5························155, 158
　—1項11号··························135, 136
　—1項12号································24
　—1項15号································155
　—5項····································63
　—6項···································139
4条··200
　—2項····································70
18条··69
　—1項·························69, 200, 239
19条··71
　—1項···································201
20条··71
　—1項···································201
21条··························57, 155, 202, 205
23条··58
　—1項······························32, 155
26条の2···································160
　—第2項1号·····························160
　—第2項4号·····························160
27条···························156, 202, 205
30条··························22, 187, 265
　—1項············90, 129, 140-142, 189, 195,
　　　　　　　　　200, 210, 224, 225, 265

　—1項3号······················14, 189, 190
　—2項······················21, 189, 196, 206
31条····························76, 96, 97, 210
　—1項··························82-84, 197
　—1項1号······················84, 87, 200, 201
　—1項2号························84-87, 200
　—1項3号·························84, 86, 87
　—2項····································94
32条·····························58, 200, 201
　—1項····························58, 158
33条······································200
33条の2························115, 139, 147
　—第1項································201
36条································196, 201
37条···························102, 116, 147, 210
　—1項························120, 121, 134, 139, 201
　—2項····················14, 120, 121, 134, 139, 201
　—3項···················13, 89, 105, 119-124, 127,
　　　　　　　　　128, 133, 134, 138, 201
37条の2·············102, 116, 120-124, 127, 133, 135,
　　　　　　　　　136, 138, 147, 201
　—第1号························106, 122, 138
　—第2号······················106, 107, 123, 134
38条······································103
　—1項····································97
　—5項······························103, 122
39条1項···································201
40条2項···································201
41条································200, 201
42条································200, 201
42条の3·······························79, 94, 95
　—第2項································95
43条···························104, 120, 129, 201
　—2号····································84
　—4号······························122, 134
　—5号····························122, 135, 136
44条······································41
　—1項····································33
　—2項····································33
45条1項···································160

47 条の 2 ……………………………… 150, 161
47 条の 3 ……………………………… 200
47 条の 4 ……………………………… 200
47 条の 5 ……………… 46, 48, 62, 63, 66, 210
　―第 1 項柱書 ……………………………… 64
　―第 1 項 1 号 …………………………… 64, 67
　―第 1 項 2 号 …………………………… 64, 67
　―第 2 項 ………………………………… 64, 67
47 条の 6 ……………… 12, 49, 64, 68, 69, 75, 237
47 条の 7 ………………………… 50, 62, 64, 68, 238
47 条の 8 …………………… 46, 50, 63, 65, 66, 69
48 条 ……………………………………… 201
49 条 …………………………… 50, 75, 79, 94, 95
　―1 項 1 号 ……………………………… 79
　―1 項 7 号 …………………………… 50, 66
50 条 …………………………………… 69, 199, 233
54 条 ……………………………………… 20
67 条 ………………………… 93, 164, 173, 210, 282
　―1 項 …………………………………… 174
　―2 項 …………………………………… 174
　―3 項 …………………………………… 175
67 条の 2 …………………………………… 164, 174
　―第 1 項 ………………………………… 174
　―第 1 項但書 …………………………… 175
　―第 2 項 ………………………………… 175
　―第 3 項 ………………………………… 174
　―第 4 項 ……………………………… 174, 175
　―第 5 項 ……………………………… 174, 175
　―第 6 項 ………………………………… 174
70 条 ……………………………………… 165
　―3 項 …………………………………… 175
　―4 項 …………………………………… 175
71 条 …………………………………… 166, 175
72 条 ……………………………………… 166
　―1 項 …………………………………… 175
73 条 …………………………………… 167, 175
74 条 ……………………………………… 167
　―3 項 …………………………………… 175
75 条 ……………………………………… 177
76 条 ……………………………………… 177
76 条の 2 ………………………………… 177
77 条 …………………………………… 167, 177
　―1 号 …………………………………… 176
78 条 ………………………………… 167, 176, 210

　―2 項 …………………………………… 176
88 条 ……………………………………… 177
91 条 ……………………………………… 33
92 条 ……………………………………… 33
93 条 1 項 ………………………………… 34
94 条 1 項 ………………………………… 34
94 条の 2 ………………………………… 34
95 条の 2 ………………………………… 168
　―第 3 項 2 号 …………………………… 175
　―第 3 項 3 号 …………………………… 175
97 条の 2 ………………………………… 169
　―第 2 項 2 号 …………………………… 175
　―第 2 項 3 号 …………………………… 175
99 条 1 項 ………………………………… 33
100 条の 3 ……………………………… 33
102 条 …………………………… 79, 94, 95, 104
　―1 項 …………………………………… 79
　―4 項 …………………………………… 104
　―9 項 …………………………………… 80
103 条 ………………………………… 169, 175
104 条 ……………………………………… 177
112 条 ……………………………………… 25
113 条 ………………………………… 181, 210
　―1 項 2 号 ……………………………… 183
121 条の 2 ……………………………… 181
附則 1 条 ……………… 51, 76, 105, 150, 182, 187
　―但書 …………………………………… 177
附則 2 条 ………………………………… 104
附則 3 条 ………………………………… 170
附則 4 条 ………………………………… 182
附則 5 条 ………………………………… 182

著作権法施行令

1 条の 3 ……………………………… 77, 86
　―第 1 項 ………………………………… 83
2 条 ……………………………… 105, 122, 138
　―1 項 2 号 ……………………………… 138
2 条の 2 ………………………………… 106
　―第 1 項 1 号ロ ………………………… 139
　―第 1 項 2 号 ………………………… 107, 134
　―第 1 項 2 号ロ ………………………… 139
　―第 2 項 ………………………………… 122
7 条の 2 ………………………………… 150
　―第 1 項 1 号 …………………………… 161

――第1項2号イ ······················· 162
――第1項2号ロ ······················· 162
7条の3 ······························· 51
――第1号 ···························· 63
――第2号 ···························· 63
7条の4 ······························· 51
7条の5 ······························· 52
――第1号 ···························· 65
――第2号 ···························· 65
――第3号 ···························· 65
7条の6 ·························· 52, 66
7条の7 ························ 170, 174
附則1項 ···························· 151

著作権法施行規則
1条の3 ······························· 83
2条の2 ························ 107, 134
4条の2 ······························ 151
――第1項 ··························· 161
――第2項 ··························· 162
――第3項 ··························· 162
4条の3 ··························· 52, 63
4条の4 ··························· 53, 65

平成21年文化庁告示第26号
1条 ································· 171
2条 ································· 171
3条 ································· 171

国立国会図書館法
2条 ·································· 81
23条 ······························ 77, 94
25条の3 ··························· 77, 94
――第1項 ···························· 94
――第2項 ···························· 95
――第3項 ···························· 95
10章 ································· 82
11章 ································· 82
11章の2 ······························ 77
附則2条 ······························ 78

憲　法
21条 ······················· 14, 18, 109

薬事法
52条 ································ 274

図書館法
3条4号 ······························· 98

◆米国法

合衆国憲法
1条8節8項 ·························· 238
第1修正 ······························ 18

米国著作権法
106A条(a) ··························· 233
107条 ······· 205, 216, 219, 220, 230-234, 236, 239,
　　　　　241-243, 265-267, 269, 270, 280, 286
108条以下 ················· 219, 233, 243
――～122条 ·························· 233
110条5項 ······················ 219, 233
――5項(A)号 ························ 219
――5項(B)号 ···················· 219, 220

米国通商法
スペシャル301条 ····················· 269

◆英国法

英国著作権法
29条 ································ 244
30条 ································ 244
――1項 ····························· 216
――2項 ····························· 216
32条 ································ 244
60条 ································ 279
171条3項 ······················ 216, 246

英国人権法
3条1項 ······························ 246
12条4項 ····························· 246

◆フランス法

フランス知的財産権法典（CPI）
111-1条1項·····························248
　　　―2項·····························248
121-1条以下·····························248
122-5条1項3号(a)·························249
　　　―2項·····························249
211-3条2項·····························249
335-3-1条·····························250
342-3条3項·····························249

◆ドイツ法

ドイツ著作権法（著作権および著作隣接権に関する法律；UrhG）
24条1項·····························251
45条以下·····························253
49条1項·························252, 253
50条·····························252
69e条3項·····························254
87b条1項·····························254

◆韓国法

韓国著作権法
1条·····························262
23条·····························262
26条·····························262
28条·························262, 263

◆中国法

中国著作権法
10条·····························217
　　　―1項12号·····························265
11条·····························217
22条·························264-266
　　　―1項各号·····························265
　　　―1項1号·····························265
　　　―1項7号·························264, 265
23条·····························264
32条2項·····························264
39条3項·····························264
42条2項·····························264
43条·····························264
58条·····························265

情報ネットワーク送信権保護条例
6条·····························265

◆台湾法

中華民国（台湾）憲法
11条·····························275

台湾著作権法
3条1項1号·····························274
44条以下·····························277
　　　―～63条·················266-270, 278, 279
48条の1·····························279
51条·····························277
56条の1·····························279
65条·····················211, 264-280, 284
　　　―1項·························270, 278
　　　―2項·····························278
　　　―2項（旧1項）1号·····························268
　　　―2項（旧1項）2号·····························268
　　　―2項（旧1項）3号·····························268
　　　―2項（旧1項）4号·····························269
　　　―3項·························267, 284
　　　―4項·························267, 284

中央法規標準法
3条·····························272

台湾薬事法
26条·····························274

◆条約等

ベルヌ条約

9条···221
　—2項··················215, 217, 218, 224-226
　—2項本文····························224, 225
　—2項但書····························224, 225
11条1項(ⅱ)号·································220
11条の2第1項(ⅲ)号·······················220

TRIPS協定

9条1項···220
13条·······································215, 218-220

WIPO著作権条約（WCT）

10条······································215, 218, 219

WIPO実演・レコード条約（WPPT）

16条······································215, 218, 219

ヨーロッパ人権条約

10条···249

EC情報社会指令

5条···226, 229
　—1項······································227
　—1項～4項······························227
　—2項～4項······························227
　—5項·······215, 218, 221, 224-229, 244, 249,
　　　　　　　　　　　　　　　250, 253, 286

韓米FTA協定文

18.4条1項···256
　—1項 Fn 11·································257
　—4項······································256
　—7項······································256
　—8項······································256
　—10項(a)··································257

判 例 索 引

◆日本

最判昭和53年9月7日民集32巻6号1145頁（ワン・レイニー・ナイト・イン・トーキョー事件） ... 155
最判昭和55年3月28日民集34巻3号244頁（モンタージュ写真事件） ... 59, 159, 206, 233
東京高判平成6年10月27日判時1524号118頁（ウォール・ストリート・ジャーナル事件） ... 58
東京地判平成10年10月29日判時1658号166頁 ... 156
東京地判平成12年5月16日判時1751号128頁（スターデジオ事件） ... 224
最判平成13年6月28日民集55巻4号837頁 ... 156
東京高判平成14年2月18日判時1786号136頁（雪月花事件） ... 156, 157, 248
東京高判平成16年3月24日判時1857号108頁（ヨミウリオンライン事件） ... 58
東京高判平成17年3月3日判時1893号126頁（2ちゃんねる小学館事件） ... 186
知財高判平成17年10月6日平成17年（ネ）10049号（ヨミウリオンライン事件） ... 20, 58
京都地判平成18年12月13日判タ1229号105頁（ウィニー著作権法違反幇助事件） ... 11
東京高判平成21年9月16日平成21年（ネ）10030号 ... 20
大阪高判平成21年10月8日（ウィニー著作権法違反幇助事件） ... 11
東京地判平成21年11月26日平成20年（ワ）31480号 ... 154

◆米国

Folsom v. Marsh, 9F. Cas. 342（C. C. D. Mass. 1841） ... 231
Lawrence v. Dana, 15F. Cas. 26（C. C. D. Mass. 1869） ... 231
Dellar v. Samuel Goldwyn, Inc., 104 F. 2d 661（2d Cir. 1939） ... 232
Mazer v. Stein, 347 U. S. 201（1954） ... 3
Sony Corp. of America v. Universal City Studios, Inc., 659 F. 2d 963（9th Cir. 1981） ... 234
Sony Corp. of America v. Universal City Studios, Inc., 464 U. S. 417（1984） ... 10, 145, 204, 235
Harper & Row Publishers, Inc., v. Nation Enterprises, 471 U. S. 539（1985） ... 19, 239
Atari Games Corp. v. Nintendo of America Inc., 975 F. 2d 832（Fed. Cir. 1992） ... 238
Sega Enterprises Ltd. v. Accolade Inc., 977 F. 2d 1510（9th Cir. 1993） ... 238
Campbell v. Acuff-Rose Music, Inc., 510 U. S. 569（1994） ... 202, 232
Leibovitz v. Paramount Pictures Corp., 137 F. 3d 109（2d Cir. 1998） ... 241
Eldred v. Ashcroft, 537 U. S. 186（2003） ... 18
Kelly v. Arriba Soft Corp., 336 F. 3d 811（9th Cir. 2003） ... 236
Field v. Google, Inc., 412 F. Supp. 2d 1106（D. Nev. 2006） ... 236
Perfect 10, Inc. v. Google, Inc., 416 F. Supp. 2d 828（C. D. Cal. 2006） ... 236
Perfect 10, Inc. v. Amazon. com, Inc., ／Google, Inc., 487 F. 3d 701（9th Cir. 2007） ... 236

◆英国

University of London Press Ltd v University Tutorial Press Ltd [1916] 2 Ch 601 ... 245
British oxygen v Liquid Air [1925] 1 Ch 383 ... 245
Hawkes and Sons v Paramount Films Services [1934] 1 Ch 593 ... 245

Lion Laboratories Ltd v Evans [1985] QB 526（CA）536 ································· *246*
Ashdown v Telegraph Group Ltd [2002] Ch 149（CA） ······························· *216*

◆フランス
Cass. civ. 1er, 13 novembre 2003, Bul. 2003 I N° 229 p. 181 ··························· *249*
Cass. civ. 1er, 28 février 2006, Bul. 2006 I N° 126 p. 115 ······························ *226*

◆ドイツ
BGH, Urt. v. 11. 7. 2002, ZUM 2002, S. 818 ··· *252*
BGH, Urt. v. 11. 7. 2002, GRUR 2002, S. 963; ZUM 2002, S. 740 ················· *252*

◆韓国
大法院 1997 年 11 月 25 日宣告 97 ド 2227 判決 ··· *263*

◆台湾
台湾台北地方裁判所民国 81 年度［西暦 1992 年度］簡上字第 423 号判決 ············· *270*
台湾台北地方裁判所民国 93 年度［西暦 2004 年度］智字第 81 号判決 ················· *276*
台湾高等裁判所民国 94 年度［西暦 2005 年度］智上字第 17 号判決 ···················· *276*
台湾高雄地方裁判所民国 95 年度［西暦 2006 年度］智字第 10 号判決 ················· *277*
台湾南投地方裁判所民国 96 年度［西暦 2007 年度］智簡上字第 1 号判決 ············· *277*
台湾高等裁判所民国 97 年度［西暦 2008 年度］智上字第 8 号判決 ······················ *277*
台湾智慧財産裁判所民国 97 年度［西暦 2008 年度］民専上字第 20 号判決 ············ *274*
台湾板橋地方裁判所民国 97 年度［西暦 2008 年度］重簡字第 713 号判決 ············· *277*
台湾台南地方裁判所民国 97 年度［西暦 2008 年度］南智簡字第 1 号判決 ············· *277*
台湾智慧財産裁判所民国 98 年度［西暦 2009 年度］民著上易字第 3 号判決 ·········· *277*
台湾智慧財産裁判所民国 98 年度［西暦 2009 年度］民著訴字第 2 号判決 ············· *277*
台湾智慧財産裁判所民国 98 年度［西暦 2009 年度］民著訴字第 15 号判決 ············ *276*

◆執筆者紹介（五十音順）

岩瀬ひとみ（いわせ・ひとみ）
弁護士、西村あさひ法律事務所パートナー
1994 年、早稲田大学法学部卒業。1997 年、第一東京弁護士会登録。2003 年、スタンフォード大学ロースクール卒業。同年、ジョージ・ワシントン大学ロースクール客員研究員。2004 年、ニューヨーク州弁護士登録。
『IT 法大全』（共著、日経 BP 社・2002）、「知的財産権に関する主要国調査—米国における刑事取締及び行政規制」『「TRIPS 研究会」報告書［別冊］』（公正貿易センター・2005）、『知的財産法概説〔第 3 版〕』（共著、弘文堂・2008）、『デジタルコンテンツ法の最前線—発展するコンテンツビジネス』（共著、商事法務・2009）ほか。

川本　周（かわもと・あまね）
弁護士、西村あさひ法律事務所アソシエイト
2003 年、東京大学法学部卒業。2006 年、第一東京弁護士会登録。

佐藤義幸（さとう・よしゆき）
弁護士、西村あさひ法律事務所パートナー
1992 年、京都大学法学部卒業。1994 年、大阪弁護士会登録。1997 年、東京弁護士会登録替。2001 年、ニューヨーク大学ロースクール卒業。2003 年、ニューヨーク州弁護士登録。
『IT 法大全』（共著、日経 BP 社・2002）、『知財デューデリジェンス』（商事法務・近刊）ほか。

白石弘美（しらいし・ひろみ）
弁護士、西村あさひ法律事務所アソシエイト
1989 年、津田塾大学学芸学部卒業。2000 年、第二東京弁護士会登録。2003 年、南カリフォルニア大学ロースクール卒業。同年、カリフォルニア州弁護士登録。

孫　櫻倩（ソン・インチェン）
台湾弁護士、西村あさひ法律事務所フォーリンアトーニー
2001 年、国立台湾大学卒業。2003 年、台北弁護士会登録。2004 年、弁理士（台湾）登録。2009 年、東京大学大学院法学政治学研究科修士課程修了。
『工程法律實務研析（一）』（共著、元照出版公司・2005）、「後発医薬品をめぐるソフトロー」ソフトロー研究第 12 号 229 頁（共著、2008）、「米国特許損害賠償事件における entire-market-value rule の分析」知的財産法政策学研究第 24 号 179 頁（2009）ほか。

髙木楓子（たかぎ・かえでこ）
弁護士、西村あさひ法律事務所アソシエイト
2005 年、東京大学法学部卒業。2008 年、東京弁護士会登録。

寺本振透（てらもと・しんとう）

弁護士、西村あさひ法律事務所顧問

1985年、東京大学法学部卒業。1987年、第一東京弁護士会登録。1993年、アリゾナ州立大学ロースクール客員研究員。2006年、東京大学大学院法学政治学研究科特任教授（21世紀COEプログラム）。2007年、東京大学法科大学院教授。2009年、特定非営利活動法人エルピーアイジャパン監事。2010年、九州大学大学院法学研究院教授。

"Copyrightability and Scope of Protection for Works of Utilitarian Nature Under Japanese Law" (Max-Planck-Institute for Foreign and International Patent, Copyright and Competition Law, IIC No.1, 1997)、「共同発明者の認定」『特許判例百選〔第3版〕』（別冊ジュリスト第170号）64頁（2004）、『ケースメソッド　知的財産法』（商事法務・2005）、『知的財産権信託の解法』（弘文堂・2007）、"Protection of Patent License against subsequent Patent Holder in Japan"東京大学法科大学院ローレビュー3巻（2008）、「国際的な特許ライセンスとライセンサーの破産」西村利郎先生追悼論文集『グローバリゼーションの中の日本法』（商事法務・2008）、「ビデオゲームと映画の著作物」『著作権判例百選〔第4版〕』（別冊ジュリスト第198号）24頁（2009）、「知的財産権信託における受託者による管理処分権限掌握の不完全さについて」信託法研究第34号57頁（2009）ほか。

濱野敏彦（はまの・としひこ）

弁理士・弁護士、西村あさひ法律事務所アソシエイト

2002年、東京大学工学部卒業。2004年、東京大学大学院新領域創成科学研究科修了。2007年、早稲田大学大学院法務研究科修了。2008年、第二東京弁護士会登録。2009年、弁理士登録。

「クラウド・コンピューティングが変える法律実務①～④　クラウド・コンピューティングの概念整理(1)～(4)」NBL918号24頁（2009）、NBL919号58頁（2009）、NBL921号62頁（2010）、NBL922号64頁（2010）ほか。

深津拓寛（ふかづ・たくひろ）

弁護士、西村あさひ法律事務所アソシエイト

1999年、東京大学理学部卒業。2001年、東京大学大学院理学系研究科修了。2008年、第一東京弁護士会登録。

紋谷崇俊（もんや・たかとし）

弁護士、西村あさひ法律事務所カウンセル

1995年、東京大学法学部卒業。1998年、第一東京弁護士会登録。2002年、任期付任用法の適用により経済産業省にて知的財産政策室課長補佐として、知的財産関連法制の改正作業等に従事。2004年、スタンフォード大学ロースクール卒業。2005年、ミュンヘンのマックス・プランク知的財産研究所客員研究員。2006年、ニューヨーク州弁護士登録。2007年、法政大学法学部非常勤講師（知的財産法）。

「米国特許法改正の動向について―プロパテントからの揺れ戻し」知財管理55巻11号

1565 頁（2005）、『知的財産法概説〔第 3 版〕』（共著、弘文堂・2008）、「米国憲法の IP 条項の下における特許対象の科学史からの見識に基づいた再定義」知財年報 2008 I. P. Annual Report（別冊 NBL123 号）289 頁（2008）ほか。

◆資料編編集者（五十音順）

川上聡子（西村あさひ法律事務所パラリーガル）
澤地弘敬（同上）
高梨玲奈（同上）
布川　舞（同上）
渡邉裕子（同上）

```
        ┌─────────────────────────────────────┐
┌─────┐ │視覚障害その他の理由で活字のままでこの本を│
│ ◉   │ │利用出来ない人のために、営利を目的とする場│
│EYE LOVE EYE│ │合を除き「録音図書」「点字図書」「拡大写本」│
└─────┘ │等の製作をすることを認めます。その際は著作者、│
        │または、出版社まで御連絡ください。       │
        └─────────────────────────────────────┘
```

解説 改正著作権法

平成22年5月15日 初版1刷発行

編集代表	寺本　振透	
編著者	西村あさひ法律事務所	
発行者	鯉渕　友南	
発行所	株式会社 弘文堂	101-0062　東京都千代田区神田駿河台1の7 TEL 03(3294)4801　振替 00120-6-53909 http://www.koubundou.co.jp
装　丁	青山修作	
印　刷	三美印刷	
製　本	井上製本所	

© 2010 Shinto Teramoto. Printed in Japan

[JCOPY] 〈(社)出版者著作権管理機構　委託出版物〉

本書の無断複写は著作権法上での例外を除き禁じられています。複写される場合は、そのつど事前に、(社)出版者著作権管理機構（電話 03-3513-6969、FAX 03-3513-6979、e-mail：info@jcopy.or.jp）の許諾を得てください。

ISBN978-4-335-35468-7

◆解説シリーズ好評発売中　　　＊表示価格(税込)は2010年5月現在のものです。

解説　改正著作権法
寺本振透 編集代表　　西村あさひ法律事務所 編　　　A5判　3360円

平成21年改正をデジタルを中心とした大きな視点から眺め、「情報を広めるための手段としての著作権」という観点から詳説。近く立法が予想されるフェアユース等、著作権法改正の動向にも言及。

解説　電子記録債権法　　池田真朗・太田 穣 編著　　A5判　3465円

金融業界注目の本法について、立法過程から関わりの深い学者と金融実務に詳しい弁護士との共同執筆により、政省令を含め実務の最新情報を盛り込んだ総論と逐条解説で著した解説書の決定版。

解説　裁判員法［第2版］立法の経緯と課題　　池田 修 著　　A5判　2520円

制度設計に携わった裁判官による本格的解説書。制度全体が理解できるよう、項目ごとに関連条文を掲げ、概要・条文の解説・経緯・課題等を指摘。法曹関連分野で執務する人の必読書。

解説　保険法　　大串淳子・日本生命保険生命保険研究会 編著　A5判　3045円

約1世紀ぶりに全面改正された「保険法」を、保険法部会の審議に加わった弁護士と日本生命保険生命保険研究会の執筆陣が逐条解説。保険者・契約者双方の側から検証した実務家・研究者必読の書。

労働審判制度［第2版］基本趣旨と法令解説
菅野和夫・山川隆一・齊藤友嘉・定塚 誠・男澤聡子 著　　A5判　2940円

制度の全体像が理解できるよう、第1編でその意義・経緯・基本趣旨を、第2編で労働審判法・労働審判規則・労働審判員規則の各条を逐条解説。施行後1年の運用状況の解説が施された最新版。

解説　金融商品取引法［第3版］　　大崎貞和 著　　A5判　2940円

法改正の審議に携わった著者が、基本的な解説はもとより、制定に至る経緯・比較法的観点も踏まえ全体像をわかりやすく記述した初版に、関連政令・内閣府令の内容等を盛り込んだ改訂版。

解説　新信託法　　寺本振透 編集代表　　　　　　　　A5判　3675円

社会・経済活動の多様化に伴い80余年ぶりに全面改正された信託法を新進気鋭の弁護士が逐条解説。専門家が信託法制を活用するべく試みたシミュレーションの第一歩。実務家・研究者必読の書。

解説　法の適用に関する通則法　新しい国際私法　　神前 禎 著　A5判　2625円

「法例研究会」のメンバーとして、新国際私法の制定に向けた準備作業に携わった著者が、旧法である「法例」との比較において、何がどのように変わったかという視点から新法の内容を解説。

解説　改正行政事件訴訟法　　橋本博之 著　　　　　　A5判　1890円

改正の重要ポイントと、改正後の法解釈の方向性をわかりやすく具体的に解説。国民の権利利益の実効的救済を目的とした法改正が、国会審議の答弁・判例等も織り込んだ解説で正確に理解できる。